Alexandra Budke
**Wahrnehmungs- und Handlungsmuster im Kulturkontakt**
Studien über Austauschstudenten in wechselnden Kontexten

– Veröffentlichung des Universitätsverlags Osnabrück bei V&R unipress –

# Osnabrücker Studien zur Geographie
# Band 25

Herausgegeben von

Jürgen Deiters, Gerhard Hard, Joachim Härtling,
Norbert de Lange, Beate Lohnert, Walter Lükenga,
Diether Stonjek und Hans-Joachim Wenzel

Alexandra Budke

# Wahrnehmungs- und Handlungsmuster im Kulturkontakt

## Studien über Austauschstudenten in wechselnden Kontexten

V&R unipress

Bibliographische Information Der Deutschen Bibliothek
Die Deutsche Bibliothek verzeichnet diese Publikation in der Deutschen Nationalbi-
bliografie; detaillierte bibliografische Daten sind im Internet über
<http://dnb.ddb.de> abrufbar


© 2003 Göttingen, V&R unipress GmbH
mit Universitätsverlag Osnabrück
Einbandgestaltung: Tevfik Göktepe
Herstellung: Books on Demand GmbH

ISBN 3-89971-102-5

# Dank

Für die intensive fachliche Betreuung möchte ich Herrn Prof. Dr. Hans-Joachim Wenzel und Herrn Prof. Dr. Gerhard Hard meinen Dank aussprechen. Auch den Erasmusskoordinatorinnen in den Akademischen Auslandsämtern der Universität Osnabrück, der Johannes Gutenberg-Universität in Mainz, der Ernst-Moritz Arndt Universität in Greifswald, der Hochschule Harz in Wernigerode, der Universität zu Köln und der Brandenburgischen Technischen Universität in Cottbus möchte ich danken, da ohne ihre gute Kooperation die Durchführung meiner empirischen Erhebung nicht möglich gewesen wäre. Meinen GesprächspartnerInnen im Deutschen Akademischen Austauschdienst sei für die vielen Hintergrundinformationen gedankt, die sie mir zukommen ließen. Mein Dank gebührt zudem den Mitarbeitern der lokalen Erasmusbetreuungsinitiativen und den Erasmusstipendiaten, die bereit waren, einen Teil ihrer Zeit für ein Interview mit mir zu opfern.

# Inhalt

# Abbildungsverzeichnis

# Tabellenverzeichnis

# Abkürzungen

| | |
|---|---|
| AAA | Akademisches Auslandsamt |
| AIESEC | Weltweite Studentenorganisation, die an einigen deutschen Hochschulen die Betreuung ausländischer Studierender übernimmt. |
| ASTA | Allgemeiner Studentenausschluss |
| AEGEE | Association des Etats généreaux des Etudiants d'Europe. Europäische Studentenorganisation, die an einigen Hochschulen die Erasmusstudierenden betreut |
| ECTS-Programm | European Community Course Credit Transfer System |
| ELSA | European Law Students`Association. Studentenorganisation, die an einigen Hochschulen die Erasmusstudierenden betreut. |
| ERASMUS | European Community Action Scheme for the Mobility of University Students |
| DAAD | Deutscher Akademischer Austauschdienst |
| IAESTE | International Association for the Exchange of students for technical experience. Studentenorganisation, die an einigen Hochschulen die Erasmusstudierenden betreut. |
| INTERFORUM | Studentenorganisation, die an der Hochschule Harz die Betreuung der ErasmusstudentInnen übernimmt. |

# 1. Einleitung

Zur Zeit studieren über 1,5 Mio. Studierende weltweit an ausländischen Hochschulen. Gemessen an den Zahlen der gesamten internationalen Migration handelt es sich bei den ausländischen Studierenden um eine sehr kleine Gruppe, der jedoch von vielen westlichen Regierungen eine große politische, wirtschaftliche und wissenschaftliche Bedeutung zugeschrieben wird. Anders als Flüchtlinge, illegale Einwanderer oder wenig qualifizierte Arbeitsmigranten werden ausländische Studierende in der Regel nicht als wirtschaftliche Belastung, humanitäre Herausforderung oder kulturelle Gefahr wahrgenommen. Im Gegensatz zu diesen, in der Regel weniger erwünschten Migrantengruppen, bemühen sich die westlichen Industriestaaten um die Aufnahme möglichst vieler ausländischer Studierender. Besonders erfolgreich in dem internationalen Wettbewerb der Staaten um ausländische Studierende sind die weltweiten Machtzentren. Insgesamt gehen über 70% der internationalen Bildungsmigrationsströme in nur sechs Länder. Wichtigstes Zielland mit über 400 000 ausländischen Studierenden jährlich sind die USA, gefolgt von Großbritannien, Deutschland, Frankreich, Australien und Russland. Ein sehr großer Teil (ca. 58%) der internationalen Bildungsmigration findet 1996/97 von außereuropäischen Ländern nach Europa oder zwischen europäischen Ländern statt. Neben den USA sind demnach vor allem die europäischen Industrienationen die wichtigsten Zielländer der internationalen Bildungsmigranten. Ihre hohe Attraktivität kann im Fall von Frankreich und Großbritannien zum Teil auf in der Kolonialzeit angelegte historische Bindungen zwischen den Herkunfts- und Zielländern zurückgeführt werden. Zudem trägt die europäische Bildungspolitik, die sich u. a. in der Initiation des europäischen Studentenaustauschprogramms »ERASMUS« ausdrückt, dazu bei, dass die Zahlen der innereuropäischen Bildungsmigranten von Jahr zu Jahr ansteigen.

Warum konkurrieren die Staaten weltweit um die Aufnahme möglichst vieler ausländischer Studierender und warum fördern sie die Migration in ihre Länder mit Stipendienprogrammen, Anwerbemaßnahmen in den Herkunftsländern, erleichterten Einreisebedingungen oder durch die Einführung international anerkannter Abschlüsse?

Die Gaststudierenden werden in der Regel als zukünftige Eliten ihrer Länder gesehen und sind damit umworbene Partner der wirtschaftlichen, politischen und wissenschaftlichen Kooperation. Durch die Aufnahme der ausländischen Studierenden erhoffen sich die Aufnahmeländer vor allem die Stärkung ihrer Standorte. Die Aufnahme von Studierenden aus Entwicklungsländern wird zudem als »Bildungshilfe« im Rahmen der Entwicklungszusammenarbeit für die Herkunftsländer verstanden.

Während des Auslandsaufenthalts werden ausländische Studierende auch als »kulturelle Vermittler« geschätzt, deren anderskulturelle Prägung nicht als Gefahr, sondern als Innovationsfaktor wahrgenommen wird, der Forschung, Lehre und Gastkultur bereichern kann. Nach der Rückkehr in die Heimatländer wird von den ausländischen Studierenden erhofft, dass sie Verständnis und Kenntnis über die Kultur des ehemaligen Gastlandes in ihrem Heimatland verbreiten, somit auch hier als »kulturelle Vermittler« auftreten. Der Studierendenaustausch in Europa wird von der Europäischen Union vor allem aus dem Grund unterstützt, da erhofft wird, dass die zukünftigen europäischen Entscheidungsträger durch den Auslandsaufenthalt diejenigen Kompetenzen erwerben können, die sie befähigen, die europäische Zusammenarbeit auf wirtschaftlicher, wissenschaftlicher und politischer Ebene zu intensivieren. Die Idee eines »geeinten Europas« soll durch das Beispiel der Erasmusstipendiaten verbreitet werden und an Akzeptanz gewinnen. Auf diese Weise soll der Studierendenaustausch in Europa auch die Identifikation der Bürger mit der Europäischen Gemeinschaft vertiefen.

Ausländische Studierende sind demnach von den Industrieländern eine so umworbene Migrantengruppe, da sie zugleich als Ausdruck der internationalen Öffnung der Aufnahmeländer sowie als Motor der Globalisierung oder Europäisierung gesehen werden, die wirtschaftliche, politische und wissenschaftliche kurzfristige und langfristige Vorteile für das eigene Land verspricht.

Um die soeben beschriebenen möglichen Vorteile der internationalen Bildungsmigration zu realisieren, wird von den ausländischen Studierenden erwartet, dass sie während ihres Auslandsaufenthalts bestimmte Kompetenzen erwerben. Sie sollen die Sprache des Gastlandes erlernen, »kulturelles« Verständnis entwickeln und ihre fachlichen Kenntnisse erweitern. Es wird zudem gehofft, dass die Gaststudierenden Kontakte zu Einheimischen knüpfen, was eine wesentliche Bedingung für den intendierten kulturellen und fachlichen Austausch darstellt. Zudem hängen die von den Aufnahmeländern angestrebten zukünftigen internationalen Kooperationen in hohem Maße von persönlichen interkulturellen Kontakten ab. Neben den Kontakten der ausländischen Studierenden zur Gastlandbevölkerung scheinen auch positive Einstellungsänderungen der ausländischen Studierenden gegenüber dem Gastland und seiner Bevölkerung wesentliche Voraussetzungen für die zukünftige Zusammenarbeit zu sein.

Nun stellt sich die Frage, wie das Verhalten der ausländischen Studierenden in ihren Gastländern wirklich aussieht. Werden die Fremdsprachenkenntnisse erweitert, fleißig fachliche Studien betrieben, Kontakte zu Einheimischen geknüpft und Einstellungen zum Gastland und seiner Bevölkerung positiv modifiziert? Dies sind zentrale Fragen, die ich versuche in dieser Doktorarbeit für die Gruppe der europäischen Erasmusstipendiaten in Deutschland zu beantworten. Im Zentrum meines Interesses stehen die Studienbeteiligungen der Erasmusstudierenden während ihres Deutschlandaufenthalts, der Umfang und die Intensität ihrer Kontakte zur deutschen Bevölkerung und die Ausprägungen ihrer Deutschland- und Heimatbilder.

Zur Einführung in mein Thema beginnt meine Arbeit mit der Vorstellung des Phänomens der internationalen Bildungsmigration (Kapitel 2). Es wird auf die geschichtliche Entwicklung und auf die zur Zeit wichtigsten Herkunfts- und Zielländer der Bildungsmigranten eingegangen. Danach folgt die Vorstellung des Mobilitätsprogramms der Europäischen Union »Erasmus« mit seinen Charakteristika und politischen Zielsetzungen. Anschließend wird auf die Umsetzung des Erasmusprogramms in Deutschland eingegangen.

Nachdem der Leser mit den organisatorischen Rahmenbedingungen des studentischen Austauschprogramms vertraut gemacht wurde, werden im Kapitel 3 die wichtigsten theoretischen Konzepte der »Austauschforschung« vorgestellt, welche üblicherweise zur Analyse der internationalen Bildungsmigration herangezogen werden und die sich auch in den empirischen Arbeiten zu ausländischen Studierenden implizit wiederfinden. Die Beschäftigung mit vorhandenen soziologischen, sozialpsychologischen und sozialgeographischen Theorieangeboten dieses interdisziplinären Forschungsfeldes, dient der Entwicklung eines geeigneten Rahmens für die eigene empirische Untersuchung. Ich gehe davon aus, dass die Intensität, mit der sich die Erasmusstudierenden am Fachstudium an ihrer deutschen Gasthochschule beteiligen, die nationale Zusammensetzung ihres Freundeskreises während des Auslandsstudiums sowie ihre Deutschland- und Heimatbilder als Resultate ihrer individuellen Entscheidungen zu interpretieren sind, die sowohl von personalen als auch umgebungsbedingten Faktoren beeinflusst werden. Auf der Grundlage dieser handlungstheoretischen Überlegungen werden am Ende des Kapitels 3 Hypothesen über diejenigen Faktoren aufgestellt, von denen angenommen wird, dass sie die studentischen Handlungsentscheidungen wesentlich beeinflussen.

Ich entscheide mich zur Überprüfung meiner Ausgangshypothesen sowohl qualitative als auch quantitative Methoden einzusetzen. Auf diese Weise sollen die Vorteile der einzelnen Methoden genutzt werden und ihre jeweiligen Schwächen durch die jeweilige andere Methode ausgeglichen werden. Anhand standardisierter, *quantitativer* Erhebungen an sechs deutschen Gasthochschulen können repräsentative Ergebnisse erreicht werden, die einen Hochschulvergleich möglich machen. Die Wahrnehmungs- und Handlungsweisen der Erasmusstudierenden werden an der Hochschule Harz in Wernigerode, der Universität Osnabrück, der Universität zu Köln, der Johannes Gutenberg-Universität in Mainz, der Brandenburgischen Technischen Universität in Cottbus und der Ernst-Moritz Arndt Universität in Greifswald durch Vollerhebungen der dortigen Erasmusstudierenden erforscht. Unter Einsatz von statistischen Auswertungsverfahren werden diejenigen Variablen ermittelt, welche die Wahrnehmungs- und Handlungsweisen der ausländischen Studierenden erklären können. Anhand von *qualitativen* Interviews können zudem die Situationswahrnehmungen und Bedeutungszuschreibungen der untersuchten Individuen erfasst werden, die eine Erklärung ihrer Handlungen und damit die Interpretation der Ergebnisse der quantitativen Erhebung erst möglich machen.

Insgesamt gehen in die Datenauswertung 197 Fragebögen und 75 qualitative Interviews ein.

Mein methodisches Vorgehen bei der Datenerhebung und –auswertung sowie die abschließende Beurteilung der eingesetzten Methodentriangulation wird detailliert im Kapitel 4 dargestellt.

Das Kapitel 5 ist der Ergebnisdarstellung gewidmet. Es gliedert sich gemäß meiner Fragestellungen in drei Unterkapitel. Zunächst wird die Studienbeteiligung der ausländischen Studierenden während ihres Deutschlandaufenthalts dargestellt und handlungstheoretisch erklärt. Im zweiten Teil werden die sozialen Kontakte der Erasmusstudierenden in Deutschland analysiert und begründet. Im dritten Teil dieses Kapitels folgt die Beschreibung der von den Befragten entworfenen Deutschland- und Heimatbilder sowie die Ermittlung der Variablen, die ihre Ausprägungen wesentlich bestimmen. Durch die Darstellung der Studienbeteiligungen, des Umfangs an Kontakten zur deutschen Bevölkerung und der von den Befragten entworfenen Deutschland- und Heimatbilder kann letztlich beantwortet werden, inwieweit die Handlungsmuster der Erasmusstipendiaten den Erwartungen und Zielsetzungen ihres Austauschprogramms entsprechen. Am Ende der Interpretation der empirischen Daten steht die umfassende Erklärung der studentischen Handlungsentscheidungen.

Die Arbeit schließt nach einer Zusammenfassung der Befunde im Kapitel 6 mit Empfehlungen zur Optimierung des Erasmusprogramms (Kapitel 7).

# 2. Internationale Bildungsmigration

Diese Kapitel möchte zunächst einen Überblick über die weltweiten Bildungsmigrationsbewegungen geben. Da sich diese Arbeit mit dem europäischen Studentenmobilitätsprogramm »Erasmus« beschäftigt, wird in der Folge auf die Charakteristika und Zielsetzungen dieses Austauschprogramms eingegangen. Im letzten Teil des Kapitels wird die Bedeutung des Erasmusprogramms für Deutschland und seine nationale Umsetzung dargestellt. Anschließend werden Hypothesen darüber aufgestellt, in welcher Weise die Rahmenbedingungen des Erasmusprogramms sowie seine Realisierung in Deutschland die Studienbeteiligungen der zu untersuchenden Erasmusstudierenden an ihren deutschen Gasthochschulen und ihre Kontaktaufnahmen zur deutschen Bevölkerung beeinflussen könnten.

## 2.1 Das Phänomen der internationalen Bildungsmigration

### 2.1.1 Geschichte der internationalen Bildungsmigration

Schon bevor es reguläre Universitäten gibt, existiert ein grenzüberschreitender studentischer Austausch. Die Ursprünge des Studiums im Ausland sind im antiken Griechenland, dem römischen Reich sowie an den frühen ägyptischen und asiatischen Hochkulturen zu finden (vgl. Jensen, 2001).

Nach der Entstehung der europäischen Universitäten im 12. und 13. Jahrhundert zieht es Schüler und Lehrer nach Italien, Frankreich und England. Es entwickeln sich die ersten universitären Hochburgen. In den frühen europäischen Hochschulzentren wie Bologna, Paris oder Oxford gibt es nur geringe Unterschiede zwischen ausländischen und einheimischen Studierenden. Die Universitäten sind im wahren Sinne des Wortes »universal«. Bildungsmigration ist im Spätmittelalter eher die Regel als die Ausnahme. Die Universitäten haben einen universalistischen Anspruch, der sich neben den vielen »ausländischen« Studierenden auch in der Durchführung des »Studium Generale« ausdrückt (vgl. Stichweh, 2000, S. 147)

Dieses universitäre Selbstverständnis von »autonomer Wissenschaft« und »genereller Bildung« verstärkt sich noch in der frühen Neuzeit, da die Prüfung der Berufsfähigkeit den Universitäten entzogen und unter die Verantwortung der Berufsstände, Korporationen oder Kirchen gestellt wird (vgl. Frijhoff, 1995, S. 267). Die Zusammensetzung der »ausländischen« Studentenschaft verändert sich in dieser Zeit. Die Entscheidung für ein Auslandsstudium ist nun vielfach Ausdruck eines hohen Sozialstatus und die wichtigen Universitäten werden nun zu Treffpunkten der europäischen Eliten. Das Studium in der Ferne dient nun weniger der wissenschaftlichen Ausbildung oder der Berufsqualifikation, sondern es soll ermöglichen, fremde Kulturen und Sitten kennen zu lernen (vgl. Jensen, 2001, S. 13).

Im Zuge der Entstehung der europäischen Nationalstaaten werden die Universitäten zu nationalen Institutionen (vgl. Stichweh, 2000). Der Auslandsbildung wird nun eine strategische Bedeutung für die wissenschaftliche und technologische Entwicklung der einzelnen Nationen zugeschrieben. Der enge Zusammenhang zwischen der kulturellen Ausweitung des Nationalstaats und dem Auslandsstudium zeigt sich in der kolonialen Expansionen der europäischen Nationen. Diese führen einerseits dazu, dass die Eliten der kolonialisierten Länder in den jeweiligen Metropolen studieren und andererseits, dass in den Kolonien Universitäten errichtet werden, in denen in der Sprache der Kolonialherren unterrichtet wird. Das Prinzip, den Einfluss des eigenen Staates durch die Ausbildung ausländischer Eliten auszuweiten, findet sich verstärkt in den folgenden Jahren.

Im 20. Jahrhundert werden Universitäten noch bewusster als Instrumente der nationalen Kulturpolitik gebraucht. So fördern z. B. nach dem zweiten Weltkrieg sowohl die USA als auch die UDSSR das Studium ausländischer Studierender in ihren Ländern, die durch den Kontakt mit der jeweiligen Ideologie von deren Richtigkeit überzeugt werden sollen. Auf diese Weise will man ausländische Eliten zu Freunden und Förderern des eigenen Landes erziehen (vgl. Danckwortt, 1959; Stichweh, 2000). Neben der Verbreitung der eigenen ideologischen Weltanschauung will man mit der Förderung der Bildungsmigration in das eigene Land zudem auch die Gewinnung von zukünftigen wirtschaftlichen Partnern erreichen.

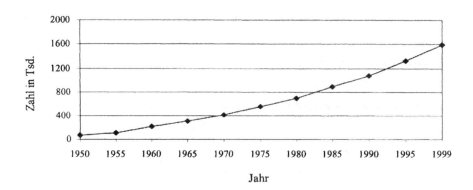

*Abbildung 1: Entwicklung der Zahlen ausländischer Studierender weltweit. Quelle: Jensen, 2001, S. 15.*

Nach dem zweiten Weltkrieg geht mit dem allgemeinen Anstieg der weltweiten Studentenzahlen auch eine Zunahme der internationalen Bildungsmigration einher (siehe Abbildung 1). 1960 sind 237 503 StudentInnen im Ausland eingeschrieben, 1975 sind es bereits 630 751, 1980 studieren schon 930 183 Personen im Ausland und

1996/97 sind es dann 1 585 722[1]. Die Zahlen ausländischer Studierender haben sich demnach zwischen 1960 und 1996/97 fast versiebenfacht.

### 2.1.2 Herkunfts- und Zielländer der internationalen Bildungsmigranten

Betrachtet man die wichtigsten Ziel- und Herkunftsgebiete internationaler Bildungs-migraten wird deutlich, dass Bildungsmigrationsströme auf die wirtschaftlichen, politischen und wissenschaftlichen weltweiten Machtzentren ausgerichtet sind (siehe 2.2.1) Insgesamt gehen über 70% der internationalen Bildungsmigration in nur sechs Länder. Wichtigstes Zielland mit über 400 000 ausländischen Studierenden jährlich sind die USA, gefolgt von Großbritannien, Deutschland, Frankreich, Australien und Russland. Deutschland ist mit ca. 166 000 ausländischen Studierenden zur Zeit das drittwichtigste weltweite Zielland der Bildungsmigranten.

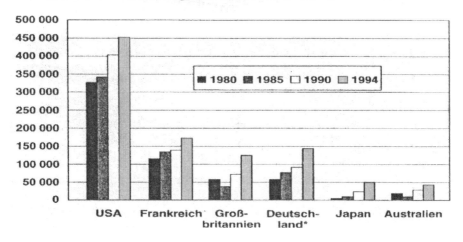

*bis 1990 alte Bundesländer*

*Abbildung 2: Entwicklung der Zahl ausländischer Studenten in ausgewählten Ländern. Quelle: List, 1998, S. 27.*

Vergleicht man die prozentuale Verteilung ausländischer Studierender nach Her-kunftskontinenten auf die fünf bedeutendsten Gastnationen, erkennt man deutliche Unterschiede in der Zusammensetzung der Populationen (siehe Abbildung 3). Die ausländischen Studierenden in den USA und in Australien kommen größtenteils aus

---

1  vgl. UNESCO, 1999; List, 1998.

Asien. In Deutschland und Großbritannien überwiegen die europäischen Studierenden und in Frankreich die afrikanischen. Bei der genauen Zusammensetzung der
ausländischen Studentenschaft spielen u. a. traditionelle Beziehungen wie im Fall der
ehemaligen Kolonialländer eine Rolle. In der Kolonialzeit einsetzende Bildungsmigrationsströme sind noch heute vor allem für Frankreich und Großbritannien bedeutsam. So sind 1994 die drei wichtigsten Herkunftsländer ausländischer Studierender
in Frankreich Marokko, Algerien und Tunesien. Die beiden wichtigsten Herkunftsländer ausländischer Studierender in Großbritannien sind zu diesem Zeitpunkt Ma-
laysia und Hongkong (vgl. List, 1998, S. 29). Dass in der Kolonialzeit einsetzende
Bildungsmigrationsströme aus den ehemaligen Kolonien nach Frankreich und Großbritannien heute noch unvermindert weiter bestehen, ist u. a. darauf zurück zu führen,
dass in den ehemaligen Kolonien ähnliche Bildungssysteme wie in den ehemaligen
Kolonialländern bestehen, dass die Sprache des ehemaligen Koloniallandes als heuti-
ge Staatssprache der ehemaligen Kolonien von den Bildungsmigranten beherrscht
wird und dass Netzwerke zu Verwandten und Bekannten im Zielland bestehen, welche die individuellen Wanderungskosten vermindern.

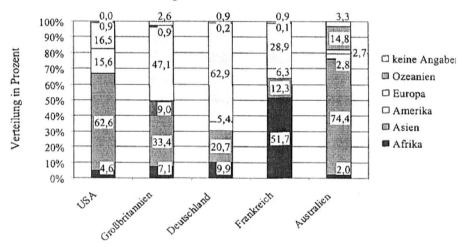

*Abbildung 3: Die prozentuale Verteilung ausländischer Studierender nach Herkunftskontinent
auf die fünf bedeutendsten Gastnationen. Quelle: Jensen, 2001, S. 19.*

Weiter sind Werbungen für das eigene Land als Gastland für ausländische Studierende in ihren Herkunftsländern im Rahmen der nationalen Bildungspolitik, von großer
Bedeutung zur Erklärung der regionalen bzw. nationalen Zusammensetzung der
ausländischen Studierenden. Durch die starke Anwerbung von ausländischen Studierenden ist auch zu erklären, warum der Großteil der ausländischen Studierenden in
den USA aus Asien kommen.

## 2.2    Bildungsmigration in und nach Europa

Ein sehr großer Teil (ca. 58%) der internationalen Bildungsmigration findet 1996/97 von außereuropäischen Ländern nach Europa oder zwischen europäischen Ländern statt[2]. Betrachtet man nur die vier wichtigsten europäischen Zielländer der Bildungsmigranten, Großbritannien, Deutschland, Frankreich und Russland, gehen ca. 36% der gesamten internationalen Bildungsmigration in diese Länder. Dies bedeutet, dass weltweit ca. jede(r) dritte ausländische StudentIn eins dieser vier Länder als Zielland seines/ihres Auslandsstudiums wählt. Die hohe Attraktivität dieser europäischen Länder kann, wie schon angesprochen, bei Großbritannien und Frankreich zum Teil durch in der Kolonialzeit angelegte historische Bindungen zwischen Herkunfts- und Zielländern erklärt werden. Des Weiteren trägt die europäische Bildungspolitik, die sich in der Initiation des Studentenaustauschprogramms »Erasmus« ausdrückt, dazu bei, dass die Bildungsmigration zwischen europäischen Ländern ständig ansteigt. Da in dieser Arbeit die Handlungsweisen von ErasmusstudentInnen in Deutschland untersucht werden, erscheint es sinnvoll, das Mobilitätsprogramm der Europäischen Union in seinen Charakteristika und Zielsetzungen kurz vorzustellen.

### 2.2.1    Europäische Bildungspolitik und Erasmusprogramm

#### 2.2.1.1    Geschichte der Europäischen Bildungspolitik

Die Aktivitäten der Europäischen Union auf dem Gebiet der Bildungspolitik lassen sich in drei Phasen gliedern. In der ersten Phase von den Anfangsjahren der EG bis zu Beginn der 70er hat der Bildungsaspekt nur eine indirekte Relevanz und bildungspolitische Aktivitäten werden nur in sehr beschränktem Umfang unternommen (vgl. Ulrich, 1996).

In den 70er Jahren bis Mitte der 80er Jahre herrscht eine Phase der vor allem zwischenstaatlich orientierten bildungspolitischen Zusammenarbeit. Die Europäische Gemeinschaft etabliert Mitte der siebziger Jahre das experimentelle Förderungsprogramm der »Gemeinsamen Studienprogramme« (vgl. Teichler, 1999, S. 2). Dabei wird eine begrenzte Anzahl von Netzwerken gefördert, die sich an Fachbereichen verschiedener europäischer Länder bildeten. Diese haben zum Ziel den regelmäßigen Austausch von Studierenden zu organisieren, diese zu betreuen und curriculare Integrationen vorzubereiten. Es werden noch keine Stipendien für Studierende vergeben.

Da dieses Experiment bei seinem Abschluss als außerordentlich erfolgreich eingestuft wird und als erweiterungsfähig gilt, beginnt ab 1985 die Gründungsphase großangelegter Kooperationsprogramme im Hochschul- und Berufsbildungsbereich. Jetzt

---

2    UNESCO, 1999, eigene Berechnungen. Unter »Europa« werden folgende Länder verstanden: Österreich, Balearen, Belgien, Bulgarien, Kroatien, Tschechische Republik, Dänemark, Jugoslawien, Finnland, Frankreich, Deutschland, Ungarn, Island, Irland, Italien, Liturgien, Malta, Moldawien, Norwegen, Polen, Portugal, Rumänien, Russland, Slowakei, Schweden, Schweiz, Ukraine, Großbritannien.

soll nicht nur die institutionelle Zusammenarbeit der europäischen Hochschulen finanziell gefördert werden, sondern auch die beteiligten Studierenden sollen Stipendien erhalten. Das Ziel ist es, die studentische Mobilität in Europa soll durch das Erasmusprogramm zu fördern.

### 2.2.1.2  Charakteristika des Erasmusprogramms

Im Rahmen der Entstehung der großen europäischen Kooperationsprogramme im Bildungsbereich wird 1987 das Erasmusprogramm konzipiert, welches das Ziel hat, die studentische Mobilität in Europa zu intensivieren. Der Name erinnert an den »akademischen Wanderer« Erasmus von Rotterdam und bedeutet »European Community Action Scheme for the Mobility of University Students«. Dieses Programm entwickelt sich sehr schnell zum weltweit größten Förderprogramm internationaler studentischer Mobilität und gilt als erfolgreichstes Bildungsprogramm der Europäischen Union (Teichler, 1999). In Deutschland beteiligen sich 1999/2000 fast alle Hochschulen an diesem Austauschprogramm. Dies sind 237 Hochschulen, in denen 98% aller deutschen Studierenden immatrikuliert sind (vgl. DAAD, 2001). 1999/2000 sind die folgenden vier Länder die wichtigsten *Aufnahmeländer* der ErasmusstudentInnen: Großbritannien (20 436), Frankreich (17 670), Spanien (14 788) und Deutschland (14 524).

Die vier wichtigsten *Entsendeländer* von EramusstudentInnen sind 1999/2000: Frankreich (16 825), Spanien (16 297), Deutschland (15 715) und Italien (12 406).

Erasmus ist ein Programm, dass die *regionale Mobilität* in Europa fördern will. Die Teilnehmerländer setzen sich aus den Staaten der Europäischen Union sowie einigen weiteren Ländern zusammen, die vertraglich am Erasmusprogramm beteiligt werden. Zum Zeitpunkt meiner empirischen Erhebung 1999/2000 nehmen 29 Länder am Erasmusprogramm teil[3].

Das Erasmusprogamm fördert ein *temporäres,* nicht jedoch ein volles Auslandsstudium. Es werden ein oder zwei Semester an der Gasthochschule gefördert. Der europäische Durchschnitt liegt bei etwa sieben Monaten Aufenthaltsdauer im Gastland (vgl. Teichler, 1999).

Erasmus ist ein *Teilförderprogramm.* Dem stetigen Anstieg der nachgefragten Mobilitätszuschüsse der StudentInnen steht ein nicht proportional ansteigender Haushalt gegenüber. Die Finanzierungsbedingungen für Auslandsaufenthalte von Studierenden haben sich über die Jahre verschlechtert und liegen in meinem Erhebungszeitraum bei ca. 300 DM monatlich (vgl. DAAD, 2001).

---

3  Diese 29 Länder sind: Österreich, Belgien, Bulgarien, Zypern, Tschechische Republik, Deutschland, Dänemark, Estland, Spanien, Finnland, Frankreich, Großbritannien, Griechenland, Ungarn, Irland, Island, Italien, Lichtenstein, Litauen, Luxemburg, Lettland, Niederlande, Norwegen, Polen, Portugal, Rumänien, Schweden, Slowenien und die Slowakische Republik.

Das Erasmusprogramm setzt eine *institutionelle Zusammenarbeit* zwischen den beteiligen Hochschulen voraus. Diese wird durch die Einführung eines Hochschulvertrages 1997/98 noch verstärkt. StudentInnen können ihren Erasmusaufenthalt nur an einer ausländischen Hochschule verbringen, zu der ihre Heimathochschule Kontakte besitzt. Bei Heimathochschulen, die nur wenige Auslandskontakte haben, ist demnach die Wahl des Gastlandes und der Austauschstadt entsprechend eingeschränkt.

Das Erasmusprogramm sieht die *lokale Betreuung* der ausländischen ErasmusstudentInnen vor (vgl. Teichler, 1999). Diese ist von dem Engagement der jeweiligen Hochschulen abhängig und kann aus Informationen zum Studium, Hilfe bei der Einschreibung, Anmeldung bei der Ausländerbehörde, Exkursionen, Wohnungsvermittlung und Sprachkursangeboten bestehen.

Dem Erasmusprogramm liegt ein »*inkorporiertes Auslandsstudienkonzept*« zugrunde (vgl. Teichler, 1999). Das Auslandsstudium wird als integraler Bestandteil des Heimatstudiums verstanden. Die im Ausland erworbenen Leistungsnachweise sollen in voller Höhe in der Heimatuniversität anerkannt werden, um Verlängerungen der Gesamtstudienzeit zu vermeiden. Aus diesem Grund wird auch das ECTS-Programm, das »European Community Course Credit Transfer System«, seit dem Ende der 80er Jahre gefördert, welches die Verbesserung der Anerkennung des Auslandsstudiums mit Hilfe eines Kreditpunktesystems erreichen will.

### 2.2.1.3   Zielsetzungen des Erasmusprogramms

Das Erasmusprogramm, welches am 15. 6.1987 vom Rat der Europäischen Gemeinschaften beschlossen wurde, verfolgt Zielsetzungen in unterschiedlichen Bereichen:

*Wirtschaftlicher Bereich:* Durch die Förderung des Studiums im europäischen Ausland sollen europäische Eliten herangebildet werden, welche die wirtschaftliche Zusammenarbeit in der Europäischen Union vorantreiben können und wollen. Ein wichtigstes Ziel des Erasmusprogramms ist demnach: »über Hochschulabsolventen zu verfügen, die unmittelbare Erfahrungen bei der innergemeinschaftlichen Zusammenarbeit haben, um dadurch die Grundlage zu schaffen, auf der sich eine intensive Zusammenarbeit auf Gemeinschaftsebene im wirtschaftlichen und sozialen Bereich entwickeln kann«[4].

*Kultureller Bereich:* Zur Erreichung dieser wirtschaftlich Ziele erscheint es nötig, die »kulturellen Kompetenzen« der zukünftigen europäischen Entscheidungsträger zu fördern. So sollen ErasmusstudentInnen durch den Studienaufenthalt im europäischen Ausland ihre Fremdsprachenkenntnisse verbessern und die kulturellen Bedingungen im Gastland kennen lernen, um so »Europakompetenzen« zu entwickeln[5].

---

4  Beschluss des Rates der Europäischen Gemeinschaften vom 15.6.87 über ein gemeinschaftliches Aktionsprogramm zur Förderung der Mobilität von Hochschulabsolventen (Erasmus), Artikel 1 (1) und (2).

5  Ebd.

Was »Europakompetenzen« sein könnten, führt Dethloff aus: »Soll die Niederlassungsfreiheit, sollen die vielfältigen Möglichkeiten der binnenwirtschaftlichen Kooperation und Verschmelzung innerhalb *des marché unique* mit Erfolg wahrgenommen werden, dann muss der «mobilitätswillige» Arbeitnehmer Europakompetenz aufbauen. Dazu gehört, dass man das Partnerland in seinem Beziehungsgeflecht zu anderen Ländern kennt und das kulturelle Wertsystem, das soziale Gefüge, die spezifischen Lebens- und Sozialisationsformen des Anderen in ihrer Geschichtlichkeit verstehen lernt« (Dethloff, 1993, S. 34). »Europakompetenzen«, die zu wirtschaftlicher Zusammenarbeit in der Region Europa führen sollen, bedeuten demnach u. a., die Bereitschaft zur Mobilität, hohe fachliche Qualifikationen und Kenntnisse über die »fremden europäischen Kulturen«. »Kulturkontakte« innerhalb Europas zu ermöglichen, ist also ein weiteres wichtiges Ziel des Erasmusprogramms.

*Wissenschaftlicher Bereich:* Zur langfristigen Stärkung des Wirtschaftsstandortes Europa werden nicht nur kulturelle sondern auch fachliche Kompetenzen als relevant eingestuft. So sieht eine weitere Zielsetzung des Erasmusprogramms die Verbesserung der fachlichen universitären Ausbildung durch den Auslandsaufenthalt von Studierenden und Dozenten vor[6]. Durch den Kontakt mit anderen inhaltlichen Schwerpunkten und unterschiedlichen Lehrmethoden im Gastland sollen die ErasmusstudentInnen ihre fachlichen Kenntnisse erweitern. Die Gasthochschule kann ihrerseits von dem Innovationspotential der GaststudentInnen profitieren, um ihre Ausbildungsangebote zu verbessern.

*Sozialpolitischer (ideologischer) Bereich:* Das Erasmusprogramm soll nicht nur die wirtschaftliche Zusammenarbeit in Europa langfristig fördern, sondern auch die Identifikation der Bürger mit der Europäischen Gemeinschaft vertiefen (vgl. Smith, 1996, S. 131). So ist eine Zielsetzung des Erasmusprogramms: »das Zusammenwirken der Bürger der einzelnen Mitgliedsstaaten mit dem Ziel zu verstärken, den Begriff eines Europas der Bürger zu festigen«[7]. Die Idee eines »geeinten Europas« soll durch das Beispiel der ErasmusstudentInnen verbreitet werden und an Akzeptanz gewinnen.

Nachdem nun die Bildungsmigration nach Europa, die Bildungspolitik der Europäischen Gemeinschaft, die sich in den Zielsetzungen des Erasmusprogramms ausdrückt, vorgestellt wurde, soll nun die Situation in Deutschland, bildungspolitische Zielsetzungen der Bundesregierung sowie die Umsetzung des Erasmusprogramms in Deutschland behandelt werden.

## 2.3    Bildungsmigration nach Deutschland

Deutschland ist mit 165 977 ausländischen Studierenden 1996/97 das drittwichtigste Zielland internationaler Bildungsmigration. In dieser Zahl sind allerdings auch die sogenannten »Bildungsinländer« enthalten. Dies sind StudentInnen, die ihr Abitur in

---

6  Ebd.
7  Ebd.

Deutschland erworben haben. Diese »Bildungsinländer« sind häufig Kinder von türkischen oder griechischen Migranten, die in Deutschland aufgewachsen sind. Durch die Einbeziehung der »Bildungsinländer« in die Statistik der »ausländischen Studierenden« ergibt sich, dass unter den drei wichtigsten Herkunftsgebieten ausländischer Studierender in Deutschland 1994 die Türkei an erster Stelle (14,4%), der Iran an zweiter Stelle (7,2%) und Griechenland an dritter Stelle (5,5%), zu finden sind (vgl. List, 1998, S. 29).

1996 machten die ausländischen Studierenden 8,3% der deutschen Studentenschaft aus. Nach Abzug der »Bildungsinländer« sind es allerdings nur noch 5,5%. Von diesen 5,5% »Bildungsausländer« an der deutschen Studentenschaft kommen 3,4% aus Entwicklungsländern und 2,1% aus Industrieländern (vgl. Schnitzer, 1999).

Betrachtet man sowohl die »Bildungsinländer« als auch die »Bildungsausländer« in Deutschland, stammten 1999 die meisten aus Europa (ca. 63%). Mit ca. 20,7% bildeten die Asiaten die zweitgrößte Gruppe, gefolgt von den Afrikanern mit ca. 9,9% und schließlich den Amerikanern mit ca. 5,4% (vgl. Abbildung 3).

Die »Bildungsausländer« bestanden aus ca. 74% »free movers«, Studierenden, die ihren Deutschlandaufenthalt selbstständig organisiert haben und ca. 26% »Programmstudierenden«, die ihr Auslandsstudium innerhalb eines Austauschprogramms absolvierten und in der Regel ein Stipendium erhielten (vgl. Schnitzer, 1999, S. 2).

### 2.3.1 Bildungspolitische Zielsetzungen

Das Studium der »Bildungsausländer« wird von der Bundesregierung aufgrund unterschiedlicher politischer Zielsetzungen gefördert und begrüßt. Die Bildungsmigration von *Studierenden aus Entwicklungsländern* wird vor allem als »Bildungshilfe« im Rahmen der Entwicklungshilfe verstanden. Die in Deutschland ausgebildeten Intellektuellen sollen nach dem Studienabschluss in ihre Heimatländer zurückgehen, ihr erworbenes Wissen zum Aufbau ihres Landes einsetzten und für Deutschland Partner in der technologischen und wirtschaftlichen Zusammenarbeit werden (vgl. Schnitzer, 1999, S. 8).

Durch die Förderung des Studentenaustausches zwischen Deutschland und den anderen *Industrieländern*, sollen zukünftige wirtschaftliche Partner im Ausland herangebildet werden. Besondere Bedeutung haben die ausländischen Studierenden aus dem europäischen Ausland, da durch sie der europäische Einigungsprozess vorangebracht werden soll. Bei dieser Studentengruppe entsprechen die Ziele der deutschen Bildungspolitik denen der europäischen Bildungspolitik, die unter 2.2.1.3 schon dargestellt worden sind (vgl. Schnitzer, 1999, S. 9).

### 2.3.2 Erasmusprogramm in Deutschland

Von den ca. 39 000 ausländischen Studierenden aus Industrieländern im Jahre 1997 in Deutschland kommen 9701 im Rahmen des Erasmusprogramms[8]. Damit ist 1997 jeder vierte »Bildungsausländer« in Deutschland aus Industrieländern ein Erasmusstudent/ eine Erasmusstudentin. Der hohe Anteil, den die ErasmusstudentInnen an der Gruppe der ausländischen Studierenden aus Industrieländern ausmachen, lässt auf die große Bedeutung dieser Gruppe für die Umsetzung der oben genannten bildungspolitischen Zielsetzungen der Bundesregierung schließen.

Deutschland ist 1999/2000 mit 14 524 aufgenommen Studierenden das viertwichtigste Erasmus*aufnahmeland*. Da 15 715 deutsche Studierende in diesem Zeitraum mit Erasmus ins Ausland gingen, ist Deutschland das drittwichtigste Erasmus*entsendeland* (vgl. DAAD, 2001).

Die Beteiligung deutscher Studierender am Erasmusprogramm entwickelte sich seit der Gründung des Programms 1987 sehr schnell. Im ersten Erasmusjahr 1987 bekamen ca. 649 deutsche Studierende ein Erasmusstipendium. Zum Ende der ersten Phase von Erasmus 90/91 waren es bereits 4 924 und 1999/2000 bekommen 14 524 deutsche Studierende ein Erasmusstipendium (vgl. Puff, 1997, S. 132). Insgesamt sind von 1989–2000 119 989 deutsche Studierende mit dem Erasmusprogramm ins Ausland gegangen[9].

Die deutschen ErasmusstudentInnen studieren 1999/2000 zu 66% BWL, Sprachen, Rechtswissenschaften, Sozialwissenschaften oder Ingenieurswissenschaften[10].

Die fünf wichtigsten *Zielländer* deutscher ErasmusstudentInnen sind 1999/2000: Großbritannien (3922 StudentInnen), Frankreich (3155), Spanien (2613), Italien (1245) und Schweden (955)[11].

In Deutschland sind die fünf wichtigsten *Herkunftsländer* von ErasmusstudentInnen 1999/2000: Frankreich (2787 StudentInnen), Spanien (2437), Italien (1734), Großbritannien (1583) und Polen (972)[12].

Die vom Erasmusprogramm vorgesehene institutionelle Zusammenarbeit zwischen den beteiligten Hochschulen wird an den deutschen Hochschulen in der Regel von den Akademischen Auslandsämter (AAA's) koordiniert. Sie sind die Verbindungsstellen zwischen dem Deutschen Akademischen Austauschdienst (DAAD), der deutschen Zentralstelle des Erasmusprogramms und den lokalen Universitätsleitungen, Universitätsverwaltungen, Fachbereichen, beteiligten Hochschulprofessoren und deutschen und ausländischen Studierenden.

Die lokalen Akademischen Auslandsämter sind zudem verantwortlich für die Vorbereitung der deutschen ErasmusstudentInnen vor ihrem Auslandsaufenthalts

---

8   Schnitzer, 1999; Sokrates/Erasmus 1996/97; eigene Berechnungen.
9   vgl. DAAD, 2001.
10  Ebd.
11  Ebd.
12  Ebd.

sowie für die Betreuung der ausländischen Erasmusstudierenden vor Ort. Die lokale, soziale Betreuung der ausländischen ErasmusstudentInnen wird in Deutschland von den Akademischen Auslandsämtern der Hochschulen in Zusammenarbeit mit den Fachbereichen, Professoren und lokalen Betreuungsinitiativen wie z. B. AEGEE, ELSA, AIESEC, ASTA übernommen. Unter »sozialer Betreuung« werden die Wohnungsvermittlung, Orientierungsveranstaltungen zu Beginn des Deutschlandaufenthaltes, Exkursionen, Feste, Beratungen und Ähnliches verstanden. Bei der fachlichen Betreuung arbeiten die AAA's vorwiegend mit Professoren und Fachbereichen zusammen. Als »fachliche Betreuung« werden u. a. Sprachkursangebote, Sonderkurse im Studienfach für ErasmusstudentInnen, Hilfe bei der Stundenplanerstellung und ECTS-Beratungen verstanden.

### 2.3.4 Hypothesen über die Auswirkung der Rahmenbedingungen des Erasmusprogramms auf Handlungsmuster der Stipendiaten in Deutschland

Nachdem nun das Erasmusprogramm und seine Umsetzung in Deutschland vorgestellt wurde, soll überlegt werden, welche Bedeutung die organisatorischen Rahmenbedingungen des Austauschprogramms für die Wahrnehmungs- und Handlungsweisen der ErasmusstudtInnen in Deutschland haben könnten. Die aufgestellten Hypothesen sollen durch die empirische Erhebung überprüft werden.

*Vermuteter Einfluss der organisatorischen Rahmenbedingungen auf die sozialen Kontakte der Erasmusstudierenden in Deutschland:* Da wie dargestellt, durch das Erasmusprogramm nur ein Studium von ein oder zwei Semestern im Ausland gefördert wird, befinden sich die Stipendiaten in der Regel nur zwischen vier und zwölf Monaten in Deutschland. Dies bedeutet, dass sie hier in der Regel keinen Studienabschluss machen müssen oder können. Um die Anrechnung der in Deutschland erworbenen Leistungsnachweise im Heimatland zu gewährleisten, sind die Erasmusstudierenden gehalten, ihren deutschen Stundenplan mit ihren Heimatprofessoren abzusprechen. Sie können ihre Lehrveranstaltungen in Deutschland demnach nicht völlig unabhängig wählen, wenn sie sich diese auf ihr Studium im Heimatland anrechnen lassen wollen. Dieser Umstand könnte Auswirkungen auf die sozialen Kontakte haben, da ErasmusstudentInnen von der gleichen Heimatuniversität, dem gleichen Studienjahr und Studienfach vermutlich auch die gleichen Lehrveranstaltungen in Deutschland besuchen müssen, um anrechenbare Scheine zu erwerben. Die Kontaktmöglichkeiten zu bekannten Kommilitonen aus dem Heimatland sind damit im Rahmen des Studiums in Deutschland vermutlich besonders hoch.

> *Hypothese 1:* Während des Studiums in Deutschland haben die Erasmusstudierenden vor allem Kontakte zu Kommilitonen ihrer Heimatuniversität, da diese die gleichen Studienverpflichtungen erfüllen müssen wie sie selbst und sich eine Zusammenarbeit anbietet.

Da die ErasmusstudentInnen nur eine relativ kurze Zeit in Deutschland leben, ist ihre soziale Integration vermutlich in hohem Maße von dem Umfang und der Art der angebotenen lokalen Betreuung/Hilfestellung abhängig. Hier ist zu vermuten, dass Betreuungsangebote, die sich ausschließlich an ErasmusstudentInnen richten, häufige Kontaktmöglichkeiten der ausländischen Studierenden untereinander schaffen. Betreuungsangebote, die sich sowohl an deutsche als auch an ausländische Studierende richten, werden dagegen auch Kontakte zu deutschen StudentInnen ermöglichen.

> *Hypothese 2:* Die deutschen Kontakte der Erasmusstudierenden in Deutschland sind von der Vermittlung durch lokale Betreuungsorganisationen abhängig.

Obwohl sich 29 Länder am Erasmusprogramm beteiligen, stammen 1999/2000 über 60% der ErasmusstudentInnen in Deutschland aus nur fünf Ländern: Frankreich, Spanien, Italien, Großbritannien oder Polen[13]. Es ist anzunehmen, dass sich für die Studierenden aus diesen Ländern sehr viel mehr Möglichkeiten bieten, sich während ihres Deutschlandaufenthalts mit Landsleuten anzufreunden als für die Studierenden der übrigen Nationalitäten.

> *Hypothese 3:* Studierende, aus deren Ländern sehr viele andere Erasmusstudierende in Deutschland verweilen, werden intensivere Kontakte zu Landsleuten haben und weniger intensive zu deutschen Studierenden als Stipendiaten, aus deren Ländern sich nur eine geringe Anzahl von Austauschstudierenden in Deutschland befinden, da diese ihre Kontaktbedürfnisse nicht durch Freundschaften zu Landsleuten erfüllt können.

Da das Erasmusprogramm die institutionelle Zusammenarbeit zwischen den beteiligten Hochschulen voraussetzt, können die ErasmusstudentInnen ihre Zielländer und die Standorte der Gasthochschulen nicht völlig frei wählen. Es ist anzunehmen, dass dieser Sachverhalt einen Einfluss auf ihre Motivation hat, Deutsch zu lernen und Kontakte zu Deutschen zu suchen. Wenn Deutschland nicht das eigentlich gewünschte Zielland ist und die Austauschstadt ebenfalls nicht attraktiv erscheint, ist zu vermuten, dass dies zu geringer Motivation führen kann, Deutsch zu lernen und Kontakte zu Deutschen zu suchen .

> *Hypothese 4:* Studierende, für die Deutschland nicht das gewünschte Zielland ihres Auslandsaufenthalts ist, werden geringes Interesse an Kontakten zu Deutschen zeigen.

*Vermuteter Einfluss der organisatorischen Rahmenbedingungen auf die Studienbeteiligung der Erasmusstudierenden in Deutschland:* Da Erasmus ein Teilförderprogramm ist, wird auch nur ein Teil der Kosten des Deutschlandaufenthaltes von dem Programm übernommen. Wie groß dieser Teil ist, hängt von dem jeweiligen Herkunftsland der Studierenden und ihrer Heimathochschule ab, die die Mittel zuteilt. So kann dass Stipendium ca. zwischen 200 und 700 DM monatlich betragen[14]. Die Höhe des Stipendiums könnte Auswirkungen auf die Studienintensität der Stipendiaten in Deutschland haben. Ich nehme an, dass Erasmusstudierende, die ein geringes Stipendium erhalten eher gezwungen sind zu jobben als Studierende mit einem hohen Sti-

---

13 Ebd.

pendium und sie aus diesem Grund weniger Zeit haben, sich auf ihr Studium zu konzentrieren.

*Hypothese 5*: Erasmusstudierenden die in Deutschland einer Erwerbstätigkeit
nachgehen, werden sich weniger intensiv am Studium an der Gasthochschule
beteiligen als Stipendiaten, die nicht jobben.

In welchem Umfang die ausländischen Studierenden am Studium in der Gastuniversität teilnehmen, wird vermutlich von den Anforderungen der Heimatuniversität
abhängen.

*Hypothese 6*: Die Leistungsanforderungen der Heimatuniversität beeinflussen die
Studienbeteiligung der Erasmusstudierenden in Deutschland.

Die Anrechnung der während des Auslandaufenthalts erworbenen Leistungsnachweise soll im Erasmusprogramm durch das Kreditpunktesystem ECTS gewährleistet
werden.

*Hypothese 7*: Je besser die Implementierungen des ECTS-Programms in den
Heimat- und Gasthochschulen erfolgt sind, desto höher ist die Studienbeteiligung
der ausländischen Studierenden während ihres Deutschlandaufenthalts.

Nachdem nun das europäische Erasmusprogramm mit seinen Charakteristika und
Zielsetzungen vorgestellt wurde und Hypothesen über die mögliche Bedeutung der
organisatorischen Rahmenbedingungen des Austauschprogramms für die Handlungsweisen der Stipendiaten aufgestellt wurden, sollen die wichtigsten theoretischen
Konzepte, die üblicherweise in der »Austauschforschung« zu Analyse des Ausländerstudiums herangezogen werden, vorgestellt werden.

---

14 Angaben aus den von mir geführten Interviews.

# 3. Empirische Ergebnisse und theoretische Konzepte der Austauschforschung

In diesem Kapitel wird der Forschungsstand zu meinem Thema dargestellt. Zunächst werden die existierenden empirischen Arbeiten vorgestellt und deren Ergebnisse kritisch auf ihre Validität überprüft. Im zweiten Schritt werden die zentralen theoretischen Annahmen, auf denen die Studien beruhen identifiziert. Durch die kritische Auseinandersetzung mit den empirischen Ergebnissen und den Theorieangeboten der Austauschforschung soll ein geeigneter Rahmen für die eigene empirische Untersuchung geschaffen werden. Nachdem die wichtigsten theoretischen Konzepte und empirischen Ergebnisse der Austauschforschung vorgestellt und kritisiert wurden, steht am Ende des Kapitels der eigene Forschungsrahmen, auf dessen Grundlage Hypothesen über diejenigen Einflussfaktoren, welche die Studienbeteiligungen der Erasmusstudierenden in Deutschland, ihre Kontaktaufnahmen zu Deutschen und ihre Deutschland- und Heimatbilder beeinflussen aufgestellt werden. Ihr tatsächlicher Erklärungswert wird dann anschließend durch die eigene empirische Erhebung ermittelt.

## 3.1 Empirische Ergebnisse der Austauschforschung

### 3.1.1 Einführung in die Austauschforschung

Die internationale Bildungsmigration wird von der »Austauschforschung« untersucht. Die »Austauschforschung« ist ein interdisziplinäres Forschungsfeld, in dem vor allem Sozialpsychologien, Soziologen, Pädagogen und Politologen arbeiten. »Ursachen, Voraussetzungen, Ablauf und Folgen interkultureller Begegnungen zwischen Personen und Personengruppen sind Gegenstand der Austauschforschung« (Ehling, 1987, S. 255). Im Folgenden beschränke ich mich auf die Arbeiten zur Bildungsmigration, die neben der Arbeits- und Flüchtlingsmigration zum wichtigsten Forschungsbereich der Austauchforschung gehören. Die meisten Arbeiten zu diesem Thema wurden in den USA verfasst, dem bedeutendsten Zielland internationaler Bildungsmigration. Dort liegen etwa 1000 Forschungsarbeiten zu diesem Thema vor, davon 100 in Buchform. In europäischen Ländern war die Zahl der Forschungsarbeiten demgegenüber gering und bewegte sich zwischen zehn und fünfzig in den größeren Ländern (Danckwortt, 1984, S. 13).

Die »Austauschforschung« beginnt im Jahre 1952, als in den USA nach dem stetigen Anstieg der auf die USA gerichteten Bildungsmigration erstmals vom »International Educational Exchange Service« des U.S. Department of State Forschungsaufträge zur Auswertung der staatlichen Austauschprogramme (Fulbright, Smith-Mundt) vergeben werden. Daneben wurde der amerikanische »Social Science Reseach Council«, ein »Commitee on Cross-Cultural Education«, gegründet, das ebenfalls einige größere Forschungsarbeiten über ausländische Studenten in Auftrag gab. Die Entwicklung der Austauschforschung in den USA wird vor allem durch drei politisch-administrative Bedingungen beeinflusst (vgl. Breitenbach, 1974, S. 27). Erstens wird die Auslandsbildung nach dem zweiten Weltkrieg als außen- und sicherheitspolitisches Instrument von der amerikanischen Regierung eingesetzt, um »Mitstreiter« im ideologischen Kampf zu gewinnen. Dies gelingt jedoch nicht immer. So hatten z. B. einige chinesische StudentInnen, die einen Auslandsaufenthalt in den USA verbringen, später Schlüsselpositionen in der kommunistischen Regierung ihres Landes inne und schürten den »Hass gegen Amerika«. Dies wurde als »Versagen« der Austauschprogramme gewertet (vgl. Danckwortt, 1959, S. 8). Evaluationen sollten dann die Mängel in den staatlichen Austauschprogrammen aufdecken. Zweitens steigen die Zahlen von ausländischen Studenten nach dem zweiten Weltkrieg sprunghaft an,[14] was administrative Probleme nach sich zieht, deren Lösungen in den Programmevaluationen erarbeitet werden sollen. Drittens gibt es Regierungsabteilungen, die sich mit der Lösung der organisatorischen Schwierigkeiten beschäftigten und auf eine wissenschaftliche Analyse ihres Tätigkeitsgebietes drängen.

Thematische Schwerpunkte der amerikanischen Untersuchungen waren vor allem die Erforschung der »kulturellen Anpassung« im Gastland und der erhofften positiven Einstellungsänderungen, aber auch der Rückeingliederungen der ehemaligen Austauschstudenten in ihre Heimatgesellschaften. Diese thematische Ausrichtung der amerikanischen Arbeiten zur Bildungsmigration erstaunt nicht, da die obersten Ziele der staatlichen Austauschprogramme die »internationale Völkerverständigung« und dabei insbesondere die Schaffung von »Freunden und Förderer« der Vereinigten Staaten waren. Ihre Erreichung sollte durch die Programmevaluationen überprüft werden (vgl. Breitenbach, 1974, S. 24).[15]

In Europa finden sich im Vergleich zur US-amerikanischen Forschung wenige Arbeiten zum Thema der internationalen Bildungsmigration, was zum Teil an der mangelnden finanziellen Förderung dieses Forschungsfeldes durch staatliche Institutionen oder der im Vergleich mit den USA lange Zeit geringeren Bedeutung der empirischen Sozialforschung liegen mag (Ebd., S. 53).

Ähnlich wie in den USA wird das Ausländerstudium in Europa vor allem unter dem Gesichtspunkt von kulturellen »Anpassungsproblemen« der ausländischen StudentInnen an die Kultur des Gastlandes betrachtet. Vor diesem Hintergrund werden die spezifischen Probleme der ausländischen StudentInnen identifiziert und u. a. als »Kulturschockphänomene«, »soziale Isolation«, »Diskriminierung«, »Studienabbruch«, »Identitätsverlust« bzw. als »psychische Probleme« beschrieben.

---

14 Die Zahlen ausländischer StudentInnen in den USA liegen im Studienjahr 1944–45 bei 6.954 und im Jahr 1946–47 schon bei 14.942.

15 Die »ideologischen« Ziele, die mit der Schaffung von Austauschprogrammen verfolgt wurden, lassen sich am Beispiel des »Umerziehungsprogramms« für 12 000 Deutsche, die nach 1945 in die Vereinigten Staaten eingeladen wurden, verdeutlichen (Danckwortt, 1959, S. 8).

Ein großer Teil der empirischen Erhebungen zu ausländischen StudentInnen in Deutschland kommt ohne eine im engeren Sinne wissenschaftliche Fragestellung aus. Er ist deskriptiv, ohne dass deutlich gemacht wird, was eigentlich beschrieben werden soll. Auf diese Weise kommt es zu anekdotenhaft zusammengetragenen Einzelergebnissen, denen allgemeine theoriegeleitete Deutungen fehlen[16]. »Der größte Teil der empirischen Arbeiten beruht auf keinem theoretischen Ansatz. Empirisches Datensammeln kann als ein hervorstechendes Merkmal der bisherigen Studien angesehen werden« (Ehling, 1987, S. 249). Ein Vergleich dieser Arbeiten erscheint daher auf den ersten Blick sehr schwierig zu sein.

Es ist jedoch möglich, die impliziten theoretischen Setzungen der einzelnen Untersuchungen aus der Art der Fragestellung bzw. der den Probanden gestellten Fragen und der vorgenommenen Deutungen zu ermitteln.

Bei der Durchsicht der empirischen Untersuchungen zu ausländischen StudentInnen in Deutschland fällt zunächst auf, dass fast alle Erhebungen mit Hilfe standardisierter Befragungen stattfinden[17]. Die meisten Arbeiten wollen die besonderen Probleme ausländischer StudentInnen erheben, um zur Verbesserung ihrer Lebenssituation Kenntnisse bereitzustellen (siehe Thomas, 1984, S. 35). Es handelt sich um stark anwendungsbezogene Untersuchungen, die sich selten wissenschaftlicher Theorien bedienen.

Betrachtet man die inhaltlichen Schwerpunkte der empirischen Erhebungen wird deutlich, dass fast in allen Untersuchungen die sozialen Kontakte der ausländischen StudentInnen zu Deutschen sowie ihre Einstellungen zu Deutschland erhoben werden[18]. Es stellt sich die Frage, warum gerade diese beiden Bereiche so häufig und so intensiv erforscht wurden und werden. Da in den meisten Arbeiten davon ausgegangen wird, dass das Auslandsstudium als »Kulturkontakt« zwingend »Kulturkonflikte« verschiedener Ausprägung provozieren muss, werden die *sozialen Kontakte* der ausländischen StudentInnen zu Deutschen erhoben. Es wird angenommen, dass hier die »Kulturkonflikte« verortet werden können. als Folge der unterschiedlichen kulturellen Prägungen der Interaktionspartner werden Interaktionsprobleme vermutet, die sich in geringen Kontakten der ausländischen Studierenden zu Personen der Gastlandskultur niederschlage. Wenige soziale Kontakte zwischen ausländischen StudentInnen und Deutschen werden dann als Ausdruck einer missglückten »kulturellen Anpassung« der ausländischen StudentInnen verstanden, die wiederum auf eine »unüberbrückbar« große »kulturelle Distanz« zwischen den beteiligten Kulturen zurückgeführt wird. Da sich die Förderung der »kulturellen Anpassung«, des »Kulturkontakts«, des »interkulturellen Lernens«, der »interkulturellen Kommunikation« usw. als Zielsetzungen in den meisten Austauschprogrammen finden, wird mit der Erhebung der sozialen Kontakte ausländi-

---

16 Übersichten finden sich bei: Bockhorni, 1987, Breitenbach, 1974, Ehling, 1987.

17 Vgl. u. a. Battaglia, 1999, Ehling, 1987, Geenen, 1997, Ibaidi, 1993, Schnitzer, 1999, Teichler, 1997, Wahab, 1998.

18 Vgl. u. a. Battaglia, 1999, Ehling, 1987, Geenen, 1997, Grüneberg, 1978, Ibaidi, 1993, Schnitzer, 1999, Teichler, 1997, Tjioe, 1972, Wahab, 1998.

scher StudentInnen zur Gastlandbevölkerung gleichzeitig die Erreichung der Ziele der Austauschprogramme überprüft[19].

Ähnlich wie die sozialen Kontakte gelten auch *Einstellungen* der ausländischen StudentInnen zu Deutschen und zu Deutschland als Indikatoren für stattgefundene »kulturelle Anpassung«. In diesem Bereich wird besonders auf nationale Auto- und Heterostereotypen, also Stereotypen, die sich auf die eigene und fremde Gruppe beziehen, eingegangen. Hier besteht die Annahme, dass sich besonders große »kulturelle Distanz« bzw. nicht stattgefundene »kulturelle Anpassung« in besonders negativen Einstellungen zum Gastland und zur Gastlandbevölkerung sowie in positiven Einstellungen zur eigenkulturellen Gruppe ausdrückt.

Da das Ausländerstudium als »Kulturkontakt« zwischen Trägern verschiedener Nationalkulturen konzipiert wird, untersuchen einige Arbeiten den Zusammenhang von Einstellungen und sozialen Kontakten. Hier werden Einstellungen als »Kontakthemmnisse« untersucht[20]. Kontaktbarrieren ergeben sich nach dieser Vorstellung aus negativen Einstellungen der ausländischen StudentInnen zu Deutschen, aus von den StudentInnen vermuteten negativen Einstellungen der Deutschen und aus tatsächlichen negativen Einstellungen der Deutschen gegenüber den ausländischen Studierenden.

Auf der anderen Seite besteht die Vorstellung, dass positive Einstellungsänderungen zur Gastlandbevölkerung durch »Kulturkontakte« erreicht werden. Besonders positive Erfahrungen mit Personen des Gastlandes können demnach unter bestimmten Bedingungen zu einer positiven Einstellungsänderung der ausländischen StudentInnen führen.

Im Folgenden soll die in der Austauschforschung übliche Operrationalisierung der theoretischen Annahmen an ausgewählten empirischen Arbeiten verdeutlicht werden. Die theoretische und methodische Analyse der bestehenden Arbeiten soll als Vorbereitung der eigenen empirischen Erhebung dienen.

### 3.1.2 Soziale Kontakte ausländischer Studierender

#### 3.1.2.1 Beschreibung der sozialen Kontakte

In fast allen mir vorliegenden Studien werden die Kontakte der ausländischen StudentInnen zur Gastlandbevölkerung mit Hilfe standardisierter Fragebögen erhoben. Die Ergebnisse in diesem Bereich stimmen weitgehend überein und stellen einen Mangel an Kontakten zwischen Deutschen und ausländischen StudentInnen fest [21].

Methodisch ist an diesen Erhebungen der sozialen Kontakte ausländischer StudentInnen während ihres Aufenthaltes in Deutschland zu kritisieren, dass einige Arbeiten nicht zwischen Kontakthäufigkeit und Kontaktintensität differenzieren bzw. nur eins

---

19 Vgl. u. a. Rosselle, 1999, Teichler, 1997.
20 Vgl. u. a. Bargel, 1998, Ehling, 1987, Grüneberg, 1978, Ibaidi, 1993, Tjioe, 1972.
21 Vgl. u. a. Bargel, 1998, S.197, Battaglia, 1999, S.130, Ehling, 1987, S.448, Grüneberg, 1978, S.72, Kotenkar, 1980, S.133, Schnitzer, 1999, S.26, Tjioe, 1972, S. 125, Wahab, 1998, S.133.

von Beidem erheben[22]. Dies ist problematisch, da die Kontakte nur beurteilt werden können, wenn sowohl Häufigkeit als auch Intensität bekannt sind. Es gibt keine feste Beziehung zwischen Häufigkeit und Intensität; man kann jemanden jeden Tag treffen, ohne dass man ihm je etwas Persönliches anvertrauen würde, oder man hat einen guten Freund/ eine gute Freundin, mit dem/der sehr intensive Gespräche geführt werden, obwohl man sich nur einmal im Jahr sieht.

In anderen Arbeiten werden nur die individuellen Bewertungen der Kontakte zur deutschen Bevölkerung erhoben, ohne auf Häufigkeit oder Intensität einzugehen[23]. Dies ist ebenfalls zu kritisieren, da von der geäußerten Unzufriedenheit der Befragen mit ihren Kontakten zu Deutschen auf tatsächlich unzureichende Kontakte geschlossen wird. Dieser Schluss ist problematisch, da die Beurteilung der Kontakte vermutlich vor allem von den gesetzten Zielen zur Kontaktaufnahme mit Deutschen und deren Erreichung abhängt und nicht »objektiv« beurteilt wird. Wer also wenig Interesse hat, Deutsche kennen zu lernen, wird mit seinen wenigen deutschen Kontakten zufrieden sein und diese Zufriedenheit im Fragebogen äußern. Dies wiederum würde fälschlicherweise als Hinweis auf tatsächlich vorhandene Kontakte gedeutet.

Daneben werden die sozialen Kontakte der ausländischen Studierenden im Gastland in den meisten Studien  nicht nach Lebensbereichen differenziert erhoben. Dieses Vorgehen ergibt jedoch ein sehr unscharfes Bild, da es z. B. denkbar ist, dass bei Studienaktivitäten häufige Kontakte zu deutschen Studenten bestehen, aber im privaten Bereich häufiger Landsleute getroffen werden[24].

Zudem ist zu kritisieren, dass häufig nur die Kontakte zu Deutschen[25] erhoben werden, ohne diese in Beziehung zu Kontakten zu Landsleuten oder sonstigen Ausländern zu setzen[26]. Es ist jedoch zu vermuten, dass sich die Kontakte zu Deutschen nur auf der Grundlage der gesamten sozialen Kontakte beurteilen lassen[27].

Auch wird in den meisten empirischen Erhebungen zu sozialen Kontakten ausländischer Studierender weder nach dem Zeitpunkt der Kontaktaufnahme noch nach den typischen Kontaktorten gefragt[28]. Der Zeitpunkt der Kontaktaufnahme könnte aber

---

22 Vgl. u. a. Teichler, 1997, Ehling, 1987, Geenen, 1997, Wahab, 1998, Tjioe, 1972, Bargel, 1998, Rosselle, 1999.

23 Vgl. u. a. Battaglia, 1999, Grüneberg, 1978, Kotenkar, 1980, Rosselle, 1999, Schnitzer, 1999.

24 Vgl. u. a. Battaglia, 1999, Beckhusen, 1983, Geenen, 1997, Grüneberg, 1978, Kotenkar, 1980, Rosselle, 1999, Schnitzer, 1999, Wahab, 1998.

25 In der Regel wird nicht zwischen Kontakten zur deutschen Bevölkerung im Allgemeinen und Kontakten zu deutschen Studierenden unterschieden.

26 Vgl. u. a. Battaglia, 1999, Grüneberg, 1978, Kotenkar, 1980, Schnitzer, 1999.

27 In der Studie von Beckhusen (1983) wird nur die Anzahl der bekannten Landsleute erhoben und darüber auf die Kontakte zu Deutschen geschlossen. Hierbei wird pauschal angenommen, dass viele bekannte Landsleute auf wenige Kontakte zu Deutschen hindeuten, was aber überhaupt nicht überprüft werden kann, da Kontakte zu Deutschen nicht erhoben werden.

28 Vgl. u. a. Battaglia, 1999, Beckhusen, 1983, Ehling, 1987, Grüneberg, 1978, Kotenkar, 1980, Rosselle, 1999, Teichler, 1997.

interessant sein, um den Einfluss von unterschiedlichen Kontaktgruppen je nach Aufenthaltsdauer zu berücksichtigen. So könnten am Anfang des Auslandsaufenthaltes vor allem Kontakte zu Landsleuten bestehen, die der/die betreffende Student/in vielleicht schon im Heimatland kennen gelernt hat und die im Ausland Hilfestellungen und Orientierungen anbieten. Mit Beginn der Lehrveranstaltungen und im Laufe des Aufenthaltes in Deutschland kann man jedoch verstärkt Deutsche kennen lernen.

Der Ort der Kontaktaufnahme ist beachtenswert, da dieser darüber Aufschluss geben könnte, wo besonders leicht Kontakte geknüpft werden und an welchen Orten nicht. So könnte es sein, dass man vor und nach den Lehrveranstaltungen besonders viele Deutsche kennen lernt und im Wohnbereich nur andere ausländische StudentInnen, da die betreffenden ausländischen StudentInnen in einem Wohnheim, in dem überwiegend ausländische StudentInnen wohnen.

Insgesamt kann man festhalten, dass bisherige Untersuchungen zu ausländischen Studierenden Hinweise enthalten, dass die Kontakte zur Bevölkerung ihres Gastlandes während des Auslandsstudiums selten und wenig intensiv sind und dass sie von den Studierenden auch als ungenügend empfunden werden. Die Erhebungen weisen jedoch überwiegend erhebliche methodische Schwächen auf, die ein eher oberflächliches und verzerrtes Bild der sozialen Kontakte ausländischer StudentInnen zeichnen.

*Folgerungen für die eigene Arbeit:* Bei der Beschreibung der sozialen Kontakte von ErasmusstudentInnen in Deutschland sollte nach der Häufigkeit und der Intensität der Kontakte differenziert werden. Es ist sinnvoll, die soziale Kontakte im Gastland nach unterschiedlichen Kontaktgruppen (deutsche StudentInnen, sonstige Deutsche, Landsleute, sonstige ausländische StudentInnen) und differenziert nach Lebensbereichen (z. B. Wohnung, Studium, Freizeit) zu erheben. Weiter scheinen der Zeitpunkt und der Ort der Kontaktaufnahme wichtig zur Beschreibung der Kontakte zu sein.

## 3.1.2.2  Erklärung der sozialen Kontakte

Nachdem die in der Austauschforschung üblichen Messinstrumente zur Erhebung der sozialen Kontakte ausländischer Studierender in ihrem Gastland vorgestellt und ihre Validität kritisch hinterfragt worden ist, sollen nun die typischen Erklärungsvariablen für die sozialen Kontakte behandelt werden.

Weisen die mir vorliegenden Erhebungen der sozialen Kontakte ausländischer Studierender in Deutschland schon erhebliche methodische Mängel auf und ergeben sie schon ein oberflächliches, undifferenziertes Bild, so werden im Bereich der wissenschaftlichen Erklärung der sozialen Kontakte in vielen Arbeiten der Austauschforschung lediglich Hypothesen oder Behauptungen aufgestellt. Entweder werden Erklärungsvariablen in den standardisierten Fragebogenerhebungen gar nicht erhoben oder mit den erhobenen Variablen keine Korrelationen durchgeführt[29]. Das Niveau der stati-

---

29 Vgl. u. a. Battaglia, 1999, Beckhusen, 1983, Ehling, 1987, Geenen, 1997, Grüneberg, 1978, Kotenkar, 1980, Teichler, 1997, Tjioe, 1972, Schnitzer, 1999.

stischen Auswertungen der standardisierten Fragebogenerhebungen von ausländischen StudentInnen muss daher insgesamt als sehr niedrig eingestuft werden. In der Regel beschränken sich die Arbeiten auf Häufigkeitsauszählungen[30]. Einige Arbeiten testen den Erklärungswert einiger Variablen zwar in Kreuztabellen, diese sind dann allerdings in kein »Gesamtmodell« integriert.

Die erhobenen wenigen Kontakte zwischen ausländischen Studierenden und Deutschen werden dann in der Regel vorschnell als Ausdruck von »Kulturkonflikten« oder missglückten »Kulturkontakten« interpretiert. Im Folgenden werden die dominanten Ansätze zur Erklärung der sozialen Kontakte an ausgewählten empirischen Erhebungen vorgestellt und im Hinblick auf die Verwendbarkeit für die eigene Untersuchung beurteilt.

### 3.1.2.2.1    Soziale Kontakte als Ausdruck von »Kulturdifferenz«

Ein Teil der empirischen Arbeiten deutet die festgestellten fehlenden sozialen Kontakte der ausländischen StudentInnen zu Deutschen als Ausdruck der »unüberwindlichen« »objektiven« Kulturdifferenz zwischen Herkunfts- und Gastland, welche die Befragten als »Kulturträger« nicht überwinden könnten. »Kulturelle Anpassung ist unter diesem Aspekt weitgehend als Anpassung an reale Sozialpartner und Sozialsituationen, als Übernahme oder zumindest Vollzug sozialer Rollen und Normen der Gastgesellschaft zu verstehen, so dass entsprechende »Kontaktindices« hohe Validität für die Beurteilung kultureller Anpassung besitzen« (Ibaidi, 1993, S. 202). Mangelnde soziale Kontakte werden damit zu Indikatoren für fehlgeschlagene »kulturelle Anpassung«[31]. So interpretiert z. B. Tjioe (1972, S. 119) die von ihr erhobenen fehlenden Kontakte zwischen asiatischen Studentinnen und Deutschen als Ausdruck kulturbedingter Unterschiede in der Art der Kontaktaufnahme: »Offensichtlich sind hier asiatische Verhaltensnormen mit im Spiel, die sich nicht mit den deutschen vereinbaren lassen, so dass der ersehnte Erfolg ausbleibt«. Ausgehend von der »Nationalkulturdifferenzhypothese« wird dann vermutet, dass die eigenkulturelle Gruppe den ausländischen Studenten kulturell näher stehe und in der fremdkulturellen Umgebung Orientierung und Sicherheit biete. Dieser Erklärungsansatz findet sich auch bei Wahab (1998, S. 110): »Gleichwohl fühlen sich die ausländischen Studierenden mehr zu Landsleuten hingezogen, was nicht verwundert, da sie hier vermutlich die Sicherheit und Gemeinsamkeiten finden, die sie in ihrem studentischen Leben zwischen Studienanforderungen, fremden Lebensbedingungen, altersbedingt offenen Zukunftsvorstellungen und auch Isolation von Familie sowie heimatlicher Sprache und Kultur suchen«. Obwohl die von Wahab Befragten durchschnittlich sowohl »einige« Landsleute und »einige« Deutsche als Freunde angeben wird gefolgert, dass ausländische StudentInnen sich eher zu Landsleuten hingezogen fühlten, was eine Präferenz ausdrückt, die nicht erhoben wird und auch aus den erhobenen Daten strenggenommen nicht gefolgert werden kann. Außerdem wird unter-

---

30 Ebd.
31 Vgl. u. a. Ehling, 1987, Grüneberg, 1978, Tjioe, 1972.

stellt, dass diese Präferenz durch kulturelle Ähnlichkeiten bedingt sei, die allerdings ebenfalls nicht erhoben werden. Über die Funktionen, welche die Gruppe der Landsleute für den einzelnen ausländischen Studenten übernimmt, von Wahab als Sicherheit und Orientierung gefasst, kann von ihm aufgrund der fehlenden Daten nur spekuliert werden. Diese Art von spekulativen Deutungen der Kontakte ausländischer StudentInnen in Deutschland, kann als typisch für fast alle Studien zu diesem Thema gelten. Da keine Erklärungsvariablen erhoben werden und da keine statistisch ausreichende Auswertung der erhobenen Daten stattfindet, werden die Daten im Sinne der Ausgangshypothesen interpretiert, dass fehlende soziale Kontakte zwischen ausländischen StudentInnen und Deutschen als »Ausdruck von Kulturdifferenz«, »Kulturkonflikt«, »Kulturschock« oder mangelnder »kultureller Anpassung« der Gaststudenten an die Aufnahmekultur zu verstehen seien. Diese Art von Hypothesenüberprüfung ist als wenig wissenschaftlich anzusehen, da Ausgangshypothesen nur bestätigt, aber nicht widerlegt werden können. Da »Kontaktprobleme« durch »Kulturdifferenz« erklärt werden und »Kulturdifferenz« wiederum durch aufgetretene »Kontaktprobleme« bewiesen wird, ergibt sich das Problem des logischen Zirkelschlusses.

Problematisch an vielen Studien zu ausländischen StudentInnen ist darüber hinaus, dass die von den Befragten angegebene Gründe für ihre wenigen Kontakte zu Deutschen, die häufig durch eine offene Frage erhoben werden, einfach als wissenschaftliche Erklärung übernommen werden. So führen die ausländischen Studentinnen häufig ihre wenigen Kontakte vor allem auf ihre kulturbedingten anderen Eigenschaften oder die andere deutsche »Mentalität« zurück, was dann u. a. von Tjioe und Wahab als wissenschaftliche Erklärung übernommen wird und als Bestätigung der impliziten Hypothese gewertet wird, dass Kulturunterschiede das Handeln der ausländischen StudentInnen im Gastland erklären können (Tjioe, 1972, S. 120; Wahab 1998, S. 231). »Kultur« und »kulturelle« Erklärungen werden als verhaltensdeterminierende Größen behandelt und nicht als von den Studentinnen gewählte Beobachtungsweisen und Deutungsmuster angesehen, die sich im Rahmen von Befragungen, in denen vor allem nach »kulturellen Unterschieden« gefragt wird, anbieten.

*Folgerungen für die eigene Arbeit:* Es erscheint nicht als ausreichend, die sozialen Kontakte zwischen ausländischen StudentInnen und Deutschen zu erheben, um dann über deren Erklärung im Kontext der »Kulturdifferenzhypothese« zu spekulieren. Es müssen Erklärungsvariablen für die sozialen Kontakte gefunden werden, deren statistische Überprüfung möglich ist. Hier eignet sich kein undefinierbarer Kulturbegriff, sondern ein handlungstheoretisches Modell.

Die Erklärungen der Zusammensetzung des Freundes- und Bekanntenkreises durch die befragten Studierenden können nicht ungeprüft als wissenschaftliche Erklärungen übernommen werden, da davon ausgegangen werden muss, dass diese Erklärungen bestimmte Funktionen für die StudentInnen erfüllen, also subjektive Attribuierungen widerspiegeln und nicht als »objektive« Wahrheiten verstanden werden können.

Grundsätzlich sind drei Erklärungsvarianten möglich:

–  die Erklärung der eigenen sozialen Kontakte durch persönliche Fähigkeiten und Präferenzen.

–  die Erklärung durch die Eigenschaften und Präferenzen der Deutschen.

–  die Erklärung durch eine dritte Größe, wie die Situation, das Schicksal oder den Zufall.

Ich vermute, dass die Wahl der jeweiligen Erklärungsvariante nicht willkürlich stattfindet, sondern die jeweiligen Attribuierungen einen bestimmten Nutzen für den Einzelnen haben. Dies stimmt mit Annahmen der psychologischen Attribuierungstheorien überein (vgl. Stroebe, 1992). Hier wird angenommen, dass Menschen Attribuierungen vornehmen können, um ihre Selbstwertschätzung zu erhöhen, um sich positiv darzustellen, ihre Leistungen zu sichern und ihre Fehler zu leugnen. »Dabei liegt die Annahme zugrunde, dass man aktiv die Anerkennung anderer sucht, indem man Positives für sich in Anspruch nimmt und die Verantwortung für Negatives meidet« (vgl. Stroebe, 1992, S. 137). Von Weiner (1986) wird vermutet, dass Menschen ihre Erfolge meist »intern« erklären, d.h. die eigene Initiative oder persönliche Fähigkeiten für das Resultat verantwortlich machen. Misserfolge würden dagegen vorwiegend »extern« erklärt, indem Faktoren verantwortlich gemacht werden, die der Betreffende nicht beeinflussen kann. Auf diese Weise wird für den Misserfolg keine persönliche Verantwortung übernommen und das Selbstwertgefühl nicht gefährdet. Überträgt man diese Überlegungen auf die Erklärungen von sozialen Kontakten ausländischer Studierender ist anzunehmen, dass Misserfolge und Erfolge ganz unterschiedlich erklärt werden. Zur Deutung der von den Befragten gewählten Begründungen müssen die Funktionen untersucht werden, die sie für die Betreffenden haben.

*Hypothese 8:* Wenn Erasmusstudierende fehlende Kontakte zu Deutschen als Misserfolge sehen, werden sie diese »extern« erklären, d.h. durch die fehlende Initiative oder die Charaktereigenschaften der Deutschen, durch die Situation oder das Schicksal. Studierende, die ihre bestehenden Kontakte zu Deutschen als Erfolge interpretieren, werden diese »intern« erklären, d.h. diese auf die eigene Kontaktinitiative oder ihre Charaktereigenschaften zurückführen. Attribuierungstheorien können, sollten die gemachten Annahmen zutreffen, erklären, warum fehlende deutsche Kontakte zu einem negativen Bild von den Deutschen führen können.

## 3.1.2.2.2     Nationalität und Industrialisierungsgrad des Heimatlandes

Da in vielen Arbeiten die »kulturelle Distanz« zwischen Heimat- und Gastland der ausländischen Studierenden als ausschlaggebend für die erfolgreiche Aufnahme von Interaktionsbeziehungen zwischen GaststudentInnen und deutschen Studierenden gilt, wird die Nationalität der Befragten als wichtigste Erklärungsvariable für ihre sozialen Kontakte zur Gastlandbevölkerung getestet. Hier wird angenommen, dass die »kulturelle Distanz« mit dem Unterschied im Industrialisierungsgrad zwischen Heimat- und Gastland zunähme. Aus diesem Grund und vermutlich zur Vereinfachung der Auswertung[32], findet in der Regel ein Vergleich zwischen StudentInnen aus Entwicklungsländern mit StudentInnen aus Industrieländern statt[33].

In einigen Arbeiten finden sich Hinweise darauf, dass die Differenz im Industrialisierungsgrad zwischen Herkunfts- und Gastland einen Einfluss auf die Kontakte der ausländischen Studierenden zu Einheimischen hat. So schätzen in der Untersuchung von Kotenkar (1980), in der 187 ausländische Studierende der Universität Frankfurt am Main untersucht werden, 68% der Befragten aus den »weißen Ländern«, also Europa, Nordamerika und Australien, ihre Kontakte zu Deutschen als »sehr gut« oder »gut« ein. Bei den Befragten aus Entwicklungsländern sind es dagegen nur 40%.

In der Studie von Schnitzer (1999), die er im Auftrag des Deutschen Studentenwerks durchführt, werden 2138 ausländische Studierende an deutschen Hochschulen befragt. Sowohl StudentInnen aus Industrieländern als auch StudentInnen aus Entwicklungsländern bewerten »Kontakte zu deutschen Studierenden« und den »Kontakt zur deutschen Bevölkerung« als die größten im Fragebogen vorgegebenen Schwierigkeiten während ihres Auslandsaufenthalts. Schnitzer wertet dies als Hinweis auf tatsächliche Probleme in diesem Bereich. Die Größe der von den StudentInnen eingeschätzten Schwierigkeiten, Deutsche kennen zu lernen, scheint nach diesen Daten weniger von dem Industrialisierungsgrad des Herkunftslandes abzuhängen als von der »Organisation« des Studienaufenthaltes. So geben die »ProgrammstudentInnen«, die von Austauschorganisationen gefördert werden und nur einen Teil ihres Studiums in Deutschland absolvieren, stärkere »Kontaktschwierigkeiten« an als die »freien« StudentInnen, die ihren Auslandsaufenthalt eigenständig organisierten. Der Unterschied zwischen »Programmstudierenden« und »freien Studierenden« wird besonders in der Gruppe der StudentInnen aus Industrieländern deutlich (vgl. Schnitzer, 1999, S. 26).

In der Studie von Selltiz (1963), bei der 348 männliche ausländische Studierende an verschiedenen US-amerikanischen Universitäten befragt werden, ergibt sich ebenfalls ein Einfluss der Nationalität auf die sozialen Kontakte der Probanden. Hier haben die Europäer häufigere und intensivere Kontakte zur amerikanischen Bevölkerung als die übrigen Nationalitäten. Dies erklären die Autoren einerseits mit der geringen »kulturellen Distanz« zwischen Europa und den USA und andererseits mit den besonderen Merkmalen der Europäer. Diese sind jünger, studierten weniger intensiv, widmen sich häufiger sozialen Aktivitäten, haben größere Auslandserfahrungen, sind seltener verheiratet und studieren häufiger Sprachen und Sozialwissenschaften als die Befragten anderer Herkunftsgebiete.

Die dargestellten Studien, die die »Nationalität« bzw. den Industrialisierungsgrad des Herkunftslandes der Studierenden als Erklärungsfaktor für den Umfang und die Intensität der sozialen Kontakte zwischen GaststudentInnen und Einheimischen untersuchen,

---

32 In der Regel werden in den empirischen Arbeiten alle möglichen Nationalitäten befragt, so dass aufgrund des zu geringen Umfanges der Gesamtstichprobe, Einzelgruppenvergleiche nach Nationalitäten nicht möglich sind.

33 vgl. u. a. Kotenkar, 1980, Schnitzer, 1999, Selltiz, 1963, Wahab, 1998.

ergeben kein eindeutiges Bild. Dies könnte man zum Teil darauf zurückführen, dass schon die Erfassung der sozialen Kontakte in vielen Studien sehr mangelhaft ist (siehe 3.1.2.1). Arbeiten, die den Einfluss der »kulturellen Distanz« über die Differenz im Industrialisierungsgrad zwischen Herkunfts- und Gastland messen wollen, haben große Probleme, da sich die verglichenen Gruppen in der Regel in vielen entscheidenden Merkmalen wie Alter, Geschlecht, Auslandserfahrung, Familienstand, Studienfächern usw. unterscheiden und »kultureller« Einfluss demnach nicht zweifelsfrei nachgewiesen werden kann.

Die Vorstellung, dass sich die »Distanz« zwischen dem Industrialisierungsgrad des Herkunftslands der ausländischen Studierenden und ihrem Gastland eine »sozialer Distanz« zwischen den Studierenden beider Länder abbilde, erscheint problematisch. Die Studierenden aus Entwicklungsländern gehören üblicherweise zur Mittel- oder Oberschicht ihrer Länder und deshalb kann angenommen werden, dass sich ihre Sozialisation wenig von der in Industrieländern üblichen unterscheidet.[34]

*Hypothese 9:* Die Nationalität der ausländischen Studierenden übt keinen Einfluss auf die Häufigkeit und die Intensität ihrer deutschen Kontakte aus.

## 3.1.2.2.3    Geschlecht

In der Studie von Geenen (1997), in der 277 ausländische Studierende an der Universität Kiel mit Hilfe einer postalischen Erhebung befragt werden, ergibt sich, dass weibliche Studierende allgemein häufigere Kontakte zu Kommilitonen angeben als Männer. 54% der Frauen geben an, »viel Kontakt zu Kommilitonen« zu haben, was nur 46% der befragten Männer von sich sagen. Auch bei der ethnischen Zusammensetzung des Freundeskreises ergeben sich geschlechtsspezifische Unterschiede. Hier geben 36% der Frauen an, einen rein deutschen Freundeskreis zu haben. Bei den Männern sind es nur 24%.

Ob dieses Ergebnis dadurch bedingt ist, dass unter den europäischen Austauschstudierenden hauptsächlich Frauen und unter den Studenten aus den außereuropäischen Ländern überwiegend Männer befinden, wird nicht getestet.

Bei der Untersuchung von Wahab (1998), bei der 171 ausländische Studierende der Universität Frankfurt am Main mit Hilfe eines Fragebogens befragt werden, ergeben sich ebenfalls geschlechtsspezifische Unterschiede. Hier zählen die weiblichen Befragten signifikant weniger Landsleute zu ihren Freunden als die männlichen Befragten, was als Hinweis auf die intensiveren Kontakte zu Deutschen gewertet wird. Der Einfluss der Variable »Herkunftsregion« auf dieses Ergebnis wird auch hier nicht getestet.

---

34 Hier ist z. B. an eine ähnliche Nutzung von Konsumgütern, den Schulbesuch, die Mediennutzung o. ä. zu denken.

### 3.1.2.2.4     Sprachkenntnisse

In der Studie von Selltiz (1963) wird der Einfluss der Beherrschung der Sprache des Gastlandes auf die Häufigkeit und die Intensität der Kontakte zwischen ausländischen Studierenden und Einheimischen untersucht. Es wird von der Hypothese ausgegangen, dass gute Sprachkenntnisse soziale Kontakte erleichtern und StudentInnen mit guten Sprachfertigkeiten häufiger und intensiver Kontakt haben als ausländische Studierende mit ungenügenden Sprachkenntnissen. Die Fremdsprachenkompetenz wird in dieser Studie von den Interviewern nach Durchführung der mündlichen Interviews eingeschätzt. Es ergibt sich kein Zusammenhang zwischen festgestellter Sprachkompetenz und den sozialen Kontakten. In dieser Studie wird vermutet, dass nur die von den ausländischen Studierenden sich selbst zugeschriebene Fremdsprachenkompetenz einen Einfluss auf die sozialen Kontakte habe. Diese wurde allerdings nicht erhoben.

### 3.1.2.2.5     Aufenthaltsdauer

In einigen Arbeiten zu ausländischen Studierenden wird die Hypothese überprüft, dass mit zunehmender Aufenthaltsdauer die Häufigkeit und die Intensität der Kontakte zur einheimischen Bevölkerung zunehmen. Es wird angenommen, dass zu Beginn des Auslandsaufenthaltes verstärkt Kontakte zu Landsleuten bestehen, die den ausländischen Studierenden Hilfestellung in der fremdkulturellen Umgebung leisten. Im Laufe des Aufenthaltes nehmen diese Kontakte langsam ab, da sich der/die ausländische Student/in langsam an die Kultur des Gastlandes anpasst, sich orientiert und die Kontakte zu Landsleuten damit ihre Bedeutung verlieren.

Dennoch lässt sich weder in der Arbeit von Geenen (1998) noch in der Arbeit von Selltiz (1963) ein Einfluss der Aufenthaltsdauer der ausländischen Studierenden auf die Intensität und Häufigkeit ihrer Kontakte zur Gastlandbevölkerung nachweisen.

### 3.1.2.2.6     Umgebungsbedingte Kontaktmöglichkeiten

Nur eine einzige mir bekannte Studie versucht, die umgebungsbezogenen »Kontaktmöglichkeiten« abzuschätzen und ihren Einfluss auf die sozialen Kontakte zwischen ausländischen Studierenden und Gastlandbevölkerung zu messen. In der US-amerikanischen Studie von Selltiz (1963) wird die These aufgestellt, dass die Größe der Gastuniversität und die der Austauschstadt einen Einfluss auf die Kontaktmöglichkeiten und damit auf die interethnischen Kontakte habe. Es wird davon ausgegangen, dass kleine Universitäten in kleinen Städten die meisten und große Universitäten in großen Städten die wenigsten interkulturellen Kontaktmöglichkeiten bieten. Hier werden die Wohnformen und die Partizipationen der ausländischen Studierenden an Freizeitaktivitäten mit Amerikanern als Maße für Kontaktmöglichkeiten festgelegt. Es stellt sich heraus, dass die ausländischen Studierenden in kleinen Universitäten, die sich in kleinen

Städten befinden, vorwiegend zusammen mit AmerikanerInnen untergebracht sind[35]. In großen Universitäten, die sich in großen Städten befinden, wohnen die ausländischen Studierenden dagegen selten zusammen mit amerikanischen Kommilitonen. Große Universitäten in kleinen Städten ergeben mittlere Werte. Auch das Ausmaß der Freizeitaktivitäten, die die ausländischen Studierenden zusammen mit AmerikanerInnen unternehmen, nimmt mit der abnehmenden Größe der Universität und der Austauschstadt zu. Insgesamt bestätigt sich damit Selltiz Ausgangshypothese, dass kleine Universitäten in kleinen Städten höhere Kontaktmöglichkeiten im Wohnbereich und bei Freizeitaktivitäten bieten und dort häufigere Kontakte zwischen Ausländern und Amerikanern zu finden sind, als in großen Universitäten, die in großen Städten liegen.

*Folgerungen für die eigene Arbeit:* Es ist anzunehmen, dass die umgebungsbedingten Kontaktmöglichkeiten auch einen Einfluss auf die Häufigkeit der Kontakte zwischen ErasmusstudentInnen und Deutschen haben. Daher sollten die wichtigsten Kontaktmöglichkeiten zu Deutschen in den für die ausländischen StudentInnen wichtigsten Lebensbereichen, Wohnen, Studium und Freizeit untersucht werden. Weiterhin scheint es plausibel anzunehmen, dass die Kontaktmöglichkeiten hauptsächlich von den Organisatoren des Erasmusprogramms beeinflusst werden. Hier ist an die Akademischen Auslandsämter, das Studentenwerk und die studentischen Betreuungsorganisationen zu denken. Da es für die lokalen Umsetzer des Erasmusprogramms mit der Anzahl der zu betreuenden StudentInnen immer schwieriger wird, die Kontakte zwischen deutschen und ausländischen Studierenden zu organisieren, ist anzunehmen, dass in großen Universitäten mit vielen ausländischen Studierenden die organisierten interkulturellen Kontaktmöglichkeiten abnehmen und damit weniger Kontakte zwischen deutschen und ausländischen Studierenden zu finden sind als in kleinen Hochschulen mit wenigen ausländischen Studierenden, die vergleichsweise leicht erreichbar sind.

*Hypothese 10*: Mit zunehmender Anzahl der immatrikulierten ausländischen Studierenden an einer Hochschule nehmen die deutschen Kontakte der Erasmusstudierenden ab.

Es wird zudem angenommen, dass mit zunehmender Größe der Hochschule die Kontaktmöglichkeiten zwischen ausländischen und deutschen Studierenden vor allem im Studium und in der Freizeit abnehmen, da die ausländischen Studierenden an »Massenuniversitäten« selten die gleichen deutschen Studierenden an unterschiedlichen Orten treffen und somit die »legitimen Anlässe« zur Kontaktaufnahme geringer sind als an kleinen Hochschulen.

*Hypothese 11*: Mit zunehmender Anzahl der immatrikulierten Studierenden an der Gasthochschule nehmen die deutschen Kontakte der Erasmusstudierenden ab.

---

35 Die ausländischen Studierenden sind hier in einem Zimmer, in einer Familie oder in einem Wohnheim untergebracht, in dem hauptsächlich AmerikanerInnen wohnen.

### 3.1.3    Bilder, Stereotypen und Vorurteile

#### 3.1.3.1   Einstellungen als Einflussfaktoren bei der interkulturellen Kontaktaufnahme

In der Austauschforschung werden geringe soziale Kontakte zwischen deutschen und ausländischen Studierenden unter anderem auf »kulturbedingte« nationale Stereotypen zurückgeführt, welche die »interkulturelle« Interaktion während des Auslandsstudiums hemmten.

Die Bildung und die Funktion von nationalen Bildern, Stereotypen oder Vorurteilen werden vor allem in der Sozialpsychologie und Soziologie eingehend untersucht. Hier soll dieses Forschungsgebiet nicht in seinem ganzen Umfang dargestellt werden. Ich werde mich darauf beschränkten, diejenigen Konzepte zu behandeln, die in der Austauschforschung zur Erklärung von sozialen Kontakten ausländischer Studierender zur Bevölkerung ihres jeweiligen Gastlandes üblicherweise herangezogen werden. Diese sollen an ausgewählten empirischen Arbeiten vorstellt werden.

Die Begriffe »Bilder«, »Stereotypen« und »Vorurteile« werden in der Austauschforschung häufig synonym gebraucht. Sie gelten als vereinfachte Repräsentationen der sozialen Umwelt und als kognitive Schemata, die Informationen zur Umweltbewältigung liefern[36]. Da es den Menschen nicht möglich ist, ihre soziale Umwelt in ihrer Komplexität vollständig zu erfassen, vereinfachen sie diese durch selektive Wahrnehmungen, um ihre individuelle Handlungsfähigkeit zu gewährleisten. »Diese Reduktion hat (...) durchaus ihren Sinn und Zweck, nämlich darin, die Gesamtheit der Umwelteinflüsse auf ein erträgliches Maß zu bringen, also eine Stereotypisierung aus ökonomischen Gründen« (Ibaidi, 1993, S. 55).

Der Begriff »Bild« erscheint wertneutraler zu sein als »Stereotype« oder »Vorurteil«. Während »Bilder« relativ wirklichkeitsnahe Vorstellungen bezeichnen, sind mit Stereotypen und Vorurteilen Vorstellungen im Sinne von »Voraus-Urteilen« gemeint, die geringeren Realitätsbezug haben (vgl. Gadenne, 1987, S. 59). Problematisch an dieser Definition der »Stereotypen« ist, dass die Übereinstimmung mit der »objektiven« Realität nicht empirisch überprüft werden kann. Auch wenn man Vorurteile als Abweichungen von sozialen Normen definiert, entfällt die Problematik der Realitätsbeurteilung keineswegs, was ein ungelöstes Problem in psychologischen Arbeiten ist (vgl. Gadenne, 1987).

Neben der Eigenschaft von Stereotypen und Vorurteilen, vereinfachte und unzureichende Abbilder der Realität zu sein, zeichnen sie sich noch durch große Resistenz aus, die sich besonders durch ihre affektiven Komponenten erklären lässt. Sie werden auch bei gegensätzlichen Informationen nur sehr langsam verändert (vgl. Roth, 1998, S. 23). Psychologische Studien ergeben, dass Menschen versuchen, »kognitive Konsistenz« zu erreichen, d.h., dass sie versuchen, ihre Einstellungen in widerspruchsfreier Weise zu organisieren. Zur Vermeidung unangenehmer, spannungsreicher »Inkonsistenz« werden

---

36 Vgl. Auernheimer, 1995, Czyzewski, 1995, Ibaidi, 1993, Gardenne, 1987, Roth, 1998, Schweitzer, 1984, Stroebe, 1992.

einstellungsdissonante Informationen gemieden oder neue Informationen in Richtung der Ausgangseinstellung verzerrt aufgenommen (vgl. Stroebe, 1992, S. 159).

Obwohl auch positive Stereotypen und Vorurteile existieren, wird in der sozialpsychologischen Forschung vor allem die Entstehung negativer Stereotypen und ihre Funktionen untersucht. Die Arbeiten, die Vorurteile und Stereotypen unterscheiden, sehen in Vorurteilen in der Regel die affektiven und in Stereotypen die kognitiven Elemente von vorgeformten Einstellungen.

Zur Erklärung von Kontakten zwischen ausländischen StudentInnen und der Gastlandbevölkerung werden in der Austauschforschung vor allem Konzepte herangezogen, die sich auf »soziale Stereotypen« beziehen. »Soziale Stereotypen lassen sich definieren als die von einer Gruppe geteilten impliziten Persönlichkeitstheorien hinsichtlich dieser oder einer anderen Gruppe« (vgl. Stroebe, 1992, S. 97). Ähnliche Einstellungen zu einer Gruppe von Personen werden also von einer Gemeinschaft geteilt. In der Austauschforschung wird stets davon ausgegangen, dass die Nationalität der Interaktionspartner sowohl für die ausländischen als auch für die deutschen Studierenden das wichtigste Kriterium sei, durch das sie die soziale Welt strukturieren. Es wird angenommen, dass nationale Stereotypen, als Zuordnung von Eigenschaften zu bestimmten Nationalitäten, zum kollektiven Wissensbestand der Völker gehören (vgl. Czyzewski, 1995, S. 1). Der Einzelne habe sie sich im Prozess seiner Sozialisation und Enkulturation angeeignet. Häufig sei die Stereotypisierung der eigenen nationalen Gruppe (Autostereotyp) positiver als die der fremdnationalen Gruppe (Heterostereotyp). Die vorrangige soziale Funktion der Stereotypen sei, die jeweilige eigene Gruppe von anderen abzugrenzen und zu stabilisieren. Stereotypen definierten aber nicht nur die »Fremden«, sondern dienten auch zur Festigung der eigenen Gruppe bzw. der Gruppenidentität (vgl. Roth, 1998, S. 29). Dabei findet in der Regel eine Übersteigerung der Gemeinsamkeiten der Gruppenmitglieder (Intraklasseneffekt) und eine Betonung der Unterschiede zu Mitgliedern anderer Gruppen statt (Interklasseneffekt). »Für die Gruppe, in der sie existieren, schaffen diese Stereotypisierungen Unterscheidungskriterien von anderen Gruppen. Durch Abgrenzung von der Außengruppe und Präzisierung der eigenen Merkmale wird die Identifikation mit der eigenen Gruppe gefördert und ihre Identität mitteilbar« (vgl. Ibaidi, 1993, S. 58).

*Hypothese 12*: Entsprechen die von den ausländischen Studierenden geäußerten Deutschland- und Heimatbilder ihren Fremd- und Selbstbildern, ist zu erwarten, dass sie sich gegenseitig definieren und komplementär sind. Hier ist zu erwarten, dass die Heimatbilder als Selbstbilder sehr viel positiver ausfallen als die Deutschlandbilder, die als Fremdbilder dienen.

In gleicher Weise wird vermutet, dass die deutschen Interaktionspartner die ausländischen Studierenden stets nach den ihrer Nationalität entsprechenden sozialen Stereotypen beurteilten und Kontakte entsprechend dem ihnen zugeschriebenen »Wert« eingingen[37].

---

37 Vgl. Bargel, 1998, Battaglia, 1999, Beckhusen, 1983, , Ehling, 1987, Geenen, 1997,

Da in der Austauschforschung angenommen wird, dass die eigenkulturelle Gruppe in allen Fällen positiver erscheint als die fremdkulturelle Gruppe, werden nationale Stereotypen im Ausland automatisch zum »interkulturellen« Kontakthemmnis, da Kontakte mit der eigenkulturellen Gruppe als attraktiver gelten. Die »Größe« der Kontaktbarriere hängt dann von dem Grad der negativen Wertung ab, die mit den nationalen Stereotypen verbunden ist, die zur Beschreibung und Einordnung der fremdkulturellen Interaktionspartner dienen.

A priori wird also die Relevanz von nationalen Stereotypen für die Häufigkeit und die Intensität der sozialen Kontakte angenommen. Stereotypen werden ausschließlich als »Kontakthemmnisse« analysiert. Im Folgenden sollen einige empirische Erhebungen zu ausländischen Studierenden, in denen von den beschriebenen Annahmen ausgegangen wird, beispielhaft vorgestellt und kritisiert werden.

### 3.1.3.1.1    Diskriminierungen durch die Deutschen

In auffallend vielen empirischen Studien werden die wenigen sozialen Kontakte ausländischer StudentInnen zu Deutschen, die empirische nachgewiesen werden, mit »Diskriminierungserfahrungen« der betreffenden Studierenden durch die deutsche Bevölkerung erklärt[38]. Die erhobenen Daten werden dann als Ausdruck negativer Einstellungen der Deutschen gegenüber fremden Nationalitäten gesehen.

In diesen Studien wird von der These des Auslandsaufenthaltes als »Kulturkonflikt« ausgegangen, dessen Ursprung in den Einstellungen und Handlungen der Deutschen gesehen wird. So lautet z. B. die Ausgangshypothese der Studie von Kotenkar (1980, S. 25): »Bei der Sozialisation ausländischer Studenten in der BRD wird in dieser Arbeit von der Vorstellung ausgegangen, dass Ausländer in dieser Gesellschaft aufgrund ihrer Herkunft – dies schließt die Hautfarbe, soziokulturelle Verschiedenheit und sprachliche Unsicherheit mit ein – in einer Weise diskreditiert werden, dass es ihnen – wie den anderen diskreditierten und diskreditierbaren Gruppen – nicht ohne weiteres möglich gemacht wird, Interaktionen in dieser sozialen Umgebung zustande zu bringen«. Zur Verifizierung der »Kulturkonflikthypothese« werden Diskriminierungserfahrungen der ausländischen Studierenden erhoben. Ich werde kurz auf zwei Beispiele von typischen Fragestellungen und Ergebnisinterpretationen eingehen. Dass 38,8% der 260 befragten ausländischen StudentInnen an thüringischen Hochschulen die »Mentalität der Menschen« als problematisch beurteilen und 36,8% »Vorurteile gegenüber AusländerInnen« als Problem einstufen, wird in der Studie von Battaglia (1999, S. 132) als Beleg für die »ausländerfeindliche« Mentalität der thüringischen Bevölkerung gewertet, die sich aus geringen Erfahrungen mit Ausländern ergebe.

Aus der Tatsache, dass die Befragten die »Mentalität der Thüringer« als »problematisch« beurteilen und »Vorurteile gegenüber AusländerInnen« als Problem wahrnehmen

---

Grüneberg, 1978, Kotenkar, 1980, Wahab, 1998.
38 Ebd.

darf nicht gradlinig auf die »Ausländerfeindlichkeit« der Thüringer und tatsächliche Diskriminierungserfahrungen geschlossen werden.

In der Studie von Kotenkar (1980), bei der 187 ausländische StudentInnen der Frankfurter Goethe-Universität befragt werden, wird nach der Existenz von »Ausländer-Diskriminierung« und »eigenen Diskriminierungserfahrungen« gefragt. Auf die Fragen zur Diskriminierung antworten nur ein Drittel der Gesamtstichprobe, was nicht weiter kommentiert wird. Von denen, die antworteten, geben 37,3% eigene Diskriminierungserfahrungen an und 62,7% keine eigenen Erfahrungen. 60% halten Ausländer-Diskriminierung für möglich und 39,7% nicht. Die gestellten Fragen scheinen sehr allgemein zu sein und spiegeln sehr unterschiedliche Wahrnehmungen und Erfahrungen der Befragten. Dies wird aus einer offenen Frage ersichtlich, mit der gefragt wird, wie sich die von den ausländischen Studierenden festgestellte Diskriminierung denn äußere (Kotenkar, 1980, S. 131). Die Antworten sind bei Kotenkar uninterpretiert abgedruckt. Sie lassen erkennen, dass die StudentInnen unter »Diskriminierung« sehr Unterschiedliches verstehen: »Desinteresse an ihrer Person«, »Desinteresse an ihren fachlichen Äußerungen«, »die gleichen fachlichen Erwartungen der Professoren an sie wie an die deutschen Studierenden, trotz spezifischer Probleme«, »zu große Rücksicht der Professoren auf ausländische Studierende (z. B. Sonderklausuren)«, »von Deutschen geäußerte positive wie negative Stereotypen«, »Unfähigkeit der deutschen Professoren, den Namen des ausländischen Studenten auszusprechen« usw. In den Äußerungen der Befragten zeigt sich, dass sie sehr unterschiedliche Interaktionssituationen als »diskriminierend« empfinden, was die Verallgemeinerung der »Diskriminierungserfahrungen« erschwert. Es müsste also analysiert werden, auf welche Situationen und Personen sich die geäußerten Erfahrungen beziehen, ob es sich um Einzelerlebnisse handelt oder ob dieses Thema alltägliche Relevanz für die StudentInnen hat. Erst nach solchen Untersuchungsschritten kann die von Kotenkar aufgestellte Hypothese, dass das Auslandsstudium vor allem durch »Kulturkonflikte« geprägt sei, als bestätigt gelten.

Die Diskriminierungshandlungen der Deutschen werden von Kotenkar (1980), wie auch in einigen anderen Studien[39], nicht erhoben. Es werden ausschließlich die ausländischen StudentInnen zu ihren »Diskriminierungserfahrungen« befragt. Aus den Antworten der Befragten wird auf die tatsächlichen »Diskriminierungen« und sodann auf »ausländerfeindliche« Einstellungen der deutschen Interaktionspartner geschlossen. Die geäußerten »Diskriminierungserfahrungen« der ausländischen StudentInnen, die auch deswegen so häufig genannt werden, da sich alle möglichen negativen Erfahrungen in Deutschland unter diesem Begriff subsumieren lassen, können aber nur als Hinweise auf »tatsächliche« Diskriminierungen interpretiert werden. Von den berichteten »Diskriminierungserfahrungen« der ausländischen StudentInnen auf die »tatsächlichen« Einstellungen der Deutschen zu schließen, ist ebenfalls problematisch.

---

39 Vgl. u. a. Battaglia, 1999, Beckhusen, 1983, Ehling, 1987, Geenen, 1997, Grüneberg , 1978, Wahab, 1998.

Dass von einer geäußerten Diskriminierungserfahrung stets direkt auf deren alltägliche Relevanz geschlossen wird, ist nicht einleuchtend. Es könnten, je nach Lebensbereichen unterschiedliche Erfahrungen gemacht werden. Die Studie von Beckhusen (1983) deutet in diesem Sinne darauf hin, dass vor allem in Behörden negative Erfahrungen gemacht werden. So könnte es z. B. sein, dass ein ausländischer Student bei seiner Anmeldung in der lokalen Ausländerbehörde unfreundlich behandelt wird, ihm deutsche StudentInnen im studentischen Alltag aber freundlich entgegentreten und ihn vielleicht gerade aufgrund der Stereotypen, die seine Nationalität bei ihnen auslöst, interessant finden. In diesem Fall wären nationale Heterostereotypen als »Attraktivitätsvorteile« zu untersuchen. Es ist also sehr einseitig, dass in den oben genannten Studien nur nach negativen, diskriminierenden Erfahrungen ausländischer StudentInnen gefragt wird und mögliche positive Erfahrungen mit Deutschen erst gar nicht erfragt werden. Wenn von einer »Kulturkonfliktthese« ausgegangen wird, besteht immer die Gefahr, dass durch Fragen, die einseitig »Konflikte« ansprechen, auch ein konfliktreiches Bild des Auslandsstudiums erzeugt wird. Bisher wurden Studien besprochen, die die Einstellungen der Deutschen durch die Einschätzungen der ausländischen Studierenden erheben oder diese aus Diskriminierungserfahrungen ableiten. In einigen Studien werden die Einstellungen der deutschen Studierenden direkt erhoben und zu ihren interkulturellen Kontakten in Beziehung gesetzt. So werden in der Studie von Bargel (1998), die allgemeinen Einstellungen deutscher Studierender zu Ausländern erhoben. Die Ergebnisse der drei erhobenen Einstellungsmaße sehen 1995 wie folgt aus:

– Die »*Begrenzung von Zuwanderung*« befürworten 1995  30% der befragten westdeutschen Studierenden und 45% der befragten ostdeutschen Studierenden.

– Die »*Abwehr kultureller Überfremdung*« befürworten 14% der Studierenden an westdeutschen Universitäten und 27% der StudentInnen an ostdeutschen Universitäten.

– Der »*stärkeren Unterstützung der Entwicklungsländer*« stehen 14% der westdeutschen und 13% der ostdeutschen Befragten ablehnend gegenüber.

Die Einstellungswerte sind in westdeutschen Hochschulen größtenteils positiver als in ostdeutschen und fallen an Universitäten höher aus als an Fachhochschulen. Aus den erhobenen Einstellungen können nach Bargel die Einstellungen der deutschen Studierenden zu ausländischen Studierenden abgelesen werden. So wird vermutet, dass die 14% der westdeutschen UniversitätsstudentInnen, die es ablehnen, die »Entwicklungsländer stärker zu unterstützen«, auf  Distanz zu StudentInnen aus Entwicklungsländern gehen werden. Es ist zweifelhaft, ob die erhobenen Einstellungsmaße mit den Einstellungen der deutschen Studierenden zu ausländischen StudentInnen gleichzusetzen sind. Fraglich ist, ob die deutschen Befragten, die die »Begrenzung der Zuwanderung« befürworten, dabei an ausländische Studierende denken, die ja oft nur einen Teil ihres Studiums in Deutschland verbringen und in der Regel nicht dauerhaft »zuwandern« wollen. Was die politische Meinung zur »stärkeren Unterstützung der Entwicklungsländer« mit den Einstellungen ausländischer Studierenden gegenüber zu tun haben soll, bleibt ebenfalls unklar. Weiter ist problematisch, von negativen erhobenen Einstellungswerten auf »distanziertes« Verhalten dieser Gruppe gegenüber ausländischen Studierenden zu schließen.

Nach der Untersuchung von Bargel (1998) sind die gemessenen Einstellungsmaße von den politischen Überzeugungen der Befragten abhängig. Hier haben die »linken« Studierenden bessere Werte als die »rechten«. Die Einstellungswerte werden entsprechend den politischen Grundrichtungen von »kommunistisch«, »grün-alternativ«, »sozialdemokratisch«, »liberal«, »christlich-konservativ« bis »national-konservativ« immer schlechter. Zudem werden mit höherer politischer und sozialer Aktivität von Studierenden im universitären Raum die Einstellungswerte positiver. Auch gewerkschaftlich aktive Studierende haben bessere Einstellungswerte als die übrigen Studierenden. Studierende, die in Verbindungen organisiert sind, haben dagegen negativere Einstellungswerte.

Diese Ergebnisse erstaunen nicht, da die gewählten »Einstellungsmaße« zu ausländischen Studierenden eher geeignet erscheinen, politische Grundeinstellungen zu erfragen als Einstellungen gegenüber ausländischen Studierenden.

Bargel (1998) sieht einen Zusammenhang zwischen den erhobenen Einstellungen der deutschen Studierenden und der Häufigkeit der von ihnen angegebenen Kontakte zu ausländischen Studierenden. Je positiver die Einstellungen sind, desto häufiger werden Kontakte zu ausländischen Studierenden angegeben.

*Folgerungen für die eigene Arbeit:* Dass die Reaktionen der deutschen Interaktionspartner die sozialen Kontakte zwischen deutschen und ausländischen Studierenden beeinflussen, ist anzunehmen. Hierbei sind Diskriminierungen sicherlich ein »Kontakthemmnis«. Auch die Vorstellung, dass ablehnendes Verhalten der Deutschen mit ihren negativen Einstellungen gegenüber ausländischen Studierenden korrespondieren kann, erscheint einleuchtend.

Welche Bedeutung Wahrnehmungen der ausländischen StudentInnen durch die Deutschen als »Ausländer«, »StudentInnen«, »Repräsentanten seines/ihres Landes« auf die interkulturellen Interaktionen haben, sind legitime Fragestellungen, die allerdings nur bedingt untersucht werden können, wenn, wie in einigen der vorliegenden Studien, nur ausländische StudentInnen befragt werden.

Es scheint nicht sinnvoll zu sein, nur die von den ausländischen StudentInnen bei den Deutschen vermuteten Einstellungen zu erheben und sie mit den interkulturellen Kontakten in Beziehung zu setzen. Auch die Einstellungen der ausländischen StudentInnen gegenüber den Deutschen, erscheinen als ein möglicher Einflussfaktor auf den Umfang ihrer deutschen Kontakte. Es wird vermutet, dass besonders negative Einstellungen der ausländischen Studierenden gegenüber Deutschen, mit ihrer geringen Motivation und Initiative korrespondieren, Deutsche kennen zu lernen, was zu wenigen deutschen Kontakten führen könnte.

*Hypothese 13*: Je besser die Bilder von den Deutschen sind, mit denen die ausländischen Studierenden nach Deutschland kommen, desto eher werden sie während ihres Aufenthalts versuchen, Kontakte zu Deutschen zu knüpfen.

### 3.1.3.1.2    Nationalstatus

Morris (1960) stellt die Hypothese auf, dass der/die ausländische StudentIn im Gastland einem »Statusschock« erleide, da er/sie plötzlich nach unbekannten Statuskriterien beurteilt würde. Da der/die ausländische Student/in aufgrund seiner/ihrer Nationalität beurteilt werde, sei die Nationalität im Ausland das wichtigste persönliche Statusmerkmal. Morris (1960) geht davon aus, dass der Status des Herkunftslandes für den persönlichen Status der ausländischen Studierenden im Gastland entscheidend ist. Er unterscheidet vier unterschiedliche Statusvariablen:

– *Subjektiven Nationalstatus*: Status des eigenen Landes aus Sicht des ausländischen Studenten/ der ausländischen Studentin.

– *Vermuteter zugeschriebener Nationalstatus*: Vom ausländischen Studenten vermuteter Nationalstatus seines Landes in den Augen der Gastlandbevölkerung.

– *Tatsächlich zugeschriebener Nationalstatus*: Status des Heimatlandes des/der Gaststudenten/in aus Sicht der Bevölkerung des Gastlandes.

– *Objektiver Nationalstatus*: im Fall dieser Untersuchung definiert durch das Bildungsniveau des jeweiligen Landes, d.h. der Einschulungsrate der 5–14jährigen.

Da angenommen wird, dass die Nationalität bei der Eindrucksbildung im Gastland eine große Rolle spielt, wird in einigen Arbeiten zu ausländischen Studierenden untersucht, ob Nationalstatusvariablen einen Einfluss auf die sozialen Kontakte zwischen GaststudentInnen und Bevölkerung des Aufnahmelandes haben.

Morris (1960) untersucht diesen Zusammenhang bei 318 ausländischen Studierenden der Universität von Los Angeles. Er kann keinen Einfluss der Statusvariablen auf die sozialen Kontakte feststellen.

In der US-amerikanischen Studie von Selltiz (1963) schätzen die europäischen Studierenden sowohl ihren »subjektiven Nationalstatus« als auch den von der amerikanischen Bevölkerung »zugeschriebenen Nationalstatus« höher ein als die Studierenden anderer Herkunftsregionen. Dies hat allerdings auch keinen Einfluss auf die Häufigkeit und die Intensität der »interkulturellen« Kontakte der beiden Gruppe.

*Folgerungen für die eigene Arbeit:* Auch wenn die »Nationalität« der ausländischen Studierenden ein wichtiges Merkmal der Personenwahrnehmung durch die Gastlandbevölkerung sein sollte, muss dies nach den Ergebnissen von Morris (1960) und Selltiz (1963) nicht bedeuten, dass die Nationalität als »Statusvariable« einen Einfluss auf die sozialen Kontakte zwischen ausländischen Studierenden und Einheimischen hat. In meiner Arbeit können, da ausländische Studierende befragt werden, nur der »subjektive Nationalstatus« und der »vermutete zugeschriebene Nationalstatus« und ihre Einflüsse auf die sozialen Kontakte untersucht werden.

*Hypothese 14*: Je besser die von den Erasmusstudierenden vermuteten Einstellungen der Deutschen gegenüber Personen ihrer Nationalität sind, desto eher werden sie versuchen, Kontakte zu Deutschen aufzunehmen.

*Hypothese 15*: Es besteht ein Zusammenhang zwischen dem Deutschlandbild der ausländischen Studierenden und ihrem Bild von den Deutschen. Je besser das Deutschlandbild der ausländischen Studierenden, desto besser ist auch ihr Bild von den Deutschen.

### 3.1.3.1.3    Soziale Distanz

In den bisher vorgestellten empirischen Arbeiten werden einseitig nur die Einstellungen der Gastlandbevölkerung für den Umfang und die Intensität der Kontakte zu ausländischen Studierenden verantwortlich gemacht. Dagegen untersucht Ibaidi (1993) sowohl die Einstellungen der ausländischen Studierenden als auch der Einheimischen zur Nationalität des jeweiligen Interaktionspartners. Der Ausgangspunkt seiner Überlegungen ist, dass soziale Kontakte zwischen ausländischen und deutschen Studierenden vor allem von den wechselseitigen Einstellungen der deutschen und ausländischen Interaktionspartner abhängen. Es wird davon ausgegangen, dass die Neigung, soziale Kontakte mit der fremdethnischen Gruppe einzugehen, als Resultat von Einstellungen interpretiert werden kann. Werden also negative Bilder oder Vorurteile geäußert bzw. starke ethnische Differenzierungen eingeführt, die positive Autostereotypen und negative Heterostereotypen erkennen lassen, führt dies zu einer hohen »sozialen Distanz«, die nach Ibaidi (1993) wiederum die Intensität und Häufigkeit der interethnischen Kontakte negativ beeinflussen könnte.

In der Studie von Ibaidi (1993) werden 173 Studierende (Iraner, Türken, Studierende aus arabischen Ländern und Deutsche) der Freien Universität Berlin mit Hilfe eines Fragebogens untersucht. Es zeigt sich, dass die Gruppen der TürkInnen, IranerInnen und der arabischen Studierenden die Personen ihrer *Nationalität* als »näher« erleben als die Personen anderer Nationalität. Die befragten deutschen Studierenden geben eine mittlere bis hohe »soziale Distanz« sowohl zu ihrer eigenen Gruppe als auch zur Fremdgruppe an (Ibaidi, 1993, S. 277).

Auch das *Geschlecht* hat einen hohen Einfluss auf die »soziale Distanz« zwischen den untersuchten Gruppen. Insgesamt wird in allen untersuchten Gruppen das eigene Geschlecht als sozial näher erlebt als das andere Geschlecht. Dies ist besonders bei den befragten Studentinnen ausgeprägt, die ihre Geschlechtsgenossinnen als erheblich »näher« erleben als die Männer ihrer Nationalität. Die Männer fühlen sich den Männern nur in geringem Maße näher als den Frauen (vgl. Ibaidi, 1993, S. 278). Bei der Bewertung der Mitglieder der fremdethnischen Gruppen ergibt sich, dass sich wieder die Frauen den Frauen und die Männer den Männern näher fühlen. Das Geschlecht war in ihrer Bewertung wichtiger als die Nationalität.

Darüber hinaus ist die »soziale Distanz« der deutschen zu den ausländischen Studierenden von ihren *Deutschkenntnissen* und *ihrer bisherigen Aufenthaltsdauer* in Deutschland abhängig. Ausländische Studierende, die schon fünf Jahre in Deutschland leben und gut Deutsch sprechen, werden als »näher« erlebt als Studierende, die gerade aus dem Ausland gekommen sind und wenig Deutsch sprechen (Ibaidi, 1993, S. 288).

Die Ergebnisse zeigen, dass »Nationalität« von ausländischen Studierenden als eine zentrale Kategorie verwendet wird, um ihre soziale Welt zu strukturieren. Interessant ist, dass nicht nur die »Nationalität« als wichtiges Merkmal, mit dem soziale Differenzierungen vorgenommen werden, erkannt wird, sondern auch das Merkmal »Geschlecht«. Für die deutschen Studierenden ist nach den Ergebnissen von Ibaidi (1993) die »Nationalität« zur Beurteilung der ausländischen Studierenden nicht so entscheidend wie ihr Geschlecht, ihre Deutschkenntnisse und ihre bisherige Aufenthaltsdauer in Deutschland.

In welchen Situationen und warum aufgrund welcher Kategorien soziale Differenzierungen gemacht werden, kann aufgrund dieser Erhebung aber nicht beantwortet werden. Der Zusammenhang zwischen den geäußerten Einstellungen, d.h. dem Ausmaß der »sozialen Distanz«, und den tatsächlichen sozialen Kontakten wird von Ibaidi (1993) ebenfalls nicht untersucht. Welche »alltägliche Relevanz« die erhobenen Einstellungen haben, ist somit nicht abzuschätzen. Daher weist Ibaidi (1993) am Ende seiner Arbeit darauf hin, dass es sein könnte, dass ausländische Studierende ihre Landsleute allgemein positiver beurteilen als z. B. die Deutschen, aber dennoch nur deutsche Freunde haben, die sie bei Nachfragen als »Ausnahmen« definieren. In diesem Fall hätten negative Einstellungen zu »Prototypen« der Nationalcharaktere wenig Relevanz für die »tatsächliche« Bereitschaft soziale Kontakte mit konkreten Interaktionspartnern dieser Nationalität einzugehen, und dürften daher auch nicht als »Kontakthemmnisse« verstanden werden.

*Folgerungen für die eigene Arbeit:* Die Arbeit von Ibaidi (1993) zeigt, dass es nicht genügt, nur die Einstellungen zur »Nationalität« des Interaktionspartners zu erheben, wenn man »kontaktrelevante« Einstellungen zwischen ausländischen und deutschen Studierenden untersuchen will. Es bietet sich deshalb bei der Datenerhebung ein offenes qualitatives Vorgehen an, um alle möglichen situationsabhängigen sozialen Differenzierungen zu erfassen. Neben den Merkmalen, mit denen ausländische Studierende »soziale Distanz« erzeugen, sollen in meiner Arbeit folgende Fragen untersucht werden: Es soll beantwortet werden, welche Funktion die jeweilige Art der Kategorisierung für die/den einzelne(n) ausländische(n) Studentin/en und für die studentische Nationalitätengruppe hat. Es soll außerdem untersucht werden, welche Bedeutung der Einsatz nationalkultureller Unterscheidungen und ethnischer Deutungsmuster für die tatsächlichen Kontakte zwischen ausländischen StudentInnen und Deutschen haben kann.

### 3.1.3.2   Positive Einstellungsänderungen als Folge von interkulturellen Kontakten

Neben Arbeiten, die Einstellungen als Erklärungsvariablen für das Ausmaß an »interkulturellen« Kontakten untersuchen, finden sich in der Austauschforschung auch Studien, die Einstellungsänderungen als Folge dieser Kontakte analysieren.

Da in der Austauschforschung allgemein angenommen wird, dass positive Einstellungsänderungen der GaststudentInnen Resultate von geglücktem »Kulturkontakt«, d.h. erfolgreicher Interaktionen mit Personen des Gastlandes seien, wird der Zusammenhang von »interkulturellen« Kontakten und »Einstellungsänderungen« untersucht. Nach dieser Vorstellung können negative nationale Stereotypen über das Gastland und die Gastlandbevölkerung durch eigene positive Erfahrungen der ausländischen Studierenden relativiert werden. Durch die Kontrastierung fehlerhafter und unzureichender Wahrnehmungen mit der »Realität« könne »kulturelles Lernen« erfolgen, was zur Revidierung der Voreinstellungen führen müsste. Negative Einstellungen zum Gastland am Ende des Auslandsaufenthaltes deuten aus dieser Perspektive auf einen missglückten »Kulturkontakt« hin, d.h. auf nicht stattgefundene »kulturelle Anpassung« und »kulturelles Lernen«, was zugleich das Scheitern der pädagogischen und politischen Ziele, die mit dem Austauschprogramm verbunden sind, bedeutet. Aus diesem Grund werden in den empirischen Arbeiten zu ausländischen Studierenden »Einstellungsveränderungen« relativ häufig erhoben.

### 3.1.3.2.1    Kontakthypothese

Die Kontakthypothese geht ursprünglich auf Allport (1954) zurück. Sie besagt, dass soziale Vorurteile gegenüber abgelehnten Personen oder Personengruppen durch direkte Interaktionen aufgegeben werden können. Eine Verbesserung der Einstellungen, d.h. die Beseitigung interethnischer Feindseligkeiten erfolgt, da in der Interaktion die Möglichkeit geschaffen wird, Ähnlichkeiten wahrzunehmen. Es werden Gemeinsamkeiten identifiziert und als relevant bewertet (vgl. Ibaidi, 1993, S. 107). In den meisten Zielsetzungen von staatlich geförderten Austauschprogrammen findet sich diese Vorstellung wieder, dass durch direkten interethnischen Kontakt negative Vorurteile und Stereotypen abgebaut würden und an ihre Stelle das Bewusstsein von Gemeinsamkeiten träte.

Bezüglich der Kontakthypothese existieren widersprüchliche Forschungsergebnisse. Es zeigt sich, dass Sozialkontakte zwischen Gruppen sowohl Vorurteilsabbau als auch Vorurteilssteigerung, aber auch gar keine Einstellungsveränderung bewirken können: »Die positiven oder negativen Kontaktkonsequenzen hängen von zahlreichen Komponenten ab, z. B. Stärke der Vorurteilsverankerung in der Persönlichkeitsstruktur, räumliche Nähe, Kontaktdauer, Häufigkeit, Wettbewerbs- oder Kooperationsbedingungen, sowie gesamtgesellschaftliche Bedingungen etc.« (vgl. Ibaidi, 1993, S. 108).

In einigen Arbeiten in der Austauschforschung werden unveränderte Einstellungen nach dem »Kulturkontakt« und mögliche »Kulturkonflikte« mit der »Unvereinbarkeit« nationalkultureller Normen erklärt. »Die Ursache für die Regelmäßigkeit von Kulturkonflikten liegt darin, dass es neben koexistenzfähigen Normen auch nichtkoexistenzfähige gibt« (vgl. Nicklas, 1995, S. 47). In dieser Interpretation offenbart sich die Vorstellung von Kulturdifferenzen, die letztlich wirkliche Kulturkontakte unmöglich machten.

Dass das Bild von den Deutschen bei amerikanischen Studierenden, die ein Jahr in der BRD verbrachten, sich nicht vom Bild der amerikanischen Studierenden unterscheidet, die gerade ihr Auslandsstudium in Deutschland beginnen, deutet Stroebe (1992) durch die Übereinstimmung der Voreinstellung über die Deutschen mit den »tatsächlich« vorgefundenen Eigenschaften der Deutschen (Stroebe, 1992, S. 175). In dieser Arbeit wird also angenommen, dass vor allem das Wesen der Voreinstellungen die

Einstellungsänderungen bei »Realitätskontakt« beeinflusst. Stroebe scheint anzunehmen, dass bei allen befragten ausländischen Studierenden in Deutschland »Kulturkontakte« stattgefunden haben. Hier ist fraglich, ob allein die Anwesendheit von ausländischen Studierenden und Deutschen in der gleichen Stadt heißen muss, dass Kontakte stattfinden. Hier ist zu vermuten, dass die Wahrnehmung von Gemeinsamkeiten, wie dies die Kontakthypothese postuliert, erst bei intensiven und häufigen interkulturellen Kontakten einsetzt.

*Folgerungen für die eigene Arbeit:* Auch in meiner Arbeit wird ein Einfluss des Umfangs und der Intensität von Kontakte zu Deutschen auf die Einstellungen der ausländischen Studierenden gegenüber den Deutschen vermutet.

> *Hypothese 16*: Erasmusstudierende, die während ihres Deutschlandaufenthalts viele Kontakte zu Deutschen haben, werden positivere Einstellungen über die Deutschen äußern als ausländische Studierende ohne deutsche Kontakte.

> *Hypothese 17*: Erasmusstudierende, die während ihres Deutschlandaufenthalts viele Kontakte zu Deutschen haben, werden die Gemeinsamkeiten zwischen Personen ihrer Nationalität und den Deutschen stärker betonen als die Unterschiede.

> *Hypothese 18*: Nur bei häufigen und intensiven deutschen Kontakten ist ein positiver Einfluss der Kontakte auf die Einstellungen zu den Deutschen zu erwarten.

### 3.1.3.2.2     Einstellungsänderungen und kulturelles Lernen

Zur Evaluation des Erasmusprogramms werden unter der Leitung von Prof. Teichler in Jahren 1988–1993 regelmäßige Erhebungen durchgeführt. Durch standardisierte Befragungen der Studierenden, der Dozenten und der Vertreter der Akademischen Auslandsämter soll ein detailliertes Bild der Potentiale und Probleme des Programms gezeichnet werden. Es werden ca. 15 000 Personen im Rahmen von Fragebogenerhebungen in allen Ländern, die am Programm teilnehmen, befragt. In den studentischen Befragungen wird u. a. nach »Kenntnissen« und »Bewertungen« verschiedener Lebensbereiche im Gast- und Heimatland gefragt. Die Studierenden sollen am Ende ihres Aufenthalts neben ihren aktuellen auch rückblickend ihre Kenntnisse und Einstellungen zu Beginn ihres Auslandsstudiums angeben. Die Probanden werden u. a. gebeten, die Entwicklung ihrer Kenntnisse über das »Wirtschaftssystem« des Gastlandes, die »Geographie des Landes« oder »die Behandlung neuer Immigrantengruppen« einzuschätzen. Zudem sollen »Medien«, »Leben in der Stadt« oder die »Innenpolitik« im Gast- und Heimatland beurteilt werden. Die Befragung ergibt, dass die Probanden von mittelmäßigen Kenntnissen über das Gastland vor ihrem Aufenthalt zu guten Kenntnissen nach ihrem Aufenthalt gekommen sind (vgl. Teichler, 1997, S. 130). Insgesamt erscheint das Erasmusprogramm nach diesen Erhebungen in recht positiven Licht, da in allen abgefragten Bereichen Kenntnisse gesammelt wurden, die das stereotype Ausgangsbild des Gastlandes vor Beginn des Erasmusaufenthalts in ein »realistischeres« am Ende des Aufenthalts verwandelten. Die studentischen Bewertungen der abgefragten Aspekte von

Gast- und Herkunftsland zeigen nach Teichler (1997, S. 130), dass Stereotypen über das Gastland abgebaut wurden und ein »tieferes« Verständnis der Verhältnisse des eigenen Landes eingesetzt habe.

Unter methodischen Gesichtspunkten ist die Untersuchung der erworbenen Kenntnisse und der Einstellungen problematisch, da die Befragten ihren Lernfortschritt selbst einschätzten müssen. Es stellt sich die Frage, ob die StudentInnen nicht wissen, dass die Untersucher einen Wissenszuwachs erhoffen. Sollte dem so sein, ist zu befürchten, dass die Befragten gemäß sozialer Erwünschtheit antworten, um sich als erfolgreiche(r) Erasmusstudentin/Erasmusstudent darzustellen, die/der viel gelernt hat. Zudem entspricht der Erwerb von zusätzlichen Kenntnissen während des Auslandsaufenthalts vermutlich auch dem Selbstbild der Befragten als »Experten des anderen Landes« und dient zur »Rechtfertigung« der Entscheidung ins Ausland zu gehen. Wer würde schon am Ende eines Jahres im Ausland sagen, dass das Jahr »umsonst« war und er nichts über »Land und Leute« gelernt habe? Auch die Einschätzung der Kenntnisse vor Beginn des Auslandsaufenthalts aus der Retrospektive mindert die Validität der Ergebnisse. Denn oft wachsen gerade Kenntnisse unbewusst, so dass es schwer wird, zu erinnern, wie intensiv man vor sechs Monaten die »soziale Struktur« des Gastlandes o.ä. kannte.

Die Aspekte des Gastlandes, bezüglich derer die Befragten ihren Kenntnisstand beurteilen sollen sind so allgemein formuliert, dass eine genaue Interpretation der Antworten schwierig ist. Was könnte gemeint sein, wenn nach Kenntniszuwächsen in »der Außenpolitik im Allgemeinen«, »vorherrschenden sozialpolitischen Fragen« oder der »Behandlung neuer Immigrantengruppen« gefragt wird? Für die Befragten wird es sehr schwer gewesen sein, diese »Aspekte des Gastlandes« mit konkreten Erfahrungen in Verbindung zu bringen.

Da aus der Sozialpsychologie bekannt ist, dass »Wissenszuwachs« alleine nicht automatisch Einstellungsänderungen zur Folge haben muss, erscheint auch die Interpretation des erhobenen »Wissenszuwachses« als Abbau von Stereotypen, als überzogen.

Diese Überlegungen legen die Vermutung nahe, dass in dem genannten Bereich der Erasmusevaluation primär Artefakte produziert wurden.

Neben der Studie von Teichler (1997) existiert noch  die »Liller Erasmusevaluation«, die unter der Leitung von Rosselle (1999) in allen Ländern, die zum Zeitpunkt der Erhebung, 1996, am Erasmusprogramm beteiligt sind, stattfindet. Wieder werden sowohl Studierende, Dozenten, Vertreter der Akademischen Auslandsämter als auch Vertreter der Hochschulleitungen anhand von Fragebögen befragt. Insgesamt beteiligen sich 6422 Personen an der Erhebung. An der quantitativen StudentInnenerhebung nehmen 4471 Personen teil. Neben der quantitativen Erhebung finden Seminare statt, in denen die Stipendiaten von ihren Erfahrungen berichten können, und die als qualitative Ergänzung der quantitativen Gesamterhebung dienen sollen.

Auch in dieser Erhebung soll der »Wissenszuwachs« der Erasmusstudierenden durch den Auslandsaufenthalt erhoben werden (vgl. Rosselle, 1999). Im Fragebogen werden nicht einzelne Aspekte des Gastlandes erhoben wie in der Evaluation von Teichler

(1997), sondern es wird allgemein nach Kenntniszuwachs im »sprachlichen«, »kulturellen« und »fachlichen« Bereich gefragt. 93% der Befragten sehr großen oder großen Kenntniszuwachs im sprachlichen Bereich an; 77% haben ihre fachlichen Kenntnisse erweitern können; und 94% der Studierenden haben im kulturellen Bereich sehr viele oder viele Kenntnisse sammeln können.

Diese Ergebnisse werden von Rosselle (1999) als Hinweise auf den vollen Erfolg des Erasmusprogramms interpretiert, werde doch erhebliches sprachliches, fachliches und kulturelles Lernen erreicht, was zu einem Abbau der gegenseitigen Vorurteile führe und Europa zusammenwachsen lasse.

Die Ergebnisse erscheinen jedoch schwer interpretierbar, da nicht eindeutig zu sagen ist, was es bedeutet, wenn 94% großen Kenntniszuwachs im kulturellen Bereich angeben. Da die erhobenen Kenntniszuwächse von den Befragten eingeschätzt werden, ist ein Antwortverhalten gemäß sozialer Erwünschtheit nicht auszuschließen, da den Studierenden die Ziele des Erasmusprogramms bekannt sind und sie wissen, dass von ihnen erwartet wird, dass sie ihre Kenntnisse in fachlicher, sprachlicher und kultureller Sicht erweitert haben.

Auch diese Erhebung gibt nur wenige Auskünfte über das tatsächliche Verhalten der ErasmusstudentInnen im Gastland oder über ihre Kenntniszuwächse durch den Auslandsaufenthalt. Daher ist der Schluss auf Einstellungsänderungen nicht gerechtfertigt.

### 3.1.4 Studienbeteiligung

Nun soll noch kurz auf die empirischen Ergebnisse bezüglich der Studienbeteiligung der ausländischen Studierenden im Gastland eingegangen werden. Da die Erasmusstudierenden nur höchstens zwei Semester in Deutschland studierenden, ist anzunehmen, dass sie sich in ihrer Studienbeteiligung stark von ausländischen Studierenden unterscheiden, die ihr ganzes Studium in Deutschland absolvieren. Aus diesem Grund wird auch nur auf die empirischen Ergebnisse der zwei unter 3.1.3.2.2 vorgestellten Erasmusprogrammevaluationen eingegangen.

In den Evaluationen, die unter der Leitung von Prof. Teichler in den Jahren 1988–1993 durchgeführt werden, wird die Studienbeteiligung der Erasmusstudierenden im Ausland eingehend erhoben. Nach den Ergebnissen der Studierendenbefragung 90/91 beteiligt sich der Großteil der Befragten sehr intensiv am Studium an der Gasthochschule. So geben 72% der Befragten an, in Deutschland ein »Vollzeitstudium« zu absolvieren. Die Befragten geben an, durchschnittlich 37,6 Wochenstunden[40] mit studienbezogenen Aktivitäten zu verbringen (Teichler, 1999, S. 68). Die in Deutschland erworbenen Studienleistungen können zu 74% von der Herkunftshochschule angerechnet werden. Nach der Studie von Teichler wirkt sich der Auslandsaufenthalt sehr positiv auf die Verbesserung der Fremdsprachenkenntnisse der Stipendiaten aus. So wird die eige-

---

40 Von diesen 37,6 Wochenstunden entfallen 14,7 auf Lehrveranstaltungen, 8,6 auf eigenständige Studien, 4,5 auf Labor- oder Projektarbeit, 3,7 auf Examensvorbereitung, 2,9 auf Sprachkurse, 1,9 auf Studienfahren und 1,2 auf sonstige studienbezogene Aktivitäten.

ne Fremdsprachenkompetenz von den Erasmusstudierenden am Ende ihres Auslandsaufenthalts in allen abgefragten Aspekten[41] größer als zu Beginn des Aufenthalts beurteilt. Hier ist jedoch zu bedenken, dass die Befragten am Ende ihres Aufenthalts gebeten werden, ihre Deutschkenntnisse mit denen sie nach Deutschland kamen mit ihren aktuellen zu vergleichen. Die Bewertung von Fähigkeiten aus der Retrospektive erscheint wenig valide Ergebnisse zu liefern, da es für die Befragten vermutlich schwer ist, sich präzise an ihre Deutschkenntnisse vor sechs bis zwölf Monaten zu erinnern. Bei der Erhebung des Zuwachses an Fremdsprachenkenntnissen ist zudem ein Antwortverhalten der Befragten gemäß »sozialer Erwünschtheit« zu vermuten, da den Befragten die Ziele des Erasmusprogramms bekannt sind und sie demnach wissen, dass von ihnen erwartet wird, dass ihre Fremdsprachkenntnisse gewachsen sind. So würde wohl niemand in einer Erasmusevaluation angeben, er verfüge über geringere Deutschkenntnisse nach dem Deutschlandaufenthalt. Aufgrund der angesprochenen methodischen Probleme bei der Datenerhebung können die empirischen Ergebnisse dieser Evaluation bezüglich des Zuwachses an Fremdsprachenkompetenzen durch den Auslandsaufenthalt als wenig gesichert gelten.

Auch die »Liller Erasmusevaluation«, die auf Erhebungen im Jahr 1996 beruht, kommt zu dem Ergebnis, dass der Erasmusaufenthalt in sprachlicher und fachlicher Hinsicht sehr viele positive Erträge für die Stipendiaten erbracht hat. 77% der Befragten der quantitativen Erhebung geben am Ende ihres Erasmusaufenthalts »sehr großen« oder »großen« Kenntniszuwachs im fachlichen Bereich an. 93% der Befragten konnten ihre Sprachkenntnisse entscheidend verbessern und 65% finden es »sehr positiv« oder »positiv« neue Lehrmethoden kennen gelernt zu haben (vgl. Rosselle, 1999).

Bei genauem Hinsehen wird deutlich, dass auch diese Erhebung Artefakte zu produzieren scheint. Die im Fragebogen angegebenen Gebiete, in denen der persönliche Wissenszuwachs beurteilt werden soll, sind sehr allgemein gehalten und können auf sehr viele unterschiedliche Situationen bezogen werden. Die Befragten müssen selbst entscheiden, was sie unter »fachlichem oder sprachlichem« Lernen verstehen sollen. Dies bedeutet, dass auch die Interpretation der Antworten der Studierenden schwer bis unmöglich ist. Was bedeutet es, wenn jemand angibt, er habe seine Sprachkenntnisse »sehr verbessert«? Auf welche Sprache bezieht er seine Angabe, auf die Sprache des Gastlandes oder auf eine andere Fremdsprache, z. B. Englisch? Wie gut hat er/sie vorher gesprochen und wie gut spricht er/sie am Ende des Aufenthalts? Die vorhandenen Angaben lassen es nicht zu, den tatsächlichen Wissenszuwachs zu beurteilen. Sie spiegeln meiner Meinung nach eher die von den Studierenden vermuteten Erwartungen der Wissenschaftler. Denn da die Studierenden die Ziele des Erasmusprogramms seit ihrer Be

---

41 Es wird nach »Leseverständnis im Studium«, »Hörverständnis im Studium«, »Sprechvermögen im Studium«, »Leseverständnis allgemein«, »Hörverständnis allgemein«, »Sprechvermögen allgemein« und »Schreibvermögen allgemein« gefragt (vgl. Fragebogen von Teichler
1999).

werbung für ein Stipendium kennen, wissen sie auch, dass von ihnen als Stipendiaten die Erreichung dieser Ziele gewünscht und erwartet wird.

Auf den von der »Liller Evaluation« durchgeführten qualitativen Evaluationsseminaren wird das Erasmusprogramm von den befragten Stipendiaten vor allem in Bezug auf eine stattgefundene persönliche Entwicklung als positiv beurteilt. Die Erweiterung von fachlichen Kenntnissen während des Erasmusaufenthalt wird von den Seminarteilnehmern dagegen nur sehr selten erwähnt (vgl. Rosselle, 1999, S. 43). Bei Äußerungen, die das Studium betreffen, wird vor allem die problematische Anrechung der im Ausland erworbenen Leistungen auf das Heimatstudium angesprochen.

Diese qualitativen Ergebnisse scheinen des Wissenszuwachs im fachlichen Bereich nicht mehr ganz so positiv darzustellen, wie die Ergebnisse der quantitativen Erhebung. Bei Rosselle (1999) werden die qualitativen und die quantitativen Daten jedoch leider nicht in Beziehung gesetzt.

Nach den Ergebnissen der existierenden Erasmusevaluationen scheinen sich die Erasmusstudierenden während ihres Aufenthalts sehr intensiv am Fachstudium an ihrer Gasthochschule zu beteiligen. Sie scheinen ihre sprachlichen und fachlichen Kenntnisse durch den Auslandsaufenthalt entscheidend verbessern zu können. Dies bedeutet, dass die studienbezogenen Ziele des Erasmusprogramms erreicht werden. Da beide Studien jedoch große methodische Schwächen aufweisen, können diese Ergebnisse nicht als gesichert gelten.

### 3.1.5 Zusammenfassung

In diesem Kapitel wurde die empirischen Arbeiten der Austauschforschung zu meinem Thema vorgestellt. Es hat sich gezeigt, dass die empirischen Untersuchungen zur Bildungsmigration fast ausschließlich auf dem Einsatz von quantitativen Erhebungs- und Auswertungsmethoden beruhen. Da die wenigsten empirischen Arbeiten zu ausländischen Studierenden explizit ihre theoretischen Grundannahmen erläutern, konnten diese nur durch die Analyse der eingesetzten Fragebögen ermittelt werden. Hier zeigte sich, dass sich dominante Themenbereiche der Fragebögen mit der Erhebung der Studienbeteiligung, der sozialen Kontakte ausländischer Studierender im Gastland und mit ihrer Einstellung zum Aufnahmeland und seiner Bevölkerung bzw. Einstellungsänderungen beschäftigen. Die durchgeführten Interpretationen der erhobenen Daten deuten darauf hin, dass sowohl soziale Kontakte der GaststudentInnen zur Gastlandbevölkerung als auch positive Einstellungen bzw. Einstellungsänderungen als Indikatoren für geglückte »kulturelle Anpassung« und »Kulturkontakte« gelten, was auch als Erreichung der Zielsetzungen der Austauschorganisationen angesehen wird.

Im weiteren Verlauf des Kapitels wurde die methodische Erhebungsweise bei der Beschreibung und Erklärung der sozialen Kontakte ausländischer Studierender im Gastland kritisch untersucht. Es zeigte sich, dass fast alle Arbeiten Hinweise enthalten, dass wenige und wenig intensive Kontakte zwischen ausländischen Studierenden und der Gastlandbevölkerung bestehen. Die Ergebnisse in diesem Bereich weisen jedoch erhebliche methodische Mängel auf, so dass keine gesicherten Ergebnisse bezüglich des

Umfangs und der Intensität, den Zeitpunkten und den Orten der Kontaktaufnahme, den Funktionen der unterschiedlichen Kontaktgruppen (ausländische oder deutsche StudentInnen, Landsleute oder sonstige Deutsche) und den Kontakten in den unterschiedlichen Lebensbereichen (Studium, Wohnen, Freizeit) bestehen.

Ähnlich wie bei der Erhebung des Umfangs und der Intensität der sozialen Kontakte der ausländischen Studierenden im Gastland liefern auch die herangezogenen Erklärungsvariablen wenige valide Ergebnisse. Dies ist zum einen auf das geringe Niveau der statistischen Auswertungen zurückzuführen und beruht zum anderen darauf, dass in der Regel theoretische Gesamtkonzepte fehlen. So werden vereinzelt Kulturdifferenz, Nationalität, Geschlecht, Sprachkenntnisse, Aufenthaltsdauer im Gastland, Vorurteile und Diskriminierungen der Gastlandbevölkerung oder umgebungsbedingte Kontaktmöglichkeiten untersucht. Da es aber keine zwei Studien mit denselben erhobenen Variablen gibt, und da es bei den untersuchten Variablen keine zwei Studien gibt, die zu den gleichen Ergebnissen kommen, kann meine eigene Erhebung auf keinerlei gesicherten empirischen Ergebnissen in diesem Bereich aufbauen.

*Einstellungen* werden in der Austauschforschung vorwiegend als Einflussfaktoren auf die sozialen Kontakte während des Auslandsaufenthalts und/oder als Ergebnis von »Kulturkontakt« untersucht. Ausgehend von der Vorstellung, dass vor allem die kulturelle Differenz zwischen Heimat- und Gastlandkultur die »interkulturelle« Kontaktaufnahme erschwert, werden kulturell vermittelte »Einstellungen« der ausländischen Studierenden sowie der Gastlandbevölkerung vorwiegend als Kontakthemmnisse verstanden. Daneben wird davon ausgegangen, dass nationale Stereotypen und Vorurteile in der interethnischen Kommunikation immer entscheidend sind, da sie zur Identifikation der ausländischen Studierenden mit der Gruppe ihrer Landsleute und zur Abgrenzung von fremdkulturellen Gruppen dienen. Entsprechend dieser Ausgangshypothesen werden hauptsächlich negative Einstellungen/Vorurteile der Gastlandbevölkerung gegenüber den ausländischen Studierenden, von ihnen ausgehende Diskriminierungen und geringer zugeschriebener Nationalstatus untersucht. In deutschen Studien werden die Einstellungen der deutschen Bevölkerung gegenüber ausländischen Studierenden auffallend häufig als vorurteilsbehaftet dargestellt, auch wenn es sich nur um die Wahrnehmungen der befragten ausländischen Studierenden handelt. Die erhobenen Einstellungen der ausländischen Studierenden gegenüber der deutschen Bevölkerung werden dagegen als Ausdruck der »Realität« interpretiert. Dass auch die Meinungen der ausländischen Studierenden nur Ausdruck ihrer individuellen Wirklichkeitsdeutungen sind, wird in vielen Studien nicht berücksichtigt.

Die einseitige und mit standardisierten Methoden durchgeführte Thematisierung von ethnischen Beschreibungen als immer relevant und durchgehend problematisch für die interethnische Kommunikation erlaubt es nicht, Ergebnisse außerhalb dieser Ausgangshypothesen zu erzielen. Situationen, in denen ethnische Kategorisierungen keine Relevanz haben oder »kontaktfördernd« sind, liegen außerhalb der üblichen Forschungsdesigns, was sich als methodisches Problem darstellt. Arbeiten von Pott (2002) und Ibaidi (1993) haben dagegen gezeigt, dass ethnische Kategorisierungen nicht für alle untersuchten Probanden von gleich großer Bedeutung sind. Je nach Situation und den anwesenden Interaktionspartnern können zur sozialen Kategorisierung das Geschlecht, die Sprachkenntnisse oder die bisherige Aufenthaltsdauer in Deutschland wichtiger sein als die Nationalität. In meiner Arbeit sollen offen alle vorkommenden Kategorisierungen der Befragten in Hinblick auf ihre Interaktionspartner, den situativen Kontext und damit ihre jeweilige Funktion untersucht werden.

Einstellungsänderungen als Folge von sozialen Kontakten werden in der Austauschforschung ebenfalls untersucht. Diesen Arbeiten liegt in der Regel die »Kontakthypothese« zugrunde, die besagt, dass soziale Vorurteile gegenüber abgelehnten Personengruppen durch direkte Interaktion aufgegeben werden. Es gibt keine eindeutigen Ergebnisse darüber, welche genauen Bedingungen erfüllt sein müssen, damit die Kontakthypothese zutrifft. Von einigen Austauschforschern wird schon der Aufenthalt im Gastland als »Kulturkontakt« gewertet und untersucht, ob während des Auslandsstudiums positive Einstellungsänderungen stattfinden. Ich gehe dagegen davon aus, dass die Kontakthypothese nur dann zutreffen kann, wenn die ausländischen Studierenden häufige und intensive Kontakte zu Personen des Gastlandes haben.

Da positive Einstellungsänderungen der ausländischen Studierenden zum Gastland durch den dortigen Studienaufenthalt bildungspolitischen Zielsetzungen entsprechen, beschäftigen sich auch Evaluationsstudien des Erasmusprogramms mit ihrer Erfassung. Die Besprechung zeigte, dass in diesem Bereich höchstwahrscheinlich vorwiegend Artefakte produziert werden, die die Hoffnungen der Austauschforscher widerspiegeln, die Erreichung der Zielsetzungen der untersuchten Programme festzustellen.

Die *Studienbeteiligung* der Erasmusstudierenden im Ausland wird von zwei Erasmusevaluationen (Teichler, 1999 und Rousselle, 1999) erhoben. Die Ergebnisse beider Untersuchungen deuten auf eine intensive Beteiligung der Austauschstudierenden am Studium an ihrer Gasthochschule hin. Von beiden Studien werden große Kenntniszuwächse im fachlichen und sprachlichen Bereich konstatiert. Da jedoch diese Erhebungen methodische Mängel aufweisen, erscheinen die Ergebnisse als wenig gesichert. Bei den genannten Erasmusevaluationen handelt es sich zudem um rein deskriptive Studien, die keinerlei Erklärungen für unterschiedliche Studienbeteiligungen der ausländischen Studierenden während ihres Auslandsaufenthalts anbieten.

Beurteilt man die vorliegenden empirischen Arbeiten zu ausländischen Studierenden nach ihren Hauptthemenbereichen der Studienbeteiligung, der sozialen Kontakte und ihre Beziehung zu Stereotypen oder nationalen Bildern, kommt man zu dem ernüchternden Urteil, dass kaum gesicherte empirische Erkenntnisse vorliegen. Da die meisten Arbeiten durch mangelhafte Untersuchungskonzeptionen, geringe theoretische Reflexion und schlechte statistische Auswertungen gekennzeichnet sind, können keine oder nur wenige valide Ergebnisse erzielt werden.

## 3.2   Theoretische Konzepte

Nachdem nun ein Überblick über die empirischen Arbeiten in der Austauschforschung gegeben wurde, sollen die zentralen theoretischen Annahmen, auf denen diesen Untersuchungen beruhen näher untersucht werden. Im Folgenden wird das Konzept der »kulturellen Anpassung« von Danckwortt (1959) vorgestellt, das in fast allen Studien zur Erklärung der besonderen Situation und der spezifischen Probleme ausländischer StudentInnen herangezogen wurde und wird. Dabei interessieren mich besonders die theoretischen Annahmen des Ursprungskonzepts, die in späteren Arbeiten zur Bildungsmigration übernommen und/oder modifiziert wurden. Diese, die Austauschforschung dominierenden theoretischen Annahmen sollen diskutiert werden und dienen zur Formulierung eines eigenen theoretischen Ansatzes.

### 3.2.1 Konzept der kulturellen Anpassung

Abgesehen von einigen Vorläuferstudien ist der Ausgangspunkt der deutschen Austauschforschung die theoretische Analyse des Ausländerstudiums von Dieter Danckwortt »Probleme der Anpassung an eine fremde Kultur«, die er im Jahre 1959 im Auftrage der Carl Duisberg-Gesellschaft durchführte. Wie in den USA sind die Zahlen ausländischer Studierender in Deutschland nach dem Zweiten Weltkrieg stark angestiegen: von rund 2000 ausländischen StudentInnen im Jahre 1950 bis auf 15000 im Jahr 1958 (Danckwortt, 1959, S. 10). Man hoffte durch die Förderung der Bildungsmigration Sympathien für die eigene Politik erzeugen und zukünftige wirtschaftliche Partner im Ausland heranbilden zu können, was natürlich nur bei erfolgreichem Studium in Deutschland zu erwarten war. Die Arbeit von Danckwortt hat das Ziel, ein theoretisches Konzept zu erarbeiten, mit dem Erfolge sowie Misserfolge des Auslandsstudiums erklärt werden könnten. Seine theoretischen Überlegungen zur »kulturellen Anpassung« haben so gut wie alle nachfolgenden Konzepte zur Analyse der Auslandsbildung beeinflusst. Es gibt nur wenige empirische Untersuchungen und theoretische Analysen der internationalen Bildungsmigration in Deutschland, in denen der Begriff der »Anpassung« nicht genannt wird. Aus diesem Grund sollen die wichtigsten theoretischen Annahmen dieses Konzepts hier kurz dargestellt werden.

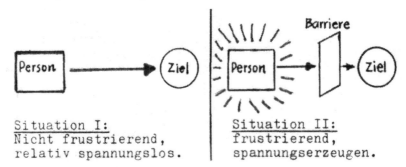

*Abbildung 4: Schema einer Situation mit und einer ohne Anpassungsforderung. Quelle: Danckwortt, 1959, S. 43.*

Zentral für Danckwortts Konzept ist der Begriff der »Anpassung«, worunter ein »Spannungsabbau« verstanden wird (Danckwortt, 1959, S. 43). »Spannungen« entstünden, wenn eine Person ihre Handlungsziele nicht sofort erreichen könne, da sie durch eine »Barriere« verstellt seien und die Person sich deshalb dazu gezwungen sähe, die ursprünglich geplanten Handlungen in der neuen Situation zu modifizieren, um so dennoch ihr ursprüngliches Ziel zu erreichen (siehe Abbildung 4).

Die vorübergehende Desorientiertheit, wenn erkannt würde, dass Routinen, also gelernte Verhaltensweisen, nicht erfolgreich seien, zwinge zur Umstrukturierung und Neuorientierungen. Einerseits werde die Anpassung des Individuums von der Umwelt gefordert, andererseits entspräche sie einem »Anpassungsbedürfnis« des Individuums selbst, das die gesellschaftlichen Normen verinnerlicht hätte und im Einklang mit seiner Umwelt leben wolle. Durch Lernprozesse würden die neu erworbenen Verhaltensweisen gespeichert und könnten auf zukünftige Situationen angewendet werden. Die »Anpassung« des Individuums an seine Umwelt erfolge grundsätzlich auf dreifache Weise (Danckwortt, 1959, S. 73):

– an die eigene Familie im Kindesalter

– an fremde Gruppen innerhalb der eigenen Kultur

– an fremde Kulturen

Unter »Anpassung an fremde Kulturen« versteht Danckwortt die Anpassung an fremde »Nationalkulturen«. Aus diesem Grund erscheint ihm die »kulturelle Anpassung« geeignet, das Verhalten ausländischer StudentInnen während ihres Auslandsstudiums zu erklären. »Inder und Deutsche, Japaner und Franzosen, sie alle leben in verschiedenen Wirklichkeitswelten. Sie sehen, wie jeder Mensch die Welt nicht so wie sie ist, sondern durch die Brille von «Bedeutungen», die sie von frühster Kindheit an gelernt haben (...)« (Danckwortt, 1959, S. 62). Während eines Auslandsstudiums gerate nun ein in einer bestimmten Nationalkultur sozialisierter Mensch mit den für seine Kultur typischen Wahrnehmungen, Beschreibungen und Verhaltensweisen in eine fremde Nationalkultur, in der seine gelernten Verhaltensweisen und Wirklichkeitsdeutungen versagten. Es entstünde eine für die betreffende Person unangenehme »Spannungssituation«, der nur dadurch entronnen werden könne, indem die Person die der neuen Situation angemessenen Verhaltensweisen lerne. Er/sie wird bei erfolgreicher Anpassung temporäres Mitglied beider Kulturkreise, kann in geringem Maße als »Kulturvermittler« auftreten und muss sich in hohem Masse an die fremde Kultur anpassen, ohne sie verändern zu können (Danckwortt, 1959, S. 77) (siehe Abbildung 5). Ob es zur Anpassung oder Nichtanpassung der ausländischen StudentInnen komme, hänge in entscheidendem Maße von der Stärke des »Anpassungsdrucks« ab, der von der Gastgesellschaft ausgeübt würde. Dieser Druck sei je stärker, desto unterschiedlicher die betreffenden Kulturen seien, und je geringer, desto ähnlicher sie sich wären. Dafür sind vor allem die kulturellen Distanzen in den die ausländischen StudentInnen betreffenden Lebensbereichen entscheidend. »Sind die Inhalte des betreffenden  Bereichs in beiden Kulturen nahezu gleichartig, wie dies zum Beispiel bei den Universitätssystemen von Österreich und

Westdeutschland der Fall ist, so kann von einer Anpassungsanforderung nicht oder nur in sehr geringem Maße die Rede sein« (Danckwortt, 1959, S. 88).

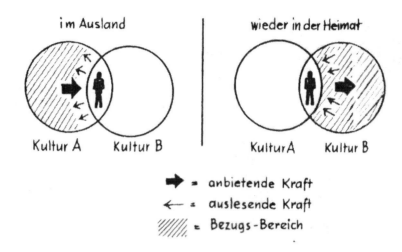

*Abbildung 5: Schema der Anpassung im Ausland und der Rückanpassung im Heimatland. Quelle: Danckwortt, 1959, S. 66.*

Der Grad der kulturellen Anpassung könne demnach nach Lebensbereichen unterschiedlich hoch sein und hänge von dem jeweiligen Anpassungsdruck ab (Danckwortt, 1959, S. 40). Auch eine partielle Anpassung an die Gastlandkultur sei demnach möglich.

Neben dem »objektiven« Anpassungsdruck, seien für die Erklärung des Verhaltens der ausländischen StudentInnen im Gastland noch der von ihnen »subjektiv« wahrgenommene Anpassungszwang der Aufnahmegesellschaft, ihre Anpassungsbedürfnisse, ihre Anpassungsfähigkeit und die von der Umwelt angebotenen »Anpassungshilfen« entscheidend.

Im Laufe der erfolgreichen kulturellen Anpassung werden nach Danckwortt nicht nur die persönlichen Verhaltensweisen denen angepasst, die in der fremden Kultur üblich sind, sondern auch die in der Heimat üblichen nationalen Stereotypen über die Gastlandbevölkerung aufgegeben bzw. relativiert. » Je länger der Auslandsaufenthalt andauert und je intensiver die Kommunikation mit den Einheimischen wird, desto mehr wird neben der Position des Heimatlandes auch die des Gastlandes berücksichtigt« (Danckwortt, 1959, S. 150). Positive Einstellungsänderungen erfolgten demnach über soziale Kontakte mit der Bevölkerung des Gastlandes, die als Träger ihrer Kultur gesehen wird.

Einige entscheidende theoretische Grundüberlegungen, des Konzepts der »kulturellen Anpassung« von Danckwortt (1959), die in theoretischen Arbeiten der Austauschforschung implizit oder explizit immer wieder auftauchen, sollen im Folgenden kritisch besprochen werden, ums so in Abgrenzung den theoretischen Rahmen für die eigene Untersuchung zu erarbeiten.

### 3.2.2 Kulturbegriff

Wie schon bei Danckwortt (1959) wird »Kultur« in späteren Arbeiten zu ausländischen StudentInnen in Deutschland in der Regel als Orientierungssystem verstanden, das von Mitgliedern der gleichen Kultur geteilt wird, so dass innerkulturelle Kommunikation und Handeln auf der Basis den Dingen zugeschriebenen gleichen Bedeutungen möglich wird[42]. Die »Kultur« wird als ein von allen Mitgliedern anerkanntes Regelwerk von Normen angesehen, das Möglichkeiten und Grenzen für individuelles Verhalten eröffne (vgl. Boesch 1980, S. 17). Auf diese Weise würde der Einzelne entlastet, da er nicht in jeder neuen Situation neu entscheiden müsse, sondern auf erprobte und in seiner Kultur akzeptierte Verhaltensweisen zurückgreifen könne und sich so für ihn die Komplexität der Realität reduziere (z. B. Nicklas, 1995, S. 41). »Kultur« als gelernte Handlungs-schemata diene der Vororientierung und damit der kollektiven Situationsbewältigung. Es wird davon ausgegangen, dass die kulturellen Normen und kulturüblichen Verhal-tensweisen den einzelnen Mitgliedern der Kultur in der Regel nicht bewusst sind, da sie diese verinnerlicht hätten. Erst mit kulturellen Fertigkeiten ist demnach das Leben in Gemeinschaft überhaupt möglich, welche auf der einen Seite Anpassung an die Umwelt (konkreter an die jeweiligen Interaktionspartner) und auf der anderen Seite die individu-elle Gestaltung der Umwelt möglich machen (vgl. Demorgon, 1996, S. 45). In der Regel werden »Kulturen« als Orientierungssysteme begriffen. Allerdings wird die »Kultu-rentwicklung« als so langsam konzipiert, dass die Kulturen als stabile Einflussgrößen auf studentische Handlungen während des Auslandsstudiums angesehen werden.

Die Bedeutungen, die dem Begriff der »Kultur« gegeben werden, scheinen innerhalb des Sozialen ohne Grenzen zu sein. Er umschließt alles menschliche Verhalten und scheint damit als wissenschaftlicher Begriff nicht geeignet zu sein, da es ihm an Prä-gnanz fehlt und Differenzierungen unmöglich macht. »Letztlich hat sich die Spannwei-te, die der Begriff ausfüllen sollte, als zu groß erwiesen. Sie reicht von symbolischen Grundlagen des Handelns (Parson) bis zur Gesamtheit menschlicher Artefakte. Sie schließt elektronische Maschinen und Tätowierungen menschlicher Körper, Hochkultur und Alltagskultur, Kultur der archaischsten aller Stämme und Kultur der modernen Gesellschaft mit ein« (Luhmann, 1999, S. 31). Wenn man, wie in der Austauschfor-schung üblich, einen Kulturbegriff vertritt, der sämtliche menschliche Lebensäußerun-gen meint, können natürlich auch die Wahrnehmung-, Verhaltens-, und Handlungswei-sen ausländischer StudentInnen während ihres Auslandsstudiums mit diesem Begriff belegt werden, ohne dass diese in ihrer Differenziertheit beschrieben oder gar erklärt würden. Da seit Danckwortt (1959) in der Austauschforschung angenommen wird, dass

---

42 Vgl. u. a. Boesch (1983), Boesch (1980), Boteram (1993), Colin (1998), Dethloff (1993), Jordan (1995), Otten (1994), Thomas (1996), Thomas (1995), Thomas (1992), Thomas (1985), Thomas (1984), Thomas (1983).

sich die Probleme der ausländischen StudentInnen durch die Bewältigung dieser nationalkulturellen Differenz ergeben und erklären lassen, beschäftigen sich einige Austauschforscher mit der Bestimmung der kulturellen Distanz, bzw. mit der inhaltlichen
Bestimmung der unterschiedlichen Nationalkulturen (vgl. u. a. Wahab, 1998, Tjioe,
1972). »Grundsätzlich ist zu postulieren, dass Art und Ausmaß kultureller Anpassungsprobleme vor allem von der »kulturellen Distanz« zwischen den beteiligen Kulturen
abhängen, um deren Bestimmung sich sowohl in der allgemeinen kulturvergleichenden
Forschung als auch in der Austauschforschung bemüht wird« (Breitenbach, 1974, S.
225).[43] Neuere Versuche zur Definition von nationalen Kulturen finden sich in der
»Kulturpsychologie« und in der »interkulturellen Psychologie«, die u. a. auf die »Völ-
kerpsychologie« zurückgeht. Es wird versucht, nationentypische »Kulturstandards« zu
erheben und somit im Grunde das »Wesen« der einzelnen Kulturen zu erfassen. »Jede
Kultur hat (...) in ihrem Orientierungssystem über Generationen hinweg spezifische
Bewertungs- und Verhaltensstandards ausgebildet, die als Kulturstandards bezeichnet
werden« (Thomas, 1996, S. 114). Diese »Kulturstandards« offenbaren sich nach Thomas (1996) in kritischen Interaktionssituationen zwischen Personen unterschiedlicher
Nationalität, in denen die Kommunikation versagt, was auf kulturelle Differenzen zurückgeführt wird. Sind solche »Kulturstandards« identifiziert, können Interessierte diese
ihrer Kultur fremden Verhaltens- und Wahrnehmungsweisen z. B. in »Kulturtrainings-
programmen« erwerben (siehe Thomas, 1996, S. 118).

Bei der Erfassung von »objektiven« nationalkulturellen Differenzen ergeben sich
viele methodische Probleme, da »Nationalkulturen« in der Regel sehr weit, als sämtliche nationaltypische, soziale Lebensäußerungen verstanden werden, die natürlich in
ihrer Gesamtheit nicht erhoben werden können. So werden z. B. von Thomas (1996)
kritische Interaktionssituationen zwischen Deutschen und Chinesen durch Interviews
erhoben. Hier wird den Probanden die »Qual der Wahl« überlassen, d.h. sie müssen
»typische« konfliktreiche Interaktionssituationen aus der unendlichen Menge von möglichen Situationen auswählen. Es ist zu bezweifeln, dass aus wenigen konfliktreichen
Situationen auf »kulturelle« Differenzen zwischen zwei Nationen geschlossen werden
kann. Wahrscheinlich erhebt man auf diese Weise eher, was die Befragten für »typisch«
an ihrer Kultur halten und welche Situationen häufig durch nationale Unterschiede erklärt werden. Hier zeigt sich die Unmöglichkeit, »Kulturen« auf der Gegenstandsebene
zu erheben. Ähnliche Probleme hat auch Tjioe (1972), die zu Beginn ihrer empirischen
Untersuchung asiatischer Studentinnen in Deutschland, kritische Interaktionssituationen
zwischen Asiaten und Deutschen festlegt und die Befragten dann nach ihrer Reaktion in
der betreffenden Situation fragt. Abweichungen der Asiaten von der von ihr festgeleg-
ten nationalkulturellen Norm werden dann als »Anpassung« an die deutsche Gesellschaft interpretiert (vgl. Tjioe, 1972). Auch hier kann man die Frage stellen, warum
diese bestimmten Situationen ausgewählt wurden und keine anderen. Weisen die Er-

---

43 Ältere Arbeiten anderer Autoren finden sich bei Breitenbach, 1974, S. 225.

gebnisse die Existenz von nationalkulturellen Normen nach oder spiegeln sie eine bestimmte Beobachtungsweise der Befragten?

Nationalkulturen gemäß den eigenen Vorstellungen zu definieren und die Antworten der Befragten an diesem Maß zu messen, erscheint als wenig wissenschaftlich. Die Arbeiten von Tjioe (1972) und Thomas (1996) sollen als Beispiele für die Arbeiten in der Austauschforschung dienen, die versuchen das Wesen von Nationalkulturen zu bestimmen, was aufgrund des vagen Kulturbegriffs auch in Zukunft wohl kaum gelingen wird. Zudem kann Versuchen einer Definition von natürlichen, kulturellen Gemeinschaften, organisiert in Nationalstaaten, der Vorwurf gemacht werden, einem kulturellen Rassismus eine moderne Begründungsbasis zu verschaffen, da hier Ethnizität = Kultur als »natürliches« Unterscheidungsmerkmal an die Stelle der nicht mehr legitimen Berufung auf Rasse = Natur tritt (vgl. Bommes, 1991, S. 301).

*Folgerungen für die eigene Arbeit:* Eine Fixierung des Kulturbegriffs auf der Gegenstandsebene scheint wenig sinnvoll zu sein, da er sich der exakten Definition entzieht. Wenn alles Soziale gemeint ist, werden weder wissenschaftliche Beschreibungen noch Erklärungen möglich. Demgegenüber soll »Kultur« in dieser Arbeit als eine mögliche Beschreibungs- und Beobachtungsweise der untersuchten StudentInnen verstanden werden. Ähnliches schlägt auch Luhmann vor: »Man könnte aber daran denken, den Begriff aus dem Operationsbereich der Beobachtung erster Ordnung in den Operationsbereich zweiter Ordnung zu verlagern. Dann ginge es nicht mehr um die Einteilung der Gegenstandswelt, sondern um das Beobachten von Beobachtern und um eine bestimmte Form für die Frage, wie Beobachter Beobachter beobachten« (Luhmann, 1999, S. 32). Eine Frage, die durch die empirische Erhebung beantwortet werden soll, ist, wann und warum die Befragten ihre soziale Realität mit ethnischen Kategorien konstruieren und durch »Kultur« und »Kulturunterschiede« beschreiben und deuten. Genauso interessant ist es natürlich, wann und warum die StudentInnen ethnischen Beschreibungen ausweichen und soziale Differenzierungen aufgrund anderer Kategorien bilden.

### 3.2.3 Nationalkulturen als dauerhafte Spezifika eingrenzbarer Populationen

Ausgehend von den soeben angestellten Überlegungen zu einem vagen, undifferenziert gebrauchten »Kulturbegriff« in der Austauschforschung, soll nun die übliche Verwendung des Begriffs der »Nationalkultur« analysiert werden. Es interessiert besonders, was die wissenschaftliche Beobachtungsweise der Wahrnehmungs-, Verhaltens-, und Handlungsmuster ausländischer StudentInnen als Ausdruck ihrer »Nationalkultur« für die Analyse und die Ergebnisse der Austauschforschung bedeutet.

Bei der theoretischen Erfassung des Ausländerstudiums ist das Besondere, dass die »Kulturen«, denen unterstellt wird, das Handeln der Individuen zu steuern, in der Regel als »Nationalkulturen« aufgefasst werden. Wenn man die »Nation« als eine Gemeinschaft mit einem ähnlichen kulturellen Orientierungssystem begreift, in dem die Mitglieder ohne fremdkulturelle Einflüsse geprägt worden seien, ist es nicht verwunderlich, dass in der Austauschforschung allgemein angenommen wird, dass das Verhältnis von nationaler Heimatkultur und Fremdkultur das Verhalten und Handeln der ausländischen StudentInnen im Gastland bestimmt.

Die Ausgangshypothese dieser Überlegungen einiger Austauschforscher zur Erklärung von Verhaltensweisen ausländischer StudentInnen scheint zu sein, dass sich die Mitglieder eines Nationalstaates in ihren Wahrnehmungs- und Verhaltensweisen stärker von Personen anderer Nationalität unterscheiden als von Personen ihrer eigenen Nationalität. Nationalität wird damit zur wichtigsten Erklärungsvariable für Verhaltens- und Handlungsweisen von ausländischen StudentInnen. Diese Differenzhypothese lässt sich kaum aufrecht erhalten, wenn man an die vielen »Subkulturen« in einem Nationalstaat denkt. Hier können die »objektiven« Unterschiede in den Lernumwelten größer sein als die zwischen ähnlichen »Subkulturen« verschiedener Länder. Demnach könnte man vermuten, dass StudentInnen, unabhängig von ihrem Herkunftsland, sehr viele ähnliche »kulturelle« Erfahrungen gemacht haben und die Unterschiede zu anderen Berufsgruppen (z. B. Fabrikarbeiter, Kaufleute oder Bauarbeiter) intrakulturell wesentlich größer sind.

Auch die Hypothese der Austauschforscher, dass die StudentInnen im Auslandsstudium von einem »monokulturellen« in einen anderen »monokulturellen« Bezugsraum kommen, ist nicht überzeugend, wenn man an die Internationalisierung von vielen Lebensbereichen durch die Medien, die Wirtschaft, Musik etc. denkt.

Im Gegensatz zur Vorstellung verschiedener monokultureller Nationalstaaten, die vor allem in der Austauschforschung weit verbreitet ist, findet sich in der sozialwissenschaftlichen Literatur zunehmend die Vorstellung dass wir uns in einem Globalisierungsprozess oder sogar in einer »Weltgesellschaft« befinden (vgl. Stichweh, 2000). Dies bedeutet, dass sich viele Möglichkeiten und Barrieren, in deren Grenzen menschliches Handeln stattfindet, heute immer weniger als typisch für den jeweiligen Nationalstaat beschreiben lassen. Eine in den Sozialwissenschaften verbreitete Vorstellung besagt, dass die Menschen ihr Handeln an den von ihnen wahrgenommenen globalen Möglichkeiten und Barrieren orientieren und damit einer globalen Kultur entsprechen und sie erschaffen. Die Abwägung zwischen lokalen Bindungen und globalen Handlungsanforderungen und – möglichkeiten führt nach Beck (1986, 1994) dazu, dass der Mensch sich neuen Lebensrisiken und Entfaltungsmöglichkeiten gegenübersieht. »(...) das Individuum der Moderne wird auf vielen Ebenen mit der Aufforderung konfrontiert: du darfst und du kannst, ja du sollst und du musst eine eigenständige Existenz führen jenseits der alten Bindungen von Familie und Sippe, Religion, Herkunft und Stand (...)« (Beck, 1994, S. 25). Globalisierung bedeutet, dass bestimmte Handlungsalternativen, zwischen denen sich jedes Individuum lokal entscheiden muss, global anzutreffen sind. Damit wird die nationale »Normalbiographie« zu einer »Wahlbiographie« (vgl. Beck, 1994, S. 13). Handlungsweisen ausländischer Studierender sollten demnach nicht mit nationalen Kategorien beschrieben und erklärt werden, sondern müssen als Reaktionen auf Anforderungen und Möglichkeiten im Rahmen der Globalisierung verstanden werden. Auch die Selbst- und Fremdbeschreibungen werden vermutlich durch die »Idee der Globalisierung« beeinflusst. In der sozialwissenschaftlichen Literatur finden sich Hinweise, dass es im Globalisierungsprozess zu Regionalisierungen kommt, von denen Europa ein Beispiel ist. Stichweh (2000) sieht das Entstehen einer Weltgesellschaft mit der regionalen Kontaktverdichtung in Europa, u. a. durch die Entstehung einer wissenschaftlichen Region »Europa« bestätigt. So ist der Anteil der Publikationen, die auf der wissenschaftlichen Kooperation von Forschern unterschiedlicher Nationalitäten bestehen zwischen 1980 und 1990 von 11,3% auf 20% der gesamten weltweiten Publikationen gestiegen. Von den Publikationen in Europa ist der Anteil der innereuropäischen Kooperationen in diesem Zeitraum von 38% auf 44% gestiegen, was von Stichweh als Hinweis auf die »regionale Verdichtung« in einem globalen System verstanden wird (Stichweh, 2000, S. 123). Beispiele, die auf den Bedeutungsverlust von nationalen Grenzen als Definition von Handlungsmöglichkeiten und Handlungsgrenzen besonders in Europa hindeuten, lassen sich neben dem »Wissenschaftssystem« in vielen anderen Bereichen finden, wie z. B. in der Wirtschaft oder Politik. Neben globalen Handlungsbedingungen dürfen aus diesem Grund auch europäische Bedingungen bei der Analyse der Handlungsweisen ausländischer Studierender in Deutschland, die durch ein Mobilitätsprogramm der Europäischen Union gefördert werden, nicht unberücksichtigt bleiben.

*Folgerungen für die eigene Arbeit:* Mit Blick auf die Heterogenität von möglichen Erfahrungswelten in einer Weltgesellschaft erscheint die Annahme, dass ausländische StudentInnen vor allem nationalkulturell geprägt sind, zweifelhaft. Nationalkulturen als dauerhafte Spezifika durch Nationen eingegrenzter Populationen aufzufassen, erscheint mit Blick auf den Kulturwandel und die Internationalisierung vieler Lebensbereiche nicht plausibel zu sein. Hier zeigt sich, dass man »Nationalkultur« ebenso wenig wie »Kultur« auf der Gegenstandsebene definieren sollte. Werden in der empirischen Erhebung von den Befragten nationalkulturelle Unterscheidungen eingeführt, soll dies in dieser Arbeit als eine mögliche Beobachtungsweise der StudentInnen unter anderen verstanden werden.

Der oben beschriebenen These folgend, dass die Bedeutung von nationalen Grenzen abnimmt, kann das Auslandsstudium als individuelle Nutzung der Handlungsmöglichkeiten verstanden werden, die sich im Rahmen der Globalisierung und Europäisierung ergeben. Dies kann z. B. bedeuten, dass durch Austauschprogramme und Hochschulkooperationen heute viele StudentInnen die Möglichkeit haben, im Ausland zu studieren, sich ganz nach ihrer Wahl zu bilden und gleichzeitig unangenehmen Studienbedingungen im Heimatland auszuweichen (z. B. unfreundlichen Professoren oder Kommilitonen, schweren Prüfungen, schlechten Bibliotheken oder Lehrveranstaltungen auf niedrigem Niveau). Neben den neuen Freiheiten und Handlungsmöglichkeiten, die sich durch die Möglichkeit des Auslandsstudiums ergeben, könnte es sein, dass die Globalisierung vieler Lebensbereiche dazu führt, dass sich StudentInnen als zukünftige Eliten dazu gezwungen sehen, Auslandserfahrungen zu sammeln. So geben bei einer Untersuchung von 1 234 ehemaligen Stipendiaten des Erasmusprogramms im Jahre 1994 64% der Befragten an, dass sie ihr jetziger Arbeitgeber aufgrund ihrer Fremdsprachenkompetenz eingestellt hätte und 53% vermuten, dass ihr Auslandsaufenthalt ein entscheidendes Kriterium für ihre Einstellung gewesen sei (vgl. Maiworm, 1997). Auf die hohe Bedeutung vor allem von Fremdsprachenkenntnissen für die spätere Einstellung deutet auch eine Stellenanzeigenanalyse von 1360 Inseraten in der »Frankfurter Allgemeinen Zeitung«, der »Frankfurter Rundschau«, der »Zeit« und der »Süddeutschen Zeitung« hin, die 1995 von Müßig-Trapp und Schnitzer durchgeführt wird. Hier werden in 56% der Anzeigen für Ingenieure Fremdsprachenkenntnisse verlangt (vor allem Englisch), in 46% der Anzeigen, die sich an BWL-Absolventen richten, und in 37% der Anzeigen für Informatiker. Fremdsprachenkenntnisse scheinen dagegen in der Architektur (10%), der Psychologie und der Pädagogik (8%) kein relevantes Einstellungskriterium zu sein (vgl. Müßig-Trapp, 1997, S. 18). Dass besonders in Berufszweigen, die sehr international ausgerichtet sind, Fremdsprachenkenntnisse ein Einstellungskriterium darstellen, erstaunt nicht. Den Auslandsaufenthalt als notwendigen »Karrierebaustein« zu sehen, ist vermutlich besonders bei Ingenieuren, Studenten der Wirtschaftswissenschaften oder der Informatik zu finden. Auf diesen Sachverhalt deutet auch hin, dass unter den gesamten deutschen ErasmusstudentInnen 1999/2000 am häufigsten Studierende der Wirtschaftswissenschaften zu finden sind (25%). Die zweitgrößte Gruppe sind die SprachstudentInnen (19%), bei denen auch angenommen werden kann, dass sie ihre Berufsaussichten durch einen Auslandsaufenthalt verbessern wollen (vgl. DAAD, 2001). Der Auslandsaufenthalt wird von den StudentInnen der Wirtschaftswissenschaften und denen der Sprachen vermutlich als normaler Bestandteil der Bildungskarriere wahrgenommen und als notwendige Qualifikation für den europäischen oder weltweiten Arbeitsmarkt eingeschätzt.

Es ist anzunehmen, dass die Vorstellungen von Globalisierungsanforderungen nicht nur die Entscheidungen der Studierenden beeinflussen, im Ausland zu studieren, sondern auch Auswirkungen auf ihre sozialen Kontakte, ihre Studienbeteiligung in Deutschland und ihre Selbst- und Fremdbeschreibungen haben.

*Hypothese 19*: Handlungs- und Wahrnehmungsweisen von Erasmusstudierenden können nicht mit nationalen Prägungen beschrieben und erklärt werden, sondern müssen als Reaktionen auf Anforderungen und Möglichkeiten im Rahmen der Globalisierung verstanden werden.

Neben den tatsächlichen, Ähnlichkeiten der europäischen Wissenschafts- und Bildungssysteme, die sich z. B. in geringen Anpassungsproblemen der europäischen Studierenden an das Studium im Gastland widerspiegeln könnten, stellt sich die Frage, ob die Idee eines geeinten Europas auch einen Einfluss auf die Selbst- und Fremdbeschreibungen der ErasmusstudentInnen hat. Es könnte sein, dass Kategorisierungen aufgrund von nationalen Bildern und Stereotypen während des Auslandsaufenthalts von vergleichsweise geringer Bedeutung sind und eher »europäische Ähnlichkeiten« zwischen ErasmusstudentInnen und Deutschen wahrgenommen werden.

*Hypothese 20*: Bei Stipendiaten des europäischen Mobilitätsprogramms ERASMUS wird man nur in geringem Maße Selbst- und Fremdbeschreibungen aufgrund von nationalen Stereotypen antreffen. Es wird verstärkt ein gesamteuropäisches Bild entworfen.

77

### 3.2.4 Das Auslandsstudium als »kulturelle Überschneidungssituation«

Das Auslandsstudium wird von den meisten Austauschforschern, wie von Danckwortt (1959), als »kulturelle Überschneidungssituation« konzipiert, da Personen unterschiedlicher Nationalität, d.h. aus unterschiedlichen Kulturkreisen interagierten[44]. »Die Entscheidung für eine bestimmte Handlungsalternative ist in kulturellen Überschneidungssituationen, wie sie für die ausländischen Studenten zutreffen, sowohl von der individuellen Lerngeschichte und den Erfahrungen des Heimatlandes als auch des Studienlandes geprägt« (vgl. Ehling, 1987, S. 306). Wenn »Kultur« als »Nationalkultur«, ausländische StudentInnen als TrägerInnen dieser Kultur und das Ausländerstudium folgerichtig als »kulturelle Überschneidungssituation« definiert wird, erstaunt es nicht, dass sich ein Großteil der Literatur zu diesem Thema mit den möglichen Problemen beschäftigt, die aus der kulturellen Differenz zwischen Gastlandbevölkerung und ausländischen StudentInnen entstehen können.

Es erscheint problematisch, dass mit der Beschreibung des Auslandsstudiums als kulturelle Überschneidungssituation die Existenz von kulturellen Problemen theoretisch angenommen wird, ohne zunächst die Situation von ausländischen StudentInnen im Gastland zu analysieren. Nur so lassen sich ihre tatsächlichen Probleme sowie deren spezifische Ursachen feststellen. Die Untersuchungspläne der empirischen Arbeiten sind dann häufig so konzipiert, dass sie nach kulturellen Anpassungsschwierigkeiten fragen, die womöglich keine alltägliche Relevanz für die Untersuchten haben[45]. Es werden »äußere« Probleme wie Konflikte mit Deutschen, Orientierungsprobleme, soziale Isolierung der ausländischen StudentInnen und Studienprobleme sowie »innere«/psychische Probleme wie »Verunsicherung durch den Kulturschock«, Verlust der kulturellen Identität erfragt. Wenn nur nach »kulturellen« Problemen gefragt wird, antworten die Befragten auch mit »kulturellen« Problemen, die allerdings womöglich außerhalb der Befragungssituation wenig Bedeutung für die Betreffenden haben und von ihnen nicht unbedingt auf die nationaltypischen Unterschiede zwischen Herkunfts- und Gastland zurückgeführt werden.  Die Untersuchungsergebnisse, welche die Ausgangshypothese bestätigen, dass »Kulturdifferenz« bestehe und die Wahrnehmungs-, Verhaltens-, und Handlungsweisen der StudentInnen steuere, werden demnach durch die Konzeption der Befragungen (mit)erzeugt.

*Folgerungen für die eigene Arbeit:* Die Wahrnehmungs- und Handlungsmuster der ErasmusstudentInnen in Deutschland sollten nicht von vorn herein als Reaktionen auf konfliktreiche Situationen definiert werden, die sich aus  unterschiedlichen nationalkulturellen Erwartungen des Heimatlandes sowie des Gastlandes ableiten, da dieser Ansatz Gefahr läuft, die zu unter-

---

44 Vgl. u. a. Boesch (1982), Boesch (1980), Boteram (1993), Breitenbach (1974), Colin (1998), Dethloff (1993), Ehling (1987), Ibaidi (1993), Jordan (1995), Otten (1994), Thomas (1996), Thomas (1995), Thomas (1992), Thomas (1985), Thomas (1984), Thomas (1983), Tjioe (1972), Wahab (1998).

45 vgl. u. a. Battaglia (1999), Bockhorni (1987), Ehling (1987), Grüneberg[45] (1978), Wahab (1998).

suchenden Probleme selbst zu erzeugen. Aus diesem Grund muss ein methodisch und theoretisch offener Ansatz gewählt werden, der bei den Erfahrungen der StudentInnen ansetzt und diese nicht a priori als konfliktreich und »nationalkulturgesteuert« voraussetzt. Hier bietet sich zu Beginn der empirischen Untersuchung ein Vorgehen mit qualitativen Methoden an, die ein geringes Maß an Vorstrukturiertheit aufweisen und die spontan auf die Äußerungen der Studierenden einzugehen erlauben, was bei quantitativen, standardisierten Erhebungsmethoden nicht möglich ist.

### 3.2.5 Objektive Kulturdifferenz oder individuell erlebte Kulturdifferenz

Die Unterscheidung zwischen »objektiver« und »individueller« erlebter Kulturdifferenz findet sich schon bei Danckwortt (1959, S. 58). Sie hatte jedoch keine weiteren Konsequenzen für sein theoretisches Modell der »kulturellen Anpassung«. Dass die meisten Austauschforscher die »objektiv« bestimmbare Differenz zwischen zwei Nationalkulturen zur Erklärung der Verhaltens- und Wahrnehmungsweisen von ausländischen StudentInnen heranziehen, ist problematisch, wenn man bedenkt, dass nicht objektive Differenzen, sondern individuelle Wahrnehmungen von kulturellen Ähnlichkeiten und Differenzen die Handlungen der ausländischen StudentInnen steuern könnten. Hier könnten die Vorstellungen von unterschiedlichen Nationalkulturen handlungswirksam sein, da sie z. B. dazu dienen könnten die eigene nationalkulturelle Bezugsgruppe zu identifizieren und die fremdkulturellen Gruppen abzugrenzen. Die sozialpsychologischen Forschungsarbeiten von Tajfel (1971) haben gezeigt, dass Menschen, die aufgrund von willkürlichen Kriterien in Gruppen eingeteilt werden, sich dann mit der zugewiesenen Gruppe identifizieren und deren Mitglieder bevorzugen. Damit ein »Gruppengefühl« entsteht, müssen demnach keinerlei objektive Gemeinsamkeiten der Gruppenmitglieder vorliegen, wie z. B. gemeinsame Erfahrungen oder Eigenschaften. Es zählen allein die subjektiv wahrgenommenen Ähnlichkeiten, die sich auf alle möglichen Kriterien beziehen können. Soziale Gruppen »kulturelle Ähnlichkeiten« also als Kriterium des Gruppenzusammenhalts haben, was nicht als Hinweis auf »objektive« Ähnlichkeiten gewertet werden darf. Warum sich die Gruppe auf »kulturelle Ähnlichkeiten« beruft und nicht auf irgendein anderes Kriterium, ist dann eine interessante Frage.

Aus diesen Überlegungen folgt, dass die Menschen ihre Umwelt nicht »objektiv« wahrnehmen und aufgrund von objektiven Kriterien soziale Gruppen bilden, sondern die soziale Umwelt subjektiv strukturieren. Will man die individuellen Handlungen ausländischer StudentInnen im Gastland verstehen, erscheint es demnach als wenig sinnvoll, »objektive« kulturelle Unterschiede wie »Kulturstandards« erheben zu wollen. Es sollten vielmehr die subjektiven, handlungsrelevanten Theorien über die soziale Wirklichkeit erhoben werden. Hier könnten dann subjektive Theorien über »kulturelle Unterschiede/Ähnlichkeiten« durchaus handlungsrelevant sein. In dem gleichen Sinne fordert Bommes (1994, S. 42): »Jeder sozialwissenschaftliche Zugriff auf Kultur vermag mit diesem Begriff keinen schlüssigen »Gegenstand« oder ein »Gebilde« auszugrenzen, sondern nur eine Beobachtungsweise zu identifizieren«. Warum gerade diese Beobachtungsweise gewählt wurde, muss dann empirisch beantwortet werden.

*Folgerungen für die eigene Arbeit:* Bei der Analyse von Handlungen ausländischer StudentInnen in Deutschland muss empirisch bei den subjektiv erlebten Wirklichkeiten angesetzt werden. Es wird angenommen, dass die Beobachtungsweise »Kultur« in einigen Interviews vorkommen wird. Diese kulturellen Deutungsmuster sollen in ihrer Funktion für die StudentInnen untersucht werden und nicht ungeprüft als Hinweise auf objektiv vorhandene, nationale »Kulturunterschiede« verstanden werden. Die Kategorien, mit denen die StudentInnen ihre Realität strukturieren, sollen nicht einfach in die eigene theoretische Konzeption übernommen werden.

Es wird angenommen, dass eine Beziehung zwischen individuellen Wirklichkeitsdeutungen, bei denen Differenzierungen aufgrund des Kriteriums »Kulturzugehörigkeit« eine Rolle spielen könnten, und dem Studien- und Sozialverhalten der StudentInnen besteht. Zur Analyse dieses Zusammenhangs müssen zunächst typische Verhaltensweisen erhoben werden, die nur durch die Analyse des von den StudentInnen wahrgenommenen Handlungskontextes und in Bezugnahme zu den personalen Zielen, Fähigkeiten und Widerständen erklärt werden können. Diese können im zweiten Schritt mit den individuellen Wirklichkeitsdeutungen in Beziehung gesetzt werden.

*Hypothese 21:* Die Vorstellung von kulturellen Gemeinsamkeiten können zu Gruppenbildungen von Studierenden der gleichen Nationalität während des Deutschlandaufenthalts führen.

*Hypothese 22:* In Gruppen von Erasmusstudierenden in Deutschland können Selbstethnisierungen dazu dienen, die Gruppenidentität positiv zu definieren.

### 3.2.6 »Kulturelle Identität« als wichtigste Erklärungsgröße im »Kulturkontakt«

Die oben beschriebene Auffassung von »Nationalkultur« als dominanter Erklärungsgröße für das Verhalten, Handeln und die Wahrnehmungen der ausländischen StudentInnen im Gastland bildet den Grundstock von weit verbreiteten sozialpädagogischen Konzepten zu »interkultureller Kommunikation« und »interkulturellem Lernen«[46]. Ausgehend von der Vorstellung nationalkultureller Differenzen wird das Auslandsstudium als »Kulturkontakt« konzipiert. Es wird angenommen, dass ausländische StudentInnen und Personen der Gastlandbevölkerung, die sich in wesentlichen Wahrnehmungen und Verhaltensweisen unterscheiden, während des Auslandsstudiums aufeinander träfen. Diese würden durch den »kulturellen« Kontakt mit fremden Verhaltensweisen und ungewohnten Anforderungen an das eigene Verhalten in ihrer Identität in Frage gestellt, was bei missglücktem interkulturellem Lernen psychische Probleme als innere Konflikte sowie Diskriminierungen oder Ausländerfeindlichkeit als äußere Kulturkonflikte auslösen könne (vgl. Wahab, 1998).

---

46 vgl. u. a. Auernheimer, 1995, Boteram, 1993, Otten, 1994.

Um diese inneren wie äußeren Konflikte zu umgehen, muss nach dem Konzept der Interkulturalität ein Verständnis der Kulturbedingtheit der Verhaltensweisen des fremd-kulturellen Partners vorhanden sein. Die Verunsicherung, die durch den Kontakt mit dem Fremden[47] ausgelöst wird, kann nach sozialpädagogischen Vorstellungen dadurch gelöst werden, dass sich die StudentInnen ihrer nationalkulturell geformten Identität über den Kontakt mit der fremden Kultur bewusst werden und die Differenzen ohne Werturteil akzeptieren und in Teilen Gemeinsamkeiten entdecken. »Wir erkennen also an, dass ein »Sichdrangewöhnen«, mit anderen Kulturen zu kommunizieren, eine Ela-stizität unserer geistigen Denkschemata erfordert, die ebenso wünschenswert wie schwierig zu entwickeln ist. Diese kann nur aus einem erworbenen Bewusstsein der eigenen Grenzen und der Übernahme der eigenen Werte und Denkweisen hervorgehen: ein Bewusstsein, das die Unterschiedlichkeit als Geschenk, als eine gegenseitige Berei-cherung und nicht so sehr als eine beunruhigende Distanz und Abweichung von Moti-ven und Zielen akzeptieren« (Boteram, 1993, S. 34). Der Anteil der zu entdeckenden Gemeinsamkeiten ist bei Konzepten mit der Vorsilbe »interkulturell« etwas höher als bei Konzepten, die mit »multikulturell« beginnen. Beide Gruppen von Konzepten gehen jedoch von einem Kern nationalkultureller Unterschiede aus, der auch im »Kulturkon-takt« nicht überwunden werden könne. Interkulturelle Kontakte sind aus pädagogischer Sicht zur Förderung der »Selbsterkenntnis« gewünscht. »Diese Spiegelung «Je suis l'autre« (Neval) oder »L'autre c'est moi« (Picasso) funktionalisiert somit den »Ande-ren« für die eigene Selbsterkenntnis« (Francechini, 1998, S. 121).

Zudem soll durch »Kulturkontakt« das Verständnis der kulturell bedingten Verhal-tensweisen der Mitglieder der fremden Kultur und damit ein Abbau von Vorurteilen und Stereotypen einsetzen. Dies wiederum soll zur Toleranz dieser Kulturdifferenz führen, was als Beitrag zur Völkerverständigung und Friedenssicherung gilt.[48]

Den Konzepten der Interkulturalität liegt ein ähnlicher Kulturbegriff zugrunde, wie dem Konzept der »kulturellen Anpassung«. Deshalb können sie ebenfalls aufgrund ihrer Annahmen über die nationalkulturelle Prägung jedes Menschen und der a priori ange-nommen Kulturkonflikte, die sich aus der kulturellen Differenz ergeben müssen, kriti-siert werden. »Das Objekt wird als fremd angesehen, es wird durch diese Perspektive zum Fremden gemacht, die Prämissen induzieren Fremdheit« (Francechini, 1998, S. 121).

Weiter erscheint die zwingende Verbindung in den Konzepten zur »Interkulturalität« von »Identität«[49] als personalem Selbstkonzept, das sich in Auseinandersetzung mit sozialen Erwartungen der Interaktionspartner und den Erfahrungen mit den Funktions-

---

47 gemeint als Interaktion mit Personen der Gastlandbevölkerung, die als Träger ihrer Kultur gesehen werden.

48 vgl. u. a. Boteram (1993), Colin (1998), Dethloff (1993), Haller (1993), Otten (1994).

49 Goffman spricht in seiner Identitätskonzeption einerseits von »sozialer« und »persönlicher« Identität, die die Erwartungen der Interaktionspartner an das Verhalten des Einzelnen abbilden und andererseits von »Ich-Identität«, als Reaktion des Individuums auf die von außen gesetz-ten Erwartungen (vgl. Goffman 1975).

systemen der modernen Gesellschaft (z. B. Schule, Arbeitsmarkt) herausbildet und dem Glauben an »nationalkulturelle Zugehörigkeit« oder Ethnizität als fragwürdig. Es wird davon ausgegangen, dass Menschen die ihrer Nationalkultur entsprechenden »kulturellen Identitäten« ausbilden, was heißt, sich z. B. als SpanierIn zu definieren und sich mit anderen SpanierInnen über wahrgenommene kulturelle Ähnlichkeiten zu identifizieren und von diesen als Gruppenmitglied erkannt zu werden. Die Thematisierung von »kultureller Identität« dient daher zur Beschreibung und Analyse von kollektiven Identitäten sozialer Gruppen, der Verhaltenserwartungen der sozialen Gruppe an die Gruppenmitglieder (persönliche und soziale Identität) und der Herausbildung von individuellen Selbstkonzepten in Auseinandersetzung mit diesen Erwartungen (Ich-Identität). In Konzepten zur »Interkulturalität« und »Multikulturalität« sowie im Konzept der »kulturellen Anpassung« wird angenommen, dass die identitätsstiftenden sozialen Erwartungen an ausländische StudentInnen vor allem von der eigenkulturellen Gruppe im Herkunftsland ausgingen. »Im Begriff der kulturellen Identität ist mitgedacht, die Individuen seien mit ihren Lebensverhältnissen identisch. Moral, Brauchtum und Sitte, aber nicht Interessen, Kalkulation, Vertrag und Gesetz sind danach die sozialen Formen individuellen Handelns« (Lenhardt, 1990, S. 194). Bei monokulturellen sozialen Erwartungen im eigenen Land habe der Betreffende seine Ich-Identität entwickeln können. Gleiche Erwartungen wie in der Heimatgesellschaft fände der/die einzelne ausländische StudentIn während des Auslandsaufenthaltes nur in der Gruppe der Personen seiner Nationalität. Diese Gruppe der Personen gleicher Nationalität und gleicher kulturellen Prägung stabilisiere seine/ihre kulturelle Identität in der fremden Umgebung. Durch die Konfrontation mit den fremden Erwartungen und Einschätzungen der Interaktionspartner im Gastland würden dagegen die Selbstkonzepte der ausländischen StudentInnen in Frage gestellt, was psychische Probleme zur Folge haben könne (vgl. Wahab, 1998). »Die Identität als Ergebnis flexibler Interpretationsleistungen in der Interaktion ist beim Ausländer durch seine Stigmatisierung in hohem Maße gefährdet« (Kotenkar, 1980, S. 50). In den Konzepten der »Interkulturalität« und »Multikulturalität« wird die Möglichkeit des konfliktfreien »Nebeneinanders« der Kulturen durch kulturelle Selbsterkenntnis und Toleranz der Differenzen postuliert.

Es wird angenommen, dass aus den Eigenschaften einer Nationalkultur definierbare Erwartungen der Mitglieder der Heimatkultur an das einzelne Mitglied dieser Kultur abgeleitet würden, was zu festen »kulturellen Identitäten« im Sinne von Ich-Identitäten führe. »Konstitutiv für das Konzept der kulturellen Identität ist die Annahme der Verbindlichkeit solcher Zugehörigkeiten, die ungebrochene Autorität der Tradition und ihre darin begründete subjektive Verbindlichkeit« (Bommes, 1991, S. 305).

Ethnische Gruppen entstehen allerdings nicht aufgrund von tatsächlichen Ähnlichkeiten, sondern aufgrund von dem Glauben der Gruppenmitglieder an die Ähnlichkeiten untereinander (siehe Tajfel, 1972). So macht erst der Glaube an eine gemeinsame Abstammung, Tradition und Kultur eine Gruppe zur »ethnischen« Gruppe. »Kulturelle Identität« als Merkmal der Gruppenidentität wird damit von den Gruppenmitgliedern *aktiv* hergestellt. Die sozialen Erwartungen an nationalkulturelles Verhalten des Einzelnen, *können* dann zu einer »kulturellen« Ich-Identität der Beteiligten führen. Dass die Relevanz von kulturellen Selbstbeschreibungen bei ausländischen StudentInnen, je nach individueller Lebenssituation stark variieren und der Gebrauchswert von Ethnizität für die Befragten ganz unterschiedliche Bedeutungen haben können, zeigt auch eine Untersuchung von Pott (2002), in der türkische Bildungsaufsteiger der zweiten Migrantengeneration in Deutschland befragt wurden.

Als soziale Identitätskategorie kann die »kulturelle Identität« von Individuen, Gruppen oder Organisationen aus verschiedenen Gründen hergestellt und verwendet werden. Ihre Bedeutung ist stark kontext- und situationsabhängig, was bei der Analyse ethnisch-kultureller Selbstbeschreibungen berücksichtig werden muss. Anders als in den Konzepten zur »Interkulturalität« oder »kulturellen Anpassung« kann also nicht davon ausgegangen werden, dass ausländische StudentInnen mit einer »festen« nationalkulturellen Identität ihr Studium in Deutschland beginnen und ihre soziale und Ich-Identität immer über tatsächlich vorhandene kulturelle Ähnlichkeiten zu Landsleuten definieren. Man kann also nicht a priori die Relevanz von »kulturellen Identitäten« voraussetzen, sondern man muss die jeweilige Bedeutung dieser sozialen Identitätskategorie empirisch rekonstruieren.

*Folgerungen für die eigene Arbeit:* Auf welche Weise und mit welchen Kategorien Identität von den Befragten hergestellt wird, muss durch die empirische Erhebung beantwortet werden. Hier ist zu untersuchen, in welchen Situationen »Selbstethnisierungen« vorgenommen werden, also wann und zu welchem Zweck Beschreibungen anhand von »kulturellen« Eigenschaften auftreten.

*Hypothese 23*: Ob die Erasmusstudierenden Selbst- und Fremdbeschreibungen aufgrund von ethnischen/kulturellen Kriterien vornehmen, hängt von der Situation und den jeweiligen Interaktionspartnern ab.

### 3.2.7 Mangel an handlungstheoretischen Konzepten

In dem Konzept der »kulturellen Anpassung« wird den persönlichen Variablen wie Motivation, Fähigkeiten, Geschlecht, persönliche Widerstände, Situationswahrnehmung usw. zur Erklärung des individuellen Verhaltensmusters wenig Gewicht beigemessen. Denn es wird angenommen, dass der sozial ausgeübte kulturelle Anpassungsdruck in der Regel mit einem individuellem Anpassungswillen korrespondiert (Danckwortt, 1959, S. 146). Anpassungsprobleme ausländischer StudentInnen ergeben sich dann hauptsächlich aus der zu großen »kulturellen Distanz« des Herkunfts- und des Gastlandes. Da jede(r) ausländische StudentIn in der Bildungsmigrationsforschung als Repräsentant seiner/ihrer Nationalkultur aufgefasst wird, die im wesentlichen sein/ihr Verhalten steuert wird der Einfluss von z. B. individuellen Zielen und Fähigkeiten auf den Anpassungserfolg als gering eingestuft. Die Menschen erscheinen als »kulturdeterminiert«. »Mit dem Gedanken individueller Freiheit unvereinbar ist auch die Vorstellung, die Individuen fungierten als Träger »kultureller Prägungen« durch Heimatländer oder von »Bindungen an die Heimat«, die erst zu lösen wären. Dass »Prägungen« es den

Individuen verwehrten, realitätstüchtig mit ihrer Umgebung umzugehen, ist eine Vorstellung, die den psychopathologischen Ausnahmefall zum Normalfall macht« (Lenhardt, 1990, S. 195).

Ist der theoretische Ansatz »kulturelle Differenz«, werden Anpassungsprobleme bei StudentInnen aus Ländern mit hoher »kultureller Differenz« theoretisch erwartet. Werden diese nicht beobachtet oder ergeben sich bei gleicher kultureller Sozialisation unterschiedlich starke »Anpassungsprobleme«, kann dies nur schwerlich erklärt werden. In einigen Arbeiten zu ausländischen StudentInnen finden sich Anpassungstypologien, die Hinweise darüber geben, wie diese nicht der Theorie entsprechenden empirischen Ergebnisse erklärt werden. Es können drei Arten von Typologien unterschieden werden. Zunächst Typologien, die auf dem Kriterium der Anpassungsfähigkeit beruhen, zum zweiten solche, welche die Stärke von Ängsten die Identität durch die Anpassung an die fremde Kultur zu verlieren betonen und zum dritten Typologien, welche die Ausprägungen von nationalen Selbst- und vermuteten Fremdeinschätzungen kategorisieren (vgl. die Übersicht bei Breitenbach, 1974, S. 234–238).

Problematisch bei dieser Art der Typologisierung scheint zu sein, dass einige Einflussfaktoren, welche die Handlungsweisen der ausländischen StudentInnen im Gastland beeinflussen könnten, wie Fähigkeiten, innere Widerstände, z.B Ängste und Einstellungen theoretisch als jeweils die einzig entscheidenden Faktoren festgelegt werden, ohne den Kontext der Verhaltensweisen genau zu analysieren und empirisch offen die möglichen Einflussgrößen zu erforschen. Die recht einseitigen Erklärungsansätze, die in den genannten Typologien offenbar werden, deuten darauf hin, dass ein theoretisches Konzept zur allgemeinen Erklärung menschlicher Handlungsweisen fehlt, mit dem dann das Handeln von ausländischen StudentInnen in ihren Gastländern erklärt werden könnte.

*Folgerungen für die eigene Arbeit:* Dieser Arbeit liegt ein Menschenbild zugrunde, dass durch die angenommene Handlungsfähigkeit von Menschen gekennzeichnet ist. Es wird angenommen, dass der Mensch nicht nur durch Erfordernisse und Ansprüche seiner Umwelt, die er gelernt und internalisiert hat, zu bestimmten kulturkonformen Verhaltensweisen »gezwungen« wird, sondern auch zu individuellen, zielorientierten Handlungen fähig ist.

Zur Erklärung der Handlungsweisen von ErasmusstudentInnen in Deutschland erscheint es sinnvoll, auf ein allgemeines theoretisches Modell zur Erklärung menschlichen Verhaltens und Handelns zurückzugreifen (siehe 3.3.2).

### 3.2.8 Zusammenfassung

In diesem Teil meiner Arbeit wurde das wichtigste theoretische Konzept vorgestellt, das in der Austauschforschung in Deutschland zur Beschreibung und Erklärung des Ausländerstudiums herangezogen wird. Es handelt sich um das Konzept der »kulturellen Anpassung«, das 1959 von Danckwort entwickelt wurde und die Grundgedanken fast aller theoretischen Überlegungen zu diesem Themenbereich bis heute beeinflusst hat. Der Grundgedanke dieses Konzepts besagt, dass die Wahrnehmungs-, Verhaltens-, und

Handlungsweisen ausländischer Studierender im Gastland vor allem durch einen einseitigen Anpassungsprozess der durch eine fremde Nationalkultur geprägten Ausländer an die Kultur des Gastlandes zu beschreiben und zu erklären seien. Nach Danckwortts Vorstellungen sind die Anpassungsprozesse für die ausländischen Studierenden je schwieriger, desto größer die Distanz zwischen Heimatland- und Gastlandkultur ist. Je unbekannter die landesüblichen Verhaltensweisen sind, desto schwerer wird demnach die Orientierung in der Fremde.

Die theoretischen Annahmen des Konzepts der »kulturellen Anpassung« wurden von mir im Einzelnen unter Einbezug von soziologischen und sozialpsychologischen Ansätzen diskutiert, um in Auseinandersetzung mit ihnen den eigenen theoretischen Standpunkt zu gewinnen.

Zunächst wurde auf den in den meisten Konzepten der Austauschforschung verwendeten Kulturbegriff eingegangen. Dieser wurde als zu vage für einen wissenschaftlichen Begriff beurteilt, da er alles gelernte menschliche Verhalten umschließt und damit die empirische Operrationalisierung unmöglich macht. In Anlehnung an Luhmann (1999) wurde von mir vorgeschlagen, den Kulturbegriff nicht mehr auf der Gegenstandsebene zu definieren, sondern ihn als eine mögliche Beschreibungs- und Beobachtungsweise der zu untersuchenden ausländischen Studierenden zu verstehen.

Weiter wurde an den Konzepten der Austauschforschung kritisiert, dass ausländische Studierende in der Regel als Träger ihrer Nationalkultur angesehen werden. Im Hinblick auf die Heterogenität möglicher Erfahrungswelten in modernen Gesellschaften und die Internationalisierung weiter Lebensbereiche, erscheint es mir nicht einsichtig anzunehmen, dass die Nationalität als offensichtliches, objektives Kriterium ausreicht, um ihre Verhaltensweisen im Ausland zu beschreiben und zu erklären. Nationalkulturen als dauerhafte Spezifika durch Nationen eingegrenzter Populationen aufzufassen, erscheint nicht plausibel. Werden in meiner empirischen Erhebung nationalkulturelle Unterscheidungen von den Befragten verwendet, sollen diese als besondere Beobachtungsweisen, die von anderen möglichen, ebenfalls wählbaren Differenzierungen verschieden sind, verstanden werden. In dieser Arbeit soll die These überprüft werden, dass Wahrnehmungs- und Handlungsweisen der europäischen EramusstudentInnen als Reaktionen auf Handlungsmöglichkeiten und Handlungsbarrieren zu verstehen sind, die sich im Prozess von »Europäisierung« und »Globalisierung« ergeben.

Die Vorstellung vieler Austauschforscher, dass vor allem die »kulturelle Distanz« zwischen Heimat- und Gastland das Verhalten der ausländischen Studierenden während ihres Auslandsaufenthalts bestimmt, wurde ebenfalls in Frage gestellt. Aufgrund des unterlegten vagen und zu umfassenden Kulturbegriffs ergeben sich mehrere methodische Probleme, wenn man die »kulturelle Distanz« bestimmen möchte. Diese Probleme sind unlösbar, da es unmöglich ist, das »Wesen« der beteiligten Nationalkulturen zu bestimmen und gar darauf aufbauend die Differenz zwischen zwei Nationalkulturen zu errechnen. Des Weiteren wird in der bisherigen Forschung, wenn von »kultureller Distanz« ausgegangen wird, angenommen, dass man die Verhaltens- und Handlungsweisen ausländischer Studierender im Gastland als problematische und konflikterzeugende

Reaktionen auf unterschiedliche kulturelle Erwartungen des Heimatlandes sowie des Gastlandes deuten könnte. Dies führt zu dem Problem, dass in empirischen Arbeiten nur nach »Anpassungsproblemen« gefragt wird, wobei die zu untersuchenden Probleme in Teilen erst durch die Befragung erschaffen werden. Ich möchte dagegen in einer explorativen Erhebungsphase die Erfahrungen der Befragten methodisch offen erforschen, ohne diese im voraus als Ausdruck von »Kulturkonflikten« oder »Anpassungsproblemen« zu verstehen.

Ein weiterer Punkt, der kritisch hinterfragt wurde, ist die in der Austauschforschung verbreitete Vorstellung, die »objektive« Kulturdifferenz zwischen Gast- und Heimatland könne das Verhalten ausländischer Studierender während ihres Auslandsaufenthalts erklären. In vielen Arbeiten zu ausländischen Studierenden wird angenommen, dass »objektive« kulturelle Ähnlichkeiten zu Gruppenbildungen ausländischer StudentInnen im Gastland führten, in denen der einzelne seine »kulturelle Identität« bewahren könne. Psychologische Forschungen haben jedoch gezeigt, dass Menschen aufgrund aller möglichen Kriterien Gruppen bilden können und sich mit den Gruppenmitgliedern identifizieren, auch wenn die Gruppenmitgliedschaft auf zufälliger Zuordnung basiert. Wie ausländische Studierende ihre soziale Umwelt im Gastland strukturieren, welchen sozialen Gruppen sie sich zugehörig fühlen und wie ihr Selbstkonzept aussieht, hängt demnach nicht von objektiv sondern von subjektiv wahrgenommenen Nationalkulturdifferenzen ab. Die Analyse der Handlungen von Erasmusstudierenden in Deutschland soll in dieser Arbeit empirisch bei den subjektiv erlebten Wirklichkeiten der Befragten ansetzen. Individuell erlebte »Kulturdifferenz« soll hier nicht als Hinweis auf »objektive« Kulturdifferenz verstanden werden. Es interessiert besonders, in welchen Situationen und zu welchem Zweck Selbstbeschreibungen als »EuropäerIn« von den Befragten eingeführt werden.

Als letzter Punkt wurde von mir der Mangel an handlungstheoretischen Konzepten in der Austauschforschung kritisiert. Unterschiedliches »Anpassungsverhalten« ausländischer Studierender kann nicht zufriedenstellend erklärt werden, da die »objektive kulturelle Distanz« zwischen Gast- und Heimatland der ausländischen Studierenden oft die einzige herangezogene Erklärungsvariable ist. Der Mensch scheint »kulturdeterminiert« zu sein, da sein Verhalten im Wesentlichen auf seine kulturelle Prägung zurückgeführt wird und angenommen wird, dass kulturelle Veränderungen nur über Generationen eintreten könnten. In Abgrenzung zu diesem Menschenbild gehe ich von der Annahme aus, dass der Mensch neben gelernten Routinen und von der Umwelt geforderten Handlungsschemata auch zu individuellen, innovativen und zielgerichteten Handlungen fähig ist.

Aus diesem Grund soll in meiner Arbeit auf ein allgemeines theoretisches Modell zur Erklärung menschlichen Handelns zurückgegriffen werden, mit dem dann die mich interessierenden Handlungsweisen von ausländischen Studierenden erklärt werden können. Aus diesem Grund werden im Folgenden die in der Sozialgeographie und Soziologie diskutierten handlungstheoretischen Ansätze vorgestellt.

## 3.3    Alternative theoretische Ansätze aus der Sozialgeographie und  Soziologie

### 3.3.1 Sozialgeographische Theorien

Die vorgestellt Kritik an den empirischen Arbeiten zur Bildungsmigration und ihrer zentralen theoretischen Annahmen hat es in Abgrenzung zu diesen möglich gemacht, einige Hypothesen über die möglichen Variablen aufzustellen, die die Studienbeteiligung der Erasmusstudierenden in Deutschland, ihre Kontakte zur deutschen Bevölkerung und ihre Deutschland- und Heimatbilder erklären könnten. Ein theoretisches Gesamtkonzept für die eigene Arbeit konnte jedoch bisher nicht entwickelt werden. Im Folgenden werden ich mich mit einigen Theorieangeboten in der Sozialgeographie und Soziologie beschäftigen, die fruchtbar sein können, um den Forschungsrahmen für die eigene empirische Untersuchung weiter zu entwickeln.

Seit nahezu zwei Jahrhunderten steht der »Raum« im Mittelpunkt der Gedanken der Geographen über die Geographie. In diesem Teil meiner Arbeit werden zunächst einige wichtige geographische »Raumtheorien« vorgestellt, die in der Folge auf ihre Erklärungskraft bezüglich der in dieser Arbeit zu untersuchenden Wahrnehmungs- und Handlungsmuster von ausländischen Studierenden während ihres Deutschlandaufenthalts beurteilt werden sollen.

*Traditionelle Länderkunde*

> »Die in erster Linie nach innen gewandte Richtung des Empfindungsvermögens ist eine der wesentlichen Eigenschaften der deutschen Naturanlage. Ihr entspricht, wie wir bald sehen werden, eine ganz gleich gerichtete Weise des Wollens und des Denkens, und in ihnen ist wohl der wichtigste Zug des deutschen Wesens ausgedrückt, die deutsche *Innerlichkeit*. (...) jedenfalls können wir uns vorstellen, dass die *Natur* der deutschen Heimat den psychischen Charakter ihrer Bewohner aufs tiefste nach jener Seite hin während der langen Zeiträume beeinflusst hat, in denen fremde Kultureinflüsse den Deutschen noch ferngeblieben sind. Die raue nordische Natur des vor- und frühgeschichtlichen Deutschland zwang seine Bewohner während des größten Teils des Jahres zu einem häuslichen Leben. Dieser Zwang nötigte sie zur Beschäftigung mit sich selbst, zur Beschäftigung mit ihrem Innenleben, zur inneren Verarbeitung der Außenwelt« (Meyer, 1905, S. 37).

Das abgedruckte Zitat stammt aus einer landeskundlichen Einführung für ausländische Studierende, die 1905 von W. Paszkowski herausgegeben wurde. Durch die Beschäftigung mit dem »deutschen Charakter« sollen die ausländischen Studierenden vermutlich auf Kontakte mit Einheimischen vorbereitet werden. In dem zitierten Textausschnitt wird die Innerlichkeit, »der wichtigste Zug des deutschen Wesens«, durch die jahrhundertlange Prägung durch die »raue, nordische« Natur Deutschlands erklärt, die zu häuslichem Leben gezwungen habe.

Die Vorstellung, dass die »Natur« und vor allem das regional vorherrschende »Klima« den Charakter der ansässigen Bevölkerung beeinflusse, ist sehr alt. Die Klimatheorie wird auf das fünfte vorchristliche Jahrhundert datiert. Die Kälte der nordischen Länder und die Hitze der südlichen führt nach diesem Modell zu extremer Einseitigkeit der dort lebenden Menschen. Die gemäßigten Temperaturen produzieren dagegen ein optimales Mischverhältnis aller menschlichen Qualitäten. Die schönsten und vernünftigsten Völker werden so dem gemäßigten Klima zugeordnet (vgl. Schultz, 1998). Die Verknüpfung von Land und Leuten gehört seit dem 17. Jh. zum medizinischen und ethnographischen Standardwissen. In Deutschland versucht vor allem Herder die Völkerdifferenzen auf diese schematische Weise zu erklären. »Volk« wird von ihm mit »Nation« gleichgesetzt und mit quasipersonalen Eigenschaften wie »Gesinnung«, »Geist« und »Seele« ausgestattet (vgl. Brunner, 1992, IX.6). Nach Herder hat jedes Volk sein Land und jedes Land sein Volk. Die Völker seien durch die Natur, durch Berge, Meere und Wüsten voneinander getrennt worden und dürften diese von Gott gewollte Ordnung nicht durch Vermischung zerstören (vgl. Brunner, 1992, IX.6). »Es lässt sich nicht wegdiskutieren: Das Eigene wird bei Herder über die Ab- und Ausstoßung des Fremden gewonnen. Sein Doppelkampf gegen den abstrakt-universalistischen Menschen der Aufklärung und die Willkür der absolutistischen Potentaten landet in einem strukturell eingebauten Fremdenhass« (vgl. Schultz, 1998, S. 90).

Herder kann jedoch nicht als reiner Geodeterminist bezeichnet werden, da er noch andere Faktoren sieht, wie Vererbung und Geschichte, die das Schicksal der Völker beeinflussen. Er kommt zu der Aussage: »Das Klima zwinget nicht, sondern es neiget« (vgl. Schultz, 1998, S. 88).

Die Gedanken Herders haben die um 1800 nach einem neuen Profil suchende Geographie stark beeinflusst. Sie haben vor allem die traditionelle Länderkunde in erheblichem Maße inspiriert. Die klassische Länderkunde ist ein politisches Projekt, dass in den Prozess der Nationalstaatenbildung eingebunden ist. Jedem Volk wird ein seinem Naturell entsprechender Staat zugedacht. Staatsgrenzen sind so Grenzen des, dem Charakter des Volkes entsprechenden Bodens. Bis zur Reichsgründung beschäftigt die Geographen die Frage nach der inneren Einheit Deutschlands. Gemäß des Paradigmas muss jedes Land ein einheitliches Bild ergeben. Vielfach werden die Norddeutschen und die Süddeutschen differenziert. 1836 hebt Mendelssohn hervor, dass Deutschland im Zentrum zersplittert sei und überlegt, ob Deutschland als »natürliches« Land überhaupt möglich sei (vgl. Schultz, 1998). Nach dem ersten Weltkrieg wird die militärische Niederlage von einigen Geographen wie Hettner mit  der landschaftlichen Vielgestaltigkeit Deutschland erklärt, durch die eben kein einheitlicher Volkscharakter entstehen konnte.

Leichter als durch die Landesnatur lässt sich die Einheit der deutschen Nation durch das Klima kreieren. Es wird angenommen, dass das Klima für die gemeinsame Überformung aller Deutschen sorgt und die »Bodenunterschiede« nivelliert. Man stellt sich den Nationalcharakter in Anlehnung an das gemäßigte Klima als eine perfekte Mischung zwischen harter Gefühllosigkeit des Nordens und weichlicher Empfindsamkeit des Südens vor (vgl. Schultz, 1998).

In der Folgezeit verschiebt sich das Paradigma der Geographie von der Naturseite auf den Menschen. Man betont wie Hassinger (1933), dass der Raum an sich tot sei und es der Geist der Nation sei, der alles zusammenhalte. Arbeit, Fleiß, Disziplin, Sauberkeit und Ordnungssinn werden als Tugenden gesehen, durch die Gemeinsames geschaffen werden konnte. Sichtbar wird das Ergebnis dieser Arbeit in der Kulturlandschaft, die nach dem ersten Weltkrieg in den Mittelpunkt der geographischen Interessen rückt.

Während die soeben vorgestellten geodeterministischen Ansätze zur Erklärung von Kultur und Gesellschaft durch die Merkmale des physisch-materiellen Raums in traditionellen Gesellschaftsformen, die mit ihren vorwiegend agrarischen Wirtschaftsformen an naturräumliche Bedingungen gebunden sind, noch einen gewissen Erklärungswert aufweisen, scheint die traditionelle Sozialgeographie kaum geeignet zu sein, moderne und spät-moderne Gesellschaften zu erklären, in denen räumliche und zeitliche Komponenten des Handelns nicht mehr traditionell festgelegte Regulative darstellen (vgl. Werlen, 1995, S. 139).

*Moderne Raumwissenschaft:* Paradigmen werfen lange Schatten, und so dauert es noch bis Ende der 60er Jahre, bis die schleichende Erosion der traditionellen Länder- und Landschaftskunde in ein endgültiges Aus mündet. Seit dem Paradigmenwechsel in der Geographie 1968/69, eingeleitet durch die Habilitationsschrift von Bartels und den 37. Deutschen Geographentag in Kiel, wird »Raum« in der modernen Geographie nun als Verteilungs-, Verknüpfungs- und Ausbreitungsmuster verstanden. Institutionen, Verhaltensnormen und andere Kulturbestandteile sollen erdoberflächlich erfasst werden. »Raumgesetze« sollen dann die räumlichen Verbreitungsmuster erklären. Dabei wird davon ausgegangen, dass die realen Raumstrukturen von gesellschaftlichen Gruppen unterschiedlich wahrgenommen werden. Diese Wahrnehmungen führen zu Entscheidungen. Die Entscheidungen werden in Handeln umgesetzt und diese Handlungen verändern dann wiederum die Raumstrukturen. Dieser von mir hier vereinfacht dargestellte Prozess findet in Relation zu den jeweiligen sozialen, politischen, rechtlichen, ökonomischen, historischen, kulturellen u. a. Rahmenbedingungen statt.

Im wahrnehmungsgeographischen Ansatz wird vor allem betont, dass nicht der physisch-materielle Raum an sich die Handlungen von Menschen erklären könne, sondern erst die Bedeutungen und Bewertungen, welche die Betreffenden der sie umgebenden Umwelt zuschrieben, ihre Handlungen verständlich machten (vgl. Wenzel, 1982). Der Mensch ist nach diesem Ansatz nicht nur von der physisch-materiellen Gegebenheiten seiner Umgebung abhängig, sondern hat die Möglichkeit, sie gemäß seinen Zielen zu beurteilen und zu gestalten. Der wahrnehmungsgeographische Ansatz wird in der Geographie kontrovers diskutiert. So wird kritisch gefragt, wie die Wahrnehmungen der Menschen, die deren Handlungen erklären sollen, nachgewiesen werden können. Da sie als hypothetisches Konstrukt behandelt werden müssten, sei die Gefahr der Artefaktbildung gegeben. Zudem wird kritisiert, dass die mentale Welt des Einzelnen im Zentrum der Betrachtung stehe, statt, wie es sich für eine Sozialgeographie gehöre, die soziale Konstruktion und die soziale Funktion der »wahrgenommenen Räume«. »Neben dem Raum physischer Objekte konnte man sich am ehesten noch einen erlebten und wahrgenommenen, einen mentalen oder Psycho-Raum vorstellen; daher der Siegeszug der Perzeptionsgeographie, die – charakteristischerweise in ihrem Ansatz und Kern ebenfalls immer eine Psycho-Geographie geblieben ist.« (vgl. Hard 1987, S. 28)

Nach dem wahrnehmungsgeographischen Paradigma führen Wahrnehmungen zu Entscheidungen, und durch die Entscheidungen werden *Handlungen* der Menschen erklärt. »Die Ursachen und Entstehungsbedingungen der gesellschaftlichen und sozialen Wahrnehmungs- und Bewertungsprozesse sind dabei zu sozialräumlichem Handeln in Beziehung zu setzten und so zu analysieren, das Verhalten/Handeln logisch ableitbar, deutbar und erklärbar wird (...)« (Wenzel 1982, S. 330). Von Kritikern dieses Ansatzes wird darauf hingewiesen, dass unklar bleibt, in welcher Weise die Wahrnehmungen die Handlungen beeinflussen, da auch Menschen mit gleichen Wahrnehmungen unterschiedlich handeln können und andererseits Menschen mit unterschiedlichen Wahrnehmungen oder mental maps gleich agieren können. Viele Menschen handeln zudem irrational. Auch bei rationalen Handlungen treten die beabsichtigten Folgen der Handlungen in vielen Fällen nicht ein. Wie Werlen formuliert, leben wir in einer »Welt unbeabsichtigter Handlungsfolgen« (vgl. Werlen 1995, S. 222).

Ein anderer sozialgeographischer Ansatz, der eng an die Wahrnehmungsgeographie anschließt, ist die *Regionale Bewusstseinsforschung*. Die Forschungsinitiative geht im Wesentlichen auf den Arbeitskreis »Regionalbewusstsein und Landeskunde« zurück und beeinflusst die regionsspezifische Diskussion und Forschung besonders gegen Ende der achtziger Jahre. Die Kernidee dieses Programms besteht darin, nicht mehr die regionalen Ausprägungen der physisch-materiellen Welt, sondern die regionalen Abstufungen des Regionalbewusstseins beschreibend darzustellen. Das besondere Interesse gilt der Frage, welche Rolle die soziale Aneignung von physischen Territorien für die Identitätsausbildung von Personen und Gruppen hat. Wie die Studien zur Thematik von Raum und Identität zeigen, eignen sich territoriale Grenzen von Stadtteilen, Regionen und Ländern besonders gut für die Herstellung von symbolischen Raumbezügen (vgl. Pott, 2002). »Auf der Ebene sozialer Systeme verweist der Begriff (Raumbewusstsein) auf die Identität einer Gruppe, die einen bestimmten Raumausschnitt als Bestandteil des Zusammengehörigkeitsgefühls wahrnimmt, der funktional als Mittel der Ausbildung von Gruppenkohärenz wirksam wird und damit ein Teilelement der ideologischen Repräsentation des »Wir-Konzepts« darstellt (vgl. Weichhart, 1990, S. 23). Im Ansatz der Regionalbewusstseinsforschung wird davon ausgegangen, dass Individuen sowie soziale Gruppen ihre Identität immer auch über physisch-materielle Raumausschnitte definieren. Die Vorstellung, ein physisch-materieller Raum generiere Bewusstseinsinhalte, die man dann in »Regionen gleichen Regionalbewusstseins« kartieren könne, wird u. a. von Hard (1987a) angezweifelt. Beim »Raumbewusstsein« handle es sich um eine *Raumidee,* die sich nur bedingt auf den materiellen Raum beziehen müsse, deren Namen sie trage. In der Regionalbewusstseinsforschung würde der absurde Versuch unternommen, nichträumliche Phänomene (Bewusstseinsinhalte) verräumlichen zu wollen. Es sei sinnvoller, »Regionalbewusstsein« als Bestandteil sozialer Kommunikation zu verstehen und auf die jeweilige Handlungssituation zu beziehen (vgl. Hard, 1987a).

*Geographie als Sozialwissenschaft:* Wie sich in der wiedergegebenen Kritik an der »Regionalbewusstseinsforschung« schon andeutet, gibt es in letzter Zeit Geographen, die es für verfehlt halten, den materiellen/ physischen Raum als Ausgangspunkt oder

Endprodukt gesellschaftlicher Prozesse zu sehen. »Der Sozial- und Wirtschaftsgeograph, der sich als Sozialwissenschaftler versteht, sollte besser fragen, ob und wo Raumbegriffe und Raumbezüge (1.) in umfassenden sozialwissenschaftlichen Theorien und (2.) in der sozialen Wirklichkeit, in sozialen Systemen auftauchen« (vgl. Hard, 1986, S. 78). Der Sozialgeograph soll sein Interesse auf die soziale Welt richten und untersuchen, welche räumlichen Kodierungen der Wirklichkeit dort vorgenommen werden, wie diese Raumabstraktionen funktionieren und was sie für welche sozialen Systeme und gesellschaftliche Praxen leisten (vgl. Hard 1986, S. 79).

Der Ansatz von Klüter (1986), der von einer Theorie selbstreferentieller sozialer Systeme nach Luhmann, ausgeht, weist in die gleiche Richtung, da er vorschlägt, zu untersuchen, welche Raumabstraktionen in der sozialen Welt vorkommen und welche Bedeutung sie in der sozialen Kommunikation haben. »Räume« sollten demnach als Schemata der Handlungsorientierung und Handlungskoordination verstanden werden, die eng an bestimmte soziale Systeme, an bestimmte Organisationen und deren Programme gebunden sind. »Raum« ist demnach auch für Klüter (1986) ein soziales Konstrukt und kein physisches Phänomen.

Ähnlich argumentiert Werlen (1995) in seinem Versuch, eine handlungskompatible Raumkonzeption aufzustellen: Es sei unsinnig, zur Analyse der Handlungen gesellschaftlicher Gruppen, die Einflüsse des physischen/materiellen Raums zu untersuchen, da sich das soziale Handeln größtenteils auf von Individuen geschaffene Räume beziehe. »Die moderne Alltagswirklichkeit ist zunehmend eine von den Subjekten geschaffene Welt, eine Welt der Artefakte« (vgl. Werlen 1995, S. 222). Dazu gehören nicht nur materielle Räume, sondern auch semantische, z. B. »Raumabstraktionen«, wie Klüter sie nennen würde. Demnach müssten die Subjekte, die ihr Handeln durch ihre »mentalen Räume« steuerten, im Mittelpunkt des Interesses der modernen Geographie stehen. »Sozialgeographie« in diesem Sinne bedeutet die Analyse der sozialen Aspekte des Geographie-Machens und der Bedeutung dieser Geographien für die aktuellen sozialen Prozesse« (vgl. Werlen, 1997, S. 62).

Nach Werlen kann die Sozialgeographie keine Raumwissenschaft sein, da Soziales keine unmittelbar räumliche Existenz aufweise (Werlen, 1997, S. 62). Stellt »Raum«, wie von Werlen angenommen, nur ein »Kürzel« für Probleme und Möglichkeiten der individuellen Handlungsverwirklichung dar, ist zu fragen, wie die Bedeutung dieses »Kürzels« aussieht und welche Konsequenzen aus der jeweiligen Bedeutungswahl für das gesellschaftliche Leben resultieren.

Wie kann nun beschrieben und erklärt werden welche Funktion das »Geographie-Machen« der Handelnden für gesellschaftliche Prozesse hat?

Ausgehend von den Grundaussagen des methodologischen Individualismus, wird von Werlen (1995) die Gesellschaft als Summe von individuellen Handlungen begriffen. Zur Erklärung menschlicher Handlungen müssten sowohl physisch-materielle, sozial-kulturelle als auch mentale Komponenten berücksichtigt werden (Werlen, 1995, S. 66). Die physisch-materielle Welt umfasse »Gegenstände und Zustände« der Wirklichkeit sowie die Körper der Handelnden. In Handlungsvollzügen würde von Personen diesen materiellen Handlungsbedingungen individuelle Bedeutungen zugeschrieben und diese erlangten so Handlungsrelevanz. Der mentale Bereich umfasse das verfügbare Wissen und die Erfahrungen der Subjekte. Zur sozial-kulturellen Welt seien soziale Normen, kulturelle Werte sowie institutionelle Handlungsmuster wirtschaftlicher, rechtlicher, religiöser und anderer Art zu zählen (vgl. Werlen, 1995, S. 67). Diese intersubjektiv gültigen Werte und Normen seien zugleich Bestandteile der mentalen Welt der Handelnden und erlangten so individuelle Handlungsrelevanz.

*Folgerungen für die eigene Arbeit:* Die geodeterministischen Argumentationsweisen der traditionellen Länderkunde werden in der modernen Sozialgeographie abgelehnt, da sie nicht geeignet seien, moderne Lebensformen zu erklären, die immer weniger an naturräumliche Bedingungen geknüpft erscheinen. Demnach wird es nicht ausreichen, die Handlungsweisen der ausländischen Studierenden in Deutschland auf deren Prägung durch die »Natur« ihre Heimatlandes und dessen Klima zurückzuführen. Geodeterministische Argumentationsweisen führen ebenso wie die im ersten Teil des Kapitels angesprochenen Kulturdeterminismen (siehe 3.2.3) zu einer unhaltbaren Homogenisierung der Personen gleicher Nationalität und müssen aus diesem Grund als wissenschaftliche Erklärungen abgelehnt werden. Dies bedeutet jedoch nicht, dass nicht auch geo- oder kulturdeterministische Erklärungen von den befragten ausländischen Studierenden in den Interviews angeführt werden könnten. Da Klima- und Kulturtheorien auch außerhalb der Wissenschaften weit verbreitet sind, ist hiermit sogar zu rechnen. Diese können jedoch nicht als Ausdruck tatsächlicher Prägungen durch das Klima oder die Kultur des Herkunftslandes aufgefasst werden, sondern müssen im Sinne als subjektive Deutungsversuche der Realität interpretiert werden. Der Perzeptionsgeographie ist es zu verdanken, dass individuelle Raumwahrnehmungen heute nicht mehr als Abbilder von physisch-materiellen Räumen aufgefasst werden, sondern als Ausdruck subjektiver Bedeutungszuschreibungen angesehen werden.

> *Hypothese 24*: Deutschland- und Heimatbilder ausländischer Studierender sind Raumabstraktionen oder Raumideen, die sich nur bedingt auf Merkmale des physischen Raums beziehen.

Die Regionalbewusstseinsforschung kann u. a. eine Antwort darauf geben, welche individuellen und sozialen Funktionen Raumabstraktionen übernehmen können. Real vorhandene Grenzziehungen eignen sich nach den bisherigen Ergebnissen besonders gut zur Markierung von sozialen Grenzen. Die Namen ihrer Herkunftsländer können den ausländischen Studierenden vermutlich als Symbole der Identität und der Gruppenzugehörigkeit in Deutschland dienen (siehe *Hypothese 22* und *Hypothese 8*).

> *Hypothese 25*: Der Name des Herkunftslandes wird für die ausländischen Studierenden während des Deutschlandaufenthalts als Symbol ihrer Identität eingesetzt, wenn diese symbolische Aufladung im Handlungskontext als sinnvoll angesehen wird.

Nicht mehr den physischen Raum als Anfangs- und Endpunkt gesellschaftlicher Prozesse zu sehen, sondern soziale Handlungen in den Mittelpunkt der sozialgeographischen Forschung zu stellen, wie dies Hard (1986), Klüter (1986) und Werlen (1995) fordern, scheint für meine Ar-

beit sehr sinnvoll zu sein. Demnach ist zu fragen, welche Raumabstraktionen von den ausländischen Studierenden während ihres Deutschlandaufenthalts kreierten werden und welche sozialen Funktionen sie erfüllen. Es wird von mir angenommen, dass die individuellen Deutsch-
land- und Heimatabstraktionen der befragten ausländischen Studierenden größtenteils Abbilder der in der Gruppenkommunikation kollektiv geformten Bilder sind. Durch die Erhebung
der mentalen Welten der ausländischen Studierenden hoffe ich, auf die kollektiven Deutsch-
landabstraktionen der Gruppe der AustauschstudentInnen schließen zu können, also auf
Deutschland- und Heimatbilder als Elemente der sozialen Welt, der dritten Welt Poppers.

*Hypothese 26:* Die von den ausländischen Studierende geäußerten Einstellungen
zum »eigenen« und »fremden« Land sind Abbilder der Raumabstraktionen und
Theorien über die Länder, die in der sozialen Kommunikation in der Gruppe der
ausländischen StudentInnen entstehen.

Es erscheint zweckmäßig, in meiner Arbeit von einem handlungstheoretischen Ansatz auszugehen, der es ermöglicht, den individuellen Gebrauchswert der von den Befragten kreierten
Raumabstraktionen zu identifizieren. Ähnliches wurde auch schon von Werlen (1995) vorgeschlagen. Es stellt sich die Frage, welche Faktoren die Handlungen der Individuen und damit
auch ihre Raumabstraktionen oder individuellen Geographien beeinflussen. Nach Werlen
(1995), müssen zur Beschreibung und Erklärung der von den Probanden entworfenen Raumabstraktionen, die für sie nur im Handlungskontext sinnvoll werden, die von ihnen wahrgenommenen physisch-materiellen Handlungsbedingungen, ihr Wissen und ihre Erfahrungen
sowie ihre Respektierung von sozialen Werten und Normen berücksichtigt werden. Diese Angaben sind noch zu allgemein, als dass sie für die eigene empirische Erhebung der Handlungsweisen von Erasmusstudierenden in Deutschland operrationalisiert werden könnten. Aus
diesem Grund werde ich mich im Folgenden mit dem handlungstheoretischen Modell von
Hartmut Esser (1980) beschäftigen, der auf der Grundlange von kognitiven Theorien des Handelns und Lernens genauere Angaben macht, welche Faktoren die menschlichen Handlungen
beeinflussen und wie sie zu erheben sind.

### 3.3.2 Handlungstheoretisches Modell der Assimilation von Wanderern

Es wird nun zunächst das handlungstheoretische Modell zur »Assimilation und Integration von Wanderern« von Hartmut Esser (1980) vorgestellt werden, um in Auseinandersetzung mit seinen theoretischen Annahmen ein eigenes Modell zur Erklärung der
Handlungsweisen von ausländischen Studierenden aufzustellen.

In seiner Habilitationsschrift »Aspekte der Wanderungssoziologie« (1980) möchte
Hartmut Esser die Eingliederungsprozesse von Wanderern sowie deren gesamtgesellschaftliche Folgen theoretisch erklären. Zur Erarbeitung einer Wanderungstheorie wird
auf allgemeine handlungstheoretische Überlegungen zurückgegriffen. »Wanderung und
Eingliederung können danach nur auf der Grundlage einer Theorie behandelt werden,
die prinzipiell in der Lage ist, beliebige soziale Vorgänge zu erklären« (vgl. Esser,
1980, S. 13). Essers theoretischer Ansatz beruht auf dem »methodologischen Indivi-

dualismus«, der annimmt, dass Aussagen über soziale Sachverhalte letztlich rückführbar sind auf Aussagen über Individuen (Esser, 1980, S. 15). Damit wird die »soziale Ordnung« auf Handlungen von Individuen zurückgeführt, welche zum einen durch individuelle Absichten und Dispositionen und zum anderen durch die vorgefundenen Situationsbedingungen erklärt werden. Menschliche Handlungen auf der Mikroebene bringen kollektive Phänomene auf der Makroebene hervor.

Esser verknüpft das individualistische Programm mit handlungstheoretischen Ansätzen, d.h. kognitive Theorien des Handelns und Lernens finden Anwendung. Erklärt werden soll rationales Entscheidungshandeln. Handlungen sind damit die Wahl-Entscheidungen zur Erreichung von angestrebten Zielen, die nach einer »Ziel-Mittel-Kosten-Kalkulation« rational getroffen werden. Esser ist damit ein Vertreter des »rational choice Modells«. Individuelle Handlungen entstehen nach dem »rational choice« Ansatz einerseits durch die situativen »Rand- und Zwangsbedingungen«, den sogenannten »constraints« der Handlungen, und andererseits durch die Wahl (»choice«) der Akteure zwischen den von ihnen wahrgenommenen Handlungsalternativen (vgl. Treibel, 1995, S. 102). Bei dem Menschenbild, auf dem das Modell von Esser beruht, handelt es sich um einen »homo oeconomicus«, der um eine persönliche Situationswahrnehmung erweitert wird. So ist bei Esser, wie bei dem »homo oecomonicus«, das Prinzip der individuellen Nutzenmaximierung das entscheidende Kriterium für die Handlungsselektion. Esser berücksichtigt jedoch, wie die Akteure die Handlungssituationen wahrnehmen, welche Erwartungen sie haben und dass sie mögliche Handlungsalternativen gegeneinander abwägen. Neben den wahrgenommen Handlungssituationen sind für die Handlungswahl noch durch Belohnungs- bzw. Bestrafungserlebnisse erworbene »Handlungsdispositionen« sowie die jeweiligen Zielorientierungen entscheidend.

Ausgehend von diesen theoretischen Grundüberlegungen beschreibt Esser (1980) ein Modell, dass die Eingliederung von Wanderern in die Gesellschaft ihres Gastlandes erklären soll. Zentral ist hier der Begriff der »Assimilation«, der auf der kollektiven Ebene die »kulturelle Einheitlichkeit eines Kollektivs bei Geltung institutioneller Differenzierungen« beinhaltet (vgl. Esser, 1980, S. 25). Gemeint ist auf der individuellen Ebene ein Zustand der Ähnlichkeit zwischen EinwanderInnen und Personen der Aufnahmegesellschaft, der über einen Prozess der »Akkulturation« erreicht werden kann, in dem die EinwanderInnen »kulturell übliche« Eigenschaften der Gastlandbevölkerung erwerben (Esser, 1980, S. 25). Im Prozess der »Akkulturation« wählen die Einwanderer rational und zielbewusst »assimilative Handlungen«. Für diese Entscheidungen werden sie von ihrer Umgebung belohnt und entwickeln so Dispositionen für weitere assimilative Handlungen usw. Esser unterscheidet vier Dimensionen der Assimilation, die aufeinander folgen (vgl. Esser, 1980, S. 231).

kognitiv → strukturell → sozial → identifikativ

Zunächst muss von den Migranten die »kognitive Assimilation« vollzogen werden, was die Angleichung an Wissen und Fertigkeiten der Gastlandbevölkerung meint, bevor im zweiten Schritt die »strukturelle Assimilation« angestrebt werden kann, was das erfolgreiche »Eindringen in das Status- und Institutionensystem« der Aufnahmegesellschaft darstellt. Im dritten Schritt, der »sozialen Assimilation«, finden dann erfolgreiche interethnische Kontakte mit Personen des Gastlandes statt und die höchste Stufe der Assimilation, die »identifikative Assimilation« ist erreicht, wenn sich die Einwanderer mit der Aufnahmegesellschaft identifizieren, sie hochschätzen und die ehemals fremdkulturellen Werte und Normen angenommen haben (vgl. Esser, 1980, S. 221).

Ob es zu Handlungen der EinwanderInnen kommt, die zu der vierstufigen Assimilation führen, hängt nach Esser (1980) von den jeweils vorliegenden personalen und umgebungsbezogenen Faktoren ab (siehe Abbildung 6).

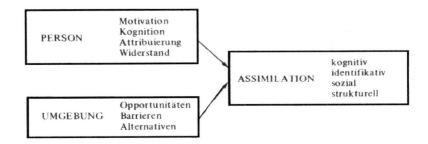

*Abbildung 6: Grundmodell der Assimilation von Wanderern; Quelle: Esser, 1980, S. 213.*

In der einzelnen Handlungssituation ist die Höhe der individuellen »Handlungstendenz« entscheidend für die Wahl der Handlungen. Die *»Handlungstendenz«* setzt sich aus dem Zusammenspiel von vier Einflussfaktoren zusammen: der individuellen »Motivation«, der »Kognition«, der »Attribuierung« und den erlebten »Widerständen« (siehe Abbildung 6).

Mit *»Motivation«* sind die individuellen Ziele gemeint, die in der Zukunft erreicht werden sollen. Die Motivation ist je höher, desto größer der individuelle Wert des Ziels eingeschätzt wird (Esser, 1980, S. 183).

Zur Erreichung der angestrebten Ziele werden bestimmte Handlungen geplant, deren Erfolgsaussichten mit den *»Kognitionen«* auf der Basis von früheren Erfahrungen eingeschätzt werden. Da die assimilativen Handlungen als Lernprozesse aufgefasst werden, sind auf der Seite des Migranten/der Migrantin Intelligenz, Lernfähigkeit, Empathie, Soziabilität, Flexibilität, Ich-Autonomie und bestehende Kenntnisse Vorraussetzungen für eine erfolgreiche Assimilation. Mit den »Kognitionen« sind also Fertigkeiten, Alltagstheorien, Fähigkeiten, über interne kognitive Aktivitäten Probleme und Dissonanzen zu lösen, zielgerichtete Handlungspläne zu entwerfen, diese durchzuhalten, und die personale Autonomie des Wanderers gegenüber externen und vorgestellten Widerständen gemeint (vgl. Esser, 1980, S. 84–85).

Hier ist die »Handlungstendenz«, desto höher je größer die Fähigkeiten und Bereitschaften der Wanderer für Lernprozesse sind. Die »Handlungstendenz« ist, desto höher je intensiver die Handlungen geplant werden und je größer die Erfolgsaussichten der Handlungen eingeschätzt werden.

In diesem Zusammenhang ist es entscheidend, ob der Handelnde glaubt, seine Ziele durch eigene Initiativen überhaupt erreichen zu können. Das Vertrauen in die Wirksamkeit eigenen Handelns entsteht nach Esser ebenfalls auf der Basis der bisherigen Erfahrungen und wird von ihm als »*Attribuierungsgewohnheit*« bezeichnet (Esser, 1980, S. 183).

Die eingeschätzten unangenehmen Nebenfolgen oder Kosten der geplanten Handlung beeinflussen als »*Widerstände*« ebenfalls die individuelle Handlungstendenz.

Die Handlungstendenz für assimilative Handlungen ist bei den Einwanderern damit besonders hoch, wenn sie glauben, dass durch assimilative Handlungen erfolgreich individuelle Ziele erreicht werden können, wenn sie annehmen, dass die Ziele nur durch ihre eigene Initiative erreicht werden können und sie die unangenehmen Nebenfolgen der assimilativen Handlungen als gering einstufen.

Auf der Seite der Umgebung des Migranten/der Migrantin werden von Esser »Opportunitäten«, »Barrieren« und »Alternativen« als relevante Faktoren eingeschätzt, die assimilative Handlungen beeinflussen (siehe Abbildung 6).

Assimilative Handlungen werden wahrscheinlich,

- wenn in der Aufnahmegesellschaft viele Möglichkeiten zur Assimilation (»*Opportunitäten*«) vorhanden sind. Dies können Eingliederungshilfen, wie Hilfe bei der Wohnungs- und Arbeitssuche, Sprachkurse usw., sein.

- wenn die umgebungsbedingten »*Barrieren*« der assimilativen Handlungen gering sind. Barrieren für assimilative Handlungen können ökonomischer, rechtlicher, ökologischer oder sozialer Art sein. Soziale Barrieren können z. B. rassistische, ethnische oder religiöse Vorurteile der Gastlandbevölkerung sein, die zu Diskriminierungen der Einwander führen (Esser, 1980, S. 138).

- wenn keine »*Alternativen*« zu assimilativen Handlungen bestehen. Diese Alternativen können z. B. ethnische Gemeinden sein, welche die sozialen Bedürfnisse der Migranten befriedigen, die dann keine Motivationen zu sozialen Assimilationshandlungen haben.

Nach Esser ist also die individuelle Entscheidung für assimilative Handlungen einerseits von der individuellen Handlungstendenz und andererseits von den vorgefundenen Umgebungsbedingungen abhängig, die durch die Handelnden wahrgenommen werden und so Bedeutung erlangen. Die einzelne Person wägt nach diesem Modell die einzelnen von ihr wahrgenommenen Handlungsalternativen in Bezug auf ihren Nutzen zur Erreichung der individuellen Ziele und ihre jeweiligen personalen »Kosten« gegeneinander ab und entscheidet sich für die individuell »beste« oder »sinnvollste« Handlung.

Unter Berücksichtigung der Tatsache, dass individuelle Handlungen der Migranten bei Personen des Herkunftslandes sowie bei Personen des Gastlandes Reaktionen hervorrufen, die dann die zukünftige Handlungssituation der Migranten bestimmen, wird aus dem Grundmodell der Assimilation von Wanderern ein Prozessmodell (vgl. Esser, 1980, S. 218).

*Folgerungen für die eigene Arbeit:* Das handlungstheoretische Modell, welches Werlen (1995) zur Analyse alltäglichen »Geographie-Machens« vorschlägt, weist einige Gemeinsamkeiten mit dem »Modell zur Assimilation von Wanderern« von Esser (1980) auf. Beide Wissenschaftler gehen von den Annahmen des »methodoloischen Individualismus« aus und schlagen zur Untersuchung von gesellschaftlichen Prozessen die Analyse von individuellen Handlungen vor. In einigen Punkten ähneln sich auch die angegebenen Faktoren, die die individuellen Handlungen beeinflussen würden. Von Werlen (1995) wird angenommen, dass Handlungen u. a. durch physisch-materielle Komponenten beeinflusst seien. Diese Vorstellung findet sich auch bei Esser (1980), der diese als umgebungsbezogene »Opportunitäten«, »Barrieren« und »Alternativen« klassifiziert. Von Werlen wird die Bedeutung des »mentalen« Bereichs, also des Wissens, der Fähigkeiten und der Erfahrungen der Probanden für die Erklärung ihrer Handlungen hervorgehoben. Diese Elemente werden von Esser als »Kognitionen« und »Attribuierungen« bezeichnet. Nach Werlen müssten letztlich noch die Kenntnisse der Handelnden von sozial-kulturellen Werten und Normen zu Erklärung ihrer Handlungen berücksichtigt werden. Diese werden von Esser nicht explizit genannt, könnten jedoch entweder den individuellen Kenntnissen und Erfahrungen (»Kognitionen«) oder den personalen »Widerständen« entsprechen, die von den Handelnden erwartete negative Reaktionen ihrer Bezugsgruppen auf ihre Handlungen einschließen.

Neben den Ähnlichkeiten der handlungstheoretischen Modelle von Werlen und Esser, wird bei Esser insgesamt klarer, auf welche Weise die genannten Einflussgrößen auf das Handeln der Individuen wirken. Esser nimmt an, dass die Handelnden zwischen wahrgenommenen Handlungsalternativen wählen können und sich nach ihrer subjektiven Rationalität für die Alternative entscheiden, die ihnen am günstigsten erscheint, d.h. durch die sie ihre wichtigsten individuellen Ziele verwirklichen können, ohne direkte oder zukünftige negative Folgen ihrer Handlungen fürchten zu müssen.

## 3.4    Operationalisierung der handlungstheoretischen Überlegungen

Nachdem ich mich für eine handlungstheoretische Erklärung der Wahrnehmungs- und Handlungsweisen der ausländischen Studierenden in Deutschland auf der Grundlange der handlungstheoretischen Modelle von Esser (1980) und Werlen (1995) entschieden habe, stellt sich nun die Frage, wie die theoretischen Vorgaben operrationalisiert werden können.

Hier schlägt Werlen (1995) zur Reduktion der vielen relevanten Variablen, die die individuellen Handlungen beeinflussen, vor, nur die objektiv vorhandenen Möglichkeiten und Begrenzungen des Handelns empirisch zu erheben und die subjektiven Faktoren wie Situationswahrnehmungen und Handlungsmotive »einzuklammern«. »Man setzt voraus, dass man die Prinzipien der Handlungen der einzelnen Akteure kennt und wendet sich allein den strukturellen Aspekten zu, was mit erheblich geringerem Forschungsaufwand verbunden ist« (vgl. Werlen, 1995, S. 73). An die Stelle der empirischen Erhebung von Handlungsmotiven und Situationswahrnehmungen sollen die Forscher ihr Wissen über typische Wahrnehmungen und Motive setzen, um so die beobachteten Handlungen erklären zu können. »Eine derartige Zuwendung zur sozialen Wirklichkeit kann aber nur unter der Bedingung angemessen sein, dass der Sozialwissenschaftler mit guten Gründen davon ausgehen kann, dass sie für ihn und die untersuchten Akteure intersubjektiv im gleichen Sinnzusammenhang stehen und dass er mit den Produktions- und Reproduktionsweisen dieser Sinnstrukturen ausreichend vertraut ist beziehungsweise die Handlungsmotive, Handlungsrationalisierung und die reflexive Steuerung des Handelns ausreichend kennt« (Werlen, 1995, S. 72). Ein ähnliches Vorgehen wählt Esser (1990), der zur Erklärung des »Freundschaftswahlverhaltens« von türkischen und jugoslawischen Migranten in Deutschland nicht deren Handlungsmotive und Situationswahrnehmungen erhebt. Das empirisch nachgewiesene unterschiedliche Freundschaftswahlverhalten der beiden Migrantengruppen wird von Esser durch unterschiedlich große soziale Barrieren sowie gruppeninternen- und externen Randbedingungen des Handelns erklärt. Widerstände und Barrieren zur interethnischen Kontaktaufnahme seien für die Jugoslawen geringer als für die Türken, was deren verstärkten interethnischen Kontakte erklären könne (vgl. Esser, 1990, S. 203).

Die Aus- oder Einklammerung von personalen Faktoren wie Motivationen und Situationswahrnehmungen bei den empirischen Erhebungen von Handlungsentscheidungen, wie dies von Werlen vorgeschlagen wird und von Esser schon empirisch umgesetzt wurde, erscheint mir mit den theoretischen Annahmen der zugrunde liegenden Handlungsmodelle nicht vereinbar zu sein. Obwohl für die Handlungsmodelle von Esser und Werlen die Situation des Handelnden und seine Situationswahrnehmungen theoretisch zentral sind, bleiben die Situationen, in denen die Migranten tatsächlich handeln, aus methodischen Gründen unberücksichtigt. In den vorgestellten Handlungsmodellen wird davon ausgegangen, dass innerhalb der objektiven Rahmenbedingungen der Handlungen ein Handlungsspielraum für individuelle Entscheidungen besteht. Dieser Annahme widerspricht, dass in den empirischen Erhebungen dann allen Befragten oder zumindest großen Gruppen die gleichen Situationswahrnehmungen und ähnliche Handlungsziele unterstellt werden. Zudem könnte erst eine detaillierte Situationsanalyse auf der Grundlage der Situationswahrnehmungen der Probanden darüber Gewissheit verschaffen, ob die individuell relevanten Umgebungen nicht (auch) andere als die in dem Assimilationsmodell gewählten Parameter als entscheidende Randbedingungen der Handlungsselektion aufweisen. Die Erhebung der individuellen Situationswahrnehmungen kann demnach auch überprüfen, ob die vom Forscher wahrgenommenen »objektiven« Handlungsbedingungen wirklich denen entsprechen, nach denen sich die Probanden richten. Werden nur die handlungsrelevanten Umgebungsfaktoren erhoben, kann letztlich nur darüber spekuliert werden ob sich die Handelnden in ihren Motivationen, ihren Fähigkeiten, ihrer Einschätzung der Erfolgsaussichten der möglichen Handlungen, ihren Attribuierungsgewohnheiten oder in ihrer Wahrnehmung von Widerständen unterscheiden. Berücksichtigt man die individuellen Bedeutungszuschreibungen der Probanden kann der Forscher eigentlich niemals davon ausgehen, dass die »soziale Wirklichkeit« für ihn im gleichen »Sinnzusammenhang« steht wie für die »untersuchten Akteure«, wie dies Werlen formuliert (s.o.). Damit ist auch die Festsetzung von »objektiven«

Handlungsbedingungen mit subjektiver Handlungsrelevanz ohne deren empirische Erhebung nicht möglich.

Aus den genannten Gründen erscheint es mir nicht sinnvoll, nur die umgebungsbezogenen Parameter empirisch zu erheben, welche die Handlungen von Erasmusstudierenden in Deutschland beeinflussen könnten. Möchte man jedoch alle Variablen, die von Esser (1980) als handlungsrelevant eingestuft werden erfassen, steht man jedoch vor einigen methodischen Problemen.

Nach Essers Handlungsmodell müssen zur Erklärung der individuellen Handlungsentscheidungen der Akteure, ihre Handlungsziele, ihre Handlungskompetenzen, ihre Attribuierungsgewohnheiten, ihre individuellen Widerstände und ihre Situationswahrnehmungen berücksichtigt werden. Der Erhebung der Handlungsfähigkeiten und der Attribuierungsgewohnheiten der ausländischen Studierenden sind empirische Grenzen gesetzt. Da sich Handlungsfähigkeiten/-kompetenzen auf die in der Lerngeschichte der Probanten erworbenen Eigenschaften beziehen und im Rahmen meiner Untersuchung keine kompletten Rekonstruktionen der individuellen Lerngeschichten oder »Persönlichkeitstests« aller möglicher handlungsrelevanter Eigenschaften durchgeführt werden können, kann diese Variable dann auch nur ansatzweise erhoben werden.

Nachdem ich mich entschieden habe, sowohl die personalen als auch die umgebungsbezogenen Faktoren empirisch zu erheben, die die individuellen Handlungen beeinflussen könnten, sollen nun Hypothesen darüber aufgestellt werden, welche genauen personalen und umgebungsbezogenen Parameter von den ausländischen Studierenden bei ihren Handlungsentscheidungen berücksichtigt werden. Die folgenden Hypothesen können auf der Grundlange der vorgestellten theoretischen Überlegungen und den Erfahrungen von explorativen Interviews mit Erasmusstudierenden aufgestellt werden. Ihr tatsächlicher Erklärungswert soll in der empirischen Erhebung ermittelt werden. Zunächst werden die Faktoren vorgestellt, welche die Handlungsentscheidungen der ausländischen Studierenden im Bereich der Studienbeteiligung beeinflussen könnten. Im zweiten Schritt werden die Handlungsparameter benannt, welche die Wahlen von Deutschen als Freunde während des Deutschlandaufenthalts bestimmen könnten und im dritten Schritt werden Hypothesen über mögliche Einflussgrößen aufgestellt, die die individuellen Entscheidungen für bestimmte Deutschland- und Heimatbilder erklären könnten.

### 3.4.1 Faktoren zur Erklärung der Studienbeteiligung

*Personale Faktoren – Kognitionen*

*Fremdsprachenkompetenz:* Als wesentliche Vorraussetzung für eine intensive Beteiligung der Erasmusstipendiaten am Studium an ihrer deutschen Gasthochschule wird deren Beherrschung der deutschen Sprache angesehen. Die individuellen »Kosten« der Studienbeteiligung, u. a. Frustrationen, die auf sprachlichen Verständnisproblemen beruhen, nehmen vermutlich mit zunehmenden Deutschkenntnissen ab. Aus diesem Grund wird angenommen, dass die Intensität der Beteiligung am Studium je höher ist, desto besser die Deutschkenntnisse der Erasmusstudierenden sind.

*Motivation/Handlungsziele*

*Großes Studieninteresse:* Es wird angenommen, dass sich Erasmusstudierende, die großes Interesse an ihrem Studienfach haben und/oder an den angewandten Lehrmethoden und anderen inhaltlichen Schwerpunkten ihres Studienfaches in Deutschland, intensiver am Studium in ihrer Gasthochschule beteiligen werden als Studierende, denen dieses Interesse fehlt.

*Erfüllung von Studienverpflichtungen:* Ausländische Studierende, die durch den Auslandaufenthalt keine Verlängerung ihrer Gesamtstudienzeit in Kauf nehmen möchten, werden sich in Deutschland intensiver am Studium beteiligen als Studierende, die den Aufenthalt als »Urlaub« betrachten und für die eine Verlängerung ihrer Studienzeit keine Rolle spielt. Stipendiaten, die im Heimatland ihr Studium schon abgeschlossen haben, werden sich weniger intensiv am Studium in Deutschland beteiligen als Studierende, die auch im Heimatland noch studieren.

*Individuelle Widerstände/Handlungskosten:* Unter individuell eingeschätzten »Handlungskosten« sind vermutlich vor allem Handlungsziele zu verstehen, die sich mit der Erreichung der studienbezogenen Ziele nicht vereinbaren lassen. Dies kann die Ausübung von Aktivitäten sein, die viel Zeit in Anspruch nehmen und damit eine intensive Studienbeteiligung unmöglich machen.

*Erwerbsarbeit:* Stipendiaten, die während ihres Deutschlandaufenthalts regelmäßig jobben, werden sich weniger intensiv am Studium beteiligen als Studierende, die keiner Erwerbsarbeit nachgehen.

*Abendliche Freizeitaktivitäten:* Erasmusstudierende, die mehrmals wöchentlich abends ausgehen, werden sich weniger intensiv am Studium beteiligen als Studierende, die selten ausgehen.

*Umgebungsfaktoren*

*Anforderungen der Heimatuniversität:* Je umfangreicher die Studienanforderungen der Heimatuniversität sind, die die ErasmusstudentInnen während ihres Studiums an der deutschen Gasthochschule erfüllen müssen, desto intensiver werden sie studieren (siehe Hypothese 6).

*Anrechnung von Leistungsnachweisen:* Je unproblematischer die in Deutschland erworbenen Leistungsnachweise an der Heimatuniversität angerechnet werden können, desto intensiver werden die ausländischen Studierenden am Studium in Deutschland teilnehmen und Leistungsnachweise erwerben. Je besser das ECTS-Programm an Gast- und Heimathochschule implementiert ist, desto eher können die in Deutschland erworbenen Leistungsnachweise angerechnet werden (siehe Hypothese 7).

### 3.4.2 Faktoren zur Erklärung der Wahl von Deutschen als Freunde

*Personale Faktoren – Kognitionen*

*Kompetenzen:* Da die Herstellung von sozialen Kontakten nur auf der Basis von persönlichen Kompetenzen möglich ist, müssen die Kompetenzen erhoben werden, die zur erfolgreichen Kontaktaufnahme mit Deutschen entscheidend sind.

*Deutschkenntnisse:* Da das wichtigste Kommunikationsmittel die Sprache ist, vermute ich, dass gute mündliche Deutschkenntnisse eine wesentliche Voraussetzung für die Freundschaften zwischen ErasmusstudentInnen und Deutschen darstellen. Je besser die Deutschkenntnisse der ausländischen Studierenden sind, desto eher werden sie es wagen, Kontakte zu Deutschen aufzunehmen.

Je besser die Eramusstudierenden ihre Deutschkompetenzen einschätzen, desto weniger Hemmungen werden sie haben, Kontakte zu deutschen StudentInnen aufzunehmen.

*Auslandserfahrungen:* Ich vermute, dass der Deutschlandaufenthalt bei StudentInnen, die schon viele Erfahrungen im Ausland gemacht haben weniger Ängste auslöst als bei Stipendiaten, die noch nie zuvor im Ausland gewesen sind. ErasmusstudentInnen, die schon häufig im Ausland gewesen sind, haben vermutlich größere Kompetenzen entwickelt, sich in neuen Situationen zurecht zu finden und werden zur Orientierung in Deutschland weniger ihre Landsleute benötigen und sich eher um Kontakte zu Deutschen bemühen als Studierende, die über wenige Auslandserfahrungen verfügen.

*Selbstständigkeit im Heimatland:* Ich nehme an, dass sich ErasmusstudentInnen, die im Heimatland bei ihren Eltern gewohnt haben, während ihres Deutschlandaufenthalts stärker der eigenkulturellen Gruppe anschließen werden und weniger Kontakte zu Deutschen aufbauen als Stipendiaten, die im Heimatland schon unabhängig von den Eltern gelebt haben.

*Alter:* Es wird angenommen, dass mit zunehmendem Alter die Kompetenzen steigen, Probleme ohne Hilfe von außen zu lösen und damit das nach Kontakten zu Landsleuten, die während des Deutschlandaufenthalts Sicherheit und Orientierung bieten können, abnimmt. Ältere Befragte werden sich aus diesem Grund häufiger für Freundschaften zu Deutschen entscheiden als jüngere Probanden.

*Motivation/Handlungsziele*

*Deutschland als gewünschtes Aufenthaltsland:* Studierende, für die Deutschland nicht das eigentlich gewünschte Zielland ihres Auslandsaufenthalts ist oder für die der Deutschaufenthalt ein Pflichtteil ihres Studiums darstellt, werden weniger deutsche Freundschaften haben als Studierende, für die Deutschland das gewünschte und frei gewählte Aufenthaltsland ist (siehe Hypothese 4).

*Sprachliche oder kulturelle Ziele:* ErasmusstudentInnen, die durch deutsche Freundschaften ihre Deutschkenntnisse verbessern möchten oder die sich für die »deutsche Kultur« interessieren, werden eher Kontakte zu Deutschen suchen als Stipendiaten, die diese Ziele nicht teilen.

*Studienfach:* Da die Motivation, die deutsche Sprache zu lernen vermutlich studienfachabhängig ist, erwarte ich, dass sich ein Zusammenhang zwischen den Studienfächern der Befragten und ihren Kontakten zu Deutschen ergibt. Es ist anzunehmen, dass die Motivation Deutsch zu lernen bei Germanistik- und WirtschaftsstudentInnen wesentlich höher ist als bei StudentInnen der anderen Fächer.

*Individuelle Widerstände/Handlungskosten*

*Vermutete nationale Bilder der Deutschen:* Befragte, die bei den deutschen Interaktionspartnern ein besonders negatives Bild von Personen ihrer Nationalität vermuten, werden seltener auf Deutsche zugehen als StudentInnen, die bei den Deutschen positive Einstellungen erwarten (siehe Hypothese 14).

*Bestehende soziale Kontakte:* Studierende die zusammen mit ihrem festen Freundeskreis nach Deutschland fahren, werden hier weniger Deutsche kennen lernen als Befragte, die in der deutschen Austauschstadt einen völlig neuen Freundeskreis aufbauen müssen.

*Umgebungsfaktoren – Möglichkeiten und Barrieren*

*Unterbringung:* Die Kontaktmöglichkeiten mit Deutschen variieren vermutlich mit der Art der Unterbringung in Deuschland. Werden die Gaststudierenden in deutschen Familien, mit deutschen Kommilitonen in einem Studentenwohnheimzimmer oder in einer privaten, deutschen Wohngemeinschaft untergebracht, ergeben sich vermutlich vielfältige interkulturelle Kontaktmöglichkeiten. Werden die Erasmusstudierenden dagegen in Studentenwohnheimen, in denen vorwiegend ausländische Studierende wohnen oder in privaten Einzelappartements untergebracht, bestehen wenige Möglichkeiten, Deutsche im Wohnbereich kennen zu lernen.

*Freizeit:* Wie groß die Möglichkeiten der ausländischen Studierenden sind, Deutsche in der Freizeit zu treffen, hängt vermutlich davon ab, ob die von Betreuungsorganisationen und Akademischen Auslandsämtern angebotenen Freizeitaktivitäten nur für ausländische Studierende vorgesehen sind oder ob auch Deutsche teilnehmen können.

*Studium:* Die Größe der Kontaktmöglichkeiten zwischen deutschen und ausländischen Studierenden während und nach den Lehrveranstaltungen hängt vermutlich davon ab, ob die gleichen Veranstaltungen besucht werden. Wenn ausländische Studierende ausschließlich an Sprachkursen, Einführungswochen und Seminaren für ausländische Studierende teilnehmen, bestehen keine Möglichkeiten der Kontaktaufnahme zu deutschen Kommilitonen während des Studiums. Besuchen deutsche und ausländische Studierende dagegen die gleichen Veranstaltungen, hängen die Kontaktmöglichkeiten vermutlich entscheidend von der Organisation der Lehrveranstaltung ab. Hier bieten Projekt- und Kleingruppenarbeit voraussichtlich die besten Kontaktmöglichkeiten.

*Größe der deutschen Hochschule:* Es wird angenommen, dass mit zunehmender Größe der deutschen Hochschule die Kontakte der ausländischen Studierenden zu Deutschen abnehmen (siehe Hypothese 10).

*Anzahl der ausländischen Studierenden:* Je höher die Zahlen der immatrikulierten ausländischen Studierenden an der deutschen Hochschulen, desto wenige Kontakte zwischen Erasmusstudierenden und Deutschen werden bestehen. Die Betreuungsinitiativen und die Akademischen Auslandsämter werden bei zunehmender Anzahl an ausländischen Studierenden ihre deutschen Kontakte immer schwerer organisieren können (siehe Hypothese 11).

*Alternativen*

*Anzahl von Studierenden der eigenen Nationalität in der Austauschstadt:* Ausländische Befragte, die ihre sozialen Bedürfnisse während des Auslandsaufenthalts in der

Gruppe der Studierenden ihrer Nationalität befriedigen können, werden weniger deutsche Kontakte haben als Studierende, denen wenige oder gar keine Landsleute zur Freundschaftsaufnahme zur Verfügung stehen (siehe Hypothese 3).

### 3.4.3 Faktoren zur Erklärung der Deutschland- und Heimatbilder

Nach Esser (1980) kann man Einstellungen, also auch Deutschland- und Heimatbilder, als Entscheidungen interpretieren und damit ebenfalls mit einem handlungstheoretischen Ansatz erklären. »Kategorisierungen, Typisierungen und Distanzierungen sind nach der hier vorgelegten Interpretation demnach auch als intentional-aktive Entscheidungen (d.h.: als »Handlungen«) von Personen zu verstehen, die prinzipiell nach den gleichen Regeln erfolgen wie andere Entscheidungshandlungen auch« (Esser, 1980, S. 140). Esser nimmt an, dass die Handelnden eine bestimmte soziale Typisierung aus der Menge der möglichen Typisierungen auswählen, weil auf diese Weise ein persönliches Ziel erreicht werden kann ohne dass die unangenehmen Nebenfolgen der Kategorisierungshandlung zu hoch wären.

Wendet man diese Annahmen auf die Erklärung von Deutschland- und Heimatbildern bei Erasmusstudierenden in Deutschland an, ergeben sich folgende entscheidende Einflussvariablen auf die individuellen Handlungsentscheidungen:

*Personale Faktoren – Motivation/persönliche Ziele*

*Identifikation mit den Bezugsgruppen im Gastland:* Ich nehme an, dass Heimatbilder in Gruppen von Erasmusstudierenden der gleichen Nationalität dazu dienen können, die Gruppenidentität positiv zu definieren. Heimatbilder werden dann vermutlich zu positiven Selbstbildern und die Deutschlandbilder zu negativeren Fremdbildern (vgl. Hypothese 22 und Hypothese 12). Ausländische Studierende, deren Bezugsgruppe während des Deutschlandaufenthalts aus Deutschen besteht, werden dagegen die Gemeinsamkeiten zwischen ihrem Land und Deutschland stärker betonen als die Unterschiede, da sie sich auf diese Weise mit ihren deutschen Freunden identifizieren können (siehe Hypothese 17).

*Attribuierungen:* Negative Deutschlandbilder könnten von den Probanden geäußert werden, die das eigene Scheitern bei der Kontaktaufnahme mit Deutschen mit geringen individuellen »Kosten« rechtfertigen möchten. Ihre häufigen Kontakte zu Personen ihrer Nationalität könnten durch ein positives Heimatbild, was die Bevölkerung des Heimatlandes einschließt, erklärt werden (siehe Hypothese 8).

*Kognition*

*Zufriedenheit mit dem Deutschlandaufenthalt:* Es wird angenommen, dass sich die Zufriedenheit mit dem Deutschlandaufenthalt, der vermutlich vor dem Hintergrund gemachter Erfahrungen im Heimatland beurteilt wird, auf die geäußerten Deutschland- und Heimatbilder der Befragten auswirkt. Je positiver die Lebenssituation in Deutschland beurteilt wird, desto positiver wird auch ihr Deutschlandbild sein.

*Gelernte Stereotypisierung:* Ausländische Studierende, die in der Vergangenheit erfolgreich Wirklichkeitsdeutungen aufgrund von nationalen Stereotypen vorgenommen haben und ihre personale und Gruppenidentität durch die Betonung von ethnischen

Gemeinsamkeiten kreierten, werden auch während des Deutschlandaufenthalts eher nationale Stereotypen zur sozialen Einordnung verwenden als Studierende, für die ihre Nationalität schon vor dem Deutschlandaufenthalt kein wichtiges Kriterium war, über dass sie sich definierten und anhand dessen sie die soziale Welt kategorisierten.

*Individuelle Widerstände/Handlungskosten:* Da kommunizierte Deutschland- und Heimatbilder, wie alle Handlungen Folgen haben, ist nach den Zielen zu fragen, die sich durch die gewählten Kategorisierungen nicht vereinbaren lassen.

*Doppelgruppenmitgliedschaft wird unmöglich:* Da nationale Selbst- und Fremdbilder u. a. die Bezugsgruppenwahlen der ausländischen Studierenden zu steuern scheinen, werden sich auch die wichtigsten unangenehmen Nebenfolgen der Kategorisierungs-handlungen im Bereich der sozialen Kontakte finden. Hier kann es sein, dass eine von den Befragten gewählte Typisierung die Mitgliedschaft in einer sozialen Gruppe mög-lich macht, aber die Solidarisierung mit einer anderen, ebenfalls als attraktiv einge-schätzten Gruppe, unmöglich wird. Die Entscheidung für bestimmte Deutschland- und Heimatbilder könnte damit zugleich die Entscheidung für die Mitgliedschaft in einer sozialen Gruppe darstellen, die die Teilnahme in anderen Gruppen ausschließt. Berück-sichtigt man die Ergebnisse zur »kognitiven Konsistenz« ist nicht anzunehmen, dass je nach Bezugsgruppe völlig andere Deutschland- und Heimatbilder geäußert werden.

Umgebung

*Deutschland- und Heimatbilder in den Bezugsgruppen:* Es wird angenommen, dass die befragten ausländischen Studierenden Abbilder von Deutschland- und Heimatbil-dern äußern, die in ihren Bezugsgruppen während ihres Deutschlandaufenthalts kreiert werden (siehe Hypothese 26).

*Erfahrungen in Deutschland:* Die Gültigkeit der Deutschlandbilder wird vermutlich laufend an den gemachten Erfahrungen während des Aufenthalts überprüft. Erfahrun-gen, die dem bestehenden Deutschlandbild widersprechen, werden im Sinne der »ko-gnitiven Konsistenz« vermutlich häufig ignoriert oder als »Ausnahmen« definiert. Das Ausgangsbild könnte bei vielen ihm widersprechenden Erfahrungen auch aufgegeben werden.

Auf der Basis der Kritik an den theoretischen und empirischen Ergebnissen der Austauschforschung und durch die Berücksichtigung von sozialpsychologischen, sozi-algeographischen und soziologischen Erkenntnissen, wurden Hypothesen darüber auf-gestellt, welche Faktoren die Handlungsentscheidungen der Erasmusstudierenden im Bereich ihrer Studienbeteiligungen, ihrer Freundschaftswahlen und ihrer Deutschland- und Heimatbilder beeinflussen. Im Folgenden soll nun das methodische Vorgehen vor-gestellt werden, welches zur Überprüfung der präsentierten hypothetischen Erklärungs-variablen angemessen erscheint.

# 4. Methodik

In diesem Kapitel wird mein methodisches Vorgehen zur Überprüfung der unter 3.4 aufgestellten Hypothesen dargelegt. Es wird eingehend begründet, warum die Datenerhebung sowohl mit qualitativen als auch mit quantitativen Methoden stattfindet. Nach der ausführlichen Darstellung der einzelnen methodischen Entscheidungen bei der Datenerhebung und –auswertung endet das Kapitel in der Beurteilung der Vor- und Nachteile der eingesetzten Methodenkombination.

## 4.1 Datenerhebung

### 4.1.3 Definition der Untersuchungsgruppe

Was bedeutet die Bezeichnung »ausländische Studierende«? Ein ausländischer Student ist z. B. ein politisch verfolgter Iraker, der nach seiner Anerkennung als Asylbewerber in Deutschland ein Studium begonnen hat und mit dem Gedanken leben muss, womöglich nie in sein Land zurückkehren zu können. Eine ausländische Studentin ist ebenso die französische Ehefrau eines Deutschen, die zwei Kindern hat und nur zum »Zeitvertreib« studiert. Auch ein Türke, der in Deutschland aufgewachsen ist, fällt in die Gruppe der ausländischen Studierenden. Eine ausländische Studentin ist auch die 18-jährige Spanierin, die für sechs Monate nach Deutschland reist, um herauszufinden, »wer sie wirklich ist«.

Ich denke, diese vier holzschnittartigen Beispiele haben gezeigt, dass die »ausländischen Studierenden« keine homogene Gruppe sind. Der Sammelbegriff umfasst Menschen, die aus den unterschiedlichsten Motiven in Deutschland sind, deren Aufenthaltsdauer von ihrem ganzen Leben, bis zu wenigen Monaten variiert und die sich aufgrund ihres unterschiedlichen Alters in verschiedenen Lebensphasen befinden. Neben den Motiven nach Deutschland zu kommen, der Aufenthaltsdauer und dem Alter, können noch viele weitere Unterscheidungskriterien der »ausländischen Studierenden« aufgebaut werden, die vermutlich ihre Studienbeteiligung, ihre Freundschaftswahlen und auch ihre Deutschland- und Heimatbilder beeinflussen. Es erscheint mir demnach für meine Erhebung nicht sinnvoll zu sein, die Gesamtgruppe der ausländischen Studierenden in Deutschland zu untersuchen.

Aus diesem Grund wird sich diese Arbeit auf eine relativ »homogene Untergruppe« der ausländischen Studenten konzentrieren, die *»Erasmusstudenten«*. Durch den organisatorischen Rahmen des Austauschprogramms gleichen sich bei dieser Gruppe die Wohn- und Lebensbedingungen in Deutschland. Die Erasmusstipendiaten ähneln sich in ihrem Alter und in ihrer geplanten Aufenthaltsdauer in Deutschland. Die Finanzierung des Deutschlandaufenthaltes ist bei ihnen teilweise durch das Erasmusprogramm gesichert (siehe 2.2.1.2). Da viele Rahmenbedingungen des Auslandsaufenthalts durch das Programm festgelegt sind, werden die Variablen reduziert, welche die mich interessierenden Wahrnehmungs- und Handlungsweisen der Gaststudierenden erklären können.

1997 ist jeder siebte »Bildungsausländer« in Deutschland ein/eine Erasmusstudent(in)[50]. Bei den »Erasmusstipendiaten« handelt es sich nicht nur um eine in quantitativer Hinsicht bedeutende Gruppe ausländischer Studierender in Deutschland, sondern um eine Gruppe, die im Zentrum der bundesdeutschen Bildungspolitik steht. Durch die Förderung des Erasmusprogramms sollen europäische Eliten herangebildet werden, die über »Europakompetenzen« verfügen und die wirtschaftliche, kulturelle und wissenschaftliche Zusammenarbeit in der Europäischen Union vorantreiben können und wollen (vgl. 2.2.1.3 und 2.3.1). Die Erasmusstudierenden sind demnach eine so interessante Untersuchungsgruppe, da sie häufig als Ausdruck und Motor des europäischen Einigungsprozesses gesehen werden.

### 4.1.2 Auswahl der Erhebungshochschulen

Nachdem die Grundgesamtheit der zu untersuchenden Studierenden auf die Erasmusstipendiaten in Deutschland festgelegt wurde, stellt sich die Frage, nach der geeigneten Stichprobe. Da es den Rahmen dieser Doktorarbeit überschreitet, alle Erasmusstudierenden in Deutschland (über 10 000 pro Jahr) zu befragten, kann die empirische Erhebung nur an einigen deutschen Hochschulen stattfinden. Es müssen Erhebungshochschulen ausgewählt werden, von denen angenommen wird, dass sich die immatrikulierten Erasmusstudierenden in ihren Studienbeteiligungen, ihren Freundschaftswahlen und ihren Deutschland- und Heimatbilder möglichst stark voneinander unterscheiden.

Da ich davon ausgehe, dass die sozialen Kontakte der Erasmusstudenten im Gastland in hohem Maße von umgebungsbedingten Möglichkeiten und Hemmnissen zur Kontaktaufnahme beeinflusst werden, sollen Hochschulen ausgewählt werden in denen sich die Kontaktmöglichkeiten zwischen ausländischen und deutschen Studierenden in den für sie relevanten Lebensbereichen, d.h. die in ihrer Wohnsituation, in den Lehrveranstaltungen, in der Freizeit stark unterscheiden. Gemäß der *Hypothese 10* und der *Hypothese 11* wird vermutet, dass mit steigenden Anzahlen an immatrikulierten ausländischen und deutschen Studierenden die Kontakte zwischen Erasmusstudierenden und ihren deutschen Kommilitonen abnehmen. Das Hauptkriterium, dass zur Auswahl der deutschen Erhebungshochschulen herangezogen wird, ist demnach die Anzahl der immatrikulierten ausländischen und deutschen Studierenden.

Als große Hochschulen werden die Universität zu Köln und die Johannes Gutenberg Universität in Mainz ausgewählt. Als mittelgroße Hochschulen werden die Universität Osnabrück und die Ernst-Moritz Arndt Universität in Greifswald berücksichtigt. Als kleine Hochschulen werden die Brandenburgische Technische Univer-

---

50 vgl. Schnitzer, 1999, Sokrates/Erasmus 96/97, eigene Berechnungen.

sität Cottbus und die Hochschule Harz in Wernigerode untersucht[51]. Die Studentenzahlen der untersuchten Hochschulen liegen im Wintersemester 1999/2000 zwischen rund 62 500 an der Universität zu Köln und 1 600 Studierenden an der Hochschule Harz in Wernigerode. Die Spannweite ist ebenso groß, wenn man die Zahlen der ausländischen Studierenden betrachtet[52]. Sie liegen im Wintersemester 1999/2000 zwischen 6 200 ausländischen Studierenden an der Universität zu Köln und 60 ausländischen Studierenden an der Hochschule Harz.

Die endgültige Auswahl fällt auf die genannten Hochschulen, da die dortigen Akademischen Auslandsämter ihre Unterstützung zusagen, ohne die aus Datenschutzgründen die Versendung von Fragebögen nicht zu realisieren ist.

### 4.1.3 Zeitpunkt der empirischen Erhebung

Die Erhebung der Studienbeteiligung der Erasmusstudierenden, ihrer Freundschaftswahlen und ihrer Deutschland- und Heimatbilder der Erasmusstudierenden kann erst stattfinden, wenn sie im Gastland begonnen haben zu studieren, neue Freundschaften aufbauen konnten und wenn sie ihre Deutschland- und Herkunftslandabstraktionen den neuen Lebensbedingungen angepasst haben. Da ein Großteil der Erasmusstudierenden in Deutschland seinen Auslandsaufenthalt mit dem Wintersemester beginnt und mindestens vier Monate in Deutschland lebt, erscheint das Ende des Wintersemesters als idealer Zeitpunkt für die Durchführung meiner empirischen Erhebungen. Das Ende des Wintersemesters ist der ideale Erhebungszeitpunkt, da viele Erasmusstudierende in ihren Austauschstädten anzutreffen und sie über genügend Erfahrungen in Deutschland verfügen, um die Forschungsfragen beantworten zu können.

Die Wahl dieses Erhebungszeitpunktes impliziert jedoch einige methodische Probleme, die kurz angesprochen werden sollen. Am Ende des Wintersemesters können einige Variablen, die zur Erklärung der studentischen Wahrnehmungs- und Handlungsmuster berücksichtigt werden müssen, wie die Motivationen für den Auslandsaufenthalt, die Sprachkenntnisse bei Ankunft in Deutschland und die Deutschlandbilder zu Beginn des Aufenthalts, nur aus der Retrospektive erfragt werden (vgl. 3.4.1, 3.4.2 und 3.4.3). Da davon ausgegangen werden kann, dass die Ausgangsmotivationen, die Deutschkenntnisse und besonders auch die bei Beginn des Aufenthalts vorherrschenden Deutschlandbilder, nicht mehr authentisch erinnert werden können und durch spätere Motivationen, Kompetenzen und Erfahrungen überlagert werden, können diese Variablen aus methodischen Gründen nur sehr bedingt zur Erklärung der Fragestellungen eingesetzt werden.

Idealer als eine einmalige Erhebung erscheinen Längsschnittuntersuchungen, die sowohl zu Beginn als auch am Ende des Deutschlandaufenthalts stattfinden. Dies

---

51 Studentenzahlen WS 99/00 (gerundet): Köln (62 500), Mainz (28 000), Osnabrück (9 900), Greifswald (6 700), Cottbus (4 500) und Wernigerode (1 600).

52 Zahlen ausländischer Studierender im WS 99/00 (gerundet): Köln (6 200 ), Mainz (2 200), Osnabrück (700), Greifswald (300), Cottbus (500) und Wernigerode (60).

bedeutet jedoch einen erheblich höheren Forschungsaufwand, der im Rahmen dieser Doktorarbeit nicht geleistet werden kann. Da ich mich für eine Ex-post-facto Untersuchung entscheide, können Aussagen über die Entwicklung von Deutschland- und Heimatbildern im Laufe des Aufenthalts nur in begrenztem Umfang getroffen werden.

### 4.1.4 Wahl der Erhebungsmethoden

Nachdem die Untersuchungsgruppe, die Erhebungshochschulen, das Erhebungsdesign sowie der Erhebungszeitpunkt festgelegt sind, stellt sich nun die Frage nach der oder den geeigneten Erhebungsmethode(n). Da ich annehme, dass die Umgebungsbedingungen, welche die Handlungsentscheidungen beeinflussen, mit den Erhebungshochschulen variieren, müssen zur Überprüfung dieser Hypothese, repräsentative Ergebnisse für die Hochschulen vorliegen, die dann verglichen werden können. Um einen Hochschulvergleich zu ermöglichen, bietet sich eine quantitative Befragung aller Erasmusstudierenden der Erhebungshochschulen an. Zudem können unter Einsatz von statistischen Auswertungsverfahren diejenigen Variablen ermittelt werden, die die Handlungsweisen der ausländischen Studierenden erklären können. Quantitative Verfahren scheinen sich demnach nicht nur zur Beschreibung der Wahrnehmungs- und Handlungsmuster, sondern auch zur Hypothesenprüfung gut zu eignen.

Für ein qualitatives Vorgehen spricht dagegen, dass die Situationswahrnehmungen und Bedeutungszuschreibungen der untersuchten Individuen erfasst werden können, die eine Erklärung ihrer Handlungen erst möglich machen. Bei einem methodisch offenen Vorgehen, wie dies bei dem Einsatz von qualitativen Methoden üblich ist, wird spontan auf die Reaktionen der Probanden reagiert, was zur Exploration bisher unbeachteter Zusammenhänge führen kann. Qualitative Methoden sind demnach besonders gut zur Hypothesengenerierung geeignet.

Nach der Reflexion über die spezifischen Vor- und Nachteile der quantitativen sowie die der qualitativen Methoden, entscheide ich mich für die Methodenintegration. Es sollen die Stärken der Methoden genutzt werden und ihre Schwächen durch die jeweilige andere Methode ausgeglichen werden.

### 4.1.5 Ablauf der empirischen Untersuchungen

Im Folgenden wird mein methodisches Vorgehen bei der Datenerhebung in seinen drei Phasen vorgestellt. In einer ersten Phase werden qualitativen Interviews geführt. In der zweiten Phase wird eine quantitative Erhebung durchgeführt und in der dritten Erhebungsphase findet wieder eine qualitative Befragung statt.

#### 4.1.5.1   Explorative qualitative Erhebungsphase

Zur explorativen Erforschung meiner Fragestellungen wird zunächst eine erste qualitative Untersuchung am Ende des Sommersemesters 1999 durchgeführt (siehe

Tabelle 1). Diese Erhebungsphase dient dazu, dass Feld kennen zu lernen und Hypothesen zu generieren. Damit durch die empirische Erhebung nicht nur Ergebnisse im Rahmen der in Hypothesen fixierten theoretischen Vorannahmen gewonnen werden, wie dies in der Regel bei rein quantitativen Studien der Fall ist, sollen am Anfang des Forschungsprozesses die subjektiven Situationswahrnehmungen und Deutungsmuster der ausländischen Studierenden erforscht werden. Zu diesem Zweck werden 35 qualitative, leitfadengestützte Interviews mit Erasmusstudenten in Osnabrück, Köln und Angers (Frankreich) geführt, die durch teilnehmende Beobachtung ergänzt werden. Diese qualitativen Interviews geben Aufschluss über die zu erwartende Bandbreite unterschiedlicher Handlungsweisen und anzutreffender Ausprägungen von Deutschland- und Heimatbildern der Erasmusstudierenden. Sie ermöglichen die Identifizierung relevanter personaler Faktoren (z. B. Motivation und Deutschkenntnisse) sowie umgebungsbedingter Faktoren (Handlungsmöglichkeiten und Handlungsbarrieren), die zur Erklärung der unterschiedlichen Handlungsweisen weiter untersucht werden sollen. Es können Ausgangshypothesen über die wichtigsten Einflussvariablen aufgestellt werden (vgl. 3.4.1, 3.4.2 und 3.4.3). Neben Interviews mit den Austauschstudierenden werden Befragungen von Vertretern des Akademischen Auslandsamtes in Köln, von Mitarbeitern der dortigen Betreuungsinitiativen sowie von Vertretern des Deutschen Akademischen Austauschdienstes (DAAD), der deutschen Zentralverwaltungsstelle des Erasmusprogramms, durchgeführt. Diese Interviews mit Vertretern der an der Realisierung des Austauschprogramms beteiligten Institutionen sollen mir einen Überblick über die Rahmenbedingungen des Erasmusprogramms sowie über dessen lokale Umsetzung vermitteln. In diesem Zusammenhang interessiert mich besonders, in welcher Weise die Rahmenbedingungen des Programms die Handlungsmöglichkeiten der Erasmusstudierenden beeinflussen.

In der qualitativen Forschung wird häufig die induktive Hypothesengewinnung, schon als Hypothesenbestätigung gewertet, was als problematisch zu beurteilen ist. »Wissenschaftstheoretisch wäre also zu argumentieren, dass die induktive Hypothesengewinnung nicht als deren Bestätigung zu interpretieren ist. Dies wird allerdings im qualitativen Paradigma tendenziell oder implizit so gehandhabt« (Lamnek, 1995, S. 227). Um den »logischen Zirkel« zu vermeiden, indem man Hypothesen an einem empirischen Material aufstellt und diese Hypothesen wieder an dem selben Material bestätigt, wird zur Überprüfung meiner Hypothesen eine quantitative Befragung eingesetzt.

### 4.1.5.2  Fragebogenerhebung

Nach der Auswertung der Interviews der ersten Erhebungsphase kann mit den erhaltenen Ergebnissen, unter Berücksichtigung der empirischen sowie der theoretischen Erkenntnisse der Austauschforschung, ein teilstandardisierter Fragebogen konstruiert werden (siehe Anhang). Die Verständlichkeit des Fragebogens wird in einem Pretest an Erasmusstudierenden in Osnabrück überprüft. Der modifizierte Fragebogen wird mit Hilfe der Akademischen Auslandsämter an alle Erasmusstudierenden der Erhebungshochschulen verschickt. Je nach Herkunftsland erhalten die Stipendiaten ihren Fragebogen in den Sprachen Deutsch, Englisch, Französisch oder Spanisch.

Die quantitative Erhebung findet am Ende des Wintersemesters 1999/2000 in ausgewählten Erhebungshochschulen statt (vgl. 4.2.1). Es handelt sich um eine Vollerhebung der zum Erhebungszeitpunkt dort immatrikulierten Erasmusstudierenden (siehe Tabelle 1). Von 458 Personen der Gesamtgruppe antworten 197, was einer Rücklaufquote von 43% entspricht. Durch die quantitative Erhebung soll die Überprüfung der aus der explorativen Phase gewonnen Ausgangshypothesen an einer größeren Gruppe von Studierenden möglich werden. Die Studienbeteiligung der ausländischen Studierenden, ihre sozialen Kontakte und ihre Deutschland- und Heimatbilder sollen auf der Grundlage der quantitativen Daten zunächst beschrieben und dann erklärt werden.

### 4.1.5.3   Qualitative Erhebung

Zu Beginn des Sommersemesters 2000 führe ich 40 qualitative, leitfadengestützte Interviews mit Erasmusstudierenden, mit Erasmuskoordinatoren der Akademischen Auslandsämter und mit Vertretern der lokalen Betreuungsinitiativen in allen Hochschulen, in denen auch die Fragebogenerhebung stattgefunden hatte (siehe Tabelle 1). Es werden nur Erasmusstudierende befragt, die sich auch schon im Wintersemester in Deutschland befunden haben und im Rahmen der Fragebogenerhebung angeschrieben wurden. Durch diese dritte Erhebungsphase wird u. a. erreicht, dass bei 20 Studierenden sowohl die ausgefüllten Fragebögen als auch die transkribierten Interviews vorliegen. Diese Gruppe ist besonders interessant, da die Antworten, die sie im qualitativen Interview gegeben hat direkt mit ihren Antworten auf dem Fragebogen verglichen werden können.

Ein Ziel der dritten Erhebungsphase ist, durch die Kontrastierung der Ergebnisse der quantitativen Erhebung mit jenen der qualitativen Erhebung, ihre Validierung zu ermöglichen.

Zudem sollen durch die qualitativen Interviews noch zusätzliche Informationen über die für die Studierenden handlungsrelevanten Alltagstheorien erhoben werden. Die Bedeutung der lokalen Rahmenbedingungen für die Handlungsweisen der ausländischen Studierenden soll vertieft untersucht werden. Die inhaltlich überraschenden Ergebnisse der Fragebogenerhebung werden durch weitere Informationen, die in den anschließenden Interviews gewonnen werden, besser interpretierbar gemacht. Zu diesem Zweck werden den Befragten am Ende der Interviews gebeten, einige für mich unerwartete Ergebnisse der quantitativen Erhebung zu erklären.

Nachdem die qualitativen Interviews der ersten Erhebungsphase Hypothesen generierten, diese durch die anschließende quantitative Erhebung überprüft wurden, werden in der dritten Erhebungsphase die erhaltenen Ergebnisse der qualitativen Interviews validiert und durch weitere empirische Daten begründet und abgesichert.

| Zeitpunkt | Empirische Erhebung | Methodisches Vorgehen | Inhaltliche Ziele |
|---|---|---|---|
| Juni bis Nov. 99 | Explorative, qualitative Erhebung | 35 leitfadengestützte Interviews mit Erasmusstudenten in Osnabrück, Köln und Angers. | Exploration der zu erwartenden Bandbreite unterschiedlicher Wahrnehmungs- und Handlungsweisen der Erasmusstudenten. |
| | | Interviews mit Vertretern des Akademischen Auslandsamtes (AAA) in Köln und der dortigen Betreuungsinitiativen. | Aufstellung von Ausgangshypothesen. Überblick über die Rahmenbedingungen des Erasmusprogramms sowie über deren lokale Umsetzung und ihren Einfluss auf die Handlungsmöglichkeiten der ausländischen Studierenden. |
| | | Interviews mit Vertretern des DAAD. | |
| Febr. 2000 | Quantitative Erhebung | Vollerhebung der Erasmusstudierenden an den Hochschulen in Osnabrück, Greifswald, Köln, Cottbus, Wernigerode und Mainz mit Hilfe eines Fragebogens. Von 458 Personen der Gesamtgruppe antworten 197. Rücklaufquote von 43%. | Beschreibung und Erklärung der Studienbeteiligung, der sozialen Kontakte und der nationalen Selbst- und Fremdbilder der Erasmusstudierenden an den untersuchten Hochschulen. Überprüfung der Ausgangshypothesen. |
| April bis Mai 2000 | Qualitative Erhebung | 40 qualitative, leitfadengestützte Interviews mit Erasmusstudierenden, Vertreten der AAA's und denen der Betreuungsinitiativen, in allen Städten, in denen auch die quantitative Erhebung stattgefunden hat. Teilnehmende Beobachtung. | Die Bedeutung der lokalen Rahmenbedingungen für die Handlungsweisen der ausländischen Studierenden soll erforscht werden. Die Handlungsmöglichkeiten sollen aus Sicht der Befragten erfahren werden. Die zusätzlichen Informationen sollen die Ergebnisse der quantitativen Erhebung besser interpretierbar machen. Die Themenbereiche der quantitativen Erhebung werden noch einmal qualitativ erforscht. Der Vergleich der quantitativen mit den qualitativen Ergebnissen, soll die Validierung der Ergebnisse ermöglichen. |

*Tabelle 1: Überblick über die Phasen der empirischen Erhebung.*

### 4.1.6 Charakterisierung der befragten Erasmusstudierenden

#### 4.1.6.1 Befragte Erasmusstudiernede der qualitativen Interviews

Es werden 61 Stipendiaten des Erasmusprogramms an den Hochschulen in Köln, Mainz, Osnabrück, Angers (Frankreich), Greifswald, Wernigerode und Cottbus anhand von Leitfadeninterviews befragt. Die Interviews dauern zwischen einer und drei Stunden und werden mit Hilfe eines Kassettenrecorders aufgenommen. Die Befragten sind zwischen 20 und 31 Jahren alt. Das Durchschnittsalter liegt bei 23 Jahren. Die Interviewten kommen aus dreizehn verschiedenen europäischen Ländern. Die am häufigsten befragten Nationalitäten sind die Franzosen (24%), die Spanier (21%) und die Italiener (18%). Die Befragten befinden sich durchschnittlich seit 7 Monaten in Deutschland. Die zum Interviewzeitpunkt verbrachte Zeit im Gastland variiert zwischen zwei Monaten und einem Jahr.

Insgesamt werden sehr viel weniger männliche (24%) als weibliche Studierende (76%) befragt.

Die Befragten der qualitativen Erhebung studieren zu 38,2% Sprachen, zu 20,6% Jura, zu je 11,8% Wirtschafts- oder Sozialwissenschaften, zu 8,8% Ingenieurswissenschaften und zu 8,8% sonstige Fächer.

### 4.1.6.2  Befragte Erasmusstudierende der quantitativen Erhebung

Es werden 197 Erasmusstudierende befragt, die im Febr. 2000 an der Universität zu Köln, der Brandenburgischen Technischen Universität in Cottbus, der Hochschule Harz, der Universität Osnabrück, der Ernst-Moritz-Arndt Universität Greifswald oder der Johannes Gutenberg-Universität in Mainz studieren. Dies sind 43% der Grundgesamtheit von 458 ausländischen Studierenden.

Die Gesamtzahlen der Erasmusstudierenden an den untersuchten Hochschulen sind unterschiedlich groß. So studieren im WS 1999/2000 an der Universität zu Köln 177 Erasmusstipendiaten. An der Johannes Gutenberg Universität Mainz sind es 147, an der Universität Osnabrück 44, an der Brandenburgischen Technischen Universität in Cottbus 40, an der Ernst-Moritz-Arndt Universität Greifswald 35 und an der Hochschule Harz in Wernigerode 15. Mit der Gesamtzahlen der Erasmusstudierenden an den untersuchten Hochschulen variieren auch die Zahlen der Befragten pro Gasthochschule in meiner Erhebung. Wie aus Tabelle 2 ersichtlich wird, werden in Mainz 61 Personen, in Köln 57, in Osnabrück 37, in Cottbus 20, in Greifswald 15 und in Wernigerode 7 befragt. Aus den geringen Fallzahlen in Wernigerode, Greifswald und Cottbus ergibt sich das methodische Problem, dass es teilweise unmöglich ist, bivariate und vor allem multivariate Zusammenhänge für diese Hochschulen zu berechnen.

*Alter:* Die Befragten sind zwischen 18 und 62 Jahren alt. Das Durchschnittsalter liegt bei 22 Jahren.

*Geschlecht:* Es werden 151 Frauen (77%) und 46 Männer (23%) befragt.

*Auslandserfahrungen:* Durchschnittlich sind die Befragten sechs Monate nach ihrem 15. Lebensjahr und vor ihrem Deutschlandaufenthalt im Ausland gewesen. 40% der Befragten haben allerdings nur geringe Auslandserfahrungen, da sie vor dem Deutschlandaufenthalt nur drei Monate oder weniger im Ausland verbracht haben. Für 21 Personen oder 11% der Befragten ist das Studium in Deutschland sogar der erste Auslandsaufenthalt.

**Studienort in Deutschland**

|        |             | Häufigkeit | Prozent |
|--------|-------------|-----------:|--------:|
| Gültig | Osnabrück   | 37         | 18,8    |
|        | Cottbus     | 20         | 10,2    |
|        | Wernigerode | 7          | 3,6     |
|        | Greifswald  | 15         | 7,6     |
|        | Köln        | 57         | 28,9    |
|        | Mainz       | 61         | 31,0    |
|        | Gesamt      | 197        | 100,0   |

*Tabelle 2: Zahl der befragten Erasmusstipendiaten nach Erhebungshochschule.*

*Bisherige Zeit in Deutschland:* Da die quantitative Erhebung am Ende es Wintersemesters 99/00 stattfindet, liegt die durchschnittliche bisherige Aufenthaltsdauer in Deutschland bei fünf Monaten.

*Verbleibende Zeit in Deutschland:* Die Befragten planen noch durchschnittlich fünf Monate in Deutschland zu verbringen. Während 30% der Befragten nur noch höchstens zwei Monate in Deutschland bleiben wollen, d.h. in den Semesterferien in ihre Heimatländer zurückkehren werden, möchten die Übrigen noch während des Sommersemesters 2000 in Deutschland studieren.

*Wohnsituation im Heimatland und in Deutschland:* 81 befragte ausländische Stipendiaten (41%) haben im Heimatland noch bei ihren Eltern gewohnt. 116 Studierende (59%) haben in Heimatland nicht bei den Eltern gewohnt.

In Deutschland ist der Großteil der Befragten (75%) in einem Studentenwohnheim untergebracht. 17% leben in einer privaten Wohngemeinschaft, 6% leben allein in einer privaten Wohnung und 2% sind bei einer deutschen Familie untergebracht.

*Nationalität:* Es werden Studierende aus 22 Ländern befragt (siehe Tabelle 3). Die Studierenden, die sich am häufigsten an der Befragung beteiligen, kommen aus England (19%), Frankreich (18%), Spanien (15%) und Polen (13%).

*Studienjahre vor und Studienjahre nach dem Aufenthalt:* Nur drei Personen haben in ihrem Heimatland noch kein volles Jahr studiert und nur 6 Probanden haben vor ihrem Deutschlandaufenthalt mehr als fünf Jahre studiert. Durchschnittlich haben die Befragten schon drei Jahre an ihrer Heimatuniversität studiert, bevor sie nach Deutschland kamen. Sie befinden sich demnach im »Hauptstudium«. Nach dem Deutschlandaufenthalt wird noch durchschnittlich ein Jahr studiert.

*Studienfächer:* Fünf Studienrichtungen sind bei den Befragten besonders häufig vertreten (siehe Abbildung 7). Fast die Hälfte der Befragten (49,7%) studiert Sprachen. Hier handelt es sich vorwiegend um GermanistikstudentInnen. 14,7% studieren Wirtschaftswissenschaften, 12,2% der Befragten studieren Ingenieurswissenschaften oder Architektur. In Jura sind 8,1% der Befragten eingeschrieben und 7,1% studieren Sozialwissenschaften. 8,1% der Probanden studieren sonstige Fächer.

**Staatsangehörigkeit**

|       |                    | Häufigkeit | Prozent |
|-------|--------------------|-----------|---------|
| Gültig | niederländisch    | 3         | 1,5     |
|       | französisch        | 36        | 18,3    |
|       | englisch           | 38        | 19,3    |
|       | spanisch           | 29        | 14,7    |
|       | portugiesisch      | 6         | 3,0     |
|       | italienisch        | 12        | 6,1     |
|       | polnisch           | 25        | 12,7    |
|       | tschechisch        | 7         | 3,6     |
|       | belgisch           | 1         | ,5      |
|       | schweizerisch      | 4         | 2,0     |
|       | finnisch           | 7         | 3,6     |
|       | schwedisch         | 5         | 2,5     |
|       | dänisch            | 4         | 2,0     |
|       | irisch             | 4         | 2,0     |
|       | österreichisch     | 1         | ,5      |
|       | griechisch         | 3         | 1,5     |
|       | deutsch            | 2         | 1,0     |
|       | slovakisch         | 1         | ,5      |
|       | litauisch          | 2         | 1,0     |
|       | rumänisch          | 2         | 1,0     |
|       | norwegisch         | 4         | 2,0     |
|       | griechisch- kanadisch | 1      | ,5      |
|       | Gesamt             | 197       | 100,0   |

*Tabelle 3: Staatsangehörigkeiten der befragten Erasmusstudierenden.*

### 4.1.6.3  Befragte der quantitativen und der qualitativen Erhebung im Vergleich

Die angestrebte Validierung der Ergebnisse durch den Vergleich der beiden Methoden erscheint nur möglich, wenn unabhängig von den eingesetzten Methoden die Merkmale der Probandengruppen übereinstimmen. Aus diesem Grund sollen die Charakteristika der Probanden, die an der qualitativen Befragungen teilnehmen mit denen der Personen verglichen werden, die sich an der quantitativen Erhebung beteiligen.

# Studienfächer

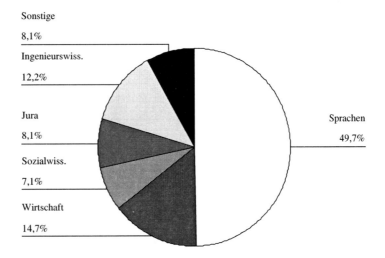

*Abbildung 7: Studienfächer der befragten Erasmusstudierenden.*

Zur Beurteilung der Repräsentativität der Erhebungen werden die Merkmale der Probanden zudem mit den Merkmalsverteilungen in der Gesamtgruppe[53] verglichen.

*Geschlecht*: Insgesamt scheinen die Probanden der qualitativen Erhebungen mit denen der quantitativen in vielen Merkmalen überein zu stimmen. In Bezug auf das Geschlecht dominieren in beiden Gruppen die weiblichen Probanden (76% in den qualitativen und 77% in der quantitativen), was dadurch zu erklären ist, dass 75% der 458 Erasmusstudierenden, die im WS 1999/2000 an den deutschen Erhebungshochschulen studieren, weiblichen Geschlechts sind und nur 25% männlichen. Beide Erhebungsgruppen spiegeln also die Verteilung des Geschlechts in der Grundgesamtheit wieder.

*Alter:* Die Probanden der qualitativen Erhebungen sowie die Befragten der quantitativen Erhebung sind durchschnittlich fast gleich alt (23 Jahre in der qualitativen und 22 in den quantitativen). Die Daten über die Ausprägung des Alters in der Gesamtgruppe sind nicht zugänglich.

*Nationalität:* Die Grundgesamtheit der 458 Studierenden an den Erhebungshochschulen besteht aus 83 Franzosen (18%), 65 Spaniern (14%), 61 Polen (13%), 53 Engländern (12%) 49 Italienern (11%), und 147 Studierenden (32%) sonstiger europäischer Nationalitäten. Die Verteilung der Nationalitäten in der Grundgesamtheit

---

53 Alle vorgestellten Merkmalsausprägungen der Gasamtgruppe wurden auf der Grundlage von Angaben der an der Erhebung beteiligten Akademischen Auslandsämter berechnet.

spiegelt sich auch in den von mir durchgeführten Erhebungen wieder. So sind die am häufigsten befragten Nationalitäten in der qualitativen Erhebung die Franzosen (24%), die Spanier (21%) und die Italiener (18%). Die Engländer erscheinen mit nur 7% etwas unterrepräsentiert. In der quantitativen Erhebung haben die Engländer (19%), die Franzosen (18%), die Spanier (15%) und die Polen (13%) am häufigsten den zugesendeten Fragebogen beantwortet. Die Italiener scheinen mit nur 6,1% etwas unterrepräsentiert zu sein.

*Bisherige Aufenthaltsdauer in Deutschland:* Da die Probanden der quantitativen Erhebung am Ende des Wintersemesters 1999/200 befragt werden und die ausländischen Studierenden der qualitativen Erhebung zu Beginn des Sommersemesters 2000, sind die Probanden der qualitativen Erhebung zum Interviewzeitpunkt durchschnittlich zwei Monate länger in Deutschland als die Befragten der qualitativen Erhebung. Insgesamt wird angenommen, dass diese zwei Monate längere Aufenthaltsdauer in Deutschland der Probanden der qualitativen Erhebung nur geringen Einfluss auf die Ergebnisse haben. Ein Großteil der Befragten hat die Monate der Semesterferien im Heimatland verbracht, so dass kaum zusätzliche Erfahrungen in Deutschland gemacht wurden. Zu der Aufenthaltsdauer der Stipendiaten an der Gasthochschule waren keine Daten für die Grundgesamtheit verfügbar.
Bei den meisten untersuchten Merkmalen wie Geschlecht, Alter und Nationalität lassen sich große Übereinstimmungen zwischen den Probanden der qualitativen und jenen der quantitativen Erhebung finden. Damit erscheint eine Voraussetzung für den Vergleich der Ergebnisse, die durch die unterschiedlichen eingesetzten Methoden erhalten wurden, erfüllt zu sein.

Zudem entspricht die Geschlechterverteilung sowie die Verteilung der Staatsangehörigkeiten in der Gruppe der durch mich befragten Probanden annähernd jenen in der Grundgesamtheit der Erasmusstudierenden, die im WS 99/00 in den Erhebungshochschulen immatrikuliert sind. Die Übereinstimmung meiner Untersuchungsgruppen mit der Grundgesamtheit in diesen Merkmalen, kann als Hinweis auf die Repräsentativität meiner Erhebungen für die untersuchten Hochschulen gewertet werden.

### 4.1.7 Repräsentativität der quantitativen Erhebung

Nun soll die Frage behandelt werden, inwieweit die Ergebnisse der quantitativen Befragung auf die Grundgesamtheit der Erasmusstudierenden an den untersuchten Hochschulen verallgemeinert werden können. Die logische Form dieser gedanklichen Operation ist die der »quantitativen Induktion«. »Sie überträt die quantitativen Eigenschaften einer Stichprobe auf die Gesamtheit, sie »verlängert« dem Einzelfall zu einer Regel« (Reichertz, 2000, S. 281). Die numerische Generalisierbarkeit kann normalerweise durch die Ziehung einer Zufallsstichprobe, in der die zu untersuchenden Merkmale in derselben Häufigkeit vorkommen wie in der Grundgesamtheit, gewährleistet werden. »Zufallsstichproben stellen die einzige Gewähr dafür dar, dass aus Ergebnissen einer Stichprobe in Bezug auf die Verteilung aller Merkmale (innerhalb bestimmter statistischer Fehlergrenzen) auf die Verteilung dieser Merkmale in der Grundgesamtheit geschlossen werden kann. Ein solcher »Repräsentativitäts-schluss« kann also nur gezogen werden, wenn der Auswahlmechanismus eine Zu-fallsauswahl ist« (Schnell, 1999, S. 284). Wenn eine Zufallsstichprobe gezogen wur-de, dann ist die Untersuchung also mit hoher Wahrscheinlichkeit repräsentativ. Da meiner Studie sogar eine Vollerhebung zugrunde liegt, scheint die Repräsentativität für die Stipendiaten an den untersuchten Hochschulen automatisch gegeben sein. Ein in der Literatur wenig diskutiertes Problem ist jedoch, dass sich an Fragebogenerhe-bungen immer nur ein Teil der Angeschriebenen (hier 43%) beteiligt. Normalerweise werden die Ausprägungen bestimmter Merkmale in der Stichprobe mit denen in der Grundgesamtheit verglichen und Übereinstimmungen als »Repräsentanznachweise« interpretiert. In traditionellen quantitativen Untersuchungen müssen diese »Reprä-sentanznachweise« jedoch Annahmen bleiben, da die Stichprobe und die Grundge-samtheit aufgrund der fehlenden Daten nicht bezüglich aller Merkmale, die zur Be-antwortung der Fragestellung wichtig erscheinen, verglichen werden können. Dass die Gruppe meiner Probanden bezüglich der Geschlechterverteilung und der Staats-angehörigkeiten der Grundgesamtheit gleicht (siehe 4.1.6.3), kann demnach nur als Hinweis darauf gewertet werden, dass meine Untersuchungsgruppe die Grundge-samtheit angemessen repräsentiert. Die gefundenen Übereinstimmungen sind jedoch keine Beweise, dass auch die mich interessierende Studienbeteiligung der Befragten, ihre deutschen Kontakte und ihre Deutschland- und Heimatbilder mit den Wahrneh-mungen und Handlungsweisen der Grundgesamtheit übereinstimmen.

Rein quantitativ Forschende können daher niemals vollständig sicher sein, dass die Personen, welche die Fragebögen nicht zurücksandten die gleichen Antworten gegeben hätten, wie die Probanden, die sich an der Befragung beteiligten. Durch die Kombination von qualitativen und quantitativen Methoden ist es mir dagegen mög-lich, Informationen über das mögliche Antwortverhalten der »Verweigerer« zu er-halten.

Im Anschluss an die quantitative Erhebung, werden im April 2000, auch Gaststu-dentInnen anhand von qualitativen Interviews befragt, die meinen Fragebogen nicht zurückgesandt hatten. Im Folgenden sollen die von diesen Studierenden genannten Gründe für ihre Nichtbeteiligung vorgestellt werden, um beurteilen zu können, ob sich ihre Teilnahme auf die Ergebnisse der quantitativen Erhebung ausgewirkt hätte.

Es werden folgende Verweigerungsgründe genannt:

*Versendungstechnische Gründe:* Der Fragebogen wäre nie zugestellt worden oder der Rückumschlag habe gefehlt.

*Fehlende Motivation:* Die StudentInnen geben an, keine Zeit oder Lust gehabt zu haben, den Fragebogen auszufüllen und zurückzuschicken. Einige geben an, sie hät-ten die Rücksendung vergessen.

*Inhaltliche Gründe:* Das Ausfüllen wäre als unangenehm erlebt und abgebrochen worden.

Zu den *versendungstechnischen Gründen* ist zu sagen, dass 15 Fragebögen nicht zugestellt werden konnten, was daran liegen kann, dass die betreffenden ausländischen StudenInnen ihrem Akademischen Auslandsamt nicht ihre richtige Adresse mitgeteilt haben oder dass sie vorzeitig, ohne Abmeldung, ihre Austauschstädte verlassen haben. Insgesamt ist nicht anzunehmen, dass sich die Stipendiaten, die aus versendungstechnischen Gründen nicht erreicht wurden, in ihren relevanten Merkmalen von den Studenten unterscheiden, die sich an der Befragung beteiligten. Ähnliches kann man auch für die Studierenden vermuten, die sich aus *fehlender Motivation* nicht mit dem Fragebogen beschäftigen wollen. Analysiert man nun die genannten *inhaltlichen Gründe*, stellt sich die Frage, warum das Ausfüllen des Fragebogens von einigen StudentInnen als »unangenehm« empfunden und darum abgebrochen wurde. Als Beispiel kann hier die Aussage von Roberto aus Spanien dienen, der sein Austauschjahr in Cottbus verbringt:

> I: Warum hast du den Fragebogen nicht zurück geschickt?

> R: Weil – ich hab angefangen und dann kamen Fragen wie sprichst du Deutsch? Nein – Hast du deutsche Freunde? Nein. Auf der Hälfte des Fragebogens war ich so deprimiert, dass ich nicht weitergemacht habe.

Man könnte Robertos Aussage so interpretieren, dass er sich durch den Fragebogen zu einem offenen Eingeständnis der Nichterreichung der Ziele, die er mit dem Auslandaufenthalt erreichen wollte oder die er vom Erasmusprogramm als gewünscht einschätzt, nämlich die Deutschkenntnisse zu erweitern und Kontakte zu Personen des Gastlandes aufzubauen, gezwungen sah. Es ist zu vermuten, dass das Ausfüllen des Fragebogens, als fixiertes Dokument des Scheiterns, als »deprimierend« empfunden und so abgebrochen wurde.

An verschiedenen Stellen der Interviews mit anderen Erasmusstudenten wird deutlich, dass die Befragten, die in vielen Fällen ein offizielles Auswahlverfahren vor Antritt ihres Deutschlandaufenthaltes durchlaufen haben, die Ziele des Erasmusprogramms, wie die Verbesserung der Fremdsprachenkenntnisse, den Erwerb von »Europakompetenzen«, die Vertiefung des Fachstudiums und den Aufbau von Kulturkontakten kennen und ihr tatsächliches Verhalten während des Auslandaufenthaltes in den von mir durchgeführten Befragungen, bei denen sie womöglich auch einen »programmnahen« Hintergrund vermuten, gemäß dieser Ziele beurteilen. Dies soll an dem Beispiel von Andrea, einer englischen Austauschstudentin weiter untersucht werden.

> I: Wenn man so ins Ausland geht, was muss man für Eigenschaften haben, so allgemein?

> A: Wahrscheinlich Eigenschaften, die ich nicht habe. Ähm, ich hab mir nicht, nichts, nicht, ich hätt' mir mehr daraus machen können, aus meinem Jahr in Deutschland, aber ich hab, ich wollte nicht, also ich mir nicht, ich hätt ein besseres Jahr haben können (I: ja) und mehr Deutsch sprechen können, ja, ich hab, ich hab mich dafür entschieden Spaß zu haben mit meiner englischen Freundin. Es ist ein bisschen schlecht von mir gewesen. Aber es ist wahrscheinlich gut, mit

Leuten zurecht zu kommen und nicht Angst zu haben, Fragen zu fragen und solche Sachen. Ja, ich hatte einfach keine Lust, als ich hier zuerst hierher kam wollte ich einfach in England sein (I: ja).

In dieser Textstelle wird deutlich, dass die englische Germanistikstudentin Andrea, die ihr Auslandsjahr in Osnabrück verbringt, das »idealtypische« Verhalten der Erasmusstudierenden kennt, die während ihres Deutschlandaufenthalts versuchen ihre Deutschkenntnisse zu verbessern, die Freundschaften zu Deutschen aufbauen und offen für neue Eindrücke sind. Vor diesem Hintergrund, scheint sie ihr eigenes abweichendes Verhalten zu beurteilen. So hat sie »zu wenig« Deutsch gesprochen, »zu viel« Kontakt zu ihrer englischen Freundin gehabt und damit »zu wenig« Kontakt zu deutschen Studenten. Sie hat »Spaß« gehabt, was, wie andere Stellen zeigen, bedeutet, dass sie »zu viel« gefeiert und »zu wenig« studiert hat. Andrea beschreibt ihre eigene, nicht vorhandene Motivation für den Deutschlandaufenthalt »ich wollte nicht« und »ich hatte keine Lust« und begründet so ihr Verhalten »ich hab mich dafür entschieden Spaß zu haben«. Die Beurteilung, ihr Verhalten sei »ein bisschen schlecht« gewesen, scheint sich demnach nicht auf das Scheitern ihrer persönlichen Ziele zu beziehen, sondern kann als Eingeständnis der Nichterreichung der Ziele des Erasmusprogramms interpretiert werden.

Ebenso »unangenehm« wie das Eingeständnis der Nichterreichung der von dem Erasmusprogramm geforderten Ziele durch das Ausfüllen des Fragebogens, ist vermutlich das offenkundig werdende Scheitern der persönlichen Ziele, die mit dem Auslandsjahr verbunden sind. In vielen Fällen stimmen zudem die vom Programm »geforderten« mit den »persönlichen« Zielen überein, wie z. B. bei vielen Germanistikstudenten, die durch den Auslandsaufenthalt ihre Deutschkenntnisse verbessern »sollen«, dies aber zur Erlangung eines universitären Abschlusses auch »wollen«. In einigen qualitativen Interviews der dritten Erhebungsphase gibt es Hinweise darauf, dass unabhängig davon, ob durch das Ausfüllen der Fragebögen der Eindruck entsteht, man habe die persönlichen oder die geforderten Ziele nicht erreicht, das Ausfüllen der Fragebögen von diesen StudentInnen als »unangenehm« empfunden wird. Diese Erasmusstudierenden scheinen sich verstärkt der quantitativen Erhebung zur Vermeidung dieses Gefühls und damit als Selbstschutz entziehen.

Eine andere Möglichkeit zur Vermeidung des unangenehmen Eingeständnisses des als wenig erasmusprogrammkonform eingeschätzten Verhaltens, wäre für diese StudentInnen eine von der Realität abweichende, positivere Selbstdarstellung in den Fragebögen. Hinweise für ein Antwortverhalten gemäß sozialer Erwünschtheit oder als eine Art »Selbstbetrug« finden sich in einigen qualitativen Interviews mit Befragten in Osnabrück, deren Antworten mit meinen Eindrücken als Betreuerin der ausländischen Studierenden widersprechen.

Als Beispiel könnte ein Ausschnitt aus dem Interview dienen, dass mit Jasmin, einer griechischen Germanistikstudentin aus London geführt wird. Auf ihre guten Deutschkenntnisse angesprochen antwortet sie:

J: Es ist gut, dass es in Osnabrück nicht so viele Griechen gibt, weil in London zum Beispiel sind wir, ich weiß nicht, 2000 Studenten, griechische Studenten, und das ist echt schlecht, weil irgendwo, du gehst auf der Straße, an der Uni oder irgendwo in einem Kaff, so triffst du Griechen. Das ist total schlecht. Kannst du nie Englisch reden. Zu Hause, auch wenn ich mit meiner Tante bin, sie ist Griechin, wir reden auf Griechisch.

I: Aber ich meine hier hast du doch auch Kontakt mit den Griechen, also, zumindest die, die ich auch kenne, sozusagen.

J: Na ja, wir sind jeden Tag zusammen, aber ich versuche auch, also im Studentenwohnheim z. B. rede ich mal mit meinen Mitbewohnern und ich habe auch Freunde, die kein Griechisch können, und das ist gut.

Jasmin betont ihr Ziel, die Sprachen ihres jeweiligen Aufenthaltslandes zu lernen. In England möchte sie ihre Englisch- und in Deutschland ihre Deutschkenntnisse verbessern, was man nach ihrer Einschätzung durch häufige Konversationen mit den Einheimischen erreichen kann. Ihre Fremdsprachenkenntnisse habe sie in London, anderes als in Osnabrück, nicht verbessern können, da sie aufgrund der vielen griechischen Studierenden zu wenige Kontakte zu Engländern aufbauen konnte. Nach Jasmins erster Aussage könnte man vermuten, dass sie in Osnabrück häufige Kontakte zu Deutschen hätte und wenige zu griechischen Studenten. Dies widerspricht meinen Beobachtungen, da ich sie in keinem Zusammenhang mit deutschen Studenten gesehen habe, sondern immer in ihrer griechischen »Clique«. Als Reaktion auf die von mir geäußerte Anspielung auf ihre griechischen Freunde in Osnabrück, gibt sie dann auch zu, dass sie häufigen Kontakt zu einigen Griechen hat, »wir sind jeden Tag zusammen«, betont aber weiterhin, dass sie bei einigen Gelegenheiten z. B. im Studentenwohnheim auch Deutsch spräche. Der Kontakt zu den deutschen Studenten erscheint nach der zweiten Aussage jedoch als wesentlich eingeschränkter und oberflächlicher als zu Anfang ihrer Darstellung.

Die Möglichkeit der Kontrastierung meiner Beobachtungen mit den Selbstdarstellungen der Befragten ist in der anonymen Ausfüllsituation der Fragebögen natürlich nicht möglich, so dass das Antwortverhalten gemäß dem persönlichen und dem als sozial erwünscht eingestuften Idealbild letztlich nicht nachgeprüft werden kann. Es ist allerdings zu vermuten, dass die in den Interviews zu beobachtende Tendenz, sich als offene, kontaktfreudige, fremdsprachenbegeisterte, studierfreudige und vorurteilslose Erasmusstudierende darzustellen, auch die Antworten der quantitativen Erhebung beeinflusst hat. Sowohl in der quantitativen als auch in der qualitativen Erhebung kann demnach ein Antwortverhalten gemäß »sozialer Erwünschtheit« vermutet werden.

Abschließend ist also zu sagen, dass vor allem eine Gruppe von Stipendiaten die Repräsentativität der Ergebnisse der quantitativen Erhebung durch ihre Nichtbeteiligung verschlechtert haben könnte. Es handelt sich um ausländische Studierende, die nicht an der Umfrage teilnehmen, da sie annehmen, dem Bild des idealtypischen

Erasmusstudenten nicht zu entsprechen und/oder ihre persönlichen Ziele während des Deutschlandaufenthalts nicht erreicht zu haben. Dem im Fragebogen fixierten Eingeständnis des Scheiterns scheint in einigen Fällen ausgewichen worden zu sein. Hätten sich tatsächlich alle Personen der Gesamtstichprobe an meiner quantitativen Erhebung beteiligt, wären die Deutschkompetenzen vermutlich durchschnittlich schlechter, die Kontakte zu Deutschen seltener und die Studienbeteiligung weniger intensiv beurteilt worden, als dies in meiner Stichprobe der Fall ist.

Durch die qualitative Befragung derjenigen ausländischen Studierenden, die sich nicht an der quantitativen Erhebung beteiligten, ist es möglich abzuschätzen, ob und in welcher Weise sich ihre Teilnahme auf die Ergebnisse ausgewirkt hätte. Damit kann die Repräsentativität der quantitativen Erhebung mit größerer Sicherheit beurteilt werden, als wenn nur, wie normalerweise üblich, »Repräsentanznachweise« aufgrund der Übereinstimmungen in einigen für die Fragestellung unerheblichen Merkmalen zwischen Stichprobe und Grundgesamtheit geführt werden.

### 4.1.8 Repräsentativität der qualitativen Erhebungen

Die Frage nach der Repräsentativität meiner qualitativen Erhebungen erstaunt vielleicht etwas, da in den qualitativen Erhebungen nicht die Häufigkeitsverteilungen bestimmter Wahrnehmungs- und Handlungsweisen ausländischen Studierender, die als Repräsentanten der Grundgesamtheit befragt werden, ermittelt werden sollen, wie dies Ziel der quantitativen Erhebung ist. Durch die qualitativen Interviews soll die Bandbreite der studentischen Wahrnehmungs- und Handlungsweisen exploriert und die Merkmale identifiziert werden, welche die verschiedenen Wahrnehmungs- und Handlungstypen charakterisieren. Die Stichprobe der qualitativen Interviews soll die Grundgesamtheit demnach nicht in quantitativer Hinsicht repräsentieren, sondern in inhaltlicher. Inhaltliche Repräsentativität wird von qualitativ Forschenden häufig »theoretische Generalisierbarkeit« genannt. Auch qualitative Untersuchungen streben häufig theoretische Generalisierbarkeit der Ergebnisse an, die u. a. dadurch erreicht werden kann, dass die Stichprobe die Typik des untersuchten Gegenstandes inhaltlich repräsentiert (vgl. Merkens, 2000, S. 291). »Hierfür ist weniger die Zahl der untersuchten Personen oder Situationen entscheidend als die Unterschiedlichkeit der einbezogenen Fälle (maximale Variation) oder die theoretische Reichweite der durchgeführten Fallinterpretationen« (vgl. Flick, 2000, S. 260) Um theoretische Generalisierbarkeit zu erreichen, ist die Auswahl der InterviewpartnerInnen bei qualitativen Interviews so entscheidend und sollte, um die Intersubjektivität der Forschung zu gewährleisten, dokumentiert werden.

*Qualitative Interviews der explorativen Phase:* Bei den Interviews mit Osnabrückker StudenInnen wird die Technik des »theoretischen Samplings« angewandt. »Beim theoretischen Sampling wird auf der Basis der bisherigen Analyse entschieden, welche Gruppen oder Subgruppen von Populationen, Ereignissen oder Aktivitäten als Nächstes in die Untersuchung aufgenommen werden müssen« (vgl. Merkens, 2000, S. 296). Nach jedem durchgeführten Interview wird dieses vorinterpretiert und dann entschieden, wer als Nächste(r) interviewt werden soll. Es werden möglichst viele »extreme Fälle« untersucht, um so einen Überblick über die möglichen Handlungs-weisenweisen zu bekommen. Die Einschätzung eines Falls als »extremen Fall« ist erst im Laufe der Untersuchung durch den Vergleich mit anderen Fällen möglich. Die Art der bewussten Auswahl »extremer Fälle« wird zudem durch meinen schon am Anfang der Untersuchung bestehenden guten Überblick über die Lebenssituation der ErasmusstudentInnen in Osnabrück erleichtert. Durch meine Arbeit als Betreu-erin der ausländischen Studenten in Osnabrück kenne ich alle Osnabrücker Eras-musstudentInnen und damit natürlich auch die Befragten seit mehren Monaten. Ich habe die Möglichkeit, sie in unterschiedlichen Situationen, wie in der Orientierungs-woche zu Beginn ihres Deutschlandaufenthaltes, auf Exkursionen, bei Stammtischen für ausländischen Studierende, auf Partys, auf der Straße oder in der Mensa zu erle-ben. Ich habe Kenntnisse über ihren Freundeskreis, ihre Unterbringung, ihre Motiva-tion nach Deutschland zu kommen, ihre Studienbeteiligung, ihre Nationalität, ihre Deutschkenntnisse und ihr Studienfach. Da das Ziel der explorativen Phase ist, mög-lichst viele unterschiedliche Handlungsweisen kennen zu lernen, ist es mir möglich, die Befragten gemäß meinen Voreinschätzungen auszuwählen. Ich wähle diejenigen Erasmusstudierenden bei denen ich unterschiedlich häufige Kontakte zu deutschen StudentInnen vermute. Neben dem Umfang an Kontakten zu Deutschen und der Studienbeteiligung, sind die Nationalität (möglichst unterschiedliche) sowie das Studentenfach (möglichst unterschiedliche) weitere Auswahlkriterien.

*Qualitative Interviews der dritten Erhebungsphase:* Anders als die bewusste, suk-zessive Auswahl »extremer Fälle« nach der Methode des »theoretischen Samplings«, die in der ersten qualitativen Interviewphase angewandt wurde, findet die Auswahl der studentischen InterviewpartnerInnen nun nach dem »Schneeballprinzip« statt. Die Erasmusstudierenden sind mir in allen Erhebungsstädten außer in Osnabrück völlig unbekannt, so dass ich in Köln, Mainz, Wernigerode, Cottbus und Greifswald keine bewusste Auswahl meiner InterviewparterInnen treffen kann. Nachdem ich eine Person, die mir als Erasmusstudent erscheint, was ich u. a. an ihrem Alter, ihrem Aussehen oder ihren Sprachfertigkeiten erkenne, an der mir fremden Hochschule, in der Mensa oder im Studentenwohnheim anspreche und ein Interview durchführe, kann mir diese Person in der Regel weitere ErasmusstudentInnen nennen, die ich in der Folge für ein Interview gewinnen kann. Dieses Schneeballsystem ist bei Eras-musstudentInnen sehr günstig, da sie sich in der Regel durch Betreuungsveranstal-tungen der Akademischen Auslandsämter, Sprachkurse u.ä. untereinander kennen und mir so eine große Anzahl von weiteren Stipendiaten nennen, zwischen denen ich dann auswähle. Zudem sind Erasmusstudenten in der Regel in Studentenwohnheimen untergebracht, so dass ich von einem Interview zum nächsten oft nur einen Flur wei-ter gehen muss. »Dieses Verfahren führt zu geklumpten Stichproben, weil Nennun-gen in aller Regel innerhalb des Bekanntenkreises erfolgen« (Merkens, 2000, S. 293). Um dieser Gefahr zu entgehen und um auch in dieser Erhebungsphase eine möglichst große theoretische Generalisierbarkeit der Ergebnisse zu erreichen, werden keine

StudentInnen innerhalb einer Freundesclique interviewt und es werden wieder Variationen der Nationalität und der Studienfächer angestrebt. Anders als in Osnabrück, ist es mir jedoch in den übrigen Erhebungsstädten nicht möglich, die sozialen Kontakte der Interviewten und ihre Studienbeteiligung im Vorfeld der Interviews zu beurteilen. Durch die unterschiedliche Art des Samplings in Osnabrück im Vergleich zu dem, dass in den anderen Erhebungsstädten angewandt wurde, können in Osnabrück »extremere« Fälle interviewt werden als in den anderen Städten. Ausländische Studierende mit einseitigen Kontakten im Gastland, extrem positiven oder extrem negativen Deutschlandbildern und sehr intensiver oder sehr wenig intensiver Studienbeteiligung werden dort nur zufällig und damit in quantitativ geringer Anzahl als in Osnabrück getroffen.

Die theoretische Generalisierbarkeit oder die inhaltliche Repräsentativität der Ergebnisse der qualitativen Erhebungen ist in Osnabrück vermutlich etwas höher, als in den anderen Städten. Bezogen auf die Gesamtgruppe der Interviewten, scheint die theoretische Generalisierbarkeit der Ergebnisse hoch zu sein, da alle die Fragestellung betreffenden, möglichen Wahrnehmungs- und Handlungsweisen erhoben werden. So werden Gaststudierende befragt, die sehr intensiv, weniger intensiv oder überhaupt nicht studieren. Es werden Stipendiaten interviewt, die ausschließlich deutsche Freunde haben. Andere, die nur Kommilitonen aus ihrem Land kennen, Personen, die vorwiegend andere ausländische Studierende treffen, die nicht aus ihrem Land kommen und Probanden, die über einen multinationalen Freundeskreis verfügen. Bezüglich der Deutschland- und Heimatbilder werden Erasmusstipendiaten interviewt, die ein positives Deutschlandbild und ein sehr negatives Heimatbilde entwerfen, Austauschstudierende, die einem negativen Deutschlandbild und ein positives Heimatbild gegenüberstellen und Gaststudierende, für die beide Bilder gleich positiv sind. Es werden Probanden befragt, für die ihre Deutschland- und Heimatbilder alltägliche Handlungsrelevanz zu haben scheinen und ausländische Studierende, die den nationalen Bildern nur eine geringe Bedeutung zuschreiben.

### 4.1.9 Sprache als methodisches Problem bei der Datenerhebung

Qualitative Interviews benutzen als wichtigstes Kommunikationsmedium zwischen dem/der Interviewten und dem/der InterviewerIn die Sprache. Über das Medium der Sprache werden die für die Fragestellung relevanten Situationsdeutungen, Wahrnehmungen, Handlungsbeschreibungen, Motivationen und Handlungsbegründungen von den Befragten ausgedrückt und müssen von dem/der InterviewerIn in ihrem gemeinten Sinn verstanden werden. In Interviews mit ausländischen Studierenden, in denen die Interviewten und die Interviewerin nicht die selbe Muttersprache sprechen, stellt sich das Problem der intersubjektiven Verständigung in besonderer Weise. »Sprache ist die Form, durch die Menschen Wahrnehmungen und Erfahrungen durch Symbole so organisieren können, dass sie an andere weiterzugeben (zu kommunizieren) sind« (Hager, 1973, S. 58).

Da Sprachen unterschiedliche Systeme von Symbolisierungen erlernter Person-Umwelt-Bezüge sind und die sprachlichen Symbole demnach weder deckungsgleich an inhaltlichen Bedeutungen noch an Konnotationen sowie an denen die Wörter auslösenden Assoziationen und Emotionen sein können, entsteht das Problem der Verständigung zwischen InteraktionspartnerInnen, die nicht die gleiche Muttersprache sprechen. In meinen qualitativen Interviews ergibt sich das Problem der Übersetzung der Bedeutungsinhalte einiger zentraler Begriffe, die sich in den beiden Sprachen nicht vollständig entsprechen. Zudem gibt es in der Fremdsprache oft keine Äquivalenz des die Begriffe umgebenden »semantischen Hofs« der unterschwelligen Bedeutungen, Farben, Klängen und Geschmäckern, die bei Sprecher und Hörer bestimmte Assoziationen und Emotionen auslösen. Hier stellt sich zunächst die Frage der Fremdsprachenkompetenz der Interviewten, bzw. wenn das Interview in der Muttersprache des Interviewten geführt wird, nach der Fremdsprachenkompetenz der Interviewerin (vgl. Boos-Nünning, 1986, S. 62). Da ich die Fremdsprachen Englisch, Französisch und Spanisch beherrsche, wird es den interviewten StudentInnen freigestellt, die Interviews in einer dieser Sprachen oder auf Deutsch zu führen. Die inhaltliche Verständigung und damit der Fortlauf der Interviews kann in allen Interviews gewährleistet werden. An einigen Stellen muss zu Umschreibungen des Gemeinten gegriffen werden und bilinguale Befragten wechseln gelegentlich die Sprachen.

Auch wenn die zur inhaltlichen Verständigung erforderliche Sprachbeherrschung der InteraktionspartnerInnen im Interview ist, bleibt die Frage, ob die Wahl der Interviewsprache (Muttersprache oder Fremdsprache des Interviewten) die Interviewergebnisse beeinflusst haben könnte: »Selbst bei weit entwickeltem Bilingualismus unterscheiden sich die verschiedenen Sprachen für den Sprecher also immer noch so charakteristisch durch die mit ihnen verknüpften Situationen, Bezugsgruppen und Normen, dass die Verwendung der einen oder der anderen Sprache in der Untersuchung vermutlich recht unterschiedliche Meinungen und Interessen des Sprechers aktiviert. So ist weiterhin anzunehmen, dass die Verwendung der Heimatsprache in einer Untersuchung ausländischer Studenten vermutlich die Potenz der heimatlichen Situationen, Bezugsgruppen und Normen stärkt, während die Verwendung der Sprache des Gastlandes in der Untersuchung vermutlich zu ganz anderen Orientierungen führt« (Breitenbach, 1983, S. 283).

Diese Vermutung wird durch sprachtheoretische Annahmen über den Zusammenhang von Sprache und Denken noch erhärtet: »Sprache und Denken sind nicht identisch. So wie sie sich aus getrennten Wurzeln entwickelt haben, so stützen sie sich nur gegenseitig, ohne zusammenzufallen: die Sprache, indem sie das Denken ermöglicht, das Denken, indem es der Sprache Material gibt. Dadurch, dass nun Sprache gleichsam die Gussform des Denkens wird, bekommt sie aber einen wichtigen Einfluss auf das Denken; nicht indem sie es festlegt oder determiniert, sondern indem sie ihm bestimmte Möglichkeiten öffnet oder nahe legt« (Hager, 1973, S. 32).

Nun stellen sich die Fragen, ob es einen Einfluss der Interviewsprache auf die Äußerungen der Befragten im Interview gibt, ob alle Interviewthemen gleichermaßen betroffen sind oder in welchen Bereichen sich die größten und in welchen die geringsten Verzerrungen ergeben. Die Überprüfung des Einflusses der Sprache auf die Ergebnisse meiner Erhebung könnte dadurch geschehen, dass die Interviews sowohl in der Muttersprache der Befragten als auch in der Fremdsprache durchgeführt werden und man die Interviewergebnisse anschließend vergleicht. Da in meiner Untersuchung jedoch nur jeweils ein Interview von jedem/jeder Befragten vorliegt, kann dieser direkte Vergleich nicht stattfinden. Eine andere, hier gewählte Möglichkeit besteht darin, die Interviews der bilingualen Sprecher genauer zu betrachten.

Besonders interessant ist in diesem Zusammenhang, an welchen Stellen der Interviews die bilingualen Probanden die Sprachen wechseln. Diese Stellen können Hinweise darauf geben, bei welchen Themenbereichen der Gebrauch einer bestimmten Sprache entscheidend für die StudentInnen ist, um ihre Ansichten und Gefühle auszudrücken. Bei diesen Themen ist demnach ein Einfluss der Interviewsprache auf die Interviewergebnisse, auch bei den Interviews, die in nur einer Sprache stattfinden, zu erwarten.

Bei der Analyse der Interviewstellen, an denen die Interviewsprache gewechselt wird, fällt zunächst ein bereichsspezifischer Wortschatz der Befragten auf. So werden, auch wenn das Interview in der Heimatsprache der Befragten stattfindet, bestimmte typische Aktivitäten während des Deutschlandaufenthalts mit einzelnen deutschen Begriffen beschrieben wie »Mensa«, »Stammtisch«, »Germanistik« usw. . Werden von den interviewten ausländischen StudenInnen Interaktionssituationen mit deutschen Kommilitonen geschildert, wie z. B. das Gemeinschaftsleben im Studentenwohnheim, ein Partygespräch, das Bezahlen einer Rechnung wechseln sie in vielen Fällen von der Muttersprache aufs Deutsche. Dies kann man am Beispiel der spanischen Studentin Maria beobachten, die, obwohl das Interview hauptsächlich auf Spanisch stattfindet, an der folgenden Stelle aufs Deutsche ausweicht. Vor dieser Interviewstelle wird sie von mir gebeten, über Konflikte mit Deutschen während des Auslandsjahrs zu berichten. Ihre Äußerungen auf Spanisch sind normal, die auf Deutsch kursiv gedruckt.

> M: Das habe ich dir schon erzählt – es ist gut mit dem Geld. *Sie bezahlen immer ihre Schulden. »O.K. ich kaufe das, das ist für beide, wir teilen O.K. und wir sind mehr, ich habe das bezahlt aber egal. Nächstes Mal vielleicht du und ihr seit mehr, ich schulde dir zwei Mark, ich gebe dir«. Ein bisschen extrem für mich, aber ich finde es gut, aber manchmal komisch, entschuldige für zwei Mark, ist egal, manchmal kann es Probleme geben. Mit den Deutschen die Rechnung immer so, so und so, dass ist gut, vielleicht das Land immer sehr gut ging. Der Spa-*nier ist glücklicher, er vergisst viele Sachen. Für ihn ist das nicht wichtig.

In dieser Stelle spricht Maria das von ihr als unterschiedlich erlebte Bezahlverhalten der Deutschen im Vergleich zu dem der Spanier an. Die Beobachtung, dass in Deutschland Schulden penibel bis auf die letzten zwei Mark beglichen würden und genau festgelegt sei, wann wer was bezahlen müsse, wird auf Deutsch erzählt. Die SpanierInnen, für die das Begleichen der Schulden nicht so wichtig wäre, werden dagegen auf Spanisch charakterisiert. In diesem Interviewausschnitt scheint sich Maria auf eine konkret erlebte Situation zu beziehen, worauf auch die Benutzung der wörtlichen Rede hindeutet. Zunächst schlüpft Maria in die Rolle des Deutschen, der seine Vorstellungen darüber äußert, wer was bezahlen müsse: »o.k. ich kaufe das, das ist für beide, wir teilen«, und gibt dann ihre eigene Reaktion wieder: »ein bisschen extrem für mich«.

Maria scheint die beschriebene Situation auf Deutsch wiederzugeben, um ihre Authentizität zu unterstreichen. Die konkret erlebten Reaktionen eines Deutschen werden in der Folge als typisch deutsche Charakterzüge gedeutet und typischen spanischen gegenüber gestellt. Dieser Interviewausschnitt könnte zeigen, dass die von Erasmusstudierenden in Deutschland erfahrenden Interaktionssituationen mit Deutschen häufig auf Deutsch erinnert werden und daher auch im Interview in der Fremdsprache widergegeben werden. Zudem kann der von Maria erlebte Unterschied zwischen typisch deutschen und typisch spanischen Verhaltensweisen durch die Benutzung der unterschiedlichen Sprachen hervorgehoben werden.

Ein weiterer Zusammenhang in dem die Sprachwahl eine Rolle zu spielen scheint, ist der Gebrauch von nationalen Stereotypen. Der Sachverhalt, dass die im Heimatland üblichen Autostereotypen über die eigenen Landsleute, wie hier Marias Aussage »der Spanier ist glücklicher, er vergisst viele Sachen«, wie auch die Heterostereotypen über die Deutschen, in der Muttersprache beschrieben werden, findet sich in vielen Interviews mit bilingualen Sprechern wieder. Man könnte nun vermuten, dass nationale Stereotypen aufgrund ihres Vermittlungshintergrundes als in der Sozialisation erworbene Symbole für Vorstellungen, Ideen, Gefühlen und Bewertungen bezüglich anderer Völker eng an den Gebrauch der Muttersprache geknüpft sind (siehe 3.1.3). Man könnte weiter vermuten, dass die Tendenz sich über nationale Stereotypen mit dem Herkunftsland und der Bevölkerung des Herkunftslandes zu identifizieren mit dem Gebrauch der Muttersprache, der Sprache der Mutter, zu der ja in der Regel enge emotionale Bindungen bestehen, zusammenfällt.

Aus den genannten Gründen kann man verstehen, dass die auf Deutsch interviewten SpanierInnen die in Spanien gängige Stereotype, die Deutschen seien »quadrado« –»viereckig«, auf Spanisch äußern. Die mit dem spanischen Wort »quadrado« gemeinten Eigenschaften, wie Engstirnigkeit, Korrektheit, Dickköpfigkeit, Sturheit, Regeltreue, Unflexibilität können nicht durch das Wort »viereckig« übersetzt werden können. Neben diesem Übersetzungsproblem macht die Äußerung des Stereotyps auf Spanisch zudem die Abgrenzung zu den Deutschen und die Identifikation mit den Spaniern auch auf sprachlicher Ebene möglich.

Ein anderer Bereich, in dem die Rolle der Muttersprache als Mittel zur Identifikation mit dem eigenen Land offensichtlich wird, ist die Beschreibung der »Heimat«. Diese wird auch von StudenInnen mit sehr guten Deutschkenntnissen fast immer in der Muttersprache dargestellt. Die Muttersprache scheint für die Befragten eng mit der »Heimat« verbunden zu sein, die für die Mehrzahl vor allem die Familie und die Freunde repräsentiert, mit denen sie langjährige Erfahrungen verbinden, die in der

Muttersprache gemacht worden sind. Es scheint fast so, als wenn die Muttersprache ein Charakteristikum der Heimat wäre, dass besonders in der Fremde deutlich wird, in der man Deutsch spricht. So kann das Eigene vor der deutschen Interviewerin besonders gut durch die Sprachwahl zur Geltung gebracht werden.

Beschreiben die bilingualen Probanden dagegen ihre Motivation ein Auslandsjahr zu beginnen, stellen sie ihre sozialen Kontakte im Gastland dar oder ihre Studienbeteiligung, wechseln sie in der Regel nicht die Interviewsprache. Dies deutet darauf hin, dass die Frage der Sprachwahl in diesen Interviewbereichen für die StudentInnen nicht besonders bedeutend ist und damit die Ergebnisse auch nicht durch die Sprache, in der das Interview geführt wird, beeinflusst werden. Dies sind Bereiche, in denen weder die Identifikation mit Personen der eigenen Nationalität ausgedrückt wird noch grundlegende Verständigungsprobleme auftauchen und sie damit sowohl in der Fremdsprache als auch in Deutsch angesprochen werden können.

In diesem Abschnitt ist die Interviewsprache als methodisches Problem bei der Datenerhebung und Datenauswertung thematisiert worden. Um ein möglichst hohes Verständnis der ausländischen Gesprächspartner während der Datenerhebung zu gewährleisten, ist es günstig, wenn der/die Interviewer(in) die Muttersprache der Interviewten beherrscht und sich bedeutungsschwere Begriffe wie nationale Stereotypen von den Interviewten erklären lässt.

Durch die Analyse von Interviews mit bilingualen Sprechern konnten Hypothesen über den möglichen Einfluss der gewählten Interviewsprache (Fremdsprache oder Muttersprache) auf die erhaltenen Ergebnisse aufgestellt werden. Es zu vermuten, dass die Interviewsprache vor allem die Untersuchungsergebnisse der qualitativen Interviews bezüglich der Heimat- und der Deutschlandbilder beeinflusst haben könnte. Bei Gaststudierenden, die in ihrer Muttersprache interviewt werden ist anzunehmen, dass sie sich mittels ihrer Muttersprache stärker mit der Bevölkerung ihrer Heimatländer und der Heimat identifizieren und von den Deutschen und Deutschland stärker distanzieren als dies bei Befragten der Fall ist, die auf Deutsch interviewt werden. Bei bilingualen Befragten, kann der Sprachwechsel vom Deutschen in die Muttersprache ein von ihnen eingesetztes Mittel sein, sich mit dem eigenen Land zu identifizieren und sich von Deutschland zu distanzieren. Charakterisieren bilinguale Sprecher die Deutschen auf Deutsch, scheint sich ihre Darstellung häufig auf tatsächliche Erlebnisse mit Deutschen zu beziehen, werden die Deutschen dagegen in der Muttersprache charakterisiert, deutet dies auf die Wiedergabe von ihnen bekannten Stereotypen hin.

## 4.2    Auswertungsmethoden

Im Folgenden wird die Auswertung der durch die empirischen Erhebungen gewonnenen Daten vorgestellt. Zunächst wird das methodische Vorgehen bei der Auswertung der qualitativen Interviews besprochen. Im zweiten Schritt wird auf die Auswertung der quantitativen Daten eingegangen und im dritten Teil werden die Ergebnisse der quantitativen Erhebung mit jenen der qualitativen verglichen, was zur abschließenden Beantwortung der mich interessierenden Forschungsfragen führt.

### 4.2.1 Auswertungsmethoden von qualitativen Interviews

Nachdem die qualitativen Erhebungsphasen abgeschlossen sind und insgesamt 75 Interviews vorliegen, die auf über 1000 Seiten transkribiert worden sind, soll nun die angewandte Methode zur Auswertung dieser Materialfülle besprochen werden.

Das Ziel der Analyse der qualitativen Interviews, die mit ErasmusstudentInnen geführt wurden, ist es, die Fragestellung betreffenden Wahrnehmungs- und Handlungsmuster erkennbar und interpretierbar zu machen. Es wird davon ausgegangen, dass sich durch das qualitative Interview im Alltag gemachte Erfahrungen einfangen lassen und durch die Analyse der Interviewtranskripte auf die für die StudentInnen relevanten Wahrnehmungen, Einstellungen und Handlungsmuster geschlossen werden kann, die auch außerhalb der Interviewsituation bestehen. »Ausgehend von der »Zeichenhaftigkeit menschlicher Produkte und des natürlichen Umfeldes der diese Symbole deutenden Akteure, wird dem »Text« als Dokumentation dieses Symbolgehaltes der sozialen Realität eine herausgehobene Bedeutung für die sozialwissenschaftliche Analyse und Theoriebildung zugewiesen« (Lamnek, 1995a, S. 90).

Die ausländischen StudentInnen handeln im Alltag auf der Basis von Bedeutungen die sie Objekten, Ereignissen, Situationen und Personen zuschreiben. Diese Deutungen sind nicht unabhängig von den Deutungen der Interaktionspartner, die in der Kommunikation übermittelt und gegenseitig angepasst werden. Innerhalb einer alltagsweltlichen Handlungssituation wird dieses gemeinsame Wissen von den Akteuren thematisiert, um sich der gemeinsamen Deutung der Situation zu vergewissert. Die qualitativen Interviews, die im Rahmen dieses Forschungsprojektes geführt werden, finden in Situationen statt, die Alltagskommunikationssituationen ähneln. Auch im Interview handelt es sich um eine Kommunikationssituation, in der die Befragten, wie im Alltag, zur Interpretation ihrer Umwelt und zur Erklärung ihrer Handlungen aufgefordert werden und in der sie sich ihrem/ihrer InteraktionspartnerIn verständlich machen müssen. Da die alltäglich relevanten Handlungssituationen durch qualitative Interviews nicht direkt eingefangen werden können, »(...) gehen qualitative Forscher davon aus, dass kommunikative Akte die Bedeutungszuschreibungen einer Handlungssituation auch dann repräsentieren, wenn nicht gehandelt, sondern retrospektiv oder fiktiv über einen Handlungsverlauf gesprochen wird« (Lamnek, 1995b, S. 200).

Um die handlungsrelevanten Bedeutungszuschreibungen der StudentInnen aus den transkribierten Interviewtexten herausfiltern zu können, bietet sich ein inhaltsanalytisches Verfahren an. »Inhaltsanalytisches Vorgehen wertet Material, das emotionale und kognitive Befindlichkeiten, Verhaltensweisen oder Handlungen repräsentiert, interpretierend aus« (Lamnek, 1995b, S. 178).

Im Folgenden sollen die wichtigsten methodischen Gesichtspunkte der »Qualitativen Inhaltsanalyse« nach Mayring (1997) und die der hermeneutischen Verfahren zur Analyse von Interviewtranskripten vergleichend vorgestellt werden. Im Anschluss wird auf das eigene inhaltsanalytische Vorgehen eingegangen, das Elemente der vorgestellten Methoden kombiniert.

Im Zentrum der »Qualitativen Inhaltsanalyse« von Mayring (1997) steht die Aufstellung eines Kategoriensystems, auf das hin das Material untersucht werden soll. »Im Zentrum steht dabei immer die Entwicklung eines Kategoriensystems. Diese Kategorien werden in einem Wechselverhältnis zwischen der Theorie (der Fragestellung) und dem konkreten Material entwickelt, durch Konstruktions- und Zuordnungsregeln definiert und während der Analyse überarbeitet und rücküberprüft« (Mayring, 1997, S. 53). Bei einer eher deduktiven Kategorienfindung werden die Kategorien nach der Festlegung des Analysematerials, der Beschreibung der Erhebungssituation, der formalen Charakterisierung des Materials und der theoriegeleiteten Differenzierung der Fragestellung vorläufig festgelegt. Bei der eher induktiven Kategorienfindung wird nach der Differenzierung der Fragestellung zunächst eine Materialdurcharbeitung vorgenommen und die Kategorien dann direkt aus dem Material abgeleitet (Mayring, 1997, S. 75). Als Ausprägungen dieser auf induktivem oder deduktivem Wege gefundenen Kategorien werden die Aussagen der Befragten durch die interpretativen Techniken der *Zusammenfassung, Explikation* und *Strukturierung* herausgearbeitet. Das Ziel der *Zusammenfassung* ist die Reduktion des Materials. So soll durch Abstraktion ein überschaubarer Corpus erzeugt werden, der immer noch das Abbild des Grundmaterials darstellt (Mayring, 1997, S. 58). In diesem Verfahren werden durch Auslassungen, Generalisierungen, Konstruktionen, Selektionen und Bündelungen abstrakte Aussagen gewonnen, die das ursprüngliche Material paraphrasieren.

Bei der *Explikation* wird zu einzelnen fraglichen Textteilen zusätzliches Material herangezogen das hilft, die betreffende Textstelle zu verstehen und zu deuten. Hier können sowohl andere Textstellen des zu analysierenden Interviews verwendet werden als auch Material außerhalb des Interviews, wie Informationen über die/den Interviewte(n) oder die Erhebungssituation. Mit Hilfe der *Strukturierung* soll das Material zu interessierenden Gesichtspunkten eingeschätzt werden. Diese Struktur besteht aus der Konstellation verschiedener Kategorien, die untereinander in Beziehung gesetzt werden (Mayring, 1997, S. 58).

Nun soll das inhaltsanalytische Vorgehen innerhalb des hermeneutischen Ansatzes skizziert werden. Ziel von hermeneutischen Untersuchungen ist das »Verstehen« des subjektiv gemeinten Sinnes der zu untersuchenden Handlungen, der von den Handelnden dargestellt und in »Texten«[54] fixiert wurde. Die Differenz zwischen dem Verständnis des Interpreten und der durch den Text fixierten Deutungen der Handelnden, also »Verstehen« durch die Überwindung der »hermeneutischen Differenz«, ist nur möglich, wenn angenommen wird, dass Interpret und TextproduzentIn über einen ähnlichen Wissensvorrat verfügen. »Voraussetzung für Verstehen ist etwas Gemeinsames (objektiver Geist), an dem die einzelnen Subjekte teilhaben. Dieses

---

54 hier Interviewtranskripte.

Gemeinsame ist in seiner kulturellen und historischen Bedingtheit zu sehen« (Lamnek, 1995a, S. 88). Mit Hilfe zweier »hermeneutischer Zirkel« soll das angestrebte Sinnverstehen erreicht werden. Hier werden in einer wiederkehrenden, kreisförmigen Bewegung einzelne Aussagen der zu untersuchenden Interviews mit dem Gesamttext in Beziehung gesetzt. Erste so gewonnene Erkenntnisse werden wieder auf einzelne Teile des Interviews bezogen und an diesen überprüft usw. Neben dem Vergleich einzelner Textstellen mit dem Gesamttext wird zudem das Vorverständnis des Forschers/der Forscherin mit den Aussagen des vorliegenden Textes verglichen. Auf diese Weise wird das theoretische Vorwissen der Wissenschaftler erweitert und korrigiert. Dieses neu erlangte, immer noch lückenhafte, Verständnis des durch den Text ausgedrückten Sinns, wird wieder an einzelnen Textstellen überprüft usw. .

Innerhalb der hermeneutischen Tradition haben sich heute einige unterschiedliche Verfahren entwickelt, so die »objektive Hermeneutik«, die »hermeneutische Wissenssoziologie« und die »Tiefenhermeneutik«[55]. Auf die methodischen Vorgehensweisen dieser Verfahren soll hier eingegangen werden, ohne ihre theoretischen Ansprüche eingehend zu behandeln. Die eingesetzten Analysemethoden dieser hermeneutischen Ansätze haben das Ziel, die »latenten Sinnstrukturen« eines Textes offen zu legen. Der Begriff »latente Sinnstrukturen« deutet schon an, dass es hier um die nur wenig offensichtlichen, dem/der Befragten nicht vollständig bewussten Realitätsdeutungen geht, die sein/ihr Handeln erklären können. Diese, dem zu analysierenden Text zugrundeliegenden Sinnstrukturen, lassen sich nur durch die genaue Analyse aller Textsequenzen ermitteln. In allen oben genannten hermeneutischen Verfahren werden die vorliegenden Texte sehr genau, oft Zeile für Zeile, Wort für Wort, von Beginn bis zu ihrem Ende analysiert (vgl. Reichertz, 2000, S. 517, 523). »Entscheidend in dieser Phase ist, dass man noch keine (bereits bekannte) Bedeutungsfigur an den Text heranführt, sondern mit Hilfe des Textes möglichst viele (mit dem Text kompatible) Lesarten konstruiert« (vgl. Reichertz, 2000, S. 523). In der »Objektiven Hermeneutik« nach Oevermann wird viel Wert darauf gelegt, dass die Forscher verschiedene Lesarten der zu analysierenden Textstellen entwickeln und sequenziell vorgehen. Der betreffende Text wird von Beginn bis zum Ende analysiert, ohne dass die Wissenschaftler auf ihr Vorwissen über den Interviewverlauf zurückzugreifen dürften. Auf diese Weise werden die Interpreten gezwungen, ihr Vorverständnis an jeder Textsequenz immer wieder neu in Frage zu stellen. Sie erkennen, wie durch die Öffnung und Schließung von Möglichkeiten, eine Abhängigkeit der Äußerungen von den vorhergehenden Textstellen entsteht (vgl. Reichertz, 2000, S. 516–517).

Anders als die »Objektiven Hermeneutik«, in der man einen Weg der »Selbstirritation« wählt, indem man annimmt, es gäbe andere Deutungen jeder einzelnen Textstelle als die durch das Alltagsverständnis erlangten, beschäftigt man sich in der

---

55 Die genaue Beschreibung der hermeneutischen Verfahren findet sich bei Flick, 2000, S. 514–524, S. 556–578.

»Tiefenhermeneutik« besonders mit Textstellen, die von vorn herein irritieren, da sie dem routinierten Textverständnis widersprechen (König, 2000, S. 563). Anhand von Assoziationen lassen sich dann unterschiedliche Deutungen der betreffenden Interaktionssequenz finden. Ausgehend von den bewusst gemachten persönlichen Emotionen, die eine Textstelle beim Interpreten auslöst, werden verschiedene Lesarten entwickelt.

Erst nach einer Phase der intensiven Beschäftigung mit dem Text werden nach den vorgestellten hermeneutischen Methoden Aussagen über den betreffenden Fall gemacht, die im Vergleich mit anderen Fällen revidiert und erweitert werden können. »Am Ende ist man angekommen, wenn ein hoch aggregiertes Konzept, eine Sinnfigur, gefunden bzw. konstruiert wurde, in die alle untersuchten Elemente zu einem sinnvollen Ganzen integriert werden können (...)« (Reichertz, 2000, S. 523).

Vergleicht man nun die »Qualitative Inhaltsanalyse« nach Mayring mit den vorgestellten hermeneutischen Verfahren, lassen sich einige Ähnlichkeiten und einige Unterschiede bei den methodischen Vorgehen erkennen. Während die hermeneutischen Verfahren sehr viel Wert auf die ausführliche Interpretation des gesamten Falls legen und dann erst auf induktivem Wege gewonnene Aussagen über die Struktur des Falles treffen, steht die Konstruktion von Kategorien im Vordergrund der qualitativen Inhaltsanalyse nach Mayring. Diese werden entweder aus der Analyse der Fälle gewonnen oder aber deduktiv aus der Fragestellung und den theoretischen Überlegungen abgeleitet. Es lassen sich auch Ähnlichkeiten zwischen den vorgestellten Auswertungsverfahren erkennen. Mit allen Methoden sollen theoretischen Aussagen getroffen werden, die über den untersuchten Fall hinausgehen. Bei allen Methoden wird dieses Ziel durch den Vergleich der Stellen eines Interviews untereinander, durch den Vergleich der untersuchten Fälle untereinander und durch den Vergleich des analysierten Materials mit den theoretischen Annahmen erreicht.

Im Folgenden soll nun mein eigenes inhaltsanalytisches Vorgehen vorgestellt werden. Ich versuche, mir sowohl die hermeneutischen Techniken zur genauen Interpretation einzelner Textstellen als auch die Methoden der Qualitativen Inhaltsanalyse zur Strukturierung des Materials durch Kategorien, zu nutze zu machen.

### 4.2.1.1    Darstellung des eigenen inhaltsanalytischen Vorgehens

#### 4.2.1.1.1 Interviewführung

Die Erklärung der interessierenden Handlungen kann nicht ohne das von den Hermeneutikern geforderte »Verstehen« des subjektiv gemeinten Sinns der Handlungen erfolgen. Der Akt des »Verstehens«, der von den Befragten subjektiv wahrgenommenen Situationen mit ihren Handlungsmöglichkeiten und -barrieren und den persönlichen Handlungsgründen, die zu ihrer Entscheidung für eine Handlungsalternative führen, beginnt schon während des Interviews. Durch empathisches Einfühlen in meine InterviewpartnerInnen versuche ich, den Sinn der studentischen Darstellungen nachzuvollziehen. Dieses Einfühlen wird im Laufe der Erhebung, durch die erhaltenen Informationen über die Lebensumstände der StudentInnen in den jeweiligen Städten, immer leichter. Der erste Auswertungsschritt beginnt noch während des Prozesses der Interviewführung, da ich die Antworten der Befragten vergleichen kann und mein theoretisches Vorverständnis im Sinne des »hermeneutischen Zirkels« mit jedem Interview neu in Frage gestellt und erweitert wird. Auf diese Weise können Ähnlichkeiten und Unterschiede zwischen den Interviews erkannt werden. Die Antworten der StudentInnen können schon während der Interviews in eher »typische« und »untypischc« Antworten eingeordnet werden. Im Laufe der Untersuchung interessieren mich besonders die überraschenden Antworten auf die schon häufig gleich beantworteten Fragen, da sie eine Erweiterung meines theoretischen Verständnisses ermöglichen. Zudem werden die studentischen Wahrnehmungs- und Handlungsweisen auf diese Weise in ihrer vollen Bandbreite erhoben, was die Voraussetzung für die »theoretische Generalisierbarkeit« der Ergebnisse darstellt (siehe 4.1.8).

### 4.2.1.1.2    Transkription

Nach der Interviewdurchführung besteht der zweite Auswertungsschritt in der Transkription der geführten Interviews, die auf diese Weise noch einmal Schritt für Schritt gehört werden. Der/die InterviewpartnerIn erscheint vor dem geistigen Auge und die Interviews werden in ihren Grundzügen automatisch auswendig gelernt. Dies ist für die anschließende Auswertung entscheidend, da die einzelnen Interviewstellen nur so in den Interviewzusammenhang gestellt werden können und mit anderen Sequenzen im gleichen Interview in Beziehung gesetzt werden können, wie dies bei den vorgestellten hermeneutischen Verfahren und in der *Explikation* der Qualitativen Inhaltsanalyse nach Mayring (1997) gefordert wird.

Die Stellen, an denen die Befragten besonders emotional geantwortet haben oder aber sich weigerten zu antworten, fallen schon bei der Transkription der Interviews auf. Diese Textstellen sind von herausgehobener Bedeutung und sollten eingehender interpretiert werden, da man aus ihrer Intensität schließen kann, dass die Interviewten für ihre Weltsicht oder ihre Handlungsentwürfe relevante Aussagen machen.

### 4.2.1.1.3    Inhaltliche Grobstrukturierung

Im dritten Schritt der Analyse findet eine inhaltliche Grobstrukturierung der Interviews mit Hilfe des Programms winMAX (1995) statt. Das Ziel dieses ersten Strukturierungsschritts ist es, die Materialfülle von ca. 1000 Textseiten überschaubar zu machen. Es werden Kategorien gebildet, die sich an den thematischen Schwerpunkten der Interviews orientieren. Wie aus Abbildung 8 ersichtlich wird, kann der Gesamttext der geführten Interviews in die inhaltlichen Kategorien »soziale Kontakte«, »Bilder« und »Aktivitäten« eingeordnet werden. Es lassen sich weitere Unterkategorien entsprechend der interessierenden Fragestellungen bilden. Bei den Interviewstellen zu den sozialen Kontakten der Erasmusstudierenden in Deutschland kann

z. B. nach möglichen Kontaktgruppen unterschieden werden (siehe Abbildung 8). Bei den von den Befragten geäußerten Einstellungen kann u. a. nach Deutschland- und Heimatbildern differenziert werden und bei den Aktivitäten in unterschiedliche Aktivitätsarten.

### 4.2.1.1.4    Explikation/ hermeneutische Analyse

Nachdem die Grobstrukturierung der Interviews mit Hilfe des Programms winMax (1995) stattgefunden hat, wird im nächsten Analyseschritt jede einzelne codierte Interviewstelle in Bezug auf die Forschungsfragen interpretiert. Um den subjektiv gemeinten Sinn der einzelnen Aussagen verstehen zu können, müssen sie in den Kontext des ganzen Interviews gestellt werden. Hier kommen hermeneutische Verfahren zum Einsatz, mit deren Hilfe verschiedene Lesarten der betreffenden Stellen entwickelt werden, von denen im Folgenden, durch den Vergleich mit anderen Textstellen die wahrscheinlichsten herausgesucht werden. Dies entspricht der *Explikation* der »Qualitativen Inhaltsanalyse« nach Mayring. Auf diese Weise können die »latenten Sinnstrukturen« des betreffenden Textes offengelegt werden. Durch den Vergleich der Aussagen verschiedener interviewter StudentInnen zu einem Thema, können Gruppen von ähnlichen Antworten und ähnlichen Begründungszusammenhängen gebildet werden. Im Sinne der inhaltsanalytischen *Strukturierung* werden im folgenden Analyseschritt die unterschiedlichen Erklärungsvariablen in Beziehung zueinander gesetzt. Zur Strukturierung werden die sukzessiv erworbenen theoretischen Annahmen eingesetzt, die wiederholt am Interviewmaterial überprüft werden. Nach dem Vergleich der Textstellen eines Interviews untereinander, durch den der Sinn der einzelnen zu analysierenden Textstelle geklärt werden kann, dem Vergleich unterschiedlicher Interviews, durch den die Besonderheiten und Gemeinsamkeiten der Interviews sichtbar werden, erfolgt eine Kontrastierung des theoretischen Vorverständnisses mit den vorliegenden Daten, durch die die theoretischen Annahmen revidiert, bestätig und erweitet werden können.

Zur Verdeutlichung dieses Vorgehens nehmen wir z. B. die durch die Grobstrukturierung gewonnene Kategorie »Aktuelles Bild von den Deutschen« (siehe Abbildung 8). Im ersten Schritt wird jede Textstelle dieser Kategorie für sich analysiert und dann mit anderen Stellen des gleichen Interviews in Beziehung gesetzt. Nach diesen Analyseschritten hat man erfahren, wie das Bild von den Deutschen des oder der Interviewten aussieht. Dieses Bild wird mit den Bildern anderer Befragter verglichen und auf diese Weise werden Unterscheidungskategorien erarbeitet. Man kann z. B. sehr positive von eher negativen Meinungen differenzieren, aus der Emotionalität der Beschreibung kann man ablesen, ob das Bild von den Deutschen eine Bedeutung für den/die Befragten hat oder nicht usw. Im nächsten Schritt fragt man sich, worauf die beobachteten, individuellen Unterschiede in den Ausprägungen der Bilder von den Deutschen zurückzuführen sind. Dies ist die Frage danach, in welchen Eigenschaften/ Wahrnehmungen/ Handlungszielen sich die Personen ähneln, die ähnliche

Grobstrukturierung der Textstellen zu sozialen Kontakten, Aktvitäten sowie
Deutschland- und Heimatbildern der ausländischen Studierenden

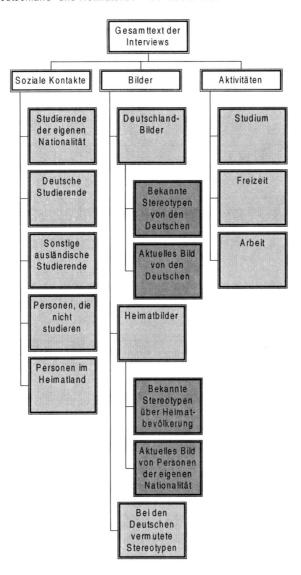

*Abbildung 8: Inhaltliche Grobstrukturierung der qualitativen Interviews.*

Bilder entwerfen. Hierbei hat mich mein theoretisches Vorverständnis für die Beobachtung von bestimmten Zusammenhängen sensibilisiert. Meine theoretischen Er-

wartungen werden dann am Material überprüft. Es genügt nun nicht mehr, nur die Textstellen zu betrachten, die in der Kategorie »aktuelles Bild von den Deutschen« kodiert worden sind. In diesem Zusammenhang ist es sehr nützlich, dass ich aufgrund der Interviewführungen und –transkriptionen einen vollständigen Gesamtüberblick über jedes einzelne Interview habe. Nun muss die Kategorie »Aktuelles Bild von den Deutschen« mit anderen Kategorien in Beziehung gesetzt werden. Auf diese Weise kann ich z. B. überprüfen, ob, wie von mir im Theorieteil vermutet, ein Zusammenhang zwischen deutschen Kontakten und den Bildern von den Deutschen besteht. Die Identifizierung von Zusammenhängen, welche die Ausprägungen und Bedeutungen der Bilder von den Deutschen erklären können, bildet vorläufig den letzten Analyseschritt.

### 4.2.1.1.5     Auswertung der quantitativen Daten

Die 197 ausgefüllten Fragebögen, die am Ende der quantitativen Erhebung vorliegen, werden mit Hilfe des Statistikprogramms SPSS 10.0 für Windows ausgewertet. Es werden je nach zu untersuchenden Fragestellung und dem Skalenniveau der betreffenden Variablen univarite, bivariate oder multivariate Auswertungsverfahren angewendet (siehe Kapitel 5).

### 4.2.1.1.6     Vergleich der Ergebnisse der quantitativen Erhebung mit jenen der qualitativen Erhebungen

Im sechsten und letzten Auswertungsschritt werden die Ergebnisse der quantitativen Erhebung mit denjenigen der qualitativen Erhebungen verglichen. Auf diese Weise können die Ergebnisse der quantitativen Erhebung durch zusätzliche Informationen über Bedeutungszuschreibungen und Situationsdeutungen der Befragten, die in den qualitativen Interviews gewonnen worden sind, ergänzt und vertieft werden. Gleichzeitig wird die »Inhaltsvalidität« des Fragebogens überprüft, d.h. es wird untersucht, ob alle möglichen Aspekte der Dimension, die gemessen werden soll auf dem Fragebogen berücksichtigt wurden (vgl. Schnell, 1993, S. 163). Auf welche Weise sich qualitative und quantitative Methoden in meiner Arbeit gegenseitig ergänzen und validieren, wird im folgenden Abschnitt ausführlich behandelt.

## 4.3     Methodentriangulation

Wie unter 4.1.4 schon dargestellt wurde, werden während meiner empirischen Erhebung qualitative mit quantitativen Methoden kombiniert. In diesem Abschnitt soll zunächst auf den Forschungstand bezüglich der »Methodentriangulation« eingegangen werden. Es interessiert mich besonders, welche möglichen Vorteile der Methodenintegration in der Literatur diskutiert werden. Anschließend soll meine Strategie zur Nutzung der in der Literatur beschriebenen Vorteile der Methoden und zur Minimierung ihrer Nachteile an zentralen Beispielen vorgestellt werden. Abschließend wird die Effizienz der Methodenkombination für mein Forschungsprojekt beurteilt.

### 4.3.1 Methodentriangulation in der Literatur

Im Allgemeinen wird in der Diskussion um Methodenintegration das Phasenmodell, das Konvergenz- und das Komplementaritätsmodell unterschieden. Diese unterschiedlichen Ansätze zur Integration von qualitativen und quantitativen Methoden werden nun kurz vorgestellt.

*Phasenmodell:* Das Phasenmodell geht auf den Vorschlag von Barton und Lazarsfeld in den fünfziger Jahren zurück (vgl. Baron, Lazarsfeld, 1984). Es sieht zunächst den Einsatz von qualitativen Methoden zur Hypothesengenerierung vor, die anschließend anhand einer quantitativen Erhebung überprüft werden sollen. So könnten mit Hilfe der qualitativen Exploration bisher theoretisch wenig durchdachte Zusammenhänge erkannt und überraschende Beobachtungen gemacht werden, um so auf einer empirischen Basis Hypothesen zu generieren. Die Verallgemeinerung der durch die qualitative Erhebung gewonnenen Annahmen auf die interessierende Grundgesamtheit soll dann durch die Hypothesenprüfung mit quantitativen Verfahren erfolgen.

*Konvergenzmodell:* Das Konvergenzmodell, wird häufig von Methodologen auch als »Methodentriangulation« bezeichnet. Der Begriff Triangulation ist eine Metapher, die aus der Militärstrategie und Navigation stammt und meint, durch multiple Bezugspunkte die genaue Position eines Objektes zu bestimmen. »In der Sozialwissenschaft wird mit dem Begriff »Triangulation« die Betrachtung eines Forschungsgegenstandes von (mindestens) zwei Punkten bezeichnet« (Flick, 2000, S. 309). Den Ausgangspunkt der methodischen Auseinandersetzung mit dem Konzept bildet die Diskussion über die nicht-reaktiven Messverfahren (Webb et al. 1966) und der Ansatz der »multi-trait-multi-method-matrix« von Campbell & Fiske (1959). Breite Aufmerksamkeit finden die Thesen von Denzin (1978), der die Triangulation als Strategie der Validierung versteht und vier Formen unterscheidet:

*Datentriangulation:* Hier werden Datenmaterialen kombiniert, die verschiedenen Quellen entstammen und zu unterschiedlichen Zeitpunkten, an unterschiedlichen Orten oder bei verschiedenen Personen erhoben wurden.

*Beobachtertriangulation:* Unterschiedliche Beobachter/Interviewer werden eingesetzt, um so eine Verzerrung der Ergebnisse durch einseitige Wahrnehmungen zu minimieren.

*Theorientriangulation*: Soziale Phänomene werden ausgehend von verschiedenen Theorien untersucht.

*Methodentriangulation:* Denzin unterscheidet zwei Untergruppen:

*Within-method*: Hier werden mehrere Auswertungsverfahren kombiniert, die auf einen Datensatz Anwendung finden.

*Across-method:* Es werden verschiedene Erhebungsmethoden kombiniert.

Denzin sieht den Sinn der Integration von qualitativen und quantitativen Methoden in der Möglichkeit der gegenseitigen Validierung von Methoden und Forschungsergebnissen: »Zusammengefasst beinhaltet methodologische Triangulation einen komplexen Prozess des Gegeneinander-Ausspielens jeder Methode gegen die andere, um die Validität von Feldforschungen zu maximieren« (Denzin, 1978, S. 304). Da jeder Methode spezifische Schwächen, aber auch spezifische Stärken innewohnten, führt nach Denzin eine Kombination unterschiedlicher Methoden zu einer gegenseitigen Stärkung der Methoden und damit zu einer erhöhten Validität der Ergebnisse.

Ob Methodentriangulation eine sinnvolle Strategie zur Validierung in diesem Sinne ist, wird verschiedentlich in Frage gestellt (vgl. Lamnek 1988, Flick, 2000). So sei dem Faktum zu wenig Aufmerksamkeit geschenkt worden, dass jede Methode den Gegenstand, der mit ihr erforscht werden soll, auf spezifische Weise konstituiert. Es sei zu wenig beachtet worden, dass unterschiedliche Methoden nicht nur verschiedene Aspekte des selben Phänomens erfassten, sondern, dass jede Methode ihren eigenen Erkenntnisgegenstand schaffe. Weiter wird kritisiert, dass die Kombination unterschiedlicher Methoden dem jeweiligen theoretischen Hintergrund der einzelnen Methoden zu wenig Rechnung trage. Aus diesem Grund wird von einigen Kritikern bezweifelt, dass die Validität der Forschungsergebnisse durch den Einsatz unterschiedlicher Methoden erhöht werden könne.

*Komplementaritätsmodell:* Die Kritik am Konvergenzmodell führt dazu, dass einige Forscher Methodentriangulation nunmehr weniger als Strategie der Validierung der Forschungsergebnisse sehen, sondern als Möglichkeit begreifen, Erkenntnisse durch die Gewinnung weiterer Erkenntnisse zu begründen und abzusichern (vgl. Flick, 2000, S. 311). Von Anhängern des Komplementaritätsmodells wird angenommen, dass sich qualitative und quantitative Methoden auf unterschiedliche Gegenstandsbereiche bezögen und das Potential der Triangulation in der Thematisierung unterschiedlicher Bereiche des untersuchten Gegensatzes läge. Qualitative und quantitative Methoden sollen nach dem Komplementaritätsmodell verschiedene Aspekte erheben und sich gegenseitig ergänzen.

Wie die Vorstellung der drei theoretischen Modelle zur Kombination von qualitativen und quantitativen Methoden gezeigt hat, bestehen ganz unterschiedliche Ansichten über den möglichen Nutzen der Methodenintegration. Während das Phasenmodell die qualitative Erhebung hauptsächlich als explorative, hypothesengenerierende Vorstudie zur quantitativen, hypothesenüberprüfenden Hauptuntersuchung sieht, werden im Konvergenzmodell qualitative und quantitative Methoden als gleichberechtigt verstanden, deren Ergebnisse zu den gleichen Forschungsfragen verglichen und auf diese Weise validiert werden sollen. Im Komplementaritätsmodell werden qualitative und quantitative Methoden zur Untersuchung unterschiedlicher Teilaspekte der Fragestellung eingesetzt. Die Autoren der bislang dargestellten Modelle zur Methodenintegration bleiben bei der Formulierung ihrer Konzepte fast durchgängig auf der Ebene methodologischer und epistemologischer Reflexionen stehen. Die Frage, die anhand von eigenen Erfahrungen beantwortet werden soll, ist jedoch, wie sich die in den theoretischen Modellen beschriebenen Vorteile der Methodenintegration in der Forschungspraxis realisieren lassen.

*4.3.2 Methodentriangulation im eigenen Forschungsprojekt*

Mein eigenes empirisches Vorgehen zeugt von dem Wunsch, die in der Literatur beschriebenen Vorteile der Methodentriangulation zu realisieren. Im Sinne des Phasenmodells führe ich eine qualitative Vorstudie durch, die das Ziel verfolgt, Hypothesen zu generieren und die anschließende quantitative Erhebung auf diese Weise vorzubereiten (siehe 4.1.4). Im Anschluss an die quantitative Erhebung wird eine zweite qualitative Erhebungsphase angeschlossen, die im Sinne des Komplementaritätsmodells die Ergebnisse der quantitativen Erhebung vertiefen und ergänzen soll. Die Ergebnisse der qualitativen und quantitativen Erhebung sollen zudem entsprechend des Konvergenzmodells der Methodentriangulation verglichen werden, was zur Beurteilung der Validität der eingesetzten Erhebungsinstrumente und der erhaltenen Ergebnisse führen soll. Im Folgenden wird die Kombination von qualitativen und quantitativen Methoden in meinem Forschungsprojekt an inhaltlichen Beispielen verdeutlicht.

#### 4.3.2.1 Methodenintegration im Sinne des Phasenmodells

Auf welche Weise Hypothesen aus qualitativen Interviews generiert werden können, soll anhand eines Beispiels aus dem Bereich der Freundschaftswahlen der Erasmusstudierenden in Deutschland verdeutlicht werden. Während der qualitativen Interviews der explorativen Phase werden die Probanden gebeten, ihre Kontakte zu ihren deutschen Kommilitonen zu beurteilen und deren Häufigkeit und Intensität zu begründen. Bei der Auswertung der Interviews fällt auf, dass Studierende, die über zu wenige deutsche Kontakte klagen, diesen Mangel häufig durch die fehlenden Kontaktmöglichkeiten, kontakthemmende Eigenschaften der deutschen Interaktionspartner oder deren fehlendes Interesse begründen. Befragte, die viele deutsche Freunde angeben, führen die Häufigkeit ihrer Kontakte zu Deutschen dagegen hauptsächlich auf ihre eigene Kontaktinitiative zurück. Es wird von mir vermutet, dass die Wahl der Erklärungsvariante nicht willkürlich stattfindet, sondern die jeweiligen Attribuierungen bestimmte Funktionen für den Einzelnen übernehmen. Dies stimmt mit Annahmen in den psychologischen Attribuierungstheorien überein (vgl. Stroebe, 1992). Hier wird angenommen, dass Menschen Attribuierungen vornehmen können, um ihre Selbstwertschätzung zu erhöhen, sich positiv darzustellen, ihre Leistungen zu sichern und ihre Fehler zu leugnen. »Dabei liegt die Annahme zugrunde, dass man aktiv die Anerkennung anderer sucht, indem man Positives für sich in Anspruch nimmt und die Verantwortung für Negatives meidet (vgl. Stroebe, 1992, S. 137). Von Weiner (1986) wird vermutet, dass die Art der gewählten Attribuierungen Auswirkungen auf das Selbstwertgefühl hat. Überträgt man diese Überlegungen auf ausländische Studierende, welche auch in der quantitativen Erhebung aufgefordert werden, die Häufigkeit ihrer Kontakte zu deutschen Studierenden zu erklären, ist anzunehmen, dass Befragte, die ihre sozialen Kontakte zu Deutschen als Erfolge sehen, diese eher »intern«, also aufgrund ihrer Initiative oder ihrer Fähigkeiten interpretieren und darstellen werden, da sie so ein positives Bild von sich vermitteln können und ihre Selbstwertschätzung erhöhen. Sehen Befragten ihre Kontakte dagegen als »Misserfolge« ist anzunehmen, dass sie diese eher »extern« erklären werden, also bei den Deutschen oder einer dritten Größe die Ursache suchen, wieder aus Darstellungs- und Selbstwertgründen (siehe Hypothese 8). Diese Hypothese, die aufgrund der ersten explorativen Interviews aufgestellt werden konnte, kann dann anhand der quantitativen Erhebung überprüft werden.

### 4.3.2.2 Methodenintegration im Sinne des Komplementaritätsmodells

Auf welche Weise die Ergebnisse der qualitativen Erhebungen jene der quantitativen Erhebung ergänzen können, soll ebenfalls anhand eines Beispiels verdeutlich werden.

In der quantitativen Untersuchung werden die befragten ausländischen Studierenden gebeten, ihre Kontakte zu deutschen Studierenden entweder als »häufig genug« oder als »nicht häufig genug« zu beurteilen. Nun stellt sich die Frage, nach welchen Gesichtspunkten die Befragten ihre Beurteilungen vornehmen. Was bedeutet es, wenn die befragten ErasmusstudentInnen ihre Kontakte zu deutschen Studierenden als »nicht häufig genug« einschätzen? Zur Beantwortung dieser Frage werden die qualitativen Interviews der dritten Erhebungsphase analysiert. Wie aus den qualitativen Interviews ersichtlich wird, bewerten die Befragten ihre sozialen Kontakte unter unterschiedlichen Gesichtspunkten. Zum Interviewzeitpunkt befinden sich alle Interviewten seit mindestens einem Semester in Deutschland. Viele der Befragten berichten aus der Retrospektive von Schwierigkeiten, in den ersten Wochen ihres Aufenthaltes neue Freunde zu finden. Vor allem zu Beginn des Auslandsaufenthalts scheinen die ErasmusstudentInnen in der ihnen noch fremden Umgebung ein großes Bedürfnis zu haben, Kontakte zu finden, die ihnen die Orientierung erleichtern, emotionale Sicherheit bieten, Selbstreflexion ermöglichen und durch die sie Anerkennung erfahren. Zu Beginn des Deutschlandaufenthalts werden dann Interaktionspartner gesucht, die diese Bedürfnisse möglichst gut erfüllen können. Mir berichten viele Befragte, dass sie die ersten Tage in der Austauschstadt als besonders unangenehm und beängstigend empfunden hätten, da soziale Bindungen noch gefehlt hätten. Von dieser schwierigen ersten Zeit berichtet z. B. Maria, eine griechische Erasmusstudentin in Köln:

I: Okay. Und wie war Deine Ankunft hier in Köln, Deine erste Zeit?

M: Schrecklich.

I: Ja?

M: Schrecklich. Ich war viel allein. Ich habe im Unicenter[56] gewohnt. Und alle die Leute dort sind ein bisschen distanziert und sie möchten einsam sein. Sie möchten nicht neue Leute kennen lernen. Zum Beispiel ich habe gedacht, dass

---

56 Privates Wohnhaus in der Näher der Universität zu Köln.

Studentenwohnheim ist etwas anders. Und ich war dort und ich war ganz allein in meinem Zimmer, mit meiner Küche und mit meinem Badezimmer, ganz allein. Es war wie in einem Käfig. Ich fühlte wie als Hund. Es waren Tage, in denen ich mit jemandem gesprochen habe.

I: Mit niemandem?

M: Niemandem, ja, mit niemandem. Es war sehr schwer am Anfang.

Während in vielen Interviews die ersten Tage und bei einigen Studierenden die ersten Wochen als unangenehme Zeit in Erinnerung geblieben sind, in denen die Befragten voller Heimweh versucht haben, neue soziale Bindungen aufzubauen, ist es fast allen interviewten ErasmusstudentInnen bis zum Ende des Semesters gelungen, neue Freunde zu finden. Von Einsamkeit, Isolation und Heimweh berichtet nach einigen Monaten in Deutschland fast Niemand mehr. Unter dem Aspekt der Freundschaften, die Orientierung, Sicherheit und Anerkennung bieten, sind fast alle interviewten ErasmusstudentInnen zum Interviewzeitpunkt zufrieden.

Während also die große Mehrzahl der Befragten in allen Erhebungsstädten insgesamt mit ihren sozialen Kontakten in Deutschland unter dem Freundschaftsaspekt zufrieden ist, äußert sich ein großer Teil der Interviewten, ähnlich wie in der quantitativen Erhebung, sehr unzufrieden mit ihren Kontakten zur deutschen Bevölkerung.

Auch in der qualitativen Befragung schätzt ein Großteil der Interviewten seine Kontakte zu deutschen Studierenden als nicht häufig genug und als nicht intensiv genug ein. Wie aus den qualitativen Interviews ersichtlich, beurteilen die Interviewten ihre Kontakte zu deutschen Studierenden vor dem Hintergrund ihrer gesamten sozialen Kontakte in den wichtigsten Lebensbereichen und im Vergleich mit den deutschen Kontakten anderer ErasmusstudentInnen.

Da die Befragten nach einigen Monaten in Deutschland in der Regel Freundschaften aufgebaut haben und damit nicht aufgrund von »Isolation« über zu seltene und zu wenig intensive Kontakte zu deutschen Studierenden klagen, müssen mit dieser Kontaktgruppe noch spezielle Ziele verbunden sein, die durch die Kontakte zu Landsleuten oder zu anderen ausländischen Studierenden nicht erreicht werden können. Hier steht, wie die Analyse der qualitativen Interviews zeigt, das Ziel Deutsch zu lernen an erster Stelle. Dieses Ziel möchten fast alle Befragten mit ihrem Deutschlandaufenthalt erreichen. Dass Kontakte zur deutschen Bevölkerung als effizientes Mittel zur Erreichung dieses Ziels angesehen werden, wird ebenfalls aus vielen Interviews ersichtlich. Auch für die spanische Studentin Manuela, die ihren Aufenthalt in Osnabrück verbringt, sind Kontakte zu Deutschen vor allem als Mittel, um die Deutschkenntnisse zu verbessern:

I: Was glaubst du, welche Eigenschaften muss man haben, wenn man ins Ausland geht?

M: Man muss sich anpassen können wegen dem Wechsel der Mentalität. – Den Leuten nicht deine Meinung aufzwingen. Du darfst nicht erwarten, dass sich die

Anderen an dich anpassen. Du musst offen sein. Und einen Fehler, den die Spanier machen und die anderen womöglich auch, ist, dass du dich an die anderen aus deinem Land anschließt, dich an sie anklammerst. Das ist ein Fehler, weil du so die Sprache nicht lernst, wie du solltest. Aber du hast vielleicht Angst dich einsam zu fühlen.

Ähnlich wir Manuela, gehen viele Interviewte davon aus, dass intensive Kontakte zu Landsleuten während des Deutschlandaufenthalts die Verbesserung der Deutschkenntnisse unmöglich machen. Unter diesem Gesichtspunkt kann man verstehen, warum Kontakte zu Landsleuten von Manuela als »Fehler« bezeichnet werden. Während Manuela aus der Gruppe der Landsleute ihre Freunde wählt, um sich nicht einsam zu fühlen, werden Kontakte zu Deutschen von ihr vor allem als Mittel gesehen, Deutsch zu lernen. Da Kontakte zu Personen, die keine Spanier sind, für Manuela weniger emotionale Sicherheit bieten können als Freundschaften zu Landsleuten, erklärt sich, warum viele ErasmusstudentInnen hauptsächlich Kontakte zu Landsleuten unterhalten und ihr Ziel, Deutsch zu lernen, vernachlässigen.

Ein Großteil der Befragten beurteilt seine Kontakte zu deutschen Studierenden in Bezug auf die Erreichung seines Ziels Deutsch zu lernen als »nicht intensiv genug« und/oder als »nicht häufig genug«. Stipendiaten, die im Fragebogen angeben, ihre Kontakte zu deutschen Studierenden seien nicht »häufig genug« meinen damit größtenteils, dass sie sich nicht häufig genug mit deutschen Kommilitonen unterhalten, um ihre Deutschkenntnisse verbessern zu können. Neben dem Ziel, die Deutschkompetenzen durch Kontakte zu Deutschen zu erweitern, möchten einige Befragte zudem ihre »Kenntnisse über die deutsche Kultur«  vergrößern oder von deutschen Studierenden »Hilfestellung im Studium« erhalten.

Ob der/die Interviewte seine/ihre als »nicht häufig genug« beurteilten Kontakte zu deutschen Studierenden und damit das mögliche Stagnieren der Deutschkenntnisse aber als persönliches Scheitern erlebt, hängt u. a. davon ab, wie wichtig ihm/ihr sein/ihr Ziel ist, Deutsch zu lernen, wie sehr er/sie sich dafür eingesetzt hat und wie stark er/sie die Nichterreichung des Ziels sich selbst zuschreibt. Damit ist die Unzufriedenheit mit den Kontakten zu Deutschen bei den Befragten unterschiedlich groß, was nur im persönlichen Interview zum Ausdruck kommen kann. Demnach kann durch die Analyse der qualitativen Interviews nicht nur die Norm identifiziert werden, auf die sich die Beurteilung der Kontakthäufigkeit und –intensität bezieht, sondern die Bedeutung der Erfüllung/Nichterfüllung der Norm für die einzelnen Studenten abgeschätzt werden.

Insgesamt werden die Ergebnisse der quantitativen Erhebung zur Beschreibung der deutschen Kontakte von Erasmusstudierenden während ihres Deutschlandaufenthalts erst durch die zusätzlichen Informationen, die durch die Analyse der qualitativen Interviews gewonnen werden können, interpretierbar. Der gesamte in Kapitel 5 vorgestellte Ergebnisteil kann als Beispiel dafür dienen, auf welche Weise sich qualitative und quantitative Ergebnisse ergänzen können.

4.3.2.3    Methodenintegration im Sinne des Konvergenzmodells

Die Frage nach der möglichen Validierung der eingesetzten Erhebungsmethoden und der erhaltenen Ergebnisse durch den Vergleich der mit unterschiedlichen Methoden erhobenen Daten, soll nun anhand der eigenen Forschungserfahrungen beantwortet werden.

Bei allen von mir erhobenen Themenbereichen der quantitativen Erhebung ist es möglich, die »Inhaltsvalidität«[57] des eingesetzten Fragebogens durch den Vergleich mit den Antworten, die die Probanden in den qualitativen Interviews gegeben haben, zu beurteilen. Ob alle Dimensionen der Fragestellung auf dem Fragebogen durch Antwortkategorien repräsentiert sind, wird erkennbar, wenn man die spontanen Antworten der Befragten in den qualitativen Interviews betrachtet. Möchte man z. B. die möglichen Motivationen, ein Auslandsstudium zu beginnen, auf dem Fragebogen durch standardisierte Antwortkategorien erheben, sollten diese Kategorien den von den Befragten auf offene Fragen gegebenen Antworten entsprechen. An diesem Beispiel wird klar, dass es nicht möglich ist, alle in den Interviews genannten Gründe, warum Studierende sich für einen Deutschlandaufenthalt entscheiden als Antwortkategorien auf dem Fragebogen zu berücksichtigen. Es ist lediglich möglich, die am häufigsten genannten Motivationen abzufragen. Die »Inhaltsvalidität« des Fragebogens kann bei standardisierten Antwortvorgaben demnach nur annähernd realisiert werden. Da in qualitativen Interviews keine standardisierten Antwortkategorien vorgegeben werden, ist ihre »Inhaltsvalidität« automatisch gegeben. Aus diesem Grund können qualitative Methoden immer eingesetzt werden, um die »Inhaltsvalidität« von standardisierten, qualitativen Erhebungen zu beurteilen, wenn durch beide Methoden die gleichen Fragestellungen erhoben werden.

Ist die Inhaltsvalidität des Fragebogens annähernd gegeben, stellt sich die Frage, wie unterschiedliche Antworten der gleichen Probanden auf die gleichen Fragen in der qualitativen und in der quantitativen Erhebung beurteilt werden sollen. Wie können sich die Methoden gegenseitig validieren, wenn nicht bekannt ist, welche Methode die validere ist. In meinem Fall lässt sich fragen, ob die qualitativen oder ob die quantitativen Erhebungsmethoden als valider angesehen werden, an deren Norm dann die jeweils andere Methode beurteilt werden kann. Dieses Problem scheint theoretisch nicht lösbar zu sein. Es ist nur möglich, die Ergebnisse zu vergleichen, welche die beiden Methoden zu den gleichen Fragestellungen lieferten, um dann von Fragestellung zu Fragestellung die Übereinstimmungen und Abweichungen zu erklären. Der Vergleich der Ergebnisse der quantitativen Erhebung mit denen der qualitativen, soll im Folgenden anhand der Daten von 20 Probanden stattfinden, von denen sowohl die Fragebögen als auch die Interviewtranskripte vorliegen.

Fragestellungen, in denen ähnliche Ergebnisse der qualitativen Erhebung und der quantitativen Untersuchung auf die Validität der Erhebungsinstrumente hinweisen

---

57 »Inhaltsvalidität« bezieht sich darauf, dass möglichst alle Aspekte der Dimension, die gemessen werden soll, berücksichtigt werden« (vgl. Schnell, 1993, S. 163).

Ähnliche Antworten der Probanden unabhängig von der eingesetzten Erhebungsmethode sind bei Fragen nach statistischen Daten wie Alter und Geschlecht, bei Fragen nach bestimmten Verhaltensweisen, wie Freizeit- und Studienverhalten und bei Fragen nach den sozialen Kontakten der Austauschstudierenden im Gastland zu beobachten. Die methodenunabhängigen, ähnlichen Antworten der Probanden bei Fragen nach Sachverhalten, die intersubjektiv nachprüfbar wären, deuten auf die Validität der eingesetzten Erhebungsmethoden und der erhaltenen Ergebnisse hin. Bei übereinstimmenden Ergebnissen ist es jedoch auch möglich, die »Verfälschung« der Ergebnisse durch beide Methoden in die gleiche Richtung anzunehmen (siehe »soziale Erwünschtheit« 4.1.7). Antworten die Befragten in beiden Befragungen in gleicher Weise, kann dies auch dadurch erklärt werden, dass sie sich daran erinnern, was sie zu einem früheren Zeitpunkt geantwortet haben und sich bemühen ein konsistentes Bild von sich zu entwerfen.

Solange keine »Überprüfung« der Angaben der Probanden in der Realität durchgeführt wird, können ähnliche Ergebnisse der qualitativen und der quantitativen Erhebung bei Sach- und Verhaltensfragen nur als Hinweise auf die Validität der Ergebnisse und der eingesetzten Methoden beurteilt werden.

Methodenabhängiges, unterschiedliches Antwortverhalten tritt in meiner Untersuchung bei den oben genannten Fragenkomplexen nur selten auf. Wäre dies der Fall, könnte man diesen Sachverhalt als einen Hinweis auf die geringe Validität einer der Erhebungsmethoden deuten. Welche Methode, die »richtigen« Ergebnisse liefert, könnte dann z. B. durch teilnehmende Beobachtung ermittelt werden. Es ist auch möglich, möchte man z. B. die deutschen Kontakte einer Person ermitteln, die hierzu im Interview und auf dem Fragebogen unterschiedliche Angaben gemacht hat, ihre Freunde in Deutschland zu befragten.

Fragestellungen, in denen unterschiedliche Ergebnisse der qualitativen und der quantitativen Untersuchung  nicht auf die geringe Validität eines Erhebungsinstruments hinweisen

Bei einigen Fragenkomplexen geben die Probanden im Interview andere Antworten als auf dem Fragebogen. Dies sind Bedeutungszuschreibungen, Situationswahrnehmungen und Raumabstraktionen. Als Beispiel kann die französische Studentin Marie dienen, die sowohl im persönlichen Interview als auch auf dem Fragebogen gebeten wird zu begründen, warum sie nicht häufig genug Kontakt zu deutschen Studierenden hat. Während die französische Germanistikstudentin Marie, die ihr Auslandsjahr in Mainz verbringt, im Fragebogen ihre als »nicht häufig genug« und als »nicht intensiv genug« eingeschätzten Kontakte zu deutschen Studenten vor allem durch die »Distanziertheit und das Desinteresse der deutschen Studierenden« begründet, wie aus den fünf Kreuzen ersichtlich wird, mit denen sie diese Antwortkategorie markiert, weist sie diese Erklärungsmöglichkeit im Interview von sich.

> M: Man kann nicht sagen, dass die Deutschen unfreundlicher sind, nein, es hängt
> von den Leuten ab und ich mag nicht, dass man sagt, sie sind so für ein Land –
> nein, das stimmt nicht. Also, es gibt verschiedene Leute.

I: Als nächste hätte ich jetzt eigentlich gefragt, was typisch für die Franzosen ist, aber da wirst du vielleicht das Gleiche sagen?

M: Ja, das war auch über diese Umfrage – ja, am Anfang des Semesters ich dachte, die Deutschen sind unfreundlich und haben nie kein Zeit, haben kein Zeit zu sprechen, aber nein, das ist wie in Frankreich, z. B. wenn du lettre moderne studierst, bist du auch so viel und kennst du auch niemand. Also, ich war dran gewöhnt, in Frankreich alle Leute von dem Bereich Deutsch zu kennen, aber deswegen war ich, ja, sie sind unfreundlicher, aber jetzt ist mir klar –

Während Marie »am Anfang des Semesters« gedacht habe, dass ihre wenigen Kontakte zu deutschen Studenten an der Unfreundlichkeit und der wenigen Zeit der deutschen Studierenden lägen, was sie auch in der Umfrage angegeben hatte, habe sie jetzt erkannt, dass die wenigen Kontakte durch ihre besondere Situation als ausländische Studentin bedingt seien, die als Fremde niemanden in ihrem deutschen Fachbereich kennt. Interessant ist an diesem Abschnitt die Begründung ihrer Einstellungsänderung, die nach Marie durch die Analyse der neuen Lebenssituation in Deutschland bedingt ist. Während sie in Frankreich »alle Leute von dem Bereich Deutsch« gekannt habe, sei ihr die Studiensituation in Deutschland sehr viel anonymer erschienen. Diese anonyme Studiensituation hat sie nach Reflexion als nicht »typisch« für Deutschland erkannt, da ähnliche Verhältnisse auch in Frankreich, in großen Studiengängen wie »lettre moderne« vorzufinden seien. Nachdem zunächst die deutschen Studenten für ihre wenigen Kontakte verantwortlich gemacht werden, ist es nun die Studiensituation.

Neben der Möglichkeit, das unterschiedliche Antwortverhalten im Interview und auf dem Fragebogen auf »soziale Erwünschtheit« im persönlichen Interview mit mir, einer deutschen Interviewerin, die man womöglich nicht durch negative Beurteilungen der deutschen Studierenden beleidigen will, zurückzuführen, kann man auch Maries eigener Darstellung folgen und annehmen, dass sich die Einstellungen zwischen der Fragebogenbeantwortung und dem qualitativen Interview, zwischen denen etwa zwei Monate liegen, verändert haben. Diese Möglichkeit ist durchaus plausibel, da Einstellungen nicht als statisch anzusehen sind, sondern sich durch Erfahrungen und Reflexionen ändern können.

Des Weiteren ist es möglich, dass sich die Befragte in der Interviewsituation ihrer eigenen Situation bewusster als im Alltag geworden ist. Dass das qualitative Interview Anstöße zur Selbstreflexion liefern kann, ist an dem Interview mit Marie ablesbar. Nachdem sie zu Anfang des Interviews die anonyme Studiensituation für ihre wenigen Kontakte zu deutschen Studenten verantwortlich macht (obiger Interviewausschnitt) erkennt sie durch meine Nachfragen im Laufe des Interviews, dass sie sich immer zu den französischen Kommilitonen ihrer Heimatuniversität gesellt, da sie das Gefühl hat, sie erwarteten dies. Wie aus anderen Interviewstellen ersichtlich wird, befürchtet Marie durch die Kontaktaufnahme zu deutschen Studenten den Kontakt zu ihren Landsleuten zu riskieren und unterlässt Annäherungsversuche, obwohl sie weiß, dass auch die Deutschen es nicht wagen werden, sie innerhalb der »Franzosengruppe« anzusprechen. Neben der anonymen Studiensituation erkennt sie am Ende des Interviews den Einfluss der Gruppendynamik im Freundeskreis ihrer Landsleute auf ihre Kontakte zu deutschen Studierenden. Dieses Beispiel zeigt, dass die zu erhebenden Einstellungen durch das Interview verändert werden können.

Während im Bereich der Erhebung von statistischen Fakten und Verhaltensweisen im Ausland methodenunabhängige Ergebnisse auf valide Daten hinweisen, können Einstellungsänderungen im Verlaufe des persönlichen Interviews erwünscht sein. Je besser die Befragten ihre eigenen Situationswahrnehmungen mit ihren Möglichkeiten und Barrieren zur Kontaktaufnahme, ihre Motivationen, ihre Überlegungen, wie die erwünschten Kontakte zu erreichen sind und die von ihnen eingeschätzten Kosten, die die Kontaktaufnahme mit der einen oder der anderen Kontaktgruppe verursachen würden, erkennen und darstellen, desto validere Interpretationen der empirischen Daten sind mir möglich. Im qualitativen Interview besteht die Möglichkeit, dass die StudentInnen durch Selbstreflexionen, die durch meine Fragen angestoßen werden, ihre Handlungen besser verstehen und begründen können als dies im Alltag der Fall ist. Einige Befragte analysieren ihre Wahrnehmungen und Handlungen von der Metaebene und beantworten mir und sich selbst die Frage »warum habe ich diese Meinung/Wahrnehmung?« oder »warum handle ich so?«. Dieses tiefergehende Verständnis der StudentInnen kann mich als Forscherin zu neuen Hypothesen über die Variablen führen welche die Handlungsentscheidungen der Probanden beeinflussen. Dies ist in einer rein quantitativen Befragung mit festen Antwortkategorien nicht möglich. In quantitativen Befragungen werden eher die Alltagserklärungen der GaststudentInnen für die Häufigkeiten ihrer Kontakte zu Deutschen zu einem bestimmten Zeitpunkt abgefragt, die dann z. B. zu dem zum selben Zeitpunkt erhobenen Deutschlandbild in Beziehung gesetzt werden können. Dass sich die Begründungen für die Kontakthäufigkeit mit deutschen Studierenden auch ändern können, ist demnach für die quantitative Befragung nicht erheblich.

Für die qualitative Erhebung kann dies, wenn es nicht nur die Anpassung an die vermuteten Erwartungen des Interviewers darstellt, vorteilhaft sein und mein tieferes Verständnis der Interviewten fördern.

Dass Marie im Fragebogen eine andere Begründung für ihre seltenen Kontakte zu deutschen Studierenden als im qualitativen Interview angibt, sagt demnach wenig über die Validität der eingesetzten Erhebungsinstrumente aus.

### 4.3.2.4  Abschließende Beurteilung der Methodentriangulation

Im letzten Abschnitt sind meine Erfahrungen mit der Methodenintegraton anhand einiger zentraler Beispiele vorgestellt worden. Ich habe versucht, die in der Literatur diskutierten Vorteile des Phasen-, des Konvergenz-, und des Komplementaritätsmodells der Methodenintegration zu realisieren. Es zeigt sich, dass eine qualitative Vorstudie zur Vorbereitung einer quantitativen Erhebung im Sinne des Phasenmodells sehr sinnvoll ist, da ein Überblick über die zu erwartenden Handlungsweisen gewonnen werden kann und es möglich ist, Hypothesen für deren Erklärung aufzustellen. Die anschließende Fragebogenerhebung kann Aufschluss über die quantitative Verteilung der Antworten geben und der Einfluss der Erklärungsvariablen wird statistisch berechnet. Dies ist der erste Schritt zur Überprüfung der eigenen Vorannahmen oder Ausgangshypothesen.

Anhand der Daten meiner dritten, qualitativen Erhebungsphase können im Sinne des Komplementaritätsmodells zusätzliche Informationen darüber gewonnen werden, welche Faktoren die mich interessierenden Handlungsentscheidungen der Austauschstudierenden erklären können. Es werden die Bedeutungen erfragt, welche die Befragten den einzelnen Antwortkategorien auf dem Fragebogen zuschreiben, was die Interpretation der quantitativen Daten gültiger werden lässt.

Der Vergleich zwischen qualitativen und quantitativen Daten kann zudem im Sinne des Konvergenzmodells zur Validierung der Messinstrumente und Ergebnisse zu gleichen Fragestellungen eingesetzt werden. Die »Inhaltsvalidität« standardisierter Antwortkategorien auf dem Fragebogen kann durch den Vergleich mit den »offenen« Antworten der Probanden in den qualitativen Interviews beurteilt werden.

Wie übereinstimmende und divergierende Ergebnisse der beiden Methoden zu den gleichen Fragenkomplexen zu interpretieren sind, die auch auf dem Fragebogen »inhaltsvalide« erhoben wurden, kann nach meiner Erfahrung nicht theoretisch entschieden werden, sondern muss in Hinblick auf die jeweilige Fragestellung beantwortet werden. Übereinstimmende Ergebnisse bei Sach- und Verhaltensfragen können als Hinweise auf ihre Validität und die der eingesetzten Messinstrumente interpretiert werden. Mindestens ein Messverfahren erscheint bei divergierenden Ergebnissen weniger valide zu sein, was letztlich nur durch die Überprüfungen der Angaben der Probanden in der »Realität« beurteilt werden kann.

Bei Fragen zu »abstrakteren« Themen wie Realitätsdeutungen und Raumabstraktionen lassen unterschiedliche Ergebnisse der qualitativen und der quantitativen Erhebungen dagegen nicht den Schluss auf die geringe Validität eines Messinstruments zu. Einstellungen und Situationswahrnehmungen der Befragten können sich zwischen der quantitativen und der qualitativen Erhebung verändert haben oder selbst während des qualitativen Interviews noch modifiziert werden. So könne es sein, dass sich die Befragten durch die Aufforderung zur Selbstreflexion im qualitativen Interview ihrer eigenen Handlungen in der Interviewsituation bewusster werden als sie dies im Alltag sind.

Insgesamt kann ich aus meinen Erfahrungen den Einsatz von unterschiedlichen Erhebungs- und Auswertungsmethoden als überaus positiv beurteilen, da auf diese Weise ein tieferes Verständnis des Untersuchungsgegenstandes und damit eine begründetere Theoriebildung möglich ist, als dies bei dem Einsatz von nur einer Methode der Fall wäre.

# 5.  Ergebnisse der empirischen Erhebungen

Im Anschluss an die theoretischen und methodischen Überlegungen werden in diesem Kapitel die Ergebnisse der empirischen Erhebung vorgestellt. Gemäß den interessierenden Fragestellungen gliedert sich der Ergebnisteil in drei Unterkapitel. Zunächst wird die Studienbeteiligung der ausländischen Studierenden während ihres Deutschlandaufenthalts dargestellt und erklärt. Im zweiten Teil werden die sozialen Kontakte der Erasmusstudierenden in Deutschland analysiert und im dritten Teil werden die von den Befragten entworfenen Deutschland- und Heimatbilder beschrieben sowie die Variablen ermittelt, die ihre Ausprägungen bestimmen.

## 5.1  Studienbeteiligung in Deutschland

Das Erasmusprogramm ist das wichtigste Förderungsinstrument der Europäischen Union zur Intensivierung der Studierendenmobilität in Europa. Während ihres Auslandaufenthalts sollen die ausländischen Studierenden an der Gasthochschule ihr im Heimatland begonnenes Fachstudium fortsetzen können und durch den Kontakt mit anderen inhaltlichen Schwerpunkten und unterschiedlichen Lehrmethoden die Möglichkeit erhalten, ihre fachlichen Kompetenzen zu erweitern (siehe 2.2.1.3). Die Gasthochschule soll möglichst von dem Innovationspotential der Gaststudierenden profitieren, um ihre Ausbildungsangebote zu verbessern.

In diesem Kapitel wird untersucht, ob die soeben beschriebenen Ziele des Austauschprogramms auch den Handlungszielen der Programmteilnehmer entsprechen und sie zu intensiver Studienbeteiligung im Gastland führen. Es soll ermittelt werden, welche der unter 3.4.1 dargestellten personalen und umgebungsbezogenen Faktoren die Studienbeteiligung der Erasmusstudierenden entscheidend beeinflussen.

### 5.1.2  *Beschreibung der Studienbeteiligung*

#### 5.1.2.1  Studium der deutschen Sprache

Das Erasmusprogramm möchte u. a. die wirtschaftliche, kulturelle, politische und wissenschaftliche Zusammenarbeit in Europa durch den Austausch von Studierenden fördern, die durch ihren Auslandsaufenthalt »Europakompetenzen« erwerben sollen (siehe 2.2.1.3). Als zentral wird für die zukünftigen »europäischen Eliten« der Erwerb von Fremdsprachenkenntnissen angesehen, welche die innereuropäische Zusammenarbeit erst möglich machen.

Das Ziel, die Deutschkenntnisse durch den Deutschlandaufenthalt zu verbessern, entspricht nicht nur den Anforderungen des Austauschprogramms, sondern wird von fast allen von mir interviewten Erasmusstudierenden geteilt. Warum die Erasmusstu-

dierenden versuchen, ihre Deutschkenntnisse zu verbessern, kann kulturelle, studien-
bedingte oder berufliche Gründe haben. GermanistikstudentInnen benötigen
Deutschkenntnisse zur Bewältigung der Studienanforderungen. Viele Studierende der
Wirtschaftswissenschaften und des Tourismus versprechen sich mit guten Deutschkenntnissen nach dem Studium einen leichteren Berufseinstieg. Andere Befragte
interessieren sich für die Sprache als solche, möchten den Lehrveranstaltungen in
Deutschland folgen können oder erhoffen sich während ihres Auslandsaufenthaltes
interessante Konversationen mit Deutschen und anderen ausländischen Studierenden.
In der quantitativen Erhebung geben 90,9% der Befragten an, dass die »Sprachkenntnisse zu verbessern«, für sie ein »sehr wichtiger« oder »wichtiger« Grund gewesen
sei, sich für den Auslandsaufenthalt zu entscheiden.

Fast alle Befragten scheinen demnach während ihres Deutschlandaufenthalts das
Ziel zu haben, ihre Deutschkenntnisse zu verbessern. Die Deutschkenntnisse, mit
denen die Befragten nach Deutschland kommen, sind gemäß meiner Erfahrungen als
Betreuerin der ausländischen Studierenden an der Universität Osnabrück ganz unterschiedlich groß. Während viele Erasmusstipendiaten überhaupt kein Deutsch verstehen, sprechen andere Stipendiaten schon zu Beginn des Aufenthalts fast fehlerfrei.
Der Besuch von Deutschkursen stellt eine mögliche Strategie dar, die Deutschkenntnisse zu verbessern. In welchem Umfang die Deutschkurse zur Verbesserung der
Deutschkenntnisse genutzt werden, wird im Folgenden dargestellt.

*Deutschkurse:* Durchschnittlich besuchen 59% der Befragen zum Zeitpunkt der
quantitativen Befragung einen Deutschkurs. 41% besuchen keinen Deutschkurs.
Während 51% der Studierenden, die sich gute Deutschkenntnisse zuschreiben einen
Deutschkurs besuchen, sind es bei den Befragten, die sich schlechte Deutschkenntnisse zuschreiben, 69% ($\chi^2 = 0,013$).

Der Anteil der Befragten, die einen Deutschkurs besuchen, ist in den untersuchten
Hochschulen unterschiedlich hoch ($\chi^2 = 0,004$ und C= 0,249). Während ausländische
Studierende an der Universität Osnabrück, der Brandenburgischen Technischen Uni-
versität Cottbus und an der Fachhochschule Harz in Wernigerode zu über 70% einen
Deutschkurs besuchen, sind es an der Universität zu Köln 58%, an der Johannes
Gutenberg-Universität in Mainz 53% und an der Ernst-Moritz-Arndt-Universität in
Greifswald nur 33%. Für diese unterschiedlichen Beteiligungen der Erasmusstudierenden an Deutschkursen sind, wie aus den qualitativen Interviews ersichtlich wird,
das unterschiedliche Angebot an den Hochschulen, die unterschiedlich starke Werbung für die Deutschkurse und die Qualität des Unterrichts verantwortlich. So bietet
die Johannes Gutenberg-Universität in Mainz z. B. während des Semesters keine
Anfängerkurse für Erasmusstudierende an, obwohl sich in Mainz 48,6% der Befragten selbst nach einem Semester in Deutschland nur geringe Deutschkenntnisse zuschreiben. Aufgrund des fehlenden Angebots können also Erasmusstudierende, die
mit nur geringen Deutschkenntnissen ihr Auslandssemester beginnen, während des
Semesters keine von der Universität angebotenen Deutschkurse belegen.

Auch die wöchentliche Unterrichtszeit in Deutschkursen ist je nach Erhebungs-hochschule sehr unterschiedlich ($\chi^2$= 0,000 und C= 0,570). Während der Großteil der Kursteilnehmer in den untersuchten Hochschulen in Osnabrück, Wernigerode und Greifswald einen zweistündigen Deutschkurs besucht, verbringt die Mehrzahl der Deutschkursbesucher in den Universitäten in Mainz und Cottbus vier bis sechs Stun-den wöchentlich in einem Deutschkurs und in Köln besuchen 64% der Kursteilneh-merInnen einen Deutschkurs, der sieben und mehr Stunden wöchentlich umfasst. In diesen Zahlen spiegelt sich das unterschiedliche Deutschkursangebot der untersuch-ten Hochschulen wieder. Während an den Hochschulen in Osnabrück, Wernigerode und Greifswald im Wintersemester 99/00 nur zweistündige Deutschkurse angeboten werden, finden sich in Mainz, Köln und Cottbus Deutschkurse, die vier oder sechs Wochenstunden umfassen und damit eine sehr intensive Beschäftigung mit der deut-schen Sprache ermöglichen.

Betrachtet man die gesamte Gruppe der Studierenden, die einen Deutschkurs be-legen, so besuchen sie diesen durchschnittlich fünf Stunden wöchentlich. In Tabelle 4 ist abzulesen, dass in der Gruppe der »Deutschkursbesucher« 24,8% zwei Stunden Unterricht pro Woche angeben. 37,6% geben drei bis sechs Unterrichtsstunden wö-chentlich an und 35,9% folgen über sechs Stunden wöchentlich Deutschunterricht. Bei dieser Gruppe scheint es sich um Studierende zu handeln, die nicht nur an einem, sondern an mehreren Deutschkursen teilnehmen.

**Unterrichtszeit im Deutschkurs**

|        |              | Häufigkeit | Prozent | Gültige Prozente | Kumulierte Prozente |
|--------|--------------|------------|---------|------------------|---------------------|
| Gültig | 2 Stunden    | 29         | 24,8    | 24,8             | 24,8                |
|        | 3-6 Stunden  | 44         | 37,6    | 37,6             | 62,4                |
|        | über 6 Stunden | 42       | 35,9    | 35,9             | 98,3                |
|        | 99,00        | 2          | 1,7     | 1,7              | 100,0               |
|        | Gesamt       | 117        | 100,0   | 100,0            |                     |

*Tabelle 4: Unterrichtszeit im Deutschkurs.*

91% der Befragten wenden in Deutschland verschiedene Strategien an, um ihre Deutschkenntnisse zu verbessern. Der Besuch eines Sprachkurses ist das beliebteste Mittel zur Verbesserung der Deutschkenntnisse, dass 59% der Befragten einsetzen. 51% versuchen ihre Deutschkompetenzen durch die Konversationen mit Deutschen zu erweitern und 44% der Befragten führen ein selbstständiges Studium der deut-schen Sprache anhand von verfügbaren Lehrmaterialen durch. Insgesamt scheinen die Befragten während ihres Deutschlandaufenthalts vielfältige Anstrengungen zu unternehmen, um eine Verbesserung ihrer Deutschkenntnisse zu erreichen. Ihr Han-deln entspricht in diesem Punkt den Zielsetzungen des Erasmusprogramms. Dennoch äußern sich in den von mir geführten Interviews viele Befragte sehr unzufrieden mit ihrem Zuwachs an Deutschkompetenzen während des Deutschlandaufenthalts. Fast die Hälfte der Befragten schätzt in der quantitativen Erhebung auch nach einem Studiensemester in Deutschland die eigenen Deutschkenntnisse als zu gering einschätzt ein, um ein Gespräch über gesellschaftliche oder politische Themen führen zu können. Diese Selbsteinschätzung der Studierenden kann durch meine Beobachtungen bestätigt werden. Es muss ca. ein Drittel der qualitativen Interviews in der jeweiligen Muttersprache der Probanden geführt werden, da diese auch nach mindestens einem Semester in Deutschland nicht genügend Deutsch sprechen, um sich in der Fremdsprache verständlich machen zu können. Als Gründe für ihren geringen Zuwachs an Deutschkenntnissen werden von den Betroffenen in den qualitativen Interviews vor allem die seltenen Kontakte zu Deutschen angesprochen. Es stellt sich die Frage, in welchem Umfang Studierende, die nur ganz einfache deutsche Sätze verstehen und sprechen können, überhaupt dem Fachunterricht in der Austauschstadt folgen können.

## 5.1.1.2  Fachstudium

Während bei der Verbesserung der Fremdsprachenkompetenz durch den Deutschlandaufenthalt die Ziele des Erasmusprogramms mit den Zielen, welche die Erasmusstudierenden durch ihren Auslandsaufenthalt erreichen möchten weitgehend überein zu stimmen scheinen, sieht dies im Bereich der Vertiefung der fachlichen Kenntnisse ganz anders aus. So geben nur 37,5% der Befragten der quantitativen Erhebung an, dass es bei der Entscheidung für den Erasmusaufenthalt für sie »sehr wichtig« oder »wichtig« gewesen sei, auf diese Weise ein anderes Studiensystem kennen lernen zu können. In den qualitativen Interviews werden fachliche Gründe als Entscheidung für den Deutschlandaufenthalt vorwiegend von Studierenden der Ingenieursstudiengänge, der Architektur und der Germanistik genannt. Studienbezogene Gründe scheinen dagegen nur sehr wenige Studierende der anderen Fächer zu einem Auslandsaufenthalt bewogen zu haben. Ein Großteil der Befragten scheint also mit nur geringem Interesse an fachlichen Inhalten und deren spezifischer Vermittlung nach Deutschland gekommen zu sein. Ob sich diese geringe Studienmotivation auf die Studienbeteiligung auswirkt, wird im Folgenden untersucht. Um die Beteiligung der Erasmusstudierenden am Fachstudium in der Gasthochschule abschätzen zu können, werden drei Indikatorvariablen erhoben. Es wird überprüft, wie die ausländischen Studierenden den von ihnen investierten Zeitaufwand für das Studium in Deutschland im Vergleich zu dem von ihnen gewohnten in ihrem Land einschätzen. Zudem wird die Anzahl der von den Gaststudierenden besuchten Lehrveranstaltungen untersucht und dargestellt, in welchem Umfang die Befragten Leistungsnachweise während ihres Auslandsstudiums erwerben.

5.1.1.2.1    Investierte Zeit für das Studium in Deutschland

Die ausländischen Studierenden werden in der quantitativen Erhebung gebeten, den Zeitaufwand für ihr Studium in Deutschland (Veranstaltungen, Vor- Nachbereitung der Veranstaltungen, Prüfungsvorbereitungen, Hausarbeiten und Referate) mit demjenigen, den sie für ihr Studium an ihrer Heimatuniversität üblicherweise aufwenden, zu vergleichen. 18,3% der Befragten geben an, *mehr Zeit* für ihr Studium in Deutschland aufzuwenden als für ihr Studium im Herkunftsland. 27,4% geben an, gleich viel Zeit aufzuwenden. 53,3% der Befragten antworten, sie würden *weniger Zeit* für ihr Studium in Deutschland investieren als sie dies für ihr Studium an der Heimatuniversität gewohnt seien und 1% macht keine Angaben (siehe Abbildung 9).

## Zeit für das Studium in Deutschland im

## Vergleich zum Studium im Heimatland

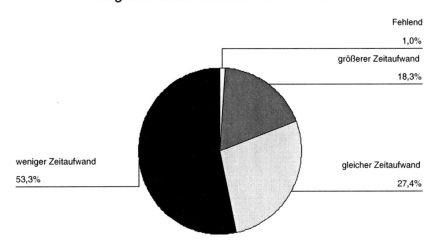

*Abbildung 9: Investierte Zeit für das Studium in Deutschland im Vergleich zum Studium im Heimatland.*

Der angegebene Zeitaufwand für das Studium in Deutschland im Vergleich zu jenem für das Studium im Heimatland ist unabhängig vom Studienort der Befragten in Deutschland. Es ergeben sich jedoch Unterschiede je nach Staatsangehörigkeit der Probanden ($\chi^2$= 0,000 und C= 0,361)[58]. Während es bei den britischen Befragten nur 21% sind, die sagen, sie investierten mehr oder genauso viel Zeit für das Studium in Deutschland wie für das Studium in ihrem Land, sind es bei den spanischen Proban-

---

58 Hier werden nur die spanischen, französischen, englischen und polnischen Befragten verglichen, da von Studierenden dieser Länder genügend Fallzahlen vorliegen.

den 34%, bei den polnischen Befragten 56% und bei den französischen Studierenden 67%.

*Begründungen für ein zeitintensiveres Studium in Deutschland im Vergleich zum Studium im Heimatland:* Die Probanden werden gebeten zu begründen, warum sie an der deutschen Hochschule mehr, gleich viel oder weniger Zeit für ihr Studium investieren als an ihrer Heimatuniversität. Die 36 Studierenden, die angeben, sie würden in Deutschland *mehr Zeit* für ihr Studium brauchen, begründen das zeitintensivere Studium in Deutschland zu 27,8% mit erhöhter Vor- und Nachbereitungszeit der Veranstaltungen aufgrund ihrer geringen Deutschkenntnisse (siehe Abbildung 10). Für diese Gruppe kann der tschechische Student Martin stehen, der im qualitativen Interview angibt:

> I: Und hast du einen Job, um irgendwie Geld zu verdienen?
>
> M: Hier, nein. Ich wollte, zuerst wollte ich etwas finden, ich habe nichts gefunden, und danach habe ich auch gesehen, dass ich es wahrscheinlich nicht schaffen kann. Weil ich zuviel Sachen für das Studium machen muss.
>
> I: Ja, musst du viele Sachen machen?
>
> M: Ich hatte während des letzten Semesters ziemlich viel Probleme, alles übersetzen musste ich. Und ja, die Vorlesungen waren nicht so einfach für mich. Ich bin dort einfach gegangen, aber ich habe es nicht verstanden. Ich konnte einige Notizen machen, aber danach musste ich es nochmals durchlesen und herausfinden, was haben wir dort gemacht. Das war immer eine Frage, was wir da gemacht haben.

16,7% der Studierenden der quantitativen Erhebung, die mehr Zeit für ihr Studium in Deutschland investierten als für ihr Studium im Heimatland begründen sagen, dass sie in Deutschland von sozialen Verpflichtungen im Heimatland entbunden seien und nun mehr Zeit für ihr Fachstudium zur Verfügung hätten. 13,9% dieser Gruppe geben an, die Veranstaltungen, die an der deutschen Hochschule angeboten würden interessierten sie so stark, dass sie bereit seien, mehr Zeit für das Studium zu investieren als an ihrer Heimathochschule. 13,9% sehen sich aufgrund des hohen inhaltlichen Anspruchs der deutschen Veranstaltungen und ihrem Willen Leistungsnachweise zu erwerben gezwungen, mehr Zeit für das Studium zu investieren als sie dies in ihrem Land gewohnt sind. 11,1% erklären, sie seien durch die Anforderungen ihrer Heimatuniversität dazu verpflichtet, eine größere Anzahl an Veranstaltungen zu belegen als in ihrem Land.

*Begründungen für ein genauso zeitintensives Studium in Deutschland im Vergleich zum Studium im Heimatland:* Austauschstudierende, die für das Studium während ihres Deutschlandaufenthalts *genauso viel Zeit* aufwenden wie für das Studium in ihrem Land, begründen dies hauptsächlich mit den gleichen Studienanforderungen in beiden Ländern (siehe Abbildung 11). 7,4% geben an, sie würden in Deutschland

## Begündung für zeitintensiveres Studium

## in Deutschland

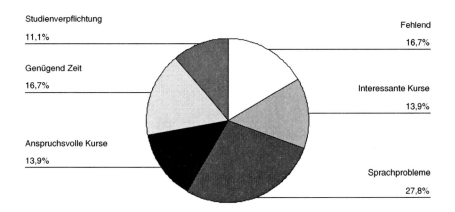

Studienverpflichtung

11,1%

Genügend Zeit

16,7%

Anspruchsvolle Kurse

13,9%

Fehlend

16,7%

Interessante Kurse

13,9%

Sprachprobleme

27,8%

*Abbildung 10: Begründungen für das zeitintensivere Studium in Deutschland.*

weniger Veranstaltungen belegen als in ihrem Land, da sie diese aber aufgrund schlechter Deutschkenntnisse intensiver vorbereiten müssten, würde sich ein gleicher Zeitaufwand ergeben. 5,6% dieser Gruppe erklären, in Deutschland weniger Pflichtstunden zu haben als in ihrem Land. Da aber die Veranstaltungen an der deutschen Gasthochschule interessanter seien, würden sie dennoch viel Zeit für die Vor- und Nachbereitungen der Veranstaltungen investieren.

*Begründungen für ein weniger zeitintensives Studium in Deutschland im Vergleich zum Studium im Heimatland:* 53,3% der Befragten, d.h. 105 der 197 Probanden der quantitativen Erhebung, geben an, sie würden für das Studium in Deutschland weniger Zeit aufwenden als sie dies für ihr Studium in ihrem Land gewohnt seien. Zur Begründung verweisen 29,5% der Befragten dieser Gruppe darauf, dass ihre vorgeschriebenen Studienverpflichtungen in Deutschland weniger umfangreich seien als in ihrem Land (siehe Abbildung 12). Einige Studierende sagen, ihre Professoren im Heimatland legten ihren Studierenden in Deutschland nur geringe Studienverpflichtungen auf, da sie ihnen Zeit für die soziale Integration und die Verbesserung ihrer Deutschkenntnisse durch interkulturelle Kontakte lassen wollten. Diese Meinung drücken u. a. zwei französische Befragte in der qualitativen Befragung aus:

> C: Wir sind hier, um zu sprechen, (Ca: ja) um Leute kennen zu lernen und Kontakte zu haben um das Mündliche zu verbessern. Darum müssen wir schriftlich vielleicht weniger Arbeit machen und haben  mehr Zeit,  um z. B. Leute kennen

## Begündung für gleichen Zeitaufwand für

## das Studium in Deutschland

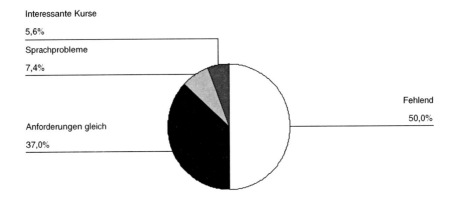

*Abbildung 11: Begründungen für den gleichen Zeitaufwand für das Studium in Deutschland.*

zu lernen.

I: Glaubst du, das ist im Programm schon so vorgesehen?

C: Ich weiß nicht – ja, sie erwarten schon, (Ca: dass wir uns integrieren, dass wir viel sprechen) ja.

Andere Befragte der qualitativen Erhebung machen weniger die geringen Leistungsanforderungen ihrer Heimatuniversität für ihre geringe Beteiligung am Studium in Deutschland verantwortlich, sondern die geringen Studienverpflichtungen, die sich durch das »freie« deutsche Studiensystem ergeben würden. Für diese Gruppe kann die französische Austauschstudentin Fatima stehen:

I: Du hast mir vorhin erzählt, dass du hier auf so viele Partys gehst (F: ja). Machst du das in Frankreich auch?

F: Ne, ne, das geht nicht (I: warum nicht?) Du kannst nicht. Du hast ein Studentenleben und du musst immer zum Unterricht gehen (I: ja). In Frankreich du hast immer eine – liste de présence (I: Teilnahmeliste) und du musst immer deinen Namen draufschreiben, hier nicht. Hier kannst du einfach schwänzen (I: hum) und niemand kann das bemerken (F: lacht). Ja, noch etwas, etwas sehr wichtig. Hier, die Vorlesungen und die Seminare sind getrennt (I: ja). In Frankreich, du brauchst die Vorlesungen und die Seminare zusammen (I: aha). Also hier, du machst keine Prüfungen in Vorlesungen, du machst nur Prüfungen in Seminaren (I: hum) und in Frankreich, du machst ein Prüfung in der Vorlesung und ein Prüfung im Seminar, so du brauchst jedes Mal zu Beidem zu gehen (I: ah, ja). Und hier, die Vorlesungen sind nicht so wichtig. Ich verstehe nicht, wieso die Studenten gehen zu Vorlesungen, warum? (I: ja) Gibt's eine Prüfung am Ende? Ne – warum? Warum braucht man zu Vorlesungen zu gehen? Das verstehe ich auch nicht.

Während nach Fatimas Ausführungen ihre Anwesenheit in den Lehrveranstaltungen ihrer Heimatuniversität durch Teilnahmelisten überprüft wird, fehlt diese Kontrolle in den Veranstaltungen die sie an der Osnabrücker Universität kennen gelernt hat. Der Lernzuwachs der TeilnehmerInnen an Vorlesungen in Deutschland wird im Gegensatz zu den Vorlesungen an Fatimas Heimatuniversität nicht durch Prüfungen am Ende des Semesters überprüft. Insgesamt beschreibt Fatima, dass ihre Studienbeteiligung in Deutschland weniger stark kontrolliert würde als in Frankreich, was sie dazu nutze, sich so weit wie möglich dem Studium zu entziehen und Freizeitaktivitäten wie häufige Partys auszuüben. Die »Freiheit« des deutschen Studiensystems, das die Wahl der Lehrveranstaltungen, des Studienfaches und des zeitlichen Umfangs des Studiums zulässt, wird vor allem von französischen Befragten immer wieder positiv hervorgehoben. Ausländische Studierende, die geringes Interesse an ihrem Fachstudium haben, wie Fatima, nutzen diese Freiheit in der Regel, um sich so wenig wie möglich am Studium zu beteiligen.

23,8% der Studierenden, die in Deutschland weniger Zeit für ihr Studium investieren als in ihrem Heimatland, geben in der quantitativen Erhebung an, sie verfolgten während ihres Deutschlandaufenthalts andere Ziele als ihr Fachstudium fortzuführen (siehe Abbildung 12). Studierende dieser Gruppe möchten vorwiegend »Land und Leute« kennen lernen und weisen in der Regel Partys und Reisen eine große Bedeutung zu. 19% beurteilen das Studium in Deutschland als inhaltlich wesentlich leichter, so dass sie weniger Vor- und Nachbereitungszeit für die Veranstaltungen benötigten als in ihrem Land. 7,6% der Probanden geben an, aufgrund fehlender Deutschkenntnisse nicht am Fachstudium in Deutschland teilnehmen zu können. 6,7% meinen, sie könnten sich aus »Faulheit« nicht zur Teilnahme am Fachstudium in Deutschland motivieren. Unter »sonstigen Gründen« wird noch genannt, dass die Betreffenden vor ihrem Deutschlandaufenthalt bereits ihr Studium im Heimatland abgeschlossen hätten, dass sie in Deutschland nur ihre Abschlussarbeit vorbereiten würden oder dass sie sich nicht am Studium in Deutschland beteiligten, da sie nicht sicher seien, dass die hier erworbenen Leistungsnachweise an ihrer Heimatuniversität anerkannt würden.

# Begündung für weniger zeitintensives Studium in Deutschland

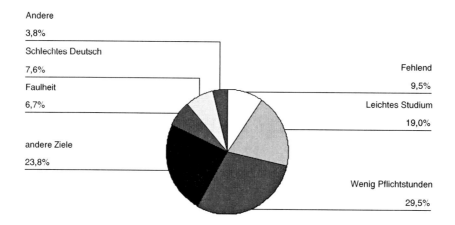

*Abbildung 12: Begründungen für ein weniger zeitintensives Studium in Deutschland.*

Betrachtet man die Begründungen, welche die Probanden in der quantitativen Erhebung für ihre jeweilige Beteiligung am Fachstudium in Deutschland angeben, kristallisieren sich einige mögliche Erklärungsvariablen für die Höhe der Studienbeteiligung heraus. Wie von mir schon unter 3.4.1 vermutet wurde, scheint die Motivation eine entscheidende Rolle bei der Erklärung der Entscheidungen der Befragten für oder gegen intensive Studienbeteiligung zu spielen. Austauschstudierende, die sich wenig für ihr Studium interessieren nutzen die wahrgenommenen Möglichkeiten zur »Studienvermeidung«. Gaststudierende, die sehr intensiv am Studium in Deutschland beteiligen, begründen dies dagegen immer wieder mit ihrem großen Interesse an ihrem Studienfach.

Der Eindruck von größerer Entscheidungsfreiheit im Bereich des Studiums, der von den Befragten in den qualitativen Interviews häufig genannt wird, scheint zum einen durch die von Heimat- und Gasthochschule geringeren Leistungserwartungen und zum andern durch die Organisation des deutschen Studiensystems bedingt zu sein. Im Gegensatz zu französischen, englischen, spanischen oder polnischen Studiensystemen ist in Deutschland die Selbstorganisation des Studiums durch die Studierenden möglich. Die Verantwortung für die Studienbeteiligung wird bei den Studierenden gesehen und nur selten durch Anwesenheitslisten »erzwungen«. Die Ergebnisse der quantitativen Erhebung scheinen darauf hin zu deuten, dass ein Großteil der Befragten Erasmusstudierenden den in Deutschland möglichen Entscheidungsspielraum dazu nutzt, sich dem Fachstudium zu entziehen. Dies könnte ein Grund sein, warum so viele Befragte der qualitativen Erhebung ihren Deutschlandaufenthalt als »Urlaub« bezeichnen und immer wieder von der neu gewonnenen Handlungsfreiheit schwärmen. Dass man die gemachten Aussagen jedoch nicht auf alle Erasmusstudierenden verallgemeinern kann, zeigt die Gruppe der Studierenden, die angibt, in Deutschland sogar noch intensiver zu studieren als in ihrem Heimatland, die sich für ihr Studium interessieren und sich zum Teil sehr hohen Leistungserwartungen ausgesetzt sehen. Neben der Studienmotivation, den Leistungsanforderungen der Heimatuniversität und der Kontrolle durch die Gasthochschule, scheinen auch die Deutschkenntnisse der Probanden den Umfang ihrer Beteiligung am Studium in Deutschland zu beeinflussen.

### 5.1.1.2.2    Teilnahme an Lehrveranstaltungen

Durchschnittlich geben die Befragten an, fünf Lehrveranstaltungen ohne Berücksichtigung des Deutschkurses zu besuchen und während ihres Deutschlandaufenthalts zehn Stunden wöchentlich an Lehrveranstaltungen teilzunehmen[59]. Hinter diesen Durchschnittswerten verbirgt sich die individuell sehr unterschiedlich intensive Teilnahme an Lehrveranstaltungen in der Austauschstadt. Während sich fast ein Drittel der Befragten (28%) nur in geringem Umfang an Lehrveranstaltungen an seiner Gasthochschule beteiligt und zwischen keiner und drei Lehrveranstaltungen besucht, geben 38% der Befragten an, vier bis sechs Lehrveranstaltungen zu folgen, und 28% beteiligen sich sehr intensiv am Fachstudium in der Austauschstadt, da sie sieben und mehr Veranstaltungen besuchen[60].

Aus den qualitativen Interviews geht hervor, dass die Auswahl der in Deutschland zu besuchenden Lehrveranstaltungen für viele ausländische Studierende als großes Problem empfunden wird. Die Erasmusstudierenden müssen sich sehr schnell in dem ihnen unbekannten Studiensystem orientieren und Veranstaltungen wählen, die für sie sprachlich und inhaltlich verständlich sind und die zugleich den Anforderungen ihrer Heimatuniversität entsprechen. Damit die Anrechnung der in Deutschland er-

---

59 Die Anzahl der von den Befragten angegebenen Lehrveranstaltungen, denen sie folgen wurden, kann jedoch nur als grober Indikator für das tatsächliche Studienverhalten der Betreffenden angesehen werden, da es sich um Angaben der Befragten handelt, die gemäß sozialer Erwünschtheit übertrieben sein können. Auch die Regelmäßigkeit mit der die von den Studierenden angegebenen Lehrveranstaltungen tatsächlich besucht werden, kann nicht überprüft werden.

60 Bei der Frage nach der Anzahl der besuchten Lehrveranstaltungen und der in den Veranstaltungen verbrachten Stunden ergeben sich relativ viele »unrealistisch« erscheinende Antworten. Wenn z. B. angegeben wird, dass der/die Betreffende 30 Lehrveranstaltungen wöchentlich besuche und 100 Stunden pro Woche in Lehrveranstaltungen verbringe, wird dieser Fall von den Berechnungen ausgeschlossen. Es werden nicht mehr als maximal 14 Lehrveranstaltungen und 28 Semesterwochenstunden als realistisch angesehen. Bei »übertriebenen« Antworten, scheint es sich um ein Antwortverhalten gemäß sozialer Erwünschtheit zu handeln.

brachten Leistungsnachweise möglich wird, müssen die Gaststudierenden in Deutschland diejenigen Lehrveranstaltungen wählen, die ihren Studienordnungen im Heimatland annähernd entsprechen. Ihre Probleme, der Studienordnung im Heimatland äquivalente Veranstaltungen an der deutschen Hochschule zu finden, drücken unter anderem zwei französische Erasmusstudierende aus:

> I: War es für euch leicht, euch im deutschen Studiensystem zurecht zu finden? Die Kurse auszuwählen?

> Ca: Nein, das war nicht sehr leicht, da wir sehr genaue Vorgaben hatten und den französischen Kursen entsprechende finden mussten, das war nicht einfach. Wir konnten uns mit den Professoren absprechen, die ganz nett sind, aber das war nicht einfach.

Hilfe bei der Orientierung im deutschen Studiensystem bieten neben den Akademischen Auslandsämtern, den Betreuungsinitiativen, den betreuenden Professoren vor allem die Kommilitonen aus der Hochschule des Heimatlandes, die an der gleichen Gasthochschule studieren. Ausländische Studierende des gleichen Fachbereichs und des gleichen Studienjahres müssen in Deutschland in der Regel die gleichen Studienverpflichtungen erfüllen, so dass sich diese Studierenden bei der Wahl ihrer Veranstaltungen häufig untereinander absprechen und Informationen weitergeben.

Da auch die ausländischen Studierenden an der Fachhochschule Harz in Wernigerode Veranstaltungen auswählen müssen, die ihren Kursen im Heimatland entsprechen, können sie nicht einer deutschen Semesterklasse zugeordnet werden und deren Stundenplan folgen, sondern müssen ihre Kurse in der Regel aus verschiedenen Semestern wählen und wechseln aus diesem Grund, wie die ausländischen Studierenden an deutschen Universitäten, mit jeder Veranstaltung die Gruppe der Kommilitonen.

Der Großteil der Befragten scheint die Probleme bei der Auswahl der in Deutschland zu besuchenden Lehrveranstaltungen mit den angebotenen Hilfestellungen lösen zu können, so dass letztendlich fast alle Befragten Veranstaltungen finden, die sie verstehen und in denen sie Leistungsnachweise erwerben können, die von ihrer Heimatuniversität angerechnet werden.

### 5.1.1.2.3     Leistungsnachweise

Gemäß den Zielen des Erasmusprogramms soll der Auslandsaufenthalt ein integraler Bestandteil des Heimatstudiums der Stipendiaten sein (siehe 2.2.1.2). Dies bedeutet, dass es für die Gaststudierenden möglich sein sollte während ihres Deutschlandaufenthalts Leistungsnachweise zu erwerben, die auf ihr Studium im Heimatland angerechnet werden können. In welchem Umfang die Befragten an der Gasthochschule Leistungsnachweise erwerben und in wie weit diese tatsächlich auf das Heimatstudium angerechnet werden, soll nun untersucht werden.

84% der Befragten geben an, während ihres Deutschlandaufenthalts Leistungsnachweise zu erwerben. Unter den 16%, die überhaupt keine Leistungsnachweise machen, befinden sich Studierende, die ihr Studium schon abgeschlossen haben, die

Abschlussarbeit schreiben oder in Deutschland ein anderes Studienfach studieren als in ihrem Land.[61]

Die Befragten, die während ihres Deutschlandaufenthalts Leistungsnachweise machen, erwerben durchschnittlich 5 Scheine oder 30 Kreditpunkte. 40,4% der Befragten dieser Gruppe erhalten in Deutschland zwischen einem und vier Scheinen. 33,1% bekommen zwischen fünf und neun Scheinen, 15,1% geben an, mehr als 10 Scheine zu erwerben und 11,4% machen keine Angaben.

Mit dem Erwerb von Leistungsnachweisen scheinen die Befragten größtenteils auf die Leistungsanforderungen ihrer Heimatuniversität zu reagieren. So geben 66% der Probanden, die Leistungsnachweise erbringen an, dass diese von ihrer Heimatuniversität gefordert würden. 25% der Studierenden die Leistungsnachweise machen, geben an, dass sie sowohl Leistungsnachweise erwerben, die durch ihre heimatliche Studienortung vorgesehen sind als auch solche, die nicht vorgeschrieben sind. 7% dieser Gruppe konzentrieren sich in Deutschland ausschließlich auf Leitungsnachweise, deren Erwerb ihnen nicht von der Heimatuniversität vorgeschrieben wurde. Die Leistungsnachweise dieser Gruppe werden voraussichtlich nicht auf das Studium im Heimatland angerechnet, da sie vermutlich nicht den dortigen Studienordnungen entsprechen. Interessant ist die Frage, ob die Leistungen, welche die Erasmusstudierenden für den Erwerb von Leistungsnachweisen an ihrer deutschen Hochschule erbringen müssen, den Leistungen ihrer deutschen Kommilitonen entsprechen.

Einige der Befragten der qualitativen Erhebung berichten, dass die Leistungsanforderungen, die an sie als ausländische Studierende an der deutschen Hochschule gestellt würden geringer seien als die Anforderungen, welche ihre deutschen Kommilitonen erfüllen müssten. Unter diesem Gesichtspunkt erscheint vielen Befragten der Erwerb von Leistungsnachweisen in Deutschland als besonders einfach. Auch der italienische Student Lucas weist darauf hin, dass die fachlichen Leistungsanforderungen für ihn als ausländischen Studierenden gering seien. Aufgrund seiner schlechten Deutschkenntnisse erscheint ihm das Bestehen der Prüfungen an der Gasthochschule in Cottbus dennoch nicht als Kinderspiel:

L: Ich muss ganze diese Jahre 7 Prüfungen machen, ich habe schon drei gemacht.

I: Ist das schwer?

L: Ja, einerseits ist einfach, weil ich Ausländer bin, und vielleicht der Lehrer kann nicht zu schlecht mit mir. Aber ich muss auch Doppelarbeit machen, weil ich muss viel, ich habe viel zu übersetzen. Und das ist auch technisches Deutsch. Und sehr schwer.

---

61 Auch die von den Studierenden angegebene Anzahl von Leistungsnachweisen, die sie in Deutschland erwerben würden, kann nur als grober Indikator für die Studienbeteiligung der Betreffenden gelten, da der jeweilige Arbeitsaufwand für den Erwerb von Leistungsnachweisen nur bedingt vergleichbar ist.

Die Gesprächsparterinnen im Akademischen Auslandsamt der Johannes Gutenberg-Universität in Mainz berichten von den Schwierigkeiten, welche die deutschen Fachbereiche mit der Benotung der Leistungen der Erasmusstudierenden hätten, die einerseits in Deutschland Leistungsnachweise erwerben sollen, von denen aufgrund ihrer Sprachproblemen und anderem fachlichen Hintergrundwissen jedoch nicht die selben Leistungen gefordert werden könnten, wie von den deutschen Kommilitonen:

> P: (...) Es gibt einige Fachbereiche, die es sich auf die Fahnen schreiben, dass sie sehr, sehr schlecht benoten und die haben z. B. Folgendes gemacht, dazu gehören z. B. Wirtschaftswissenschaften, die ja sehr stark nachgefragt werden von den Erasmusstudenten. Die vergeben z. B. Noten für die Erasmusstudenten, die haben mit den Noten, die der deutsche Student hier bekommt, oder der ausländische Student, der hier Examen macht, nichts zu tun. Das sind eigenständige Notensysteme. Die wissen genau, wenn sie denen normale Noten, wenn sie die in eine normale Klausur reinsetzen würden, würden sie die erst einmal nicht bestehen, dann kommen die Sprachkenntnisse wieder zum Teil rein. Entweder verändern die die Benotungen nachträglich oder machen separate Klausuren für Erasmus, was ich eigentlich nicht richtig finde.

Das Zitat und viele andere Interviewstellen deuten darauf hin, dass die deutschen Professoren große Probleme haben, die Leistungen der Erasmusstudierenden angemessen zu beurteilen. Einerseits sollen die Stipendiaten an den gleichen Veranstaltungen wie ihre deutschen Kommilitonen teilnehmen und wie diese Leistungsnachweise erwerben, andererseits sind sie häufig aufgrund ihrer Sprachprobleme und fehlenden, bzw. anderen fachlichen Kenntnissen gar nicht in der Lage, die gleichen Leistungen zu erbringen. Um diese Situation zu lösen, scheinen viele deutsche Professoren, wie aus qualitativen Interviews mit den Stipendiaten hervorgeht, an die Erasmusstudierenden geringere Leistungsanforderungen zu stellen als an die deutschen Studierenden, was sich u. a. in unterschiedlichen Notensystemen, anderen Klausuren oder leichteren Hausarbeitsthemen ausdrückt. Einige Professoren verzichten ganz auf die Beurteilung der Leistungen der ausländischen Studierenden und lassen Klausuren schreiben, die ihnen ihre ausländischen Kollegen schicken und die diese dann auch benoten. In diesem Fall ist die Anrechnung der Leistungen auf das Studium im Heimatland natürlich kein Problem.

Einige wenige interviewte Erasmusstudierende erwarten aufgrund von Erzählungen ehemaliger Erasmusstudierender, dass sie während ihres Deutschlandaufenthalts wegen der Sonderbehandlung der ausländischen Studierenden mit sehr viel geringem Arbeitsaufwand Leistungsnachweise erwerben können, als dies an ihrer Heimathochschule möglich gewesen wäre. Für einige Studierende scheint der Erasmusaufenthalt als Strategie eingesetzt zu werden, die individuellen »Kosten« an Arbeitsaufwand zur Erlangung eines universitären Abschlusses zu minimieren.

Dieser Abschnitt hat gezeigt, dass ein Großteil der Befragten der qualitativen sowie der quantitativen Erhebung während seines Deutschlandaufenthalts Leistungsnachweise erwirbt. Die von den deutschen Fachbereichen/Lehrenden an die Austauschstudierenden gestellten Leistungserwartungen werden von den interviewten Erasmusstudierenden sowohl mit den Anforderungen verglichen, die deutsche Studierende erfüllen müssen als auch mit den Anforderungen, die sie für den Erwerb entsprechender Leistungsnachweise im Heimatland hätten erfüllen müssen. Da die Leistungsanforderungen der Heimatuniversitäten und jene der deutschen Fachbereiche für jeden Studierenden unterschiedlich hoch sind, können keine Verallgemeinerungen getroffen werden, die auf alle Erasmusstudierenden zuträfen. Aus den Antworten der Probanden in den qualitativen Interviews kann man jedoch eine Tendenz ablesen. Ein Großteil der Befragten drückt die Einschätzung aus, die deutschen Lehrenden würden an sie geringere Leistungserwartungen als an die deutschen Studierenden stellen und auch die Leistungsanforderungen an ihre im Heimatland verbliebenen Kommilitonen seien höher als diejenigen, die sie in Deutschland erfüllen müssten.

### 5.1.1.2.3.1    Anrechung der in Deutschland erworbenen Leistungsnachweise

Unter 3.4.1 habe ich vermutet, dass je unproblematischer die in Deutschland erworbenen Leistungsnachweise an der Heimatuniversität angerechnet werden können, desto intensiver wird die Studienbeteiligung der Erasmusstudierenden in Deutschland aussehen. Bevor diese Hypothese überprüft werden soll, wird zunächst beschrieben, in welchem Umfang die während des Auslandsstudiums erworbenen Leistungsnachweise von den Heimatuniversitäten angerechnet werden. Da die Frage der Anrechnung eng an das ECTS-Programm geknüpft zu sein scheint, wird zunächst auf dessen Implementierung an den untersuchten Hochschulen eingegangen.

*ECTS-Programm:* Um die Anrechnung der während des Studienaufenthalts im europäischen Ausland erworbenen Leistungsnachweise zu gewährleisten, wird seit dem Ende der 80er Jahre das ECTS-Programm von der Europäischen Gemeinschaft gefördert, dass die Anerkennung des Auslandsstudiums mit Hilfe eines Kreditpunktesystems erleichtern möchte. Die Hypothese 7 besagt, dass je besser das ECTS-Programm an den Gast- und Heimathochschulen der Stipendiaten implementiert wurde, desto höher ist ihre Studienbeteiligung in Deutschland. Es wird angenommen, dass mit der Implementierung des ECTS-Programms an den beteiligten Hochschulen auch die Möglichkeiten der Anerkennung der im Ausland erworbenen Leistungen steigen. Nun soll zunächst untersucht werden, in welchem Umfang die Befragten am ECTS-Programm teilnehmen.

60% der Befragten, die in Deutschland Leistungsnachweise erwerben Kreditpunkte des ECTS-Programms. 33% bekommen in Deutschland traditionelle Scheine und 7% machen keine Angaben.

Der Prozentsatz der Stipendiaten, die ECTS-Punkte sammeln, ist unabhängig vom Studienort in Deutschland. Dies ist nicht verwunderlich, da das ECTS-Programm an allen untersuchten Hochschulen eingeführt wird. Die Realisierung ist allerdings je nach Fachbereich unterschiedlich hoch. Im Durchschnitt aller von mir untersuchten Hochschulen gilt, dass der Prozentsatz von ausländischen Studierende, die am ECTS-

Programm teilnehmen (zwischen 65% und 82%) in den Sprachwissenschaften, in den Wirtschafts- und in den Sozialwissenschaften besonders hoch ist. In den Rechtswissenschaften, in den Natur- und in den Ingenieurswissenschaften sammelt dagegen nur etwa die Hälfte der Studierenden, die in Deutschland überhaupt Leistungsnachweise erwerben, ECTS-Punkte.

Bei Gesprächen mit Vertretern der Akademischen Auslandsämter in den untersuchten Hochschulen, werden die Probleme der Implementierung des ECTS-Programms immer wieder thematisiert. Die Situation von meinen Gesprächspartnerinnen im Akademischen Auslandsamt in Mainz wie folgt wahrgenommen:

> K: (...) mit der Anerkennung z. B. ECTS-Punkten, sind wir generell in Deutschland nicht sehr weit. Es gibt ein paar Hochschulen, die das sehr gut druchgehämmert haben. Dann ist das auch irgendwie von oben her aufgedrückt worden. Da mussten alle Fachbereiche, sonst passiert irgendetwas. Bei uns ist das nicht gemacht worden. (...)

> P: Das ist ein systemimmanentes Problem, denn wenn sie so eine freie Studienorganisation zulassen, wie das in Deutschland möglich ist, und wie ich finde es ein Markenzeichen der deutschen Hochschulen ist, dann genau haben sie das Problem, dass sie das ganz schwer in ein kreditiertes System hinein pressen können, denn dann müssen sie es definieren, wie sie es machen.

> K: Das ist die eine Seite, aber die andere Seite ist, es auch nicht wollen.

> P: Das ist nicht zu entschuldigen.

> K: Es ist auch nicht ein Pressen. Das ist in den Köpfen von den Leuten drin, dass sie denken, wenn man so ein Kreditpunktesystem einführt, dann bedeutet das, dass wir unseren Studiengang abändern müssen, dass wir irgendetwas verändern müssen. Dass das so weiterexistieren kann, nur dass man das durchsichtiger macht und vielleicht feststellt, dass in Mainz im Vergleich zu einer anderen Hochschule in Deutschland der Studiengang weniger Kreditpunkte vergibt. Da wird ja auch was sichtbar. Ich glaube, dass es auch ein nicht Lust haben ist.

In diesem Interviewausschnitt werden mehrere mögliche Gründe genannt, warum das ECTS-Programm nicht in allen Fachbereichen der untersuchten Hochschulen umgesetzt wird. Zunächst wird der unterschiedlich starke Zwang der Universitätsleitungen je nach Hochschulen auf die Fachbereiche zur Umsetzung des ECTS-Programms angesprochen. Während das ECTS-Programm in einigen Hochschulen für alle Fachbereiche verbindlich »von oben her durchgedrückt« worden sei, sei dies z. B. an der Universität in Mainz nicht geschehen. Von der gleichen Interviewpartnerin wird auch die fehlende Motivation einiger Fachbereiche angesprochen, welche die Vorstellung hätten, sie müssten ihre Studiengänge neu strukturieren und würden besser kontrollierbar. Als dritter Grund für die nur teilweise Umsetzung des ECTS-Programms wird genannt, dass sich das deutsche Studiensystem, das in hohem Maße auf der

Selbstverantwortung der Studierenden beruhen würde, sehr schlecht mit dem ECTS-Programm vereinbaren ließe.

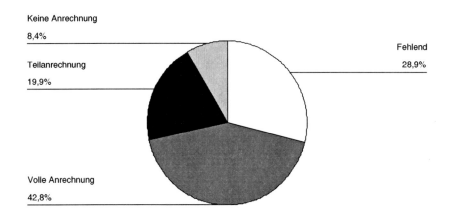

## Anrechnung der in Deutschland erworbenen Leistungsnachweise

*Abbildung 13: Anrechnung der in Deutschland erworbenen Leistungsnachweise auf das Studium im Heimatland.*

Wie aus Abbildung 13 ersichtlich wird, denken 42,8% der Befragten, die in Deutschland Leistungsnachweise erwerben, dass diese auf ihr Studium im Heimatland angerechnet werden können. 19,9% vermuten, dass nur ein Teil der in Deutschland erworbenen Scheine angerechnet werden kann und 8,4% der Befragten dieser Gruppe schließen die Anrechnung der deutschen Leitungsnachweise aus. 28,9% machen keine Angaben.

Hier ist zu bedenken, dass sich diese Angaben auf die Studierenden beziehen, die während ihres Deutschlandaufenthalts Leistungsnachweise erwerben. Die 16% oder 31 Probanden, die keinerlei Leistungsnachweise erwerben, sind bei dieser Frage nicht berücksichtigt worden. Betrachtet man die Gruppe der Studierenden, die in den qualitativen Interviews angeben, sie würden während ihres Deutschlandaufenthalts keinerlei Leistungsnachweise erwerben, so wird von diesen Studierenden jedoch häufig genannt, dass die in Deutschland erworbenen Leistungsnachweise nicht auf das Studium im Heimatland angerechnet werden könnten. Einige Erasmusstudierende möchten aus diesem Grund keine deutschen Leistungsnachweise erwerben und fahren zum Teil in der Prüfungszeit in ihre Heimatländer, um dort die regulären Prüfungen mitzuschreiben. Insgesamt scheint die Anrechnung der deutschen Leistungsnachweise auf das Studium im Heimatland für eine etwas größere Gruppe ein Problem zu sein, als sich dies in den quantitativen Daten darstellt.

*Gründe, warum die in Deutschland erworbenen Leistungsnachweise nicht auf das Studium im Heimatland angerechnet werden können:* Insgesamt haben 49 Befragte der quantitativen Erhebung angegeben, ihre in Deutschland erworbenen Leistungsnachweise könnten auf ihr Studium im Heimatland nur teilweise oder gar nicht angerechnet werden. Von dieser Gruppe antworten nur 22 auf die offene Frage nach den Gründen für die Anrechnungsprobleme. Es werden vor allem die unterschiedlichen Inhalte des deutschen Fachstudiums im Vergleich zu den Inhalten des Studiums im Heimatland für die Nichtanrechenbarkeit der in Deutschland erworbenen Leistungsnachweise verantwortlich gemacht (siehe Abbildung 14). Auch in den qualitativen Interviews wird dieser Punkt besonders häufig genannt. Der tschechische Erasmusstudent Martin, der Bauingenieurwesen an der Gasthochschule in Cottbus studiert, antwortet auf die Frage, ob er während seines Aufenthalts auch ECTS-Punkte erwerbe, Folgendes:

> M: Ja, es gibt diese Programm. Aber ich habe ein Problem damit, das sich nicht. Die wichtigsten Fächer, die ich in Tschechien studieren sollte, kann ich hier einfach nicht finden. Das ist ein Problem.

Obwohl er in Tschechien und Deutschland die gleichen Studiengänge studiert, ist die Anrechnung der in Deutschland erworbenen Leistungsnachweise im Fall von Martin offensichtlich nicht unproblematisch, da die Inhalte der Lehrveranstaltungen zu verschieden sind.

Vier Probanden der quantitativen Erhebung geben an, in Deutschland andere Studienfächer belegt zu haben als in ihrem Heimatland, so dass sich natürlich die Anrechnung der in Deutschland erworbenen Leistungsnachweise auf das Studium im Herkunftsland ausschließt. Vier Befragte machen die unterschiedlichen Beurteilungssysteme der Gast- und der Heimathochschule für die schlechten Anrechnungsmöglichkeiten der in Deutschland erworbenen Leistungsnachweise verantwortlich. Diese vier Befragten nehmen nicht am ECTS-Programm teil, was ihre Aussagen weiter erklären kann.

### 5.1.1.2.4        Teilnahme am Fachstudium in Deutschland insgesamt

Um die Teilnahme der befragten Erasmusstudierenden am deutschen Fachstudium insgesamt beurteilen zu können, werden die drei bereits besprochenen Indikatorvariablen, die die Studienbeteiligung messen, zu einer neuen Variable zusammengefasst. Aus den Variablen »Teilnahme an Lehrveranstaltungen«, »Erwerb von Leistungsnachweisen« und »Beurteilung der investierten Zeit für das Fachstudium in

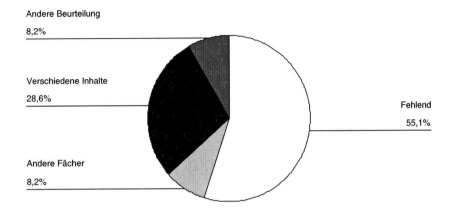

## Warum deutsche Leistungsnachweise

## nur teilweise oder gar nicht angerechnet werden

Andere Beurteilung

8,2%

Verschiedene Inhalte

28,6%

Fehlend

55,1%

Andere Fächer

8,2%

*Abbildung 14: Gründe, warum die in Deutschland erworbenen Leistungsnachweise nur teilweise oder gar nicht auf das Studium im Heimatland angerechnet werden können.*

Deutschland im Vergleich zum Studium im Heimatland« [62] wird die neue Variable kreiert. Für die Indikatorvariablen werden zunächst drei Kategorien geschaffen. Für jede dieser drei Kategorien werden zwischen einem Punkt für geringe Beteiligung am Studium in Deutschland und drei Punkten für sehr intensive Studienbeteiligung vergeben. Die Punkte der drei Indikatoren werden addiert und ergeben so eine neue Variable, welche die gesamte Studienbeteiligung abbildet. Da drei Variablen einfließen, liegen die Punkte der neuen Variable zwischen drei und neun. Bekommen Studierende z. B. nur drei Punkte, deutet dies auf eine sehr geringe Beteiligung am

---

62 Befragte, die angegeben haben, sie würden in Deutschland weniger als in ihrem Land studieren, besuchen durchschnittlich fünf Lehrveranstaltungen wöchentlich, was neun Semesterwochenstunden entspricht und erwerben vier Leistungsnachweise. Studierende, die angeben, sie würden in Deutschland genauso viel oder sogar mehr als in ihrem Land studieren, besuchen dagegen durchschnittlich sechs Lehrveranstaltungen, was bei dieser Gruppe 12 Semesterwochenstunden entspricht und erwerben sechs Leistungsnachweise. Diese Ergebnisse scheinen die von mir vertretene Annahme zu bestätigen, dass es sich bei Studierenden, die angeben, sie würden in Deutschland weniger Zeit für ihr Studium investieren als im Heimatland, um Probanden handelt, die sich in geringem Maße am Fachstudium in Deutschland beteiligen als Studierende, die angeben, sie investierten genauso viel oder mehr Zeit für ihr deutsches Studium als für ihr Studium an der Heimatuniversität.

165

Fachstudium in Deutschland hin, da die Betreffenden nur wenige Leistungsnachweise erwerben, kaum Veranstaltungen besuchen und den Zeitaufwand für ihr Studium in Deutschland als geringer einstufen als jenen, den sie üblicherweise für ihr Studium im Heimatland investieren. Die Ausprägungen der drei Kategorien der Indikatoren sehen wie folgt aus:

**Leistungsnachweise**

| | | Häufigkeit | Prozent | Gültige Prozente | Kumulierte Prozente |
|---|---|---|---|---|---|
| Gültig | 0-2 Scheine | 74 | 37,6 | 37,6 | 37,6 |
| | 3-6 Scheine | 62 | 31,5 | 31,5 | 69,0 |
| | 7 und mehr Scheine | 42 | 21,3 | 21,3 | 90,4 |
| | 99,00 | 19 | 9,6 | 9,6 | 100,0 |
| | Gesamt | 197 | 100,0 | 100,0 | |

*Tabelle 5: Anzahl der während des Deutschlandaufenthalts erworbenen Leistungsnachweise.*

Wie aus Tabelle 5 ersichtlich wird, geben 37,6% der Befragten an, nur höchstens zwei Leistungsnachweise während ihres Studiums in Deutschland zu erwerben. Studierende dieser Gruppe erhalten einen Punkt. 31,5% der Probanden erwerben zwischen drei und sechs Leistungsnachweise und gehören damit zur mittleren Gruppe, die zwei Punkte erhält. 21,3% gehören zu der Gruppe von Befragten, die sieben und mehr Scheine erwirbt und damit ganz intensiv den Erwerb von Leistungsnachweisen während ihres Auslandsstudiums anzustreben scheint. Studierende dieser Gruppe erhalten drei Punkte.

Tabelle 6 zeigt die Teilnahme der Befragten an Lehrveranstaltungen des Fachstudiums. 28,4% der Befragten nehmen nur in geringem Umfang an Lehrveranstaltungen teil. Da sie nur zwischen keiner und drei Veranstaltungen pro Woche besuchen, erhalten sie einen Punkte. 38,1% der befragten Austauschstudierenden geben an, zwischen vier und sechs Veranstaltungen wöchentlich zu besuchen und gehören damit zur Gruppe mit »mittlerer« Beteiligung an Lehrveranstaltungen, die zwei Punkte erhält. 27,9% der Befragten besuchen viele Lehrveranstaltungen. Da sie an sieben und mehr Veranstaltungen teilnehmen, erhalten sie drei Punkte.

Bei der Beurteilung des zeitlichen Aufwands für das Studium in Deutschland im Vergleich zu dem gewohnten für das Studium im Heimatland, ergibt sich, dass 53,3% der Probanden den Zeitaufwand für das Studium in Deutschland geringer einschätzen als für jenes im Heimatland. Studierende dieser Gruppe erhalten einen Punkt. 27,4% der Befragten geben gleichen Zeitaufwand an und erhalten zwei Punkte. 18,3% investieren für ihr Studium in Deutschland mehr Zeit als für ihr Studium

**Teilnahme an Lehrveranstaltungen**

|  |  | Häufigkeit | Prozent | Gültige Prozente | Kumulierte Prozente |
|---|---|---|---|---|---|
| Gültig | 0-3 Veranstaltungen | 56 | 28,4 | 28,4 | 28,4 |
|  | 4-6 Veranstaltungen | 75 | 38,1 | 38,1 | 66,5 |
|  | 7 und mehr Veranstaltungen | 55 | 27,9 | 27,9 | 94,4 |
|  | 99,00 | 11 | 5,6 | 5,6 | 100,0 |
|  | Gesamt | 197 | 100,0 | 100,0 |  |

*Tabelle 6: Anzahl der besuchten Lehrveranstaltungen während des Deutschlandaufenthalts.*

im Heimatland und bekommen daher drei Punkte. Nach Addition der Punkte der drei Indikatoren ergibt sich die neue Variable, welche die Beteiligung der Erasmusstipendiaten am Fachstudium an der deutschen Gasthochschule insgesamt beschreibt.

Die Abbildung 15 zeigt sehr deutlich, wie unterschiedlich intensiv die Studienbeteiligung der Befragten an ihrer deutschen Gasthochschule aussieht. So setzen 13,7% der Befragten während ihres Deutschlandaufenthalts ihre Fachstudien fast gar nicht fort. Bei 40,1% der Befragten ist die Studienbeteiligung sehr gering oder gering, was bedeutet, dass diese Studierenden nur wenige Leistungsnachweise während ihres Deutschlandaufenthalts erwerben, kaum Lehrveranstaltungen besuchen und die Zeit die sie für ihr Fachstudium in Deutschland benötigen im Vergleich im Studium im Heimatland als geringer einstufen.

12,7% der Befragten weisen eine mittelstarke Studienbeteiligung nach. Studierende dieser Gruppe erwerben einige Leistungsnachweise, besuchen einige Lehrveranstaltungen und schätzen den Zeitaufwand für ihr Studium in Deutschland genauso hoch wie jenen im Heimatland ein. 25,8% der Befragten beteiligen sich intensiv oder sehr intensiv am Studium in Deutschland. Studierende dieser Gruppe geben an, viele Lehrveranstaltungen zu besuchen, eine große Anzahl von Leistungsnachweisen zu erwerben und viel Zeit für ihr Studium in Deutschland aufzuwenden.

Nachdem die Studienbeteiligung der befragten Erasmusstudierenden anhand von drei Indikatoren beschrieben worden ist, soll analysiert werden, durch welche Einflussgrößen die Studienintensität entscheidend beeinflusst wird.

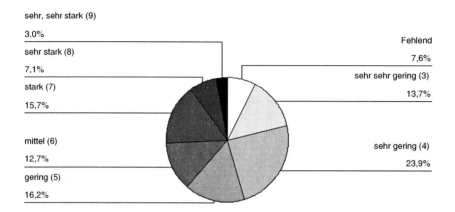

**Beteiligung am Fachstudium an der deutschen Gasthochschule**

*Abbildung 15: Beteiligung der Erasmusstudierenden am Fachstudium an der deutschen Gasthochschule. Die Zahlen in Klammern entsprechen den erlangten Punktzahlen nach Addition der drei Indikatoren.*

### 5.1.2    Erklärung der Studienbeteiligung

Im Folgenden werden zunächst diejenigen Variablen ermittelt, die bivariate Korrelationen mit der Studienbeteiligung der ausländischen Studierenden aufweisen. Mit diesen unabhängigen Variablen wird anschließend ein multivariates Erklärungsmodell errechnet.

### 5.1.2.1    Bivariate Korrelationen

Getestete Variablen, bei denen sich kein Einfluss auf die Studienbeteiligung ergibt:

Zwischen den folgenden Variablen und der Studienbeteiligung der ausländischen Studierenden in Deutschland, ergibt sich kein statistisch nachweisbarer Zusammenhang: Alter, bisherige Monate in Deutschland, Teilnahme an Orientierungsveranstaltungen, Erwerbstätigkeit, alle anderen Motivationsdimensionen des Fragebogens außer der oben genannten, alle anderen Freizeitaktivitäten außer der oben genannten.

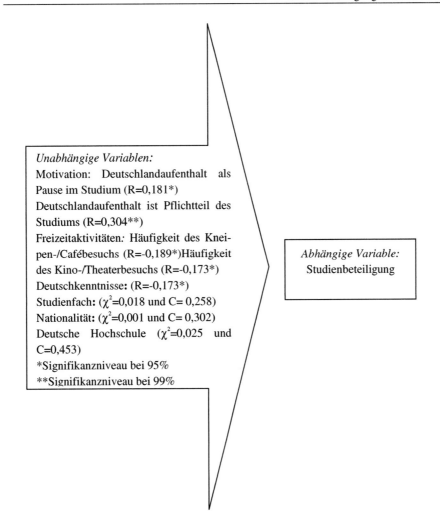

*Abbildung 16: Variablen, die Korrelationen mit der Studienbeteiligung aufweisen.*

5.1.2.1.1    Erläuterung der unabhängigen Variablen, die Korrelationen mit der
Studienbeteiligung aufweisen

5.1.2.1.1.1    Motivation

Befragte, für die der Deutschlandaufenthalt ein Pflichtteil ihres Studiums darstellt,
und/oder die den Erasmusaufenthalt als Möglichkeit begreifen, eine Pause in ihrem
Fachstudium einzulegen, beteiligen sich signifikant weniger intensiv am Fachstudium in Deutschland als Studierende, die sich »frei« für den Aufenthalt entscheiden

können und die nicht nach Deutschland kommen, um eine Pause in ihrem Studium zu machen (siehe Abbildung 16). Diese Ergebnisse scheinen die unter 3.4.1 aufgestellte Hypothese zu belegen, dass die individuellen Handlungsziele, die mit dem Deutschlandaufenthalt verbunden sind, die Studienbeteiligung der ausländischen Studierenden entscheidend beeinflussen.

Ob der Deutschlandaufenthalt für die Erasmusstudierenden ein Pflichtteil ihres Studiums im Heimatland darstellt oder nicht, hängt von den heimatlichen Studienordnungen ab. Aus diesem Grund besteht ein Zusammenhang zwischen der Nationalität der Befragten und der Tatsache ob der Deutschlandaufenthalt ein Pflichtteil des Studiums ist oder nicht ($\chi^2$= 0,000 und C= 0,548). Vergleicht man die Antworten der Probanden der vier Nationalitäten, die am häufigsten befragt wurden (Polen, Spanier, Engländer und Franzosen), erkennt man, dass für 92% der englischen Befragten der Deutschlandaufenthalt ein Pflichtteil ihres Studiums darstellt, für den sie sich nicht entscheiden konnten. Bei den französischen Stipendiaten sind es 22%, bei den spanischen 10,3% und bei den polnischen nur 8,3%. Für den überwiegenden Teil der englischen Befragten gilt demnach, dass sie den Deutschlandaufenthalt als einen Pflichtteil ihres Studiums im Heimatland absolvieren müssen. Die Befragten sind dieser Studienanforderung nachgekommen, was jedoch nicht zu bedeuten scheint, dass sie großes Interesse haben, am Studium an der Gasthochschule teilzunehmen. Dies könnte u. a. erklären, warum 45% der britischen Befragten angeben, sie sähen den Deutschlandaufenthalt als Möglichkeit, eine Pause in ihrem Studium zu machen. Bei den Studierenden der anderen Nationalitäten meinen dies dagegen nur zwischen 20 und 27% der Probanden. Die geringe »intrinsische« Motivation vieler englischer Probanden für den Deutschlandaufenthalt scheint sich negativ auf ihre Studienbeteiligung auszuwirken.

Auch in den qualitativen Interviews geben mehrere englische Probanden an, sie hätten eigentlich keine »Lust« gehabt, nach Deutschland zu fahren und akzeptierten den Auslandsaufenthalt als unangenehme Studienverpflichtung. Diese Befragten zeigen wenig Interesse an der fachlichen Bereicherung, die der Auslandsaufenthalt bieten könnte. Für diese Gruppe kann die englische Studentin Andrea stehen, für die der Deutschlandaufenthalt als Germanistikstudentin einen integraler Bestandteil ihres Studiums in Großbritannien darstellt:

> A: Ja, ich hatte einfach keine Lust. Als ich hier zuerst hierher kam wollte ich einfach in England sein (I: ja). Es ging den anderen Engländern auch so, die wollten auch alle immer noch in England sein. Die vermissten alle ihre Freunde oder ja, weil zwei, zwei von meinen Freunden hatten in England Freunde (I: Ja, O.K.) und der andere Freund von mir vermisst alle seine Freunde in England, weil die waren alle total anders als die Männer hier und wir waren alle nicht sehr gut drauf eingestellt, im Ausland zu sein.

5.1.2.1.1.2    Nationalität

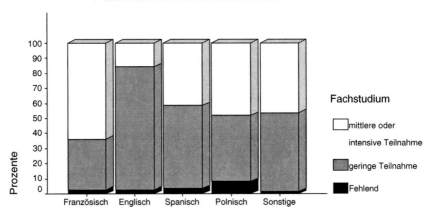

*Abbildung 17: Beteiligung am Fachstudium in Deutschland nach Staatsangehörigkeit.*

Man kann bei den britischen Befragten eine erheblich geringere Studienbeteiligung beobachten als bei Studierenden der anderen Nationalitäten (siehe Abbildung 17)[63]. Während sich 83,8% der befragten EngländerInnen nur in geringem Maße an dem Studium in Deutschland beteiligen, sind es bei den SpaniernInnen 57,1%, bei den Polen/Polinnen 47,8% und bei den Franzosen/Französinnen 34,3%.

   Den Zusammenhang zwischen der Staatsangehörigkeit der Befragten und ihrer Studienbeteiligung in Deutschland ($\chi^2$= 0,001 und C= 0,302) könnte man, wie auf S. 169 ff. schon dargestellt wurde, durch die unterschiedlich große Studienmotivation der Befragten je nach Herkunftsland erklären. Zudem sind auch die Studienanforderungen je nach Herkunftsland der Befragten unterschiedlich hoch. Betrachtet man nur Erasmusstudierende, die angaben, sie würden in Deutschland Leistungsnachweise erwerben und für die der Erwerb der Leistungsnachweise durch ihre Heimatuniversität vorgeschrieben ist, findet man signifikante Unterschiede nach Nationalitäten.

---

64 Die Variable »Studienverhalten« wird hier in eine dichotome Variable verwandelt, indem die Kategorien »sehr, sehr geringe Beteiligung«, »sehr geringe Beteiligung« und »geringe Beteiligung« (3 bis 5 Punkte) zu »geringer Teilnahme am Fachstudium« zusammengefasst werden. Die Kategorien »mittlere Beteiligung«, »starke Beteiligung«, »sehr starke Beteiligung« und »sehr, sehr starke Beteiligung« (6 bis 9 Punkte) werden zur Kategorie »mittlere oder intensive Teilnahme am Fachstudium« zusammengefasst (siehe Abbildung 15).

Während die spanischen und französischen Probanden dieser Gruppe durchschnittlich sieben Leistungsnachweise erwerben müssen, sind es für die polnischen Befragten fünf und für die britischen nur vier. Diese Unterschiede können als Belege der oben genannten Hypothese gewertet werden, dass die Erasmusstudierenden je nach Herkunftsland unterschiedlich umfangreiche Studienleistungen in Deutschland erbringen müssen. Die Anforderungen an den Erwerb von Leistungsnachweisen sind für die französischen und spanischen Befragten im Vergleich mit den anderen Nationalitäten am höchsten und für die englischen Befragten am geringsten. Die geringe Studienbeteiligung der englischen Gaststudierenden kann einerseits durch ihre fehlende Studienmotivation und andererseits durch die geringen Leistungsanforderungen, die ihre Heimatuniversität an sie stellt, erklärt werden. Diese Ergebnisse können als Hinweise auf das Zutreffen der Hypothese 6 versanden werden, in der vermutet wurde, dass die Leistungsanforderungen der Heimatuniversität die Studienintensität der Erasmusstudierenden in Deutschland beeinflussen.

### 5.1.2.1.1.3 Deutschkenntnisse

Bei der Konzeption der Untersuchung bin ich davon ausgegangen, dass eine intensive Beteiligung der Gaststudierenden am Studium in Deutschland nur möglich wäre, wenn sie über ausreichende Deutschkenntnisse erfügten (siehe 3.4.1). Es ergibt sich jedoch nur ein geringer Zusammenhang zwischen den von den Befragten angegebenen Deutschkenntnissen und ihrer Beteiligung am Fachstudium ($R= -0{,}173$). Den nur geringen Einfluss der Deutschkenntnisse der Probanden auf ihre Studienbeteiligung kann man dadurch erklären, dass es Studiengänge gibt, in denen der Fachunterricht vollständig oder zum großen Teil auf Englisch stattfindet. In einigen Studienfächern, wie z. B. in der Architektur, besteht nach den Angaben der Befragten ein großer Teil der Studienleistungen aus praktischen Arbeiten, die auch ohne Deutschkenntnisse ausgeführt werden können. An den Erhebungshochschulen in Mainz und Köln existieren zudem in einigen Fachgebieten Sonderkurse für Erasmusstudierende, in denen auf deren geringe Deutschkenntnisse Rücksicht genommen wird. Zu der Gruppe der Studierenden, die Deutschkenntnisse für die Beteiligung am Fachstudium in Deutschland für nicht besonders entscheidend halten, gehört z. B. der spanische Student Roberto, der an der Universität in Cottbus Architektur studiert und der von mir auf Spanisch interviewt wird:

> I: Und macht es nichts, dass du kein Deutsch sprichst?

> R: Da ich Architektur studiere, sprechen die Zeichnungen für sich. Also haben wir keine Probleme. Im ersten Semester hatten wir noch mehr Fächer und auch keine Probleme. Die Hauptsache sind die Zeichnungen. Ich mache hier nur praktische Fächer. Ein theoretisches, das in Englisch stattfindet.

Die Deutschkenntnisse beeinflussen demnach nur dann die Studienbeteiligung der Befragten, wenn sie Veranstaltungen besuchen möchten, die auf Deutsch stattfinden und wenn Leistungen gefordert werden, die an den Gebrauch der deutschen Sprache gebunden sind. Dies ist jedoch bei vielen Befragten, wie bei Roberto, offensichtlich nicht der Fall.

Es besteht ein statistischer Zusammenhang zwischen der Nationalität der Befragten und ihrer Deutschkompetenz ($\chi^2$= 0,006 und C= 0,261). Während sich nur 24% der spanischen Befragten sehr gute oder gute Deutschkenntnisse[64] zuschreiben, sind es bei den französischen Befragten 61%, bei den britischen ErasmusstudentInnen 63% und bei den polnischen Gaststudierenden sogar 68%. Dass die Deutschkenntnisse bei den spanischen Befragten so viel geringen zu sein scheinen als bei den Befragten der anderen Länder, kann man vermutlich dadurch erklären, dass in Spanien an nur sehr wenigen Gymnasien Deutsch als Fremdsprache unterrichtet wird, was in England, Polen und Frankreich sehr viel häufiger anzutreffen ist.

### 5.1.2.1.1.4    Freizeitaktivitäten

Betrachtet man die unter Erasmusstudierenden besonders beliebten Freizeitaktivitäten, die in den qualitativen Interviews genannt werden, handelt es sich hier vorwiegend um Aktivitäten, die auch für deutsche Studierende typisch sind. Die Erasmusstudierenden treiben Sport, sehen fern, gehen auf Partys, besuchen Diskotheken, unterhalten sich in Kneipen und Cafés, treffen sich in der Mensa, besuchen Theater- oder Kinovorführungen, reisen und verabreden sich zum gemeinsamen Kochen oder Backen. Welche Freizeitaktivitäten wie häufig ausgeübt werden ist natürlich individuell verschieden. Betrachtet man die Gruppe der Befragten der quantitativen Erhebung, so sprechen die Probanden durchschnittlich jeden Tag ihre Muttersprache. Sie besuchen jeden zweiten Tag eine Kneipe oder ein Café. Alle drei Tage verabreden sie sich in der Mensa, kochen oder backen mit Freunden und sehen fern. Einmal pro Woche treiben sie durchschnittlich Sport, besuchen eine Diskothek, gehen auf eine Party und telefonieren nach Hause. Alle zwei Wochen besuchen sie durchschnittlich eine Theatervorführung, gehen ins Kino und reisen in andere Städte.

---

64 Sehr gute Deutschkenntnisse bedeutet, dass die Betreffenden auf dem Fragebogen angegeben haben: » Ich spreche fehler- und akzentfrei Deutsch«. Gute Deutschkenntnisse bedeutet: »Ich kann meine Meinung zu politischen und gesellschaftlichen Themen ohne Probleme ausdrücken«.

## Häufigkeit von abendlichen Aktivitäten

## (Party/Disko/Kneipe/Kino oder Theater)

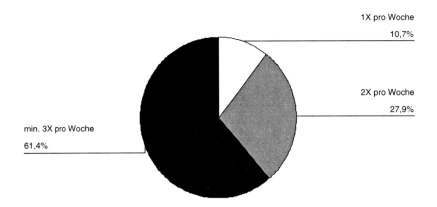

*Abbildung 18: Häufigkeit von abendlichen Ausgehaktivitäten.*

Vor allem nächtliche Ausgehaktivitäten haben vermutlich einen Einfluss auf die Studienbeteiligung der ausländischen Studierenden, da diese die Teilnahme an Lehrveranstaltungen, die zum großen Teil vormittags stattfinden, erschweren. Aus diesem Grund soll nun auf diese Aktivitäten ausführlicher eingegangen werden.

Die allgemein hohe Bedeutung von nächtlichen Ausgehaktivitäten für die befragten Erasmusstudenten kann man u. a. an der Häufigkeit ablesen, mit denen diese ausgeübt werden. Berechnet man anhand der Daten der quantitativen Erhebung, wie häufig die Befragten pro Woche in eine Kneipe, in eine Disko, auf eine Party, ins Kino oder ins Theater gehen, ergibt sich folgendes Bild (siehe Abbildung 18).

Während 10,7% der Befragten nur höchstens einmal pro Woche ausgehen, gehen 27,9% der Befragten zweimal pro Woche aus und 61,4% der Befragten gehen sogar dreimal pro Woche oder häufiger aus (siehe Abbildung 18). Wie häufig die ausländischen Studierenden abendlichen Freizeitaktivitäten nachgehen ist unabhängig von ihrem Studienort in Deutschland. So gehen die Probanden, die in Großstädten wie Köln oder Mainz ihren Auslandsaufenthalt verbringen, in denen es ein vielfältiges Angebot an Ausgehmöglichkeiten gibt, nicht häufiger abends aus als Gaststudierende in Wernigerode und Cottbus, wo das Angebot an Ausgehmöglichkeiten wesentlich eingeschränkter ist. Die Befragten besuchen in Cottbus und Wernigerode so gut wie nie Diskotheken und Kinos, da diese Veranstaltungsorte nur schwer erreichbar sind. Die Probanden treffen sich in diesen Städten dagegen sehr häufig in der jeweiligen Studentenkneipe auf dem Campus oder veranstalten private Partys. Welche Ausgehaktivitäten ausgeübt werden, hängt demnach von dem Angebot in der jeweiligen

Austauschstadt ab. Die Häufigkeit mit der abends gefeiert wird ist jedoch vom Studienort unabhängig.

In den qualitativen Interviews geben viele Gaststudierende an, in Deutschland wesentlich häufiger abends auszugehen, als sie dies in ihrem Land gewohnt gewesen seien. So auch die französische Studentin Fatima:

> I: Warum machst du die Partys nicht in Frankreich, wenn du dort bist?

> F: Ich hab keine Zeit, keine Zeit und ich wohne bei meine Eltern, das ist noch kompliziert. Was noch? Prüfungen in Frankreich sind so schwer und ich habe immer in Frankreich gearbeitet. Ich hatte auch keine Zeit Partys zu machen und hier ich hab immer Zeit. Ich kann alles machen, ich kann alles probieren (I: ja) das ist wirklich toll.

Da Fatima in Frankreich noch bei ihren Eltern wohnt und zudem keine Zeit hat, da sie umfangreiche Studienverpflichtungen zu erfüllen muss und jobbt, kann sie nicht so häufig feiern, wie sie dies in der deutschen Austauschstadt tut. Ähnlich wie Fatima, beschreiben viele Probanden, dass sie in Deutschland, fern von elterlicher Kontrolle und aufgrund geringerer Studienanforderungen, wesentlich häufiger abends ausgingen, als dies normalerweise in ihrem Land möglich wäre. Unter diesem Gesichtspunkt wird Deutschland häufig als Land der unbegrenzten Entfaltungsmöglichkeiten gesehen.

*Häufigkeit von abendlichen Ausgehaktivitäten nach Nationalität:* Es ergibt sich eine Korrelation zwischen der Nationalität der Befragten und der Häufigkeit ihrer nächtlichen Ausgehaktivitäten (C= 0,395 und $\chi^2$= 0,000).

Die Personen, die in Abbildung 19 als Gruppe ausgewiesen werden, die »selten« abends ausgehen, gehen höchstens zweimal pro Woche auf eine Party, in eine Disko, in eine Kneipe, ins Theater oder ins Kino. Die Gruppe die »häufig« abends ausgeht, besteht aus Erasmusstudierenden, die mindestens dreimal pro Woche abends ausgehen. Man kann große Unterschiede im Ausgehverhalten der dargestellten Nationalitäten erkennen. Während nur ca. 1/3 der französischen und der polnischen Befragten »häufig« abends ausgeht, sind es bei den spanischen Befragten 62,1% und bei den englischen Probanden sogar 89,5%. Wer sich geringen Studienanforderungen gegenübersieht und selbst wenig Interesse für sein Fachstudium aufbringt, wird seine Zeit in Deutschland attraktiver erscheinenden Freizeitaktivitäten, wie nächtlichem Feiern, widmen. Häufiges abendliches Ausgehen erschwert wiederum die Teilnahme an Lehrveranstaltungen, die oft »frühes« Aufstehen verlangt. Diese Hypothesen werden durch die Korrelation zwischen der Beteiligung am Fachstudium in Deutschland und der Häufigkeit nächtlicher Ausgehaktivitäten bestätigt (R= –0,268 auf einem Signifikanzniveau von 99%).

175

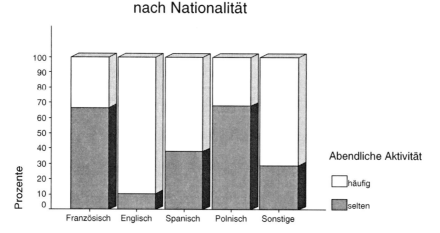

*Abbildung 19: Häufigkeit mit der abendliche Aktivitäten je nach Nationalität der Befragten ausgeübt werden.*

Zusammenfassend kann man sagen, dass abendliche Ausgehaktivitäten für die Befragten ausländischen Studierenden eine große Bedeutung haben, was man an der Häufigkeit, mit der diese ausgeübt werden, ablesen kann. So gehen über 60% der Befragten mindestens dreimal pro Woche abends aus. Von vielen Gaststudierenden wird das Ausgehen in den qualitativen Interviews als der Genuss einer bisher unbekannten Freiheit dargestellt, die erst in Distanz zu elterlicher Kontrolle und heimatlichen Studienanforderungen möglich geworden sei. Besonders die englischen Studierenden, die geringe Studienmotivation zu haben scheinen und geringe Studienanforderungen ihrer Heimatuniversität erfüllen müssen, zeigen in Deutschland ein sehr intensives Ausgehverhalten.

Die statistische Auswertung scheint die unter 3.4.1 aufgestellte Annahme zu bestätigen, dass intensive abendliche Freizeitaktivitäten, die Teilnahme am Studium in Deutschland beeinflussen. Je öfter die Befragten abends ausgehen, desto geringer ist ihre Studienbeteiligung, da sie sich vermutlich während des Tages erholen müssen. Die Studienbeteiligung ist demnach nur dann hoch, wenn die Studierenden die Erreichung ihrer Studienziele als wichtiger einschätzen, als die Erreichung anderer Ziele, die mit diesen nicht vereinbar sind wie die tägliche Pflege von sozialen Kontakten bei Partys.

5.1.2.1.1.5    Deutsche Hochschule

Die Beteilung der Befragten am Studium in Deutschland ist an den untersuchten Hochschulen sehr unterschiedlich groß ($\chi^2$= 0,025 und C= 0,453). Wie aus Abbildung 20 ersichtlich wird, beteiligt sich ein Großteil der Befragten in Wernigerode, Greifswald und Mainz intensiv am Fachstudium der Gasthochschule.[65] An der Universität in Cottbus sind es noch 40% der befragten Erasmusstudierenden, die sich intensiv am Fachstudium beteiligen, in Köln sind es nur 34,5% und in Osnabrück sogar nur 27,8%.

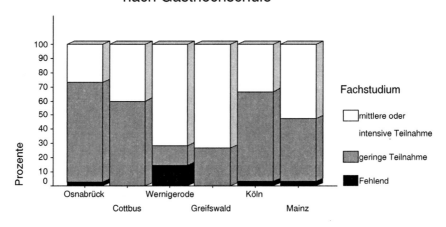

*Abbildung 20: Teilnahme der Eramusstudierenden am Fachstudium nach Gasthochschule.*

Diese Ergebnisse könnte man dadurch erklären, dass die ausländischen Partnerhochschulen der deutschen Hochschulen ganz unterschiedliche Anforderungen an ihre Studierenden im Ausland stellen. Während durchschnittlich 84% der von mir Befragten in Deutschland Leistungsnachweise erwerben und sich zu diesem Punkt keine signifikanten Unterschiede zwischen den Studierenden der unterschiedlichen Hochschulstandorte ergeben, reagieren die ausländischen Studierenden mit dem Erwerb der Leistungsnachweise auf unterschiedliche Anforderungen ihrer Herkunftshochschulen. Ob der Erwerb der Leistungsnachweise von den Herkunftshochschulen gefordert wird, ist für die GaststudentInnen in Mainz, Köln, Cottbus, Wernigerode, Greifswald und Osnabrück sehr unterschiedlich ($\chi^2$= 0,000 und C= 0,425). Im Fol-

---

65 Hier ist allerdings zu bedenken, dass in Wernigerode und Greifswald nur wenige Fälle vorliegen.

genden wird nur auf die untersuchten Hochschulen in Osnabrück, Mainz und Köln
eingegangen, da nur hier genügend Fallzahlen vorliegen, die einen sinnvollen Vergleich möglich machen. In Mainz geben 81% der ausländischen Studierenden, die in
Deutschland Leistungsnachweise erwerben, an, deren Erwerb sei ihnen von ihrer
Heimathochschule vorgeschrieben worden. Es werden durchschnittlich sieben Scheine gemacht. 70% der Befragten an der Universität Osnabrück, die Leistungsnachweise erbringen, geben an, diese würden von ihrer Heimatuniversität gefordert. Sie erwerben durchschnittlich vier Leistungsnachwcisc. In Köln ist nur für 57% der befragten ausländischen Studierenden, der Erwerb von Leistungsnachweisen in
Deutschland von ihrer Heimatuniversität vorgeschrieben. Es werden durchschnittlich
vier Leistungsnachweise gemacht. Diese Zahlen belegen, dass die Anforderungen an
den Erwerb von Leistungsnachweisen während des Auslandsstudiums für die Befragten in den untersuchten deutschen Hochschulen unterschiedlich hoch sind. Hier
scheinen die Anforderungen an die befragten Erasmusstudierenden in Mainz wesentlich höher zu sein als an ihre Kommilitonen in Osnabrück oder Köln, was ihre höhere
Beteiligung am deutschen Fachstudium erklären könnte (siehe Abbildung 20).

Die hohen Studienanforderungen an die Mainzer Erasmusstudierenden lassen sich
vermutlich zudem dadurch erklären, dass sich unter den 61 Befragten in Mainz auch
15 Studierende befinden, die im Bereich der Geisteswissenschaften oder in den
Rechtswissenschaften »Doppeldiplome« erwerben. Für Erasmusstudierende, die an
diesen binationalen Studiengängen teilnehmen, ist der Deutschlandaufenthalt ein
integraler Bestandteil ihres Studiums, was bedeutet, dass sie sich ähnlich hohen Leistungsanforderungen ausgesetzt sehen, wie in ihrem Herkunftsland. Studierende
dieser binationalen Studiengänge zeigen eine hohe Beteiligung am Studium in
Deutschland, was insgesamt das Ergebnis in Mainz positiv beeinflusst. Unter den
Befragten in Osnabrück und Köln befinden sich dagegen sehr wenige Teilnehmer an
binationalen Studiengängen, was u. a. die geringeren Studienanforderungen, die an
sie gestellt werden, erklären könnte.

Die in den untersuchten Städten festgestellte unterschiedliche Studienbeteiligung
der Erasmusstudierenden könnte zudem auf die nach Hochschulstandorten variieren-
den Deutschkompetenzen der Befragten zurückgeführt werden ($\chi^2$= 0,001 und C=
0,309). So attestieren sich die Befragten in Mainz, wo die Studienbeteiligung ja besonders hoch ist, zu 72% gute oder sehr gute Deutschkenntnisse. In Greifswald und
Köln sind es 53% der Befragten, in Osnabrück 51%, in Wernigerode 43% und in
Cottbus nur 14%. Während in Cottbus die geringen Deutschkenntnisse der dortigen
Erasmusstudierenden vermutlich nur einen geringen Einfluss auf die Studienbeteiligung der Betreffenden hat, da an der Technischen Universität zum Teil Fachkurse
auf Englisch angeboten werden und fast alle Befragten Architektur studieren und
zum großen Teil praktische Arbeiten ausführen müssen, könnten sich die guten
Deutschkenntnisse der Befragten in Mainz positiv auf ihre Studienbeteiligung aus-
wirken, da hier der Großteil der Befragten Germanistik studiert und auf gute
Deutschkenntnisse zur Beteiligung am Studium angewiesen ist.

### 5.1.2.1.1.6    Studienfächer

Es ergibt sich ein Zusammenhang zwischen den Studienfächern der Befragten und ihrer Beteilung am Studium während des Deutschlandaufenthaltes ($\chi^2$= 0,018 und C= 0,258). Die intensivste Studienbeteiligung in Deutschland zeigen die SprachstudentInnen. Hier handelt es sich vor allem um GermanistikstudentInnen, die sich zu 47,4% intensiv am Fachstudium an der Gasthochschule beteiligen (siehe Tabelle 7). Bei den Studierenden der Wirtschaftswissenschaften sind es 46,4%, bei den Gaststudierenden der Natur- oder Ingenieurswissenschaften 43,5%, bei den JurastudentInnen 21,4% und bei den Studierenden der Sozialwissenschaften nur 14,3%[66].

**Fächer zusammengefaßt * Teilnahme am Fachstudium in Deutschland Kreuztabelle**

| | | | Teilnahme am Fachstudium in Deutschland | | |
| | | | geringe Teilnahme | mittlere oder intensive Teilnahme | Gesamt |
|---|---|---|---|---|---|
| Fächer zusammengefaßt | Sprachen | Anzahl | 51 | 46 | 97 |
| | | % von Fächer zusammengefaßt | 52,6% | 47,4% | 100,0% |
| | Wirtschaftswissenschaft | Anzahl | 15 | 13 | 28 |
| | | % von Fächer zusammengefaßt | 53,6% | 46,4% | 100,0% |
| | Sozialwissenschaft | Anzahl | 12 | 2 | 14 |
| | | % von Fächer zusammengefaßt | 85,7% | 14,3% | 100,0% |
| | Jura | Anzahl | 11 | 3 | 14 |
| | | % von Fächer zusammengefaßt | 78,6% | 21,4% | 100,0% |
| | Natur- Ingenieurswissenschaft | Anzahl | 13 | 10 | 23 |
| | | % von Fächer zusammengefaßt | 56,5% | 43,5% | 100,0% |
| | Sonstige | Anzahl | 4 | 11 | 15 |
| | | % von Fächer zusammengefaßt | 26,7% | 73,3% | 100,0% |
| Gesamt | | Anzahl | 106 | 85 | 191 |
| | | % von Fächer zusammengefaßt | 55,5% | 44,5% | 100,0% |

*Tabelle 7: Teilnahme am Fachstudium in Deutschland nach Studienfächern.*

Es ist schon aufgezeigt worden, dass je nach Heimathochschule der Erasmusstudierenden unterschiedliche Anforderungen an den Erwerb von Leistungsnachweisen während des Deutschlandaufenthalts bestehen. Die Verpflichtung Leistungsnachweise während des Deutschlandstudiums zu erwerben, ist zudem je nach Studienfach der Befragten unterschiedlich groß ($\chi^2$=0,053 und C= 0,312). Während 84% aller Be-

---

66 Bei den Zahlen der JurastudentInnen und der Studierenden der Sozialwissenschaften ist zu bedenken, dass hier nur je 14 Fälle vorliegen. Der Aussagewert der Ergebnisse wird somit gemindert.

fragten, unabhängig von ihren Studienfächern, in Deutschland Leistungsnachweise erwerben, ist es von ihrem Studienfach abhängig, ob sie mit diesen Leistungsnachweisen auf die Anforderungen des heimatlichen Fachbereichs reagieren. Bei den Sprachstudierenden die in Deutschland Leistungsnachweise machen, sind es 74%, die angeben, sie seien zu diesen Leistungen durch ihre Heimatuniversität verpflichtet. Bei den Studierenden der Natur- und Ingenieurswissenschaften sind es 69%, bei den Jurastudierenden 63%, bei den Studierenden der Wirtschaftswissenschaften 52% und bei den Studierenden der Sozialwissenschaften nur 36%. Die Anforderungen der Fachbereiche im Herkunftsland scheinen demnach bei den Studierenden der Sozialwissenschaften besonders niedrig zu sein, was ihre geringe Beteiligung am Studium an der deutschen Gasthochschule erklären kann (siehe Tabelle 7).

Bei den Jurastudierenden, bei denen ebenfalls eine geringe Beteiligung am Studium in Deutschland festgestellt wurde, fällt auf, dass sie im Gegensatz zu Studierenden aller anderen Studienfächer besonders häufig abends ausgehen. Die befragten Jurastudierenden gehen durchschnittlich vier Tage in der Woche abends aus, was ihre Studienbeteiligung, die ja mit frühem Aufstehen verbunden ist, beeinträchtigt.

Die geringe Studienbeteiligung kann demnach bei den Studierenden der Sozialwissenschaften dadurch bedingt sein, dass sie nur geringe Leistungserwartungen ihrer Heimathochschule erfüllen müssen. Die befragten Jurastudierenden scheinen während ihres Auslandsstudiums verstärkt abendlichen Freizeitaktivitäten nachzugehen, die ihnen die intensive Beteiligung am Studium erschweren.

Wie bei der Beschreibung der Studienbeteiligung der befragten Erasmusstudierenden in Deutschland gezeigt wurde, nehmen rund die Hälfte der Probanden der quantitativen Erhebung nur in geringem Umfang am Fachstudium an der Gasthochschule teil. Sie machen nur wenige Leistungsnachweise, besuchen kaum Lehrveranstaltungen und stufen die investierte Zeit für das Fachstudium in Deutschland als geringer ein als diejenige, die sie üblicherweise für ihr Studium im Heimatland benötigen. Die andere Hälfte der Befragten engagiert sich dagegen intensiv im Fachstudium in Deutschland (siehe Abbildung 15). Durch die Berechnung von bivariaten Korrelationen konnten diejenigen Variablen ermittelt werden, welche die Studienbeteiligung der Gaststudierenden entscheidend beeinflussen. Die von handlungstheoretischen Modellen abgeleiteten Hypothesen, die unter 3.4.1 aufgestellt wurden, scheinen größtenteils bestätigt zu werden. Auf der Seite der personalen Faktoren, die die Handlungsentscheidungen der Erasmusstudierenden für oder gegen eine intensive Beteiligung am Studium an ihrer Gasthochschule beeinflussen, kristallisieren sich vor allem die Studienmotivation der Befragten, ihr Interesse an abendlichen Freizeitaktivitäten und in geringem Maße auch ihre Deutschkenntnisse als wichtige Einflussgrößen heraus. Auf der Seite der umgebungsbezogenen Faktoren beeinflussen vor allem die Leistungsanforderungen, welche die Heimatuniversität an ihre Studierenden in Deutschland stellt, entscheidend die Studienbeteiligung der Erasmusstudierenden während ihres Aufenthalts. Diese scheinen mit dem Studienfach der Befragten, ihrer Nationalität und ihrer Gasthochschule zu variieren.

### 5.1.2.2  Multivariates Erklärungsmodell der Studienbeteiligung

Nachdem nun die Variablen ermittelt worden sind, bei denen sich Korrelationen mit der zu erklärenden Studienbeteiligungen der Erasmusstudierenden in Deutschland ergeben, soll ein Modell berechnet werden, dass es erlaubt, Aussagen über den Erklärungswert jeder einzelnen Variable, in Relation mit den anderen Erklärungsvariablen zu treffen. Zudem ist interessant zu erfahren, wie viel Prozent der tatsächlichen Antworten nach Kenntnis der Erklärungsvariablen vorhergesagt werden können. Als multivariates Analyseverfahren, mit dem die Abhängigkeit meiner dichotomen Variable »Studienbeteiligung«[67] von den unabhängigen Variablen getestet werden kann, wird die »Logistische Regression« angewandt. Wegen der vielen in die Analyse eingehenden Variablen soll der Computer entscheiden, welche letztlich in die Wahrscheinlichkeitsgleichung eingehen. Es wird die Methode der »Vorwärtsselektion« gewählt, die zunächst mit der Einbeziehung der Konstanten beginnt und dann sukzessive jeweils die Variable aufnimmt, welche die höchste Korrelation zur abhängigen Variable aufweist. Ferner wird jeweils überprüft, welche Variablen wieder entfernt werden müssen.

In der Klassifizierungstabelle ist die Vorhersagewahrscheinlichkeit der Intensität der Studienbeteiligung der Erasmusstudierenden in Deutschland nach Eingabe der unabhängigen Variablen zu erkennen (siehe Tabelle 8). Es werden 185 der 197 Fälle in die Analyse einbezogen.

Aus der Tabelle 8 ist zu entnehmen, dass nur vier der acht unter 5.1.2.1 ermittelten Variablen, die bivariate Korrelationen mit der Studienbeteiligung aufweisen, in das Gesamtmodell aufgenommen werden. Dies sind die Nationalität, die deutsche Gasthochschule, das Studienfach und die Häufigkeit des Kino- und/oder Theaterbesuchs. Die Deutschkenntnisse, die Häufigkeit des Kneipen- oder Cafébesuchs, ob der Deutschlandaufenthalt ein Pflichtteil des Studiums darstellt und ob die Befragten den Deutschlandaufenthalt als Pause in ihrem Studium sehen, wird nicht in die Berechnungen einbezogen, da sich diese Variablen im Gesamtmodell nicht als signifikant erweisen.

Die Tabelle 8 weist vier Analyseschritte nach, in denen jeweils eine zusätzliche unabhängige Variable in die Untersuchung aufgenommen wird. Nach diesen vier Schritten hat sich die Anpassung des Gesamtmodells signifikant um $\chi^2 = 57{,}803$ verbessert.

---

67 Die Variable »Studienverhalten« wird hier in eine dichotome Variable umgewandelt, indem die Kategorien »sehr, sehr geringe Beteiligung«, »sehr geringe Beteiligung« und »geringe Beteiligung« (3 bis 5 Punkte) zu »geringer Teilnahme am Fachstudium« zusammengefasst werden. Die Kategorien »mittlere Beteiligung«, »starke Beteiligung«, »sehr starke Beteiligung« und »sehr, sehr starke Beteiligung« (6 bis 9 Punkte) werden zur Kategorie »mittlere oder intensive Teilnahme am Fachstudium« zusammengefasst (siehe Abbildung 15).

**Klassifizierungstabelle[a]**

| Beobachtet | | | geringe Teilnahme | mittlere oder intensive Teilnahme | Prozentsatz der Richtigen |
|---|---|---|---|---|---|
| | | | Vorhergesagt | | |
| | | | Teilnahme am Fachstudium in Deutschland | | |
| Schritt 1 | Teilnahme am Fachstudium in Deutschland | geringe Teilnahme | 81 | 22 | 78,6 |
| | | mittlere oder intensive Teilnahme | 48 | 34 | 41,5 |
| | Gesamtprozentsatz | | | | 62,2 |
| Schritt 2 | Teilnahme am Fachstudium in Deutschland | geringe Teilnahme | 83 | 20 | 80,6 |
| | | mittlere oder intensive Teilnahme | 39 | 43 | 52,4 |
| | Gesamtprozentsatz | | | | 68,1 |
| Schritt 3 | Teilnahme am Fachstudium in Deutschland | geringe Teilnahme | 79 | 24 | 76,7 |
| | | mittlere oder intensive Teilnahme | 30 | 52 | 63,4 |
| | Gesamtprozentsatz | | | | 70,8 |
| Schritt 4 | Teilnahme am Fachstudium in Deutschland | geringe Teilnahme | 85 | 18 | 82,5 |
| | | mittlere oder intensive Teilnahme | 27 | 55 | 67,1 |
| | Gesamtprozentsatz | | | | 75,7 |

a. Der Trennwert lautet ‚500

*Bei Schritt 1 eingegebene Variable: Nationalität.*
*Bei Schritt 2 zusätzlich eingegebene Variable: Deutsche Hochschule.*
*Bei Schritt 3 zusätzlich eingegebene Variable: Studienfach.*
*Bei Schritt 4 zusätzlich eingegebene Variable: Häufigkeit des Kino/Theaterbesuchs.*

*Tabelle 8: Die im multivariaten Modell errechneten Einflussfaktoren auf die Studienbeteiligung der Erasmusstudierenden.*

Die *Nationalität* ist die wichtigste Erklärungsvariable für Studienintensität in Deutschland, da sie die höchsten Korrelationen mit der abhängigen Variable aufweist (siehe Tabelle 8). Aus diesem Grund wird sie auch als erste in die Analyse aufgenommen. Bei Kenntnis der Nationalitäten der Befragten können 62,2% der beobachteten Antworten richtig errechnet werden. Es wird zu 78,6% richtig vorhergesagt, ob die ausländischen Studierenden geringe Teilnahme am Fachstudium in Deutschland zeigen. Zu 41,5% kann die intensive Teilnahme am Fachstudium richtig prognostiziert werden (siehe Tabelle 8). Im zweiten Analyseschritt wird die *deutsche Hochschule* zusätzlich in das Modell aufgenommen. Der Prozentsatz der richtig vorhergesagten Antworten liegt nun bei 68,1%. Im dritten Schritt wird das *Studienfach* zusätzlich in die Analyse aufgenommen. Nun können 70,8% der tatsächlichen Antworten richtig berechnet werden. Im vierten und letzten Schritt wird die Häufigkeit der *Kino- oder Theaterbesuche* in die Analyse aufgenommen. Am Ende der Analyse liegt die Wahrscheinlichkeit, dass eine Prognose von mittlerer oder intensiver Studienbeteiligung zutrifft bei 67,1% und die Wahrscheinlichkeit, dass eine Prognose von wenig intensiver Teilnahme am Fachstudium in Deutschland zutrifft liegt bei 82,5%.

Insgesamt kann bei Kenntnis der Nationalität der Befragten, ihrer deutschen Hochschule, ihres Studienfaches und der Häufigkeit ihrer Kino-/Theaterbesuche mit der Wahrscheinlichkeit von 75,7% richtig vorhergesagt werden, ob sie sich intensiv am Studium in Deutschland beteiligen oder nicht.

Der Einfluss dieser vier durch die Logistische Regression ermittelten wichtigsten Erklärungsvariablen zur Vorhersage der Intensität der Studienbeteiligung der Erasmusstudierenden während ihres Deutschlandaufenthalts, kann wie folgt erklärt werden: Die *Nationalität* der Befragten erweist sich als wichtigste unabhängige Variable zur Erklärung der Studienbeteiligung der Befragten, da sich die ausländischen Studierenden je nach Herkunftsland unterschiedlich hohen Leistungsanforderungen ausgesetzt sehen, die sie während des Aufenthalts erfüllen sollen (siehe S. 171 ff.). Es bestätigt sich die unter 3.4.1 aufgestellte Hypothese, dass je geringer die Anforderungen sind, die an die ausländischen Studierenden von ihren Heimathochschulen herangetragen werden, desto geringer ist auch die Beteiligung am Fachstudium an der Gasthochschule. Hier scheinen die Anforderungen für die englischen Studierenden geringer zu sein als für die Befragten der anderen Länder, was sich negativ auf ihre Studienbeteiligung auswirkt. In der Nationalität der Befragten drückt sich zudem ihre Deutschkompetenz aus.

Die spanischen Befragten beurteilen ihre Deutschkenntnisse wesentlich schlechter, als die Studierenden der anderen Nationalitäten. Ob die geringe Deutschkompetenz der spanischen Studierenden jedoch einen negativen Einfluss auf ihre Studienbeteiligung in Deutschland hat, hängt in der Regel davon ab, ob sie gute Deutschkenntnisse zum Verständnis der Lehrveranstaltungen benötigen oder nicht (siehe S. 172 ff.).

Letztlich drückt sich in der Nationalität der Befragten auch die unterschiedliche Motivation der Erasmusstudierenden für ein Studium in Deutschland aus. Der überwiegende Teil der englischen Studierenden kann sich nicht frei für das Auslandsstudium entscheiden, da dieses ein Pflichtteil seines Studiums darstellt. Die vorwiegend extrinsische Motivation dieser Gruppe für das Studium in Deutschland wirkt sich negativ auf die Studienbeteiligung vor Ort aus (siehe S. 169 ff.).

Die *deutsche Hochschule* ist eine wichtige Variable zur Erklärung der Studienbeteiligung der Erasmusstudierenden, da sich in ihr die unterschiedlich hohen Anforderungen an die Studienleistungen der Gaststudierenden ausdrücken. Hier scheinen die Anforderungen, die an die Erasmusstudierenden in Mainz gestellt werden, höher zu sein als diejenigen, die den Befragten an den anderen Gasthochschulen begegnen. Dies lässt sich durch die Tatsache erklären, dass ein Teil der Befragten an der Johannes Gutenberg-Universität in Mainz binationale Studiengänge belegt, die den Erwerb eines in beiden Ländern anerkannten »Doppeldiploms« garantiert (siehe S. 177 ff.). Für diese Gruppe ist der Deutschlandaufenthalt ein »normaler« Studienabschnitt, in dem sie hohe Leistungsanforderungen erfüllen müssen. In allen anderen untersuchten

Hochschulen fällt der Anteil der befragten Erasmusstudierenden, die binationale Studiengänge studieren, nicht ins Gewicht.

Nicht nur die Studienanforderungen, sondern auch die Sprachkompetenzen der Befragten variieren mit der Hochschule, an der sie in Deutschland studieren (siehe S. 172 ff.). Ob die Deutschkenntnisse auf die Studienbeteiligung der Befragten auswirkt scheint vor allem von ihrem Studienfach abzuhängen.

Die *Studienfächer* sind eine wichtige Erklärungsvariable für die Studienbeteiligung, da die Leistungsanforderungen je nach Studienfach unterschiedlich hoch sind. Diese sind besonders für die Studierenden der Sozialwissenschaften geringer als für die Studierenden der anderen Fächer (siehe S. 179 ff.).

In den Studienfächern drücken sich zudem die unterschiedlich hohen Deutschkompetenzen der Befragten aus. Die Studierenden der Natur- und Ingenieurswissenschaften schätzen ihre Deutschkenntnisse sehr viel schlechter ein als die Studierenden der anderen Fächer, was sich bei dieser Gruppe jedoch nicht negativ auf ihre Studienbeteiligung auszuwirken scheint, da die Studienleistungen in diesen Fächern auch ohne Deutschkenntnisse erbracht werden können.

Häufige *Kino- und Theaterbesuche* scheinen sich negativ auf die Studienbeteiligung in Deutschland auszuwirken. Wer häufig abends ausgeht, Kinos und/oder Theater besucht, zeigt eine weniger intensive Studienbeteiligung als Jemand, der seltener abends ausgeht. Dies kann man besonders gut bei der Gruppe der befragten JurastudentInnen und der befragten EngländerInnen beobachten, deren häufige abendliche Ausgehaktivitäten sich negativ auf ihre Studienbeteiligung auszuwirken scheinen (siehe S. 173 ff.).

### 5.1.3 Diskussion der Ergebnisse vor dem Hintergrund der theoretischen Konzepte und empirischen Studien zur Studienbeteiligung

In diesem Kapitel wurden die Studienbeteiligungen der von mir befragten Erasmusstudierenden zunächst beschrieben und dann erklärt. Um die Erreichung der Ziele des Erasmusprogramms überprüfen zu können, das sowohl sprachliche als auch fachliche Kenntniszuwächse bei den Stipendiaten erreichen möchte, wurden zunächst die Anstrengungen der Befragten beschrieben, ihre Deutschkenntnisse während des Aufenthalts zu verbessern. Der Großteil der Befragten hat das Ziel während seines Deutschlandaufenthalts seine Deutschkenntnisse zu erweitern. Die Erasmusstudierenden besuchen Deutschkurse, streben Konversationen mit Deutschen an und führen selbstständige Studien anhand von Lehrbüchern, Zeitungen, Fernsehen usw. durch. Dennoch äußern sich die befragten ausländischen Studierenden in der qualitativen Erhebung häufig sehr unzufrieden mit ihrem Zuwachs an Deutschkenntnissen, was sie in der Regel darauf zurückführen, dass es ihnen nicht gelungen ist, Freundschaften zu Deutschen aufzubauen. Fast die Hälfte der Befragten meiner quantitativen Erhebung, die ja schon seit mindestens einem Semester in Deutschland lebt, schätzt ihre mündlichen Deutschkompetenzen als zu gering ein, um ein Gespräch über gesellschaftliche und politische Themen auf Deutsch führen zu können. Aufgrund meiner Arbeit als Betreuerin der Erasmusstudierenden in Osnabrück, den gemachten Beobachtungen in den Erhebungsstädten und den geführten qualitativen Interviews ist es mir möglich, die Angaben der Befragten durch meine Beobachtungen zu bestätigen. Nach meinen Erfahrungen gibt es eine große Gruppe von Stipendiaten, die den Aufenthalt fast ohne Deutschkenntnisse beginnt und Deutschland mit sehr geringen Deutschkenntnissen wieder verlässt. Rund ein Drittel der qualitativen Interviews müssen aufgrund der fehlenden Deutschkenntnisse der Befragten in ihrer Muttersprache geführt werden.

In den bereits existierenden Erasmusevaluationen (Teichler, 1999 und Rosselle, 1999) werden große Zuwächse an Fremdsprachenkenntnissen durch den Auslandsaufenthalt konstatiert. Dies scheint nach meinen Ergebnissen nicht auf den Großteil der Befragten zuzutreffen. Die von meinen Ergebnisse abweichenden Befunde können vermutlich zum Teil auf die schon unter 3.4.1 angesprochenen methodischen Mängel der bestehenden Erasmusevaluationen zurückgeführt werden. Meine Ergebnisse scheinen die sehr positiven Einschätzungen der beiden Erasmusevaluationen bezüglich des Ertrags des Erasmusprogramms in Bezug auf die Verbesserung der Fremdsprachenkenntnisse durch den Deutschlandaufenthalt zu relativieren.

Nach den besagten Erasmusevaluationen beteiligen sich die befragten Erasmusstudierenden durchschnittlich sehr intensiv am Fachstudium an ihrer Gasthochschule und berichten über große fachliche Kenntniszuwächse. Diesen Ergebnissen widerspricht, dass viele Befragte in den von mir geführten qualitativen Interviews den Erasmusaufenthalt u. a. aus dem Grund als sehr positiv beschreiben, da sie sich von Studienverpflichtungen befreit fühlen. Die gewonnene Handlungsfreiheit wird gelobt und der Aufenthalt als »Urlaub« beschrieben. In der quantitativen Erhebung geben dann auch über die Hälfte der Befragten an, sie würden in Deutschland weniger Zeit für ihr Studium investieren als sie dies in ihren Ländern täten. Bezieht man noch die Teilnahme an Lehrveranstaltungen und den Erwerb von Leistungsnachweisen in Deutschland in die Bewertung der Studienbeteiligung der Befragten ein, ergibt sich, dass 13,7% der Befragten ihre Fachstudien während des Deutschlandaufenthalts fast gar nicht fortzusetzen scheinen (siehe 5.1.1.2.4). Bei 40,1% der Befragten ist die Studienbeteiligung in Deutschland sehr gering oder gering. 12,7% der Befragten zeigen eine mittelstarke Studienbeteiligung und 28,8% der Gaststudierenden beteiligen sich intensiv oder sehr intensiv am Studium an der Gasthochschule. Betrachtet man diese Zahlen, erscheint es kaum möglich, die Erasmusstudierenden als eine homogene Gruppe zu betrachten, die gleich intensive Studienbeteiligung in Deutschland aufweist. Demnach scheint es Stipendiaten zu geben, die sich sehr intensiv am Fachstudium in der Austauschstadt beteiligen und über große Kenntniszuwächse im fachlichen Bereich berichten. Rund die Hälfte der Befragten führt ihre fachlichen Studien dagegen nur in geringem Umfang in der Austauschstadt fort. Demnach erscheint es kaum möglich, generalisierbare Aussagen bezüglich der Studienbeteiligung zu treffen, die auf alle Erasmusstudierenden verallgemeinerbar wären. Die sehr positiven Konklusionen der existierenden Erasmusevaluationen bezüglich des fachlichen Ertrags des Erasmusprogramms wurden aufgrund der methodischen Mängel der Untersuchungen schon unter 3.1.4 angezweifelt und müssen durch die Ergebnisse meiner Erhebung relativiert werden.

Bisherige Studien, die das Studium der Erasmusstudierenden im Gastland untersuchen, sind rein deskriptiv (Teichler, 1999 und Rosselle, 1999). Ich habe dagegen, ausgehend von unter 3.4.1 formulierten handlungstheoretischen Überlegungen, versucht, die beobachtete sehr unterschiedliche Studienbeteiligung der Pobanden zu erklären. Die Höhe der Studienbeteiligung dcr Befragten wurde als Ausdruck ihrer individuellen Entscheidungen aufgefasst. Es wurde vermutet, dass sich die Stipendiaten für eine intensive Studienbeteiligung entscheiden, wenn diese der Verwirklichung ihrer Ziele entspricht und die individuell eingeschätzten »Kosten« der Studienentscheidung als gering eingestuft werden. Es wurde vermutet, dass die Stipendiaten sich für eine geringe Studienbeteiligung in Deutschland entscheiden, wenn durch diese keine wichtigen individuellen Ziele erreicht werden können und wenn die »Kosten« der Studienbeteiligung höher eingeschätzt werden, als der erwartete Nutzen. Unklar war bei der Planung der empirischen Untersuchung welche individuellen Motivationen die Studienbeteiligungen der Stipendiaten beeinflussen und welche »Kosten« von den Betreffenden bei der Entscheidung für oder gegen eine intensive Studienbeteiligung in Deutschland wahrgenommen werden (siehe 3.4.1). Zur Identifizierung der relevanten Variablen zur Erklärung der Handlungsentscheidungen werden mit den Daten der quantitativen Erhebung sowohl bivariate Korrelationen als auch ein multivariates Modell errechnet. Es ergibt sich, dass bei Kenntnis der Nationalität der Befragten, ihrem Studienfach, ihrer Austauschhochschule und der Häufigkeit, mit der sie abends ausgehen, zu 75% richtig vorhergesagt werden kann, ob sie sich intensiv am Fachstudium in Deutschland beteiligen oder nicht. Der Einfluss der genannten Variablen kann ausgehend von Essers (1980) Handlungsmodell, das personale und umgebungsbezogene Einflussfaktoren unterscheidet, erklärt werden. Bei den *personalen Faktoren* ergibt sich, dass vor allem die *Studienmotivation* die Studienbeteiligung der Probanden beeinflusst. Gaststudierende, die sich für den Auslandsaufenthalt frei entscheiden konnten, die ein intrinsisches Interesse an ihrem Studienfach haben und/oder die vermeiden möchten, dass sich durch den Auslandsaufenthalt ihre Gesamtstudienzeit verlängert, beteiligen sich demnach intensiver am Fachstudium in Deutschland als Erasmusstudierende, für die der Deutschlandaufenthalt ein Pflichtteil ihres Studiums darstellt, die sich nur in geringem Maße für die Studieninhalte ihres Faches interessieren und/oder für die eine geringe Gesamtstudienzeit nicht oberste Priorität hat. Die Studienmotivation ist je nach Staatsangehörigkeit der Befragten unterschiedlich groß (siehe S. 169 ff.).

Studierende vergleichen bei ihren Handlungsentscheidungen den Wert verschiedener Interessen, die sich zum Teil widersprechen. Ist die Studienmotivation geringer als das Interesse an der Realisierung anderer, unvereinbarer Aktivitäten, werden sich die Probanden für die Realisierung der *alternativen Handlungsziele* entscheiden und sich nur in geringem Maße am Fachstudium in Deutschland beteiligen. Diese Hypothesen werden durch die Ergebnisse der quantitativen Erhebung bestätigt. Mit der zunehmenden Häufigkeit von abendlichen Ausgehaktivitäten sinkt die Studienbeteiligung der Befragten. Das Interesse der Befragten an diesen *Freizeitaktivitäten* ist je nach Nationalität und Studienfach der Probanden unterschiedlich groß (siehe S. 173 ff. und S. 179 ff.). Die Erwerbstätigkeit von 25% der Befragten, die durchschnittlich neun Stunden wöchentlich jobben, wirkt sich entgegen meiner Annahmen nicht negativ auf die Intensität der Studienbeteiligung dieser Gruppe aus.

Bei den personalen Faktoren schienen mir bei der Planung der Untersuchung zudem die *Deutschkompetenzen* die Intensität der Studienbeteilungen der Erasmusstudierenden entscheidend zu beeinflussen (siehe 3.4.1). Es ergeben sich jedoch nur geringe Korrelationen zwischen Deutschkompetenz und Studienbeteiligung, was vermutlich darauf zurückzuführen ist, dass der Fachunterricht in einigen Studienfächern auf Englisch stattfindet, und/oder dass Fächer studiert werden, in denen praktische Arbeiten ausgeführt werden, für deren Realisierung wenige oder keine Deutschkenntnisse nötig sind.

Auf der Seite der *umgebungsbezogenen Faktoren* definieren vor allem die Studienanforderungen die Handlungsmöglichkeiten und Barrieren im Bereich der Studienbeteiligung.

Hier bestätigt sich meine Annahme, dass je höher die *Studienanforderungen* der Heimatuniversität an die Partizipation der Erasmusstudierenden am Studium an der Gasthochschule sind, desto intensiver studieren diese in Deutschland. Die Studienanforderungen sind je nach Studienfach, Nationalität und Gasthochschule unterschiedlich (siehe S. 177 ff., S. 171 ff und S. 179 ff.). Abhängig von den Studienanforderungen, die an die Austauschstudierenden gestellt werden, sind auch die Möglichkeiten, die in Deutschland erworbenen Leistungsnachweise auf das Studium im Heimatland anrechnen zu können. Werden die Leistungsnachweise nicht angerechnet, sinkt die Studienmotivation bei vielen Probanden, da sich ihre Gesamtstudienzeit unabhängig von der Intensität ihrer Studienbeteiligung in Deutschland verlängert.

Erasmusstudierende, die nach Deutschland kommen, um ihre Fachstudien zu vertiefen, die ihr Studium wichtiger finden als abendliche Freizeitaktivitäten, die umfangreichen Leistungsanforderungen ihrer Heimatuniversitäten ausgesetzt sind und hohe Deutschkompetenzen besitzen, werden sich somit stärker am Studium an der deutschen Gasthochschule beteiligen als ausländische Studierende, die sich für den Auslandaufenthalt entscheiden, um eine Pause in ihrem Fachstudium einlegen zu können, die abendliche Freizeitbetätigungen wichtiger finden als an Lehrveranstaltungen teilzunehmen, die geringe Leistungsanforderungen ihrer Heimatuniversität erfüllen müssen und die über nur minimale Deutschkompetenzen verfügen.

## 5.2    Die sozialen Kontakte der Erasmusstudierenden in Deutschland

Das Erasmusprogramm intendiert nicht nur den Zuwachs an Fach- und Fremdsprachenkenntnissen durch den Auslandsaufenthalt, sondern möchte auch »kulturelles Lernen« bei den ProgrammteilnehmerInnen erreichen (siehe 2.2.1.3). Als wesentliche Bedingung für den Erwerb dieser »Europakompetenzen« erscheint die möglichst umfassende Kenntnis des Gastlandes und seiner Bevölkerung. Aus diesem Grund sind intensive und häufige Kontakte zwischen Erasmusstudierenden und der deutschen Bevölkerung eine wichtige Vorraussetzung zur Erreichung dieser Programmziele. Auch die vom Erasmusprogramm angestrebten zukünftigen wirtschaftlichen Kooperationen hängen in hohem Maße von persönlichen interkulturellen Kontakten ab, welche die Erasmusstudierenden während ihres Auslandsaufenthalts knüpfen sollen.

Ob die Erasmusstipendiaten während ihres Deutschlandaufenthalts wirklich ein programmkonformes Verhalten zeigen und intensive Kontakte zur deutschen Bevölkerung aufbauen, wird zu Beginn dieses Kapitels untersucht. Die sozialen Kontakte werden differenziert nach Lebensbereichen (Freizeit, Wohnen und Studium) für die möglichen Kontaktgruppen (deutsche Studierende, sonstige Deutsche, Landsleute, sonstige ausländische Studierenden) dargestellt. Es wird erforscht, nach welchen Kriterien die Erasmusstudierenden selbst ihre deutschen Kontakte beurteilen und wie zufrieden sie mit ihnen sind.

Im zweiten Teil dieses Kapitels soll herausgefunden werden, welche Faktoren die Häufigkeit und die Intensität der Kontakte zwischen deutschen und ausländischen Studierenden entscheidend beeinflussen. Ausgehend von handlungstheoretischen Überlegungen wird die Zusammensetzung des Freundeskreises während des Deutschlandaufenthalts als bewussten Ausdruck der Entscheidungen der Befragten aufgefasst. Auf welche Weise die individuellen Handlungsziele, die personalen Fähigkeiten, die inneren Widerstände und die wahrgenommenen, umgebungsbezogenen Handlungsmöglichkeiten und Handlungsbarrieren die Wahl bestimmter Bezugsgruppen in Deutschland beeinflussen, wird durch die vergleichende Auswertung der qualitativen sowie der quantitativen Daten ermittelt. Auf diese Weise können die unter 3.4.2 aufgestellten Hypothesen, bezüglich der Faktoren, welche die Freundschaftswahlen der ausländischen Studierenden beeinflussen, überprüft werden.

### 5.2.1 Darstellung der sozialen Kontakte

Während der quantitativen Erhebung werden die Befragten gebeten, anzugeben, mit welcher Kontaktgruppe (Deutsche Studierende, Studierende aus dem eigenen Land, sonstige ausländische Studierende und Personen, die nicht studieren) sie bei bestimmten Aktivitäten[68], hauptsächlich Kontakt haben (siehe Fragebogen im Anhang). Es wird nach Aktivitäten gefragt, die sich in den qualitativen Interviews der explora-

---

69 Aktivitäten, nach denen im Fragebogen gefragt wird: Videos anschauen oder fernsehen; in die Kneipe, Disko oder auf eine Party gehen; über Unterschiede zwischen dem eigenen Land und Deutschland sprechen; Sport treiben; mit anderen zusammen kochen oder backen; reisen; die persönlichen Probleme besprechen; sich in der Muttersprache unterhalten; in der Mensa essen; ins Kino, Konzert oder Theater gehen; die alltäglichen Erlebnisse erzählen.

tiven Phase als typisch für Erasmusstudierenden herausstellten. Ich nehme an, dass die Anteile der Aktivitäten, die mit den jeweiligen Kontaktgruppen ausgeübt werden als Indikatoren für den Umfang der sozialen Kontakte gewertet werden können, die auf die unterschiedlichen Kontaktgruppen entfallen. Die Auswertung der quantitativen Daten ergibt, dass die »Studierenden ihrer Nationalität« durchschnittlich die bedeutsamste Kontaktgruppe für die Befragten sind (41% der Antworten). Die zweitwichtigste Kontaktgruppe sind »andere ausländische StudentInnen« (32% der Antworten). Die drittwichtigste Gruppe sind die »deutschen Studierenden« (25% der Antworten). Auf »Personen, die nicht studieren« entfallen nur 2% der Antworten (siehe Abbildung 21).

## Kontakte der Erasmusstudierenden

## nach Kontaktgruppen

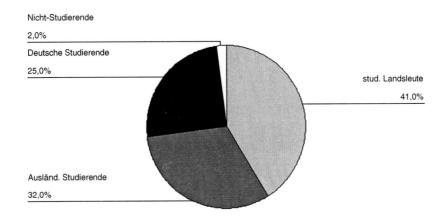

*Abbildung 21: Kontakte der Erasmusstudierenden während ihres Deutschlandaufenthalts nach Kontaktgruppen.*

### 5.2.1.1   Kontakte zu Studierenden der eigenen Nationalität

Durchschnittlich scheinen die StudentInnen der eigenen Nationalität in der Austauschstadt die wichtigste Kontaktgruppe für die ausländischen Studierenden zu sein, da Personen dieser Gruppe die wichtigsten Kontaktpartner bei den untersuchten Aktivitäten darstellen (siehe Abbildung 21). Die Bedeutung der StudentInnen aus ihrem Land als Kontaktpartner bei den im Fragebogen untersuchten Aktivitäten ist jedoch bei den befragten Erasmusstudierenden unterschiedlich groß. Wie aus Abbildung 22 ersichtlich ist, haben 43,1% der Befragten »viele Kontakte« zu StudentInnen ihrer

Nationalität, was bedeutet, dass sie mindestens acht der elf abgefragten Aktivitäten mit Landsleuten ausüben. 28,9% haben »mittlere Kontakte«, da sie zwischen vier und sieben der elf Aktivitäten mit StudentInnen aus ihrem Land unternehmen und 21,8% haben »wenige Kontakte« zu Landsleuten, da sie mit Personen dieser Gruppe nur drei oder weniger Aktivitäten ausüben.

## Kontakte zu Studierenden der eigenen Nationalität

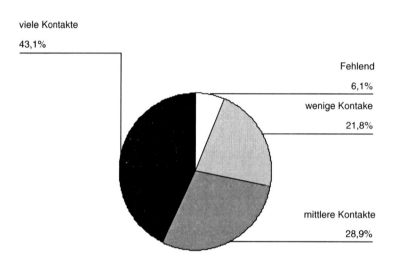

*Abbildung 22: Kontakte zu Studierenden der eigenen Nationalität.*

Untersucht man, welche Aktivitäten die Befragten vor allem mit Studierenden aus ihrem Land ausüben, ergibt sich folgendes Bild:

Die Befragten sprechen durchschnittlich jeden Tag ihre *Muttersprache*, was bei 95% der Probanden bedeutet, dass sie Kontakte zu Personen aus ihrem Land haben. Fast alle befragten EramusstudentInnen kennen demnach mindestens eine Person aus ihrem Heimatland in der Austauschstadt zu der sie täglich Kontakt haben. Die Landsleute sind bei weitem die wichtigsten *»Ansprechpartner bei persönlichen Problemen«*. Es wird angenommen, dass Vertrauenspersonen, denen man von seinen Problemen berichtet, vor allem aus dem Freundeskreis gewählt werden. Trifft dies zu, deutet diese Variable darauf hin, dass die befragten Stipendiaten nicht nur besonders häufige, sondern auch besonders intensive Kontakte zu Studierenden ihrer Nationalität in der Austauschstadt unterhalten.

Studierenden der eigenen Nationalität sind auch die Personengruppe, der besonders häufig »alltäglichen Erlebnisse« berichtet werden. Dies zeigt noch einmal, dass tägliche Kontakte eines Großteils der befragten ErasmusstudentInnen, vor allem zu StudentInnen ihrer Nationalität bestehen.

Die Befragten *reisen* durchschnittlich einmal im Monat. Diese Aktivität wird vornehmlich mit »Studierenden der gleichen Nationalität« ausgeübt und/oder mit »anderen ausländischen Studierenden«, aber weniger mit deutschen Studierenden. Dieses Ergebnis erstaunt nicht, da, wie aus den qualitativen Interviews ersichtlich wird, ausländische Studierende häufig das Interesse haben, Deutschland während ihres Studienaufenthalts kennen zu lernen. Zu diesem Zweck verabreden sie sich mit anderen ErasmusstudentInnen, um in Gesellschaft zu reisen und um z. B. gemeinsam das kostengünstige »Wochenendticket« der Deutschen Bahn nutzen zu können. Andere ErasmusstudentInnen besuchen ihre Kommilitonen aus dem Heimatland, die in anderen deutschen Städten studieren. Das Interesse, Deutschland zu erkunden, besteht bei deutschen Studierenden vermutlich weniger, da sie viele Reiseziele in Deutschland schon kennen. Dass »Reisen« hauptsächlich unter ausländischen Studierenden stattfindet, lässt sich auch dadurch erklären, dass viele von den Akademischen Auslandsämtern oder lokalen Betreuungsinitiativen angebotene Reisen nur für ausländische Studierende reserviert sind und deutsche Studierende gar nicht teilnehmen können.

Bei den Aktivitäten ins »*Kino, ins Theater oder ins Konzert*« gehen, sind die »Studierenden der eigenen Nationalität« als Kontaktpartner durchschnittlich etwas bedeutsamer als die »anderen ausländischen Studierenden«.

Durchschnittlich essen die Befragten »alle drei Tage« in der *Mensa* und dies vor allem mit »Studierenden ihrer Nationalität« und/oder mit »anderen ausländischen Studierenden«. In den qualitativen Interviews wird immer wieder die Wichtigkeit der Mensa als Treffpunkt mit Studierenden aus dem eigenen Land oder mit anderen ausländischen Studierenden betont. In Greifswald, Köln, Cottbus und Osnabrück habe ich beobachtet, dass die dortigen ErasmusstudentInnen vereinbart haben, sich täglich zu einem bestimmten Zeitpunkt in der Mensa zu treffen (z. B. um 13 Uhr unter der Uhr der Osnabrücker Mensa). Jeder hat die Möglichkeit, diesen Termin wahrzunehmen. Die tatsächlichen Essensgruppen sind nicht identisch, werden aber aus dem »Pool« von ErasmusstudentInnen besetzt.

Dies beschreibt auch Michaela, die ihren Deutschlandaufenthalt in Köln verbringt:

> I: Ihr esst immer in der Mensa, ja?

> M: Es ist auch praktisch, weil es ist ja bei der Uni. Und es ist einfacher, da Leute zu treffen als Zuhause.

> I: Gehst Du denn immer mit den gleichen Leuten in die Mensa?

> M: Ja fast. Also, ich gehe nicht immer mit denselben, aber ich geh einfach da und ich finde immer jemanden, den ich kenne.

I: Zu einer bestimmten Uhrzeit?

M: Ja.

I: Wann denn?

M: Halb Eins ungefähr, Eins.

I: Und an einem bestimmten Treffpunkt?

M: Ja, der Eingang, entweder draußen oder drinnen.

Die Mensa ist in allen untersuchten Städten als sozialer Treffpunkt der ErasmusstudentInnen von hoher Bedeutung. In Köln, wo es keine Campusuniversität gibt und die ErasmusstudentInnen über das ganze Stadtgebiet verstreut leben, ist es für die Austauschstudierenden vermutlich besonders praktisch und zeitsparend, sich in der zentral gelegenen Hauptmensa zu treffen, von der Michaela spricht. In Wernigerode dagegen, wo sich die ErasmusstudentInnen sowieso tagtäglich sehen, da sie auf dem Campus zusammen wohnen und studieren, ist die Mensa nur einer unter vielen anderen genutzten Treffpunkten.

Wichtigste Kontaktgruppe sind die »Studierenden der eigenen Nationalität« (38% der Antworten) auch bei der Aktivität *gemeinsam fernzusehen oder Videos anzuschauen*, was durchschnittlich alle drei Tage stattfindet. Da nicht alle ErasmusstudentInnen einen eigenen Fernseher haben, treffen sie sich in Fernsehräumen ihrer Wohnheime oder bei Freunden, die einen Fernseher besitzen. So erklärt sich, dass häufige Treffen zum Fernsehen und zum Videos anschauen stattfinden.

Durchschnittlich *kochen oder backen* die Befragten der quantitativen Erhebung einmal pro Woche gemeinsam. Bei dieser Aktivität sind die »StudentInnen der eigenen Nationalität« bedeutsame Kontaktpartner (35% der Antworten). Wie an der relativ häufigen Ausübung dieser Aktivität abzulesen ist, hat das gemeinsame Kochen oder Backen mit Bekannten oder Freunden für viele ErasmusstudentInnen eine große Bedeutung. Aus den qualitativen Interviews geht hervor, dass ErasmusstudentInnen sich u. a. so häufig zum Kochen und Backen treffen, da sie schon in der gleichen WG im Studentenwohnheim wohnen und sich so ein gemeinsames Kochen anbietet, ihnen das Essen in der Mensa nicht schmeckt oder es ihnen Spaß macht, Gerichte aus ihrem Land zu kochen oder Speisen aus den Ländern anderer ausländischer Studierender zu probieren.

Dass die Erasmusstudierenden sehr häufig ihre Freunde während ihres Deutschlandaufenthalts aus der Gruppe der Studierenden ihrer Nationalität wählen, belegt nicht nur die Tatsache, dass zu dieser Gruppe bei fast allen im Fragebogen abgefragten Aktivitäten die häufigsten Kontakte zu bestehen scheinen, sondern auch die Aussagen der Befragten in den qualitativen Interviews. Ein Großteil der Probanden der qualitativen Erhebung nimmt »Nationalitätengruppen« in ihren Austauschstädten wahr, die aus Erasmusstudierenden der gleichen Nationalität bestehen würden. Dies berichtet z. B. die griechische Studentin Jasmin aus Osnabrück:

> J: Ja, aber was ist sicher zu bemerken, dass immer die Inländer die Zeit miteinander verbringen immer, immer. (I: Die Inländer?) Ich meine die Spanier mit den Spaniern, wir immer miteinander, die Russen immer zusammen, alle Gruppen sind immer Gruppen.

Auf die Existenz solcher »Nationalitätengruppen« wird in den qualitativen Interviews häufig Bezug genommen. Die individuelle Integration in diese Gruppen ist jedoch unterschiedlich hoch. Der spanische Erasmusstudent Roberto, der seinen Deutschlandaufenthalt in Cottbus verbringt, kann für eine große Gruppe an Befragten stehen, die fast ausschließlich Kontakte zu anderen Erasmusstudierenden aus ihrem Land habt. Auf die Frage, ob er in den Lehrveranstaltungen Kontakte zu Deutschen habe, antwortet er:

> J: Auch nicht. Wir haben nicht viel Kontakt. Vielleicht ist es unsere Schuld. Wir sind eine große Spaniergruppe hier und wir sind immer zusammen, manchmal mit den Italienern. Wir sind eine große Gruppe und wir gehen auf alle Partys zusammen. Wenn die Deutschen dich nicht verstehen, ertragen sie es nicht, sie versuchen nicht zu verstehen »was sagt er bloß«. Wir sprechen sehr schlecht Deutsch. Wir haben nicht viele deutsche Freunde, nur zwei oder drei, sehr wenige.
>
> I: Wie viele Spanier seit ihr den hier?
>
> J: Ungefähr zehn. Das ist viel, weil es Tage gibt, an denen ich überhaupt kein Deutsch spreche. Früher habe ich den ganzen Tag nur mit Spaniern verbracht. In welchem Land bin ich eigentlich? (J, I lachen)
>
> I: Und die anderen fühlen sich gut hier?
>
> J: Ja, wir sind alle sehr zufrieden.
>
> I: Ihr fühlt euch nicht sehr isoliert?
>
> J: Nein, nein, ich glaube isoliert, ist kein einziger Erasmusstudent.

Obwohl Roberto zum Interviewzeitpunkt schon seit etwa acht Monaten in Cottbus lebt, kann er nur sehr wenige Worte Deutsch sprechen, so dass das Interview auf Spanisch stattfinden muss. Von Roberto scheinen die schlechten Deutschkenntnisse auch als Erklärung der wenigen Kontakte zu Deutschen herangezogen zu werden. Die spanischen ErasmusstudentInnen in Cottbus scheinen dagegen häufige und intensive Kontakte untereinander zu pflegen. Robertos hohe Integration in die Gruppe der spanischen StudentInnen in Cottbus kann man daran ablesen, dass er nach seinen persönlichen Kontakten zu Deutschen gefragt mit »wir« antwortet und damit die anderen SpanierInnen zu meinen scheint. Die Gruppe der spanischen StudentInnen zu der Roberto gehört, scheint aus zehn Personen zu bestehen, was von Roberto als »große Gruppe« wahrgenommen wird. Roberto scheint seine Gruppe spanischer StudentInnen in Cottbus so groß vorzukommen, da er alle sozialen Aktivitäten mit

Gruppenmitgliedern ausüben kann. Bei diesen Gelegenheiten spricht er Spanisch und hat so aus seiner Sicht, keine Möglichkeiten, Deutsch kennen zu lernen. Im Hinblick auf sein Ziel, seine Deutschkenntnisse zu verbessern, scheint Roberto seine häufigen Kontakte zu den SpanierInnen in Cottbus zu bedauern, da sie für ihn Kontakte zu Deutschen unmöglich zu machen scheinen und damit wenige Möglichkeiten des Deutschlernens bestehen. In Bezug auf sein Bedürfnis nach sozialen Kontakten im allgemeinen scheint Roberto jedoch zufrieden zu sein, was erklären kann, warum er sich nicht »isoliert« fühlt.

Wie Roberto, scheint ein Großteil der Befragten im Alltag nicht »gezwungen« zu sein, Deutsch zu sprechen, da in allen wichtigen Lebensbereichen, dem Studium, in der Freizeit und im Wohnbereich, Interaktionspartner der eigenen Nationalität zur Verfügung stehen. Dies gilt vor allem für Studierende derjenigen Nationalitäten, die häufig an den Gasthochschulen vertreten sind. Die größten Erasmusgruppen in den Erhebungsstädten sind nach meinen Beobachtungen und den Angaben der Befragten, die Polen, Franzosen, Engländer und Spanier. Analysiert man die Beschreibungen der Nationalitätengruppen, fällt auf, dass diese selten aus unterschiedlichen Nationalitäten zusammengesetzt zu sein scheinen. In den qualitativen Interviews werden verschiedene Gründe zur Erklärung dieses Sachverhalts genannt. Neben wahrgenommenen kulturellen Ähnlichkeiten, welche die Identifikation mit den Studierenden aus dem gleichen Land erleichtern, festen Freundesgruppen aus einem Land, die gemeinsam nach Deutschland kommen und hier ihre intensiven Kontakte fortsetzen, gleichen Leistungserwartungen der Heimathochschulen, die besonders gut in Zusammenarbeit mit Landsleuten erfüllt werden können, werden immer wieder die unterschiedlichen Muttersprachen als Gründe für die Existenz von den mononationalen Studierendengruppen in Deutschland genannt. Ähnliches berichtet auch der italienische Student Fabrizio, der seinen Auslandsaufenthalt in Mainz verbringt:

> F: (...) Normalerweise es ist nur eine Sprachfrage. Ich verbringe viel, viel Zeit mit die Ausländer aber es gibt bestimmte Situationen, die unangenehm sind, wenn sie in ihre Muttersprache sprechen und sehr schnell, es ist schwer zu verstehen. Du kannst nicht an diesen Gesprächen teilnehmen. Ja. Normalerweise die englischsprachige Leute machen eine Gruppe und die Italienische mit die Spanische auch und die Franzosen.

Fabrizio berichtet hier von einigen Situationen, in denen er sich von den Konversationen in den »Nationalitätengruppen« ausgeschlossen fühlte, da die Gruppenmitglieder, ohne Rücksicht auf ihn, in ihrer Muttersprache kommunizierten. Da sich die Nationalitätengruppen häufig durch ihre gemeinsame Sprache abzugrenzen scheinen, ist die Mitgliedschaft in der Regel von der Kenntnis dieser Sprache abhängig. Wenn sich gemischtnationale Gruppen bilden, was nach meinen Beobachtungen eher selten anzutreffen ist, so häufig aufgrund der gleichen oder ähnlichen Muttersprachen der Mitglieder (z. B. Iren und Engländer, Schweizer und Franzosen, Spanier und Italiener).

194

Sowohl die Analyse der quantitativen als auch die der qualitativen Daten hat ergeben, dass die Intensität und die Häufigkeit der Kontakte zu anderen Erasmusstudierenden aus dem gleichen Land bei den Erasmusstudierenden individuell sehr unterschiedlich groß sind. Für einen Großteil der Befragten gilt jedoch, dass er die häufigsten und intensivsten Kontakte während des Deutschlandaufenthalts zu anderen Studierenden aus seinem Land unterhält.

### 5.2.1.2   Kontakte zu anderen ausländischen Studierenden

Andere ausländische Studierende in der Austauschstadt, die nicht aus dem Herkunftsland der befragten Erasmusstudierenden kommen, scheinen für sie durchschnittlich die zweitwichtigste Kontaktgruppe während ihres Deutschlandaufenthalts
zu sein, da 32% der Antworten auf diese Gruppe entfallen (siehe Abbildung 21). Der
Kontakt zu den ausländischen Studierenden ist jedoch individuell sehr unterschiedlich häufig und intensiv.

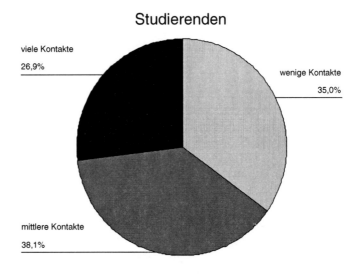

*Abbildung 23: Kontakte zu anderen ausländischen Studierenden.*

35% der Befragten der quantitativen Erhebung haben nur wenige Kontakte zu dieser
Gruppe, da sie mit ihr nur höchstens drei der 11 abgefragten Aktivitäten ausüben
(siehe Abbildung 23). 38,1% haben mittlere Kontakte zu anderen ausländischen
Studierenden, da sie zwischen vier und sieben Aktivitäten mit ihnen unternehmen
und 26,9% der Befragten üben zwischen acht und elf Aktivitäten mit anderen ausländischen Studierenden aus und haben somit »viele Kontakte«.

195

Besonders häufige Kontaktpartner sind Studierenden anderer Nationalitäten, durchschnittlich beim gemeinsamen Essen in der Mensa, beim Reisen, beim gemeinsamen Fernsehen oder Anschauen von Videos, bei Gesprächen über kulturelle Unterschiede zwischen dem eigenen Land und Deutschland, beim gemeinsamen Kochen und/oder Backen, bei Kino-, Konzert-, und/oder Theaterbesuchen und bei Kneipen-, Disko-, und/oder Partybesuchen.

»Ausländische Studierende« sind durchschnittlich besonders häufige Kontaktpartner der befragten Erasmusstudierenden bei abendlichen Ausgehaktivitäten. Dies erklärt sich zum Teil aus dem Sachverhalt, dass bei Feiern die von den Akademischen Auslandsämtern oder den lokalen Betreuungsorganisationen organisiert werden (z. B. Weihnachtfeiern, Feiern zu Semesteranfang und –abschluss, usw.) vorrangig ausländische Studierende eingeladen werden. Bei privaten Erasmuspartys reichen die bekannten Landsleute häufig zahlenmäßig nicht aus, um nur mit ihnen zu feiern, so dass auch andere ausländische Studierenden eingeladen werden. Zudem ergibt sich aus dem Gefühl der »Internationalität«, das aus der internationalen Zusammensetzung der Gäste und den vielen gesprochenen Sprachen resultiert, ein Teil der Attraktivität von Erasmuspartys.

An privaten Partys innerhalb der Woche haben, wie aus einigen Interviews ersichtlich wird, die deutschen Studierenden weniger Interesse als die ErasmusstudentInnen, was sich u. a. durch die in der Regel unterschiedlich umfangreichen Studienverpflichtungen erklären lässt (siehe 5.1). Die häufig organisierten Partys einiger ErasmusstudentInnen in ihren Studentenwohnheimen führen, in verschiedenen Fällen sogar zu Konflikten mit den deutschen Studierenden, die sich durch permanenten Krach gestört fühlen. Am Wochenende scheiden deutsche Studierende als Partygäste häufig aus, da sie vielfach nach Hause fahren und die ausländischen Studierenden unter sich im Wohnheim verbleiben.

Aus diesen vielfältigen Gründen lässt sich die große Bedeutung der »anderen ausländischen Studierenden« und der »Landsleute« und weniger der »deutschen Studierenden« bei den Aktivitäten »in die Kneipe, Disko oder auf eine Party gehen«, erklären.

Wie aus den qualitativen Interviews hervorgeht, gibt es für die ErasmusstudentInnen in der Regel viele Möglichkeiten andere ausländische Studierende in ihrer Austauschstadt kennen zu lernen. Hier sind Orientierungsveranstaltungen für die neu angekommenen ausländischen Studierenden, die in allen untersuchten Städten von den Akademischen Auslandsämtern und/oder den lokalen Betreuungsinitiativen angeboten werden, gute Kontaktmöglichkeiten. Weiter werden Kontakte durch die gemeinsame Unterbringung in Studentenwohnheimen ermöglicht. Kontakte werden auch in Sprachkursen oder Fachkursen, die sich an ausländische Studierende richten oder während sonstiger Erasmusbetreuungsangebote geknüpft. Wie aus den qualitativen Interviews ersichtlich wird, sind die ausländischen Studierenden, zu denen die Befragten häufige und intensive Beziehungen pflegen, fast immer andere ErasmusstudentInnen.

Der italienische Student Fabrizio, der seinen Deutschlandaufenthalt in Mainz verbringt, gehört zu der Gruppe von ErasmusstudentInnen, die »häufige« Kontakte zu ausländischen Studierenden angeben. Er begründet diese Kontakte wie folgt:

I: Und wie ist das mit dem Kontakt zu den deutschen Studenten, war das schwer oder einfach Kontakte zu finden?

F: Ich habe eine Theorie, ich kenne nicht so viele Deutsche, aber es ist nur weil diese Erfahrung ist etwas anderes für die Deutschen, die schon hier sind. Alle die Ausländer machen eine große Familie. Wir sind alle allein, es ist etwas neu für uns und wir sind fast verpflichtet zusammen zu sein. Und die Deutschen sind nett und höflich. Du kannst immer eine Hilfe hier fragen. Aber ist auch vielleicht eine Sprachfrage, weil mit die Ausländer es ist einfach zu sprechen. Sie benutzen eine einfache Wortschatz. Am Anfang es ist nicht so einfach, eine Deutsche Freund werden. Aber ich kenne zwei Deutsche und sie sind meine Mitbewohner und wir sind jetzt sehr Freund. Es ist einfacher mit die Ausländer als mit die Deutsche.

In diesem Interviewausschnitt drückt Fabrizio seine Identifikation mit den anderen ausländischen Studierenden aus »alle die Ausländer machen eine große Familie«. Er denkt, dass ihn in Mainz mit den anderen Ausländern die gleiche Situation verbindet, die dadurch gekennzeichnet ist, dass sie ohne die bisherigen sozialen Kontakte im Heimatland auskommen müssen, »wir sind alle allein«, und sich in der ihnen ungewohnten Umgebung neu orientieren müssen, »es ist etwas neu für uns«. Aus dieser gleichen Situation, in der sich die ausländischen Studierenden befinden, ergibt sich für ihn die »Verpflichtung« soziale Kontakte zu anderen ausländischen Studierenden aufzunehmen »und wir sind fast verpflichtet zusammen zu sein«. Nach Fabrizio bieten sich die anderen ausländischen Studierenden in der Austauschstadt als Interaktionspartner auch aufgrund der gemeinsam geteilten schlechten Deutschkenntnisse an, welche die Kommunikation erleichtern würden. Die Einschätzung, dass man mit anderen ausländischen Studierenden, die in der Regel langsam sprechen und einfache Sätze machen, besonders gut die eigenen Deutschkenntnisse verbessern könnte, wird noch von einigen anderen Befragten geäußert. Dies kann natürlich nur dann zutreffen, wenn die Kommunikationssprache unter den ausländischen Studierenden wirklich Deutsch ist, was nicht immer der Fall ist.

Für andere Befragte ist Deutschland nicht ihr gewünschtes Zielland des Auslandsaufenthalts. In Deutschland halten sie sich zum Teil an Personen des eigentlichen Ziellandes, da sie erhoffen, durch diese Freundschaften ihre Sprachkenntnisse zu verbessern. Eine italienische Studentin, die lieber nach Spanien gefahren wäre, schießt sich in Deutschland an die spanischen ErasmusstudentInnen an, um Spanisch zu sprechen.

Während Fabrizio seine Kontakte zu ausländischen Studierenden hauptsächlich durch die gleichen Kontakt- und Orientierungsbedürfnisse und die geteilten schlechten Deutschkenntnisse erklärt, sieht die englische Studentin Andrea aus Osnabrück eher organisatorische Gründe für die häufigen Kontakte der ausländischen Studierenden untereinander:

> A: (...) Es gibt ja die ganze Eurogruppe, alle die Spanier, die Franzosen, die Engländer, die Italiener. Wir wurden alle zusammen, weil wir Europäer waren, also von dem ERASMUS (I: ja) oder Sokrates-ding wurden wir alle in eine Riesengruppe. Die einzigen Leute, die wir wirklich kennen gelernt haben, waren die anderen Ausländer (I: ja). Wir waren alle eine Riesengruppe von Ausländern, und dann gibt's schon Partys, wo es nur Ausländer sind. Und wenn die deutsche Freunde haben, dann sind es immer Mitbewohner, also von ihnen. Und dann sind es immer Partys mit den Ausländern (I: ja). Es ist einfach schwierig, Deutsche kennen zu lernen, weil wir wurden nicht mit anderen Gruppen von Deutschen: »So ja hier sind die Ausländer macht Freunde«. Wir sind immer als Ausländer von Anfang an. Das ist dann schon die Ausländer in ihrer kleinen Gruppe (I: ja, ja) und wir werden nicht integriert (...).

Auch Andrea hat viele andere ErasmusstudentInnen kennen gelernt. Den Grund für diese Kontakte sieht sie in der Behandlung der ErasmusstudentInnen als eine Gruppe von den Organisatoren des Erasmusprogramms in Osnabrück »weil wir Europäer waren, also von dem Erasmus oder Sokratesding, wurden wir alle in eine Riesengruppe«. Sie scheint sich auf die Orientierungsveranstaltungen und Sprachkurse zu beziehen, die das Akademische Auslandsamt zu Beginn ihres Deutschlandaufenthalts für die EramusstudentInnen organisiert hat »wir sind immer Ausländer von Anfang an«. Die Verantwortung für ihre wenigen Kontakte zu Deutschen tragen aus ihrer Sicht die Koordinatoren des Programms, die diese Kontakte nicht organisiert haben. »Wir wurden nicht mit anderen Gruppen von Deutschen: «So ja hier sind Ausländer macht Freunde»«. Während nach Andreas Darstellung viele organisierte Möglichkeiten bestehen, ausländische Studierende kennen zu lernen, sind die Möglichkeiten zur Kontaktaufnahme mit Deutschen gering.

Die Analyse der qualitativen und der quantitativen Daten ergibt, dass ein Großteil der Gaststudierenden Kontakte zu ausländischen Studierenden, die nicht aus seinem Heimatland kommen, unterhält. Diese werden besonders häufig in der Mensa, auf Partys, in Kneipen oder Cafés getroffen. Zudem wird häufig gemeinsam gereist. Einige Befragte der qualitativen Interviews äußern ein besonders großes Interesse an Kontakten zu anderen Erasmusstudierenden, da sie auf diese Weise ihre Deutschkenntnisse verbessern möchten oder die Gelegenheit sehen, eine weitere Fremdsprache zu erlernen. Zudem wird immer wieder von den vielen Möglichkeiten berichtet, andere ausländische Studierende zu treffen, die sich zum Teil aus der gemeinsamen Betreuung, Unterbringung, aus Sprach- und Erasmusfachkursen ergeben.

### 5.2.1.3   Kontakte zu deutschen Studierenden

Durchschnittlich scheinen die deutschen Studierenden nur die drittwichtigste Kontaktgruppe für die befragten ausländischen StudentInnen in Deutschland zu sein. In der quantitativen Erhebung entfallen bei den untersuchten Aktivitäten nur 25% der Antworten auf diese Gruppe (siehe Abbildung 21). 50,3% der Befragten üben nur drei oder weniger der elf abgefragten Aktivitäten mit deutschen Studierenden aus und gehören damit zur Gruppe mit »wenigen Kontakten« zu deutschen StudentInnen. 36,5% haben »mittlere Kontakte«, da sie zwischen vier und sieben Aktivitäten mit deutschen Studierenden ausüben und die relativ kleine Gruppe von 13,2% der Befragten haben »häufige« Kontakte zu deutschen Studierenden, da sie acht oder mehr Aktivitäten mit Deutschen unternehmen (siehe Abbildung 24).

## Kontakte zu deutschen Studierenden

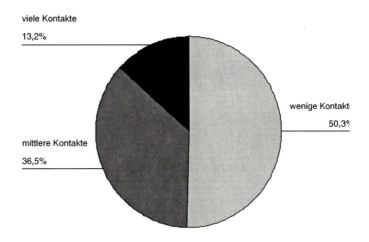

*Abbildung 24: Kontakte zu deutschen Studierenden.*

Besonders häufige Kontakte zu deutschen Studierenden haben die Erasmusstudierenden wenn sie Sport treiben und wenn sie über Unterschiede zwischen ihrem Land und Deutschland sprechen. Die häufigen Kontakte der Erasmusstudierenden zu ihren deutschen Kommilitonen bei sportlichen Aktivitäten lassen sich aufgrund der Aussagen der Befragten in den qualitativen Interviews dadurch erklären, dass sie das Angebot des Hochschulsports nutzen, das in allen von mir untersuchten Hochschulen vorhanden ist. Im Rahmen des Hochschulsports werden ausländische und deutsche Studierende in der Regel gemeinsam betreut. Aus diesem organisatorischen Grund kommen ErasmusstudentInnen, welche die Hochschulsportangebote nutzen, ohne weitere Bemühungen mit deutschen Studierenden in Kontakt.

Auch bei der Aktivität »*über Unterschiede zwischen dem eigenen Land und Deutschland sprechen*« sind die »deutschen Studierenden« die wichtigste Kontaktgruppe. Durchschnittlich unterhalten sich die Befragten der quantitativen Erhebung

»einmal pro Woche« über Unterschiede zwischen ihrem Land und Deutschland. Aus den qualitativen Interviews geht hervor, dass die deutschen Kontaktpersonen der ErasmusstudentInnen häufig besonders großes Interesse am Herkunftsland der ausländischen Studierenden haben, welches sich u. a. durch Urlaubseindrücke, dem Studienaufenthalt im Herkunftsland der Austauschstudierenden oder dem Studium der Sprache des Landes ergeben kann. Dass sich dieses Interesse der deutschen Interaktionspartner in Gesprächen über Unterschiede zwischen Deutschland und dem Herkunftsland der ErasmusstudentInnen ausdrückt, ist nicht verwunderlich, da die ausländischen Studierenden vielfach als »Repräsentanten« oder »Experten« für ihre Länder gelten. Zudem ist, wie im Theorieteil schon angesprochen, die Nationalität ein wichtiges Merkmal der Personenwahrnehmung und der Bildung des ersten Eindrucks. Die interviewten ErasmusstudentInnen berichten, dass bei der Kontaktaufnahme mit deutschen oder ausländischen Studierenden zunächst nach der Nationalität gefragt wird. Da die ausländischen Studierenden häufig mit ihren Herkunftsländern assoziiert werden, können sich Gespräche über nationale Unterschiede leicht anschließen. Die französische Studentin Marie, die ihren Deutschlandaufenthalt in Mainz verbringt, beschreibt die typischen Reaktionen von deutschen Studierenden, die sie anspricht:

> I: Und wie reagieren die normalerweise?
>
> M: Die haben sich immer sehr gefreut. Stell dir vor, alles was aus Frankreich kommt würde ich fast ein Klischee machen, wir haben einen supergroßen Vorteil, würde ich sagen. Frankreich ist das Beste, Leben wie Gott in Frankreich und die Leute erzählen immer vielleicht von ihren Ferien in Frankreich und versuchen immer so ein bisschen Französisch zu reden.

Assoziationen, die der Name des Herkunftslandes der ErasmusstudentInnen wecken, beschreibt Marie als typisch für die ersten Kontaktaufnahmen mit Deutschen. Diese Gespräche scheinen eine leichte Möglichkeit der unverfänglichen Kontaktaufnahme zu sein. Zudem dienen sie den ausländischen StudentInnen vermutlich zur Eindruckverarbeitung und Selbstreflexion in der neuen Umgebung.

Abgesehen von Gesprächen über kulturelle Unterschiede und Kontakten bei sportlichen Aktivitäten sind die deutschen Studierenden bei allen anderen Aktivitäten hinter den Studierenden der eigenen Nationalität und anderen ausländischen Studierenden nur die drittwichtigste Kontaktgruppe für die Befragten der quantitativen Erhebung.

Abschließend ist zu sagen, dass, entgegen den Zielen des Erasmusprogramms, der Großteil der von mir Befragten nur seltene und wenig intensive Kontakte zu deutschen Studierenden unterhält.

## 5.2.1.4  Kontakte zu Personen, die nicht studieren

Die befragten ErasmusstudentInnen scheinen ihre sozialen Kontakte in Deutschland vor allem im Umfeld ihrer Gasthochschule zu finden. 96,4% der Befragten üben weniger als drei der untersuchten elf Aktivitäten mit Personen aus, die nicht studieren. Nur 3,6% der Befragten haben »mittlere Kontakte« zu dieser Gruppe, da sie zwischen vier und sieben Aktivitäten mit ihr ausüben (siehe Abbildung 25).

## Kontakte zu Personen,
## die nicht studieren

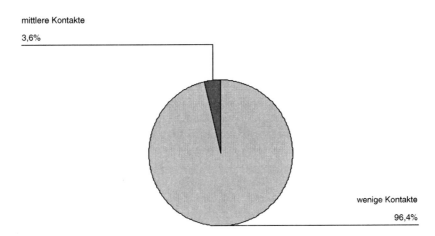

Abbildung 25: Kontakte zu Personen, die nicht studieren.

Die Aussagen in den qualitativen Interviews scheinen ebenfalls die geringe Relevanz dieser Gruppe für die ausländischen Studierenden zu belegen. Die befragten Gaststudierenden begründen ihre wenigen Kontakte zu Personen außerhalb der Universität vorwiegend mit den wenigen Möglichkeiten zur Kontaktaufnahme. Die meisten Befragten sehen alle wichtigen Lebensbereiche mit der Gasthochschule verbunden. So wohnen die Mehrzahl der Befragten (75% in der quantitativen Erhebung) in Studentenwohnheimen mit anderen Studierenden zusammen. Diese befinden sich in Mainz, Cottbus und Wernigerode zum Teil auf dem Hochschulcampus und somit in lokaler Nähe zu Veranstaltungsorten der Lehrveranstaltungen und zu universitären Freizeitangeboten. In der Freizeit werden häufig Angebote genutzt, die von der Hochschule oder Hochschulgruppen organisiert werden (z. B. Partys, Sport, Uni-Kneipen, Hochschulsport, Chöre, Orchester), so dass auch hier nur in begrenztem Maße Personen, die nicht studieren, kennen gelernt werden können. Im letzten großen Lebensbereich, dem Studium, werden natürlich auch nur StudentInnen getroffen. Die Stipendiaten, die in den Interviews von Bekannten oder Freunden außerhalb der Hochschule berichten, haben diese zum großen Teil vor ihrem Studium in Deutschland kennen gelernt (z. B. Familie des Schüleraustausches, eigene Familiemitglieder, Au-pair Familie).

### 5.2.1.5  Heimatkontakte

Kontakte zu Personen im Heimatland scheinen für die befragten ErasmusstudentInnen während des Deutschlandaufenthaltes von großer Wichtigkeit zu sein. Die Probanden schreiben durchschnittlich alle drei Tage E-Mails oder Briefe nach Hause und telefonieren durchschnittlich einmal pro Woche mit ihrer Familie oder ihren Freunden im Heimatland. Rund die Hälfte der Befragten der quantitativen Erhebung hat eine *Liebesbeziehung*. Von diesen Studierenden haben 74% einen Freund/ eine Freundin ihrer Nationalität. Hier handelt es sich hauptsächlich um Beziehungen zu Personen im Heimatland. Nur 24 der 197 Befragten (12%) haben eine Liebesbeziehung in der deutschen Austauschstadt. Hier sind Beziehungen zu Deutschen (13 Personen) etwas häufiger als Beziehungen zu Landsleuten (9 Personen). Einen ausländischen Freund, der nicht ihrer Nationalität ist, hat nur eine befragte Studentin. Diese Zahlen belegen ebenso wie die häufigen E-Mails und Telefonate ins Heimatland, die große Bedeutung von Heimatkontakten für viele Befragte.

In den qualitativen Interviews wird zudem häufig von Reisen in das Heimatland berichtet, bei denen Freunde und Bekannte besucht werden. Diese Reisen scheinen je häufiger zu sein, desto geringer die Distanz zwischen Herkunfts- und Austauschstadt ist. So berichten mir z. B. einige polnische ErasmusstudentInnen in Cottbus, dass sie fast jedes Wochenende in ihre Heimatstadt Grünberg (Zielona Góra) fahren würden, die keine 100 km entfernt liegt. Dass Kontakte im Heimatland so intensiv auch während des Auslandsaufenthalts aufrecht erhalten werden, ist nicht erstaunlich, da die ErasmusmusstudentInnen nur eine relativ kurze Zeit in Deutschland verbringen (ein bis zwei Semester) und nach ihrer Rückkehr auf ihre sozialen Beziehungen im Heimaltland angewiesen sind.

### 5.2.1.6  Zusammenfassung

Abschließend kann man sagen, dass die individuellen Freundes- und Bekanntenwahlen der Erasmusstudierenden während des Deutschlandaufenthalts individuell aus unterschiedlichen Kontaktgruppen erfolgen. Es lassen sich Studierende finden, die fast ausschließlich deutsche Freunde haben. Andere Stipendiaten, die nur Studierende ihrer Nationalität in der Austauschstadt kennen oder Personen, die vorwiegend mit Erasmusstudierenden aus dritten Ländern befreundet sind. Dann gibt es auch Befragte, deren Freundeskreis sich aus allen möglichen Nationalitäten zusammensetzt. Bezüglich der sozialen Kontakte lassen sich aufgrund der Vielfältigkeit dieses untersuchten Merkmals keine allgemeingültigen Aussagen treffen, sondern nur Tendenzen festhalten, die auf die Mehrzahl der Befragten zutreffen.

Die *Studierenden der eigenen Nationalität* sind für einen Großteil der Befragten die häufigsten Kontaktpersonen während des Auslandsaufenthalts. 95% der Befragten der quantitativen Erhebung treffen täglich Landsleute, mit denen sie in der Muttersprache kommunizieren. Studierende der eigenen Nationalität sind nach den quantitativen Daten häufigste Kontaktpersonen, wenn in der Mensa gegessen wird, man zu Hause backt oder kocht, reist, Videos anschaut oder fernsieht, alltägliche Erlebnisse bespricht oder man ins Kino, Konzert oder Theater geht.

Durchschnittlich scheinen die Erasmusstudierenden aus dem Herkunftsland der Befragten auch die Gruppe zu sein, aus der am häufigsten die Freunde in Deutschland gewählt werden. Aus diesem Grund wird in fast allen qualitativen Interviews von »Nationalitätengruppen« berichtet, die für einen Großteil der Befragten die wichtigsten Bezugsgruppen in Deutschland zu sein scheinen. Der Großteil der Befragten der quantitativen Erhebung wählt seine Vertrauensperson(en) während des Deutschlandaufenthalts innerhalb der Gruppe der Studierende seiner Nationalität. Die Nationalitätengruppen grenzen sich u. a. durch den Gebrauch der Muttersprache von Studierenden anderer Nationalitäten ab. Dies ist ein wichtiger Grund, warum gemischtnationale Nationalitätengruppen oder Nationalitätengruppen, in denen Deutsch gesprochen wird, eher selten zu finden sind.

Relativ häufige Kontakte bestehen bei einem Großteil der Befragten auch zu *anderen ausländischen Studierenden,* die jedoch in geringerem Maße Vertrauenspersonen sind, denen Probleme mitgeteilt werden. In dieser Gruppe scheinen sich aber viele Bekannte zu finden, welche die Befragten insbesondere bei Partys, in der Diskothek, in der Kneipe oder in der Mensa häufig treffen, mit denen sie Vergleiche zwischen Deutschland und dem eigenen Land durchführen und damit Erfahrungen und Eindrücke aus der »Perspektive der Fremden« austauschen. In allen untersuchten Städten gibt es vielfältige durch die Akademischen Auslandsämter oder Betreuungsinitiativen organisierte Gelegenheiten, bei denen die Kontaktaufnahme zu ausländischen Studierenden möglich ist. Diese Möglichkeiten werden vor allem von Gaststudierenden genutzt, die ein besonderes Interesse an Kontakten mit anderen ausländischen Studierenden haben, da sie eine andere Fremdsprache lernen möchten, ihre Deutschkenntnisse im Kontakt mit ausländischen Studierenden verbessern möchten und/oder die weniger Möglichkeiten wahrnehmen, Landsleute oder Deutsche kennen zu lernen.

Eine relativ kleine Gruppe von ErasmusstudentInnen wählt ihre Freunde in Deutschland aus der Gruppe der *deutschen Studierenden.* Deutsche Studierende sind selten Vertrauenspersonen, denen persönliche Probleme anvertraut werden. Besonders viele Kontakte zu »deutschen Studierenden« ergeben sich bei sportlichen Aktivitäten, bei denen es sich vermutlich hauptsächlich um Angebote im Rahmen des Hochschulsportprogramms handelt. Zudem werden Gespräche über Unterschiede zwischen Deutschland und dem Heimatland der ausländischen StudentInnen vorwiegend mit deutschen Studierenden geführt.

Kontakte zu *Personen, die nicht studieren,* scheinen bei fast allen Befragten nicht zu bestehen, was auch bedeutet, dass die Erasmusstudierenden, abgesehen von den deutschen Studierenden, in der Regel keinerlei Kontakte zur deutschen Bevölkerung haben. Die Probanden begründen ihre wenigen Kontakte außerhalb der Gasthochschule vorwiegend mit den geringen Kontaktmöglichkeiten.

Fast alle Befragten pflegen intensive und häufige Kontakte zu Freunden und ihrer *Familie im Heimatland,* u. a. da sie sich bewusst sind, dass sie bei ihrer Rückkehr in ihr Land auf diese Kontakte angewiesen sein werden.

Abschließend kann man sagen, dass der Großteil der Befragten während seines Deutschlandaufenthalts nur seltene und oberflächliche Kontakte zur deutschen Bevölkerung unterhält. Die Ziele des Erasmusprogramms, die intensiven interkulturellen Austausch zwischen ausländischen Studierenden und Gastlandbevölkerung vorsehen, scheinen demnach auch nur bei einem geringen Teil der Erasmusstudierenden erreicht zu werden.

### 5.2.1.7  Beurteilung der Kontakte zu deutschen Studierenden durch die Befragten

Bisher wurde untersucht, mit welchen Kontaktgruppen die Erasmusstudierenden während ihres Deutschlandaufenthalts hauptsächlich Kontakt haben. Die Befragten scheinen nach diesen ersten Ergebnissen in der Regel wesentlich häufigere und intensivere Kontakte zu anderen Studierenden ihrer Nationalität in der Austauschstadt oder Erasmusstudierenden aus dritten Ländern zu unterhalten als zur deutschen Bevölkerung. Nun soll untersucht werden, wie die Probanden ihre deutschen Kontakte beurteilen und wie zufrieden sie mit ihnen sind.

Auf dem Fragebogen werden die Probanden gebeten, anzugeben, ob sie ihre Kontakte zu deutschen Studierenden als »häufig genug« einschätzten und ob sie diese als »intensiv genug« bezeichnen würden.

Wie aus Abbildung 26 zu ersehen ist, beurteilen 56,9% der Befragten der quantitativen Erhebung ihre Kontakte zu deutschen Studierenden weder als »häufig genug« noch als »intensiv genug«. 17,8% der Probanden beurteilen ihre deutschen Kontakte entweder als nicht häufig oder als nicht intensiv genug. Nur 25,4% der Befragten sind sowohl mit der Häufigkeit als auch mit der Intensität ihrer Kontakte zu deutschen Studierenden zufrieden.

Die schon unter 4.3.2.2 vorgestellte Analyse der qualitativen Interviews hat gezeigt, dass die Befragten die Häufigkeit und die Intensität ihrer Kontakte zu deutschen Studierenden vor dem Hintergrund ihrer gesamten sozialen Kontakte in Deutschland und im Vergleich mit den deutschen Kontakten der ihnen bekannten ausländischen Studierenden einschätzen. Es wird zudem ersichtlich, auf welche Norm sich die Befragten beziehen, wenn sie ihre deutschen Kontakte als nicht häufig *genug* beurteilen. Deutsche Kontakte werden als effektives Mittel eingeschätzt, die eigenen Deutschkenntnisse während des Auslandsaufenthalts zu verbessern. Dieses Ziel möchten fast alle Befragten erreichen und beurteilen ihre deutschen Kontakte vornehmlich in Bezug auf die Erreichung dieses Ziels. Befragten, die ihre Kontakte als nicht häufig und als nicht intensiv genug beurteilen, klagen so in der Regel nicht aufgrund von Isolation über zu seltene und zu wenig intensive deutsche Kontakte, sondern äußern Unzufriedenheit mit ihrem Zuwachs an Deutschkenntnissen.

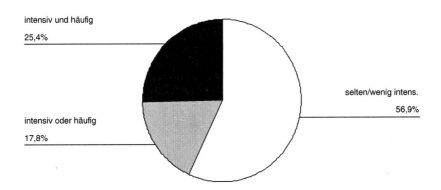

*Abbildung 26: Beurteilung der Kontakte zu deutschen Studierenden durch die Befragten.*

Nach den Ergebnissen der quantitativen Erhebung ist ein Großteil der Erasmusstudierenden mit seinen Kontakten zu deutschen Studierenden vor allem unter dem Aspekt der Fremdsprachenverbesserung sehr unzufrieden. Da unter 5.2.1.4 schon gezeigt wurde, dass größtenteils keinerlei Kontakte zu Personen bestehen, die nicht studieren, bedeuten die Ausprägungen dieser Variable, dass die Mehrzahl der Befragten mit ihren gesamten deutschen Kontakten unzufrieden sind. Diese Vermutung wird durch die qualitativen Interviews erhärtet, da auch hier ein Großteil der Befragten sehr unzufrieden mit den deutschen Kontakten ist und nicht zwischen Kontakten zu deutschen Studierenden und Beziehungen zur deutschen Bevölkerung im Allgemeinen differenziert.

Dass ein Großteil der Befragten die deutschen Kontakte als nicht häufig und als nicht intensiv genug bezeichnet, kann als Hinweis darauf gewertet werden, dass viele der Befragten tatsächlich wenige deutsche Bekannte haben, mit denen häufige Konversationen auf Deutsch betrieben werden können, und dass selten Freundschaften zu Deutschen bestehen, die als »intensiver« Kontakt beurteilt werden könnten. Die auch in den qualitativen Interviews häufig ausgedrückte Unzufriedenheit der Befragten mit ihren deutschen Kontakten belegt zudem, dass nicht nur die Ziele des Erasmusprogramms, das die Verständigung und Annäherung der europäischen Nationen erreichen möchte, nicht vollständig werden, sondern, dass auch die persönlichen Ziele der Erasmusstudierenden, die ihre Deutschkenntnisse durch den Aufenthalt entscheidend verbessern möchten, größtenteils nicht erreicht werden.

### 5.2.1.8  Entwicklung der sozialen Kontakte während des Deutschlandaufenthalts

Nachdem die sozialen Kontakte der befragten ErasmusstudentInnen bei für sie typischen Aktivitäten vorgestellt wurden und auf die Beurteilung der Kontakte zu deutschen Studierenden durch die Befragten eingegangen worden ist, wird nun die Entwicklung der sozialen Kontakte während des Deutschlandaufenthalts untersucht[69].

Auf die Frage, wann die ErasmusstudentInnen die Personen kennen gelernt hätten, mit denen sie zum Erhebungszeitpunkt der quantitativen Untersuchung private Kontakte pflegen, antworten 27,4% »bereits vor Ankunft in Deutschland«, 47% geben an »in der ersten Woche des Deutschlandaufenthalts«, 52,4% antworteten »während des ersten Monats in Deutschland« und 11,3% geben an, dass sie ihre jetzigen Kontakte erst »nach dem ersten Monat in Deutschland« gefunden hätten (siehe Tabelle 9). Dies bedeutet, dass, obwohl die Befragten zum Erhebungszeitpunkt schon durchschnittlich fünf Monate in Deutschland leben, die große Mehrheit der Befragten ihre privaten Kontakte schon bis zum Ende ihres ersten Monats in Deutschland gefunden hat. Nur 19 der 168 Probanden, die auf diese Frage antworteten, haben auch nach einem Monat in Deutschland noch neue Freundschaften geknüpft. Dieses Ergebnis scheint zu bedeuten, dass vor allem die Anfangsphase des Auslandsaufenthalts entscheidend für die Zusammensetzung des Freundes- und Bekanntenkreises der Erasmusstudierenden während ihres gesamten Aufenthalts ist.

| Zeitpunkt der Kontaktaufnahme (Mehrfachantworten) | Fälle | Antworten | % der Fälle | % der Antworten |
| --- | --- | --- | --- | --- |
| Kontakte bereits vor Ankunft | 46 | – | 19,8 | 27,4 |
| Kontakte in der ersten Woche | 79 | 232 | 34,1 | 47,0 |
| Kontakte im ersten Monat nach Ankunft | 88 | 100,0 | 37,9 | 52,4 |
| Kontakte nach mehr als einem Monat | 19 | 138,1 | 8,2 | 11,3 |

*29 fehlende Fälle; 168 gültige Fälle*

*Tabelle 9: Zeitpunkt der Kontaktaufnahme zu aktuellen Freunden.*

Dass sich nach dem ersten Monat die für die StudentInnen relevanten Kontaktgruppen nicht mehr ändern, belegen auch noch andere Daten. So ergeben sich keinerlei Korrelationen zwischen der verbrachten Zeit in Deutschland und der Zusammensetzung der Kontaktgruppen bei den im Fragebogen abgefragten Aktivitäten. Dies bedeutet, dass die untersuchten ausländischen Studierende, die z. B. schon ein Jahr in

---

69  Sowohl die mündlichen als auch die durchgeführten schriftlichen Befragungen wurden am Ende der Semester durchgeführt. Das bedeutet, dass die Entwicklung der sozialen Kontakte nur aus den Beschreibungen der Befragten ersichtlich werden kann, was ein methodisches Problem darstellt (siehe 4.1.3).

Deutschland leben, nicht häufigere und intensivere Kontakte zur deutschen Bevölkerung haben als Studierende, die erst kurze Zeit in Deutschland verweilen. Ebenso finden sich keine Korrelationen zwischen der von den Befragten in Deutschland verbrachten Zeit und der Beurteilung der Häufigkeit und der Intensität ihrer deutschen Kontakte. Studierende, die längere Zeit in Deutschland leben, beurteilen ihre Kontakte nicht öfter als »häufig und intensiv genug« als Probanden, die schon seit mehreren Monaten in Deutschland studieren. Diese Ergebnisse können die oben aufgestellte Hypothese weiter erhärten, dass die in der Eingewöhnungsphase geschlossenen Freundschaften für die gesamte Aufenthaltsdauer in Deutschland relevant sind. Für meine Erhebung bedeutet dieses Ergebnis, dass zur Erklärung des Freundschaftswahlverhaltens vor allem die personalen und umgebungsbezogenen Faktoren analysiert werden müssen, welche die Wahlen der Freunde zu Beginn des Aufenthalts bestimmen. Es stellt sich zunächst die Frage, warum die Anfangsphase des Deutschlandaufenthalts so wichtig für die Kontaktaufnahme ist.

27,4% der Befragten der quantitativen Erhebung geben an, ihre zum Interviewzeitpunkt relevanten Kontakte in Deutschland schon vor Beginn des Auslandsaufenthalts geknüpft zu haben. Wie aus den qualitativen Interviews hervorgeht, handelt es sich hier vorwiegend um Freunde und Bekannte der Heimatuniversität. Einige ErasmusstudentInnen entscheiden sich bewusst zusammen mit ihren Freunden im Heimatland einen Deutschlandaufenthalt zu beginnen, um die Anfangsprobleme in der Austauschstadt gemeinsam zu lösen und bei allen umgebungsbedingten Unsicherheiten emotionale Sicherheit zu finden. Zu dieser Gruppe gehören u. a. die Französinnen Cécile und Catherine, die sich gemeinsam für einen Aufenthalt in Osnabrück entschieden haben:

I: Wart ihr schon befreundet, bevor ihr hier hin gekommen seit?

Ca: Ja, wir kannten uns schon (C: ja) (...).

C: Wir sahen, dass zwei gute Freundinnen nach Wien gefahren sind und wir haben uns gesagt: »Komm, wir gehen auch«. Das hat uns geholfen es zu wagen. Denn es ist wahr, ein Jahr im Ausland, das ist keine Entscheidung, die man leicht fällt. Da hat man Angst. Da wir uns gut verstanden, haben wir gesagt, wir fahren zusammen. Das hat uns geholfen, es zu wagen (C: ja) (...).

Cécile und Catherine gehören zu der Gruppe von Befragten, die ihre während des Deutschlandaufenthalts wichtigen Kontakte schon im Heimatland geknüpft haben. Hier muss es sich nicht immer um so enge Freundschaften wie in diesem Fall handeln. Es können auch Personen der Heimatuniversität sein, die die Stipendiaten auf Vorbereitungstreffen für den Erasmusaufenthalt getroffen haben oder von Lehrveranstaltungen kennen. Der Zusammenschluss mit Bekannten aus dem Heimatland scheint vielen Befragten zu helfen, die Anfangsprobleme in der Austauschstadt zu lösen. Diese Bekannten werden so häufig in den ersten Wochen zu engen Freunden. Die große Zahl von 47% der Befragten geben an, sie hätten ihre am Ende des Semesters noch relevanten Freunde und Bekannte in der ersten Woche des Deutschlandaufenthalts kennen gelernt und 52% geben an, sie hätten sie im ersten Monat in Deutschland getroffen (siehe Tabelle 9). Wie aus fast allen qualitativen Interviews ersichtlich wird, haben die ErasmusstudentInnen in den ersten Tagen nach Ankunft in Deutschland ein großes Bedürfnis, sich in Deutschland einen neuen Bekannten- und Freundeskreis aufzubauen, um so die »Kosten« des Neuanfangs wie Einsamkeit, Heimweh, Isolation, Orientierungslosigkeit, Verständnisprobleme usw., zu minimieren. Ein Auslandsstudium wird für viele als ein Wagnis verstanden, da gewohnte Sicherheiten aufgegeben werden müssen. 41% der Befragten der quantitativen Erhebung haben im Heimatland noch bei ihren Eltern gewohnt und müssen nun in Deutschland ihr Leben selbstständig organisieren. Für einige bedeutet dies, dass sie zum ersten Mal selbstständig einkaufen, kochen, putzen, ihre Wäsche waschen und sich den Regeln in einer studentischen Wohngemeinschaft anpassen müssen. Da die befragten ErasmusstudentInnen durchschnittlich erst 22 Jahre alt sind, erklärt u. a. warum ein so großer Teil im Heimatland noch im elterlichen Haushalt gewohnt hat. Allein die Trennung von den Eltern bedeutet für viele Befragte ein großes Risiko und hohe Anforderungen an ungewohnte Selbstständigkeit. Auf die offene Frage im Fragebogen, in welche Richtung eine persönliche Entwicklung während des Deutschlandaufenthalts stattgefunden habe, geben dann auch 30%[70] der Befragten an, dass sie »selbstständiger und unabhängiger« geworden seien. 22% fühlen sich nach einigen Monaten in Deutschland »selbstbewusster«, 20% denken, sie seien offener geworden und 18% fühlen sich »reifer« als noch in ihrem Heimatland. Aus diesen Angaben über festgestellte persönliche Entwicklungen kann man auch ablesen, dass viele Befragte den Eindruck haben, durch den Auslandsaufenthalt hohen Anforderungen an selbstständiges Handeln ausgesetzt zu seien, was gleichzeitig die Möglichkeiten beinhaltet, unabhängiger, erwachsener, offener und selbstbewusster zu werden. Der Auslandsaufenthalt als Möglichkeit durch die Trennung von den Eltern erwachsen zu werden, wird auch in den qualitativen Interviews immer wieder beschrieben.

43% der Befragten der quantitativen Erhebung sind vor ihrem Deutschlandaufenthalt nur vier Monate oder weniger im Ausland gewesen. Für 12% der Befragten ist das Studium in Deutschland sogar der erste Auslandsaufenthalt. Für Personen dieser Gruppe mit geringen Auslandserfahrungen ist das Studium in Deutschland, wie aus den qualitativen Interviews ersichtlich, häufig mit großen Ängsten und Unsicherheiten belegt, da sie die an sie gestellten Anforderungen durch Kultur-, Studiensystem- und Sprachwechsel nicht einschätzen können.

Insgesamt scheint sich die Bedeutung der Anfangsphase für die während des Deutschlandaufenthaltes relevanten Kontakte u. a. durch die hohe Motivation der ErasmusstudentInnen zu erklären, in Deutschland so schnell wie möglich neue soziale Kontakte aufzubauen. Viele Probanden scheinen das Bedürfnis zu haben, die »Kosten« des Umgebungswechsels durch den Zusammenschluss mit anderen Studie-

---

71 Die Grundgesamtheit sind hier StudentInnen, die eine persönliche Entwicklung festgestellt haben. Dies sind 89% der befragten Studierenden.

renden in der gleichen Lage zu minimieren. Diese »Kosten« können z. B. Wohnungssuche, Orientierungsanforderungen in der neuen Umgebung, Sprachwechsel, Organisation des Studiums, administrative Herausforderungen (Einschreibung, Anmeldung bei der Meldebehörde) und soziale Isolation (Einsamkeits- und Heimwehgefühle) sein. Um die Unsicherheiten und Ängste, die mit den neuen Anforderungen in Deutschland verbunden sind, zu überwinden, streben die Befragten schnell den Aufbau eines neuen Bekannten- und Freundeskreises an, von dem sie sich Unterstützung und Sicherheit versprechen.

### 5.2.2 Erklärung der Freundschaftswahlen

Nachdem bisher herausgefunden worden ist, dass die befragten Erasmusstudierenden während ihres Deutschlandaufenthalts ihre Freunde und Bekannte vornehmlich aus dem Kreis anderer ausländischer ErasmusstudentInnen wählen, diese Kontakte in der Regel während der ersten Wochen in Deutschland geschlossen werden und der Großteil der Befragten seine deutschen Kontakte, häufig vor allem unter dem Aspekt der Fremdsprachenverbesserung, als ungenügend beurteilt, soll nun untersucht werden, welche personalen und umgebungsbezogenen Faktoren die Wahl der Interaktionspartner in Deutschland erklären können. Es werden zunächst die Situationswahrnehmungen der Probanden vorgestellt. Im zweiten Schritt werden diese mit den Erklärungsansätzen der lokalen Erasmusorganisatoren kontrastiert und im letzten Schritt wird mein eigenes Erklärungsmodell erarbeitet.

#### 5.2.2.1    Erklärungsansätze der Erasmusstipendiaten

Auf der Grundlage von psychologischen Attribuierungstheorien wird bei der Konzeption des Fragebogens angenommen, dass die von den Befragten geäußerten Begründungen für Häufigkeit und die Intensität ihrer deutschen Kontakte so gewählt werden, dass sie das Selbstwertgefühl der Betreffenden stärken bzw. nicht gefährden und ihnen eine positive Selbstdarstellung in der Interviewsituation erlauben (siehe S. 47). Es wird vermutet, dass Befragte, die mit ihren sozialen Kontakten zu Deutschen während ihres Erasmusaufenthalts zufrieden sind und diese Kontakte als persönliche Erfolge beurteilen, »interne« Erklärungen abgeben werden. D. h. sie werden ihre intensiven und häufigen deutschen Kontakte auf ihre Kontaktinitiative oder individuellen Fähigkeiten zurückführen, da sie so ein positives Bild von sich vermitteln und ihre Selbstwertschätzung erhöhen können. Sind die Befragten mit ihren deutschen Kontakten unzufrieden und sehen sie diese als »Misserfolge«, ist anzunehmen, dass sie »externe« Erklärungsmöglichkeiten wählen. In diesem Fall wird angenommen, dass Faktoren zur Erklärung herangezogen werden, welche die Studierenden nicht direkt beeinflussen können. Dies sind umgebungsbedingte Widerstände und/oder der Charakter der Deutschen. Auf diese Weise müssen sich die Betreffenden nicht das persönliche Scheitern vorwerfen und sind nicht Verursacher, sondern »Opfer« der Situation oder des Schicksals (siehe Hypothese 8).

Es erscheinen folgende »interne« sowie »externe« Erklärungsvarianten für die Häufigkeit/Intensität der deutschen Kontakte möglich, die durch Antwortmöglichkeiten auf dem Fragebogen repräsentiert werden (siehe Fragebogen im Anhang):
»Interne« Erklärungen für die Häufigkeit/Intensität der deutschen Kontakte durch:

- persönliche Fähigkeiten

- eigene Interessen und Kontaktpräferenzen

»Externe« Erklärungen für die Häufigkeit/Intensität der deutschen Kontakte durch:

- die Eigenschaften und Präferenzen der Deutschen

- die situativen Kontaktmöglichkeiten

- das Schicksal oder den Zufall

Da die von den Befragten gewählten Erklärungen für die Häufigkeit ihrer deutschen Kontakte mit den Begründungen für ihre Kontaktintensität weitgehend identisch sind, wird im Folgenden lediglich auf die Erklärungen der Häufigkeit der Kontakte eingegangen.

### 5.2.2.1.1    Begründungen der seltenen  Kontakte zu deutschen Studierenden

65% der Befragten der quantitativen Erhebung schätzen ihre Kontakte zu deutschen Studierenden als »nicht häufig genug« ein. Diese Studierenden werden auf dem Fragebogen gebeten, die Seltenheit ihrer deutschen Kontakte anhand von vorgegebenen Antwortkategorien zu begründen (siehe Fragebogen im Anhang).

Betrachtet man die von den Studierenden gewählten Begründungen, bestätigt sich die aus den Attribuierungstheorien abgeleitete Hypothese. Die Studierenden, die ihre Kontakte zu deutschen Studierenden als »nicht häufig genug« einschätzen, begründen ihre seltenen Kontakte vor allem »extern«, d.h. sie geben Einflussfaktoren an, auf die sie selbst wenig Einfluss haben (siehe Abbildung 27). 60% der Studierenden dieser Gruppe meinen, dass es zu wenige Situationen gäbe, um deutsche Studierende kennen zu lernen. 43% sehen keine Möglichkeiten der Kontaktaufnahme in und nach den Lehrveranstaltungen und 10% geben als weiteren Grund die fehlenden Kontaktmöglichkeiten im Wohnbereich an. Eine große Gruppe von 52% der Studierenden machen das Desinteresse und die Distanziertheit der deutschen Studierenden für ihre wenigen Kontakte zu ihnen verantwortlich, 31% der Befragten führen ihre wenigen Kontakte auf ihr Pech zurück und 6% der Befragten machen als zusätzlichen Grund die zu hohen Zahlen von Studierenden ihrer Nationalität an der Gasthochschule für ihre seltenen deutschen Kontakte verantwortlich. Bei der Erklärung der wenigen Kontakte durch »interne« Faktoren, steht die Erklärung der seltenen Kontakte durch die zu schlechte Deutschkenntnisse an erster Stelle. Diese Antwortmöglichkeit wählen 30% der Befragten. Weniger bedeutsam sind Erklärungen durch die eigene Schüchternheit, die sich 19% der Befragten zuschreiben oder durch das fehlende Interesse an deutschen Kontakten, was nur eine Person angibt.

210

Es bestätigt sich demnach, dass seltene Kontakte zu deutschen Studierenden von den Befragten eher »externen« Faktoren zugeschrieben werden, die sie nicht beeinflussen können, da sie sich so »positiv« als »Opfer widriger Umstände« darstellen können und zudem ihr Selbstwertgefühl nicht beeinträchtigt wird.

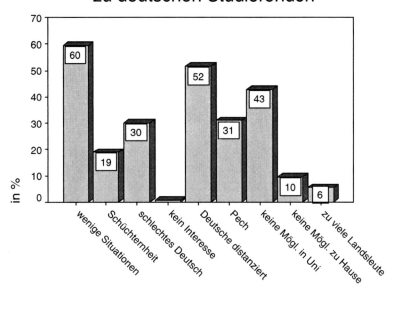

## Erklärungen der seltenen Kontakte
## zu deutschen Studierenden

*Abbildung 27: Begründungen für zu seltene Kontakte mit deutschen Studierenden.*

*Erläuterung: Die Begründungen der seltenen Kontakte zu deutschen Studierenden mit den fehlenden Situationen im Wohnbereich (zu Hause) oder durch die zu großen Zahlen von Landsleuten an der Gasthochschule, werden von den Befragten als »sonstige Gründe« genannt und entsprechen nicht den vorgegebenen Antwortkategorien auf dem Fragebogen.*

Im Folgenden werden die von den Befragten in den qualitativen Interviews gegebenen Begründungen ihrer Kontakthäufigkeit zu deutschen Studierenden untersucht. Durch die Analyse der qualitativen Interviews kann herausgefunden werden, was die Befragten unter den von ihnen auf dem Fragebogen gewählten Kategorien verstehen. Bei genauerer Kenntnis der Bedeutungen, die die Probanden den Antwortkategorien zuschreiben, können die Ergebnisse der quantitativen Erhebung erst adäquat interpretiert werden.

211

### 5.2.2.1.1.1     Fehlende Kontaktmöglichkeiten

Auf dem Fragebogen haben 60% der Befragten, die seltene Kontakte zu deutschen Studierenden angeben, die Antwortkategorie gewählt: »Es gibt zu wenige Situationen, in denen ich deutsche Studierende kennen lernen könnte«. Diese Antwort ist zunächst schwer verständlich, denn die Erasmusstudierenden sind in allen Lebensbereichen hauptsächlich von deutschen Studierenden umgeben. Im Studentenwohnheim, in der Mensa, während oder nach den Lehrveranstaltungen, auf Partys usw. müssten sich doch eigentlich genug Situationen ergeben, in denen die Erasmusstudierenden deutsche Studierenden kennen lernen könnten. Die Analyse der qualitativen Interviews ergibt, dass Erasmusstudierende, die fehlende Kontaktsituationen für ihre seltenen Kontakte zu deutschen Kommilitonen verantwortlich machen, meinen, dass es keine »legitimen Anlässe« zur Kontaktaufnahme gäbe. Unter »legitimen Anlässen« wird verstanden, dass die Kontaktaufnahme als »normal« angesehen wird und von allen Interaktionspartnern begrüßt und akzeptiert werden kann. Es ist völlig »normal«, mit den Gruppenmitgliedern einer Arbeitsgruppe während der Lehrveranstaltung zu sprechen, zumindest über die Aufgabe, sich mit seinen Mitbewohnern über das Zusammenleben zu unterhalten oder mit deutschen Gesprächspartnern, die von Betreuungsorganisationen zugeteilt wurden, eine Konversation anzufangen. Von den ausländischen Studierenden scheinen Situationen gemeint zu sein, in denen sie keine Hemmungen haben, mit deutschen Studierenden zu sprechen, da sie positive Reaktionen der deutschen Interaktionspartner erwarten können. In diesen Fällen sind vermutlich die individuellen »Kosten« der Kontaktaufnahme gering.

Von den Befragten werden die unterschiedlichen Möglichkeiten zur Kontaktaufnahme in den Bereichen Studium, Wohnen und Freizeit verglichen. Die »legitimen Anlässe« deutsche Studierende in diesen Bereichen kennen zu lernen beurteilen die Befragten im Vergleich zu den wahrgenommenen Möglichkeiten ausländische Studierende zu treffen als geringer. Die Studierenden, die wenige Möglichkeiten zur legitimen Kontaktaufnahme in oder nach den Lehrveranstaltungen sehen, begründen dies u. a. mit dem deutschen Studiensystem, in dem auch Studierende des gleichen Studienfaches unterschiedliche Kurse wählen können. Da die Erasmusstudierenden demnach nicht immer mit den gleichen deutschen Studierenden zusammen sind, wird die Kontaktaufnahme erschwert. Bestehende Kontakte können nur durch Verabredungen aufrechterhalten werden, da man sich nicht automatisch in den Lehrveranstaltungen trifft. Zudem absolvieren die ErasmusstudentInnen häufig nicht die gleichen Prüfungen wie die deutschen Studierenden, so dass sich hier keine Zusammenarbeit anbietet. Viele Befragte besuchen Sprachkurse oder Fachkurse für ausländische Studierende, in denen sie ebenfalls keine deutschen StudentInnen treffen können.

Befragte, die wenige Anlässe zur Kontaktaufnahme mit deutschen Studierenden in ihrem Wohnbereich sehen, sind in der Regel in Studentenwohnheimen untergebracht und geben den hohen Ausländeranteil ihres Wohnheims als Begründung an. So auch der rumänische Student Paco in Köln:

I: Und hier im Wohnheim, wie ist es da, ist das einfacher?

P: Deutsche Leute nicht so, weil die Deutsche, ich glaube die deutschen Studenten bevorzugen, in andere Plätze zu wohnen. Nicht unbedingt in Studentenwohnheim[71]. Zum Beispiel in dieses es gibt nicht so viele Deutsche, die hier wohnen.

Die Befragten sehen wenige Möglichkeiten deutsche Studierende im ihrem Wohnumfeld kennen zu lernen, wenn sie das Zimmer mit einem/einer anderen Austauschstudierenden teilen oder in ihrer Wohngemeinschaft/ auf ihrem Flur im Studentenwohnheim vorwiegend ausländische Studierende untergebracht sind.

Studierende, die wenige Kontaktmöglichkeiten mit Deutschen in der Freizeit wahrnehmen, begründen dies zum Teil durch die von ihnen besuchten Veranstaltungsangebote der lokalen Betreuungsinitiativen, die sich ausschließlich an ausländische Studierende richten würden.

Bei vielen Befragten scheinen sich die wenigen Situationen, in denen sie deutsche Studierende kennen lernen könnten, auch dadurch zu bedingen, dass sie zum Interviewzeitpunkt vollständig in die Gruppe von Studierenden aus ihrem Land integriert sind, die, wie von den Betreffenden befürchtet, ihre Kontaktaufnahme zu deutschen Studierenden als wenig erwünschte Distanzierung ablehnen würde. Auch die französische Studentin Marie, die in Mainz interviewt wurde, scheint wenige Situationen wahrzunehmen, in denen sie die Kontaktaufnahme zu deutschen Studierenden wagen könnte. Im folgenden Interviewausschnitt beschreibt sie beispielhaft die Situation in den Lehrveranstaltungen:

M: (...) Ich glaube, je mehr französische Studenten es gibt, desto weniger Kontakte haben wir.

I: Aber warum ist denn das so?

M: Ich weiß es nicht. Das ist auch nicht logisch. Wir sind hier um Deutsch zu sprechen und wir möchten auch Deutsch sprechen, das ist gar nicht das Problem, aber z. B. wir sind zusammen in Vorlesungen, was machen wir setzen nebeneinander und dann die Deutschen vielleicht Angst haben und kommen nicht. Aber es ist immer so, wir kennen uns, deswegen setzen wir nebeneinander und dann wir reden und dann ja, fertig zu Hause und wir haben kein Deutsche kennen gelert (I: hum) Also, ich glaube, das funktioniert so.

I: Weil ihr euch schon kennt?

M: Ja, und es ist auch blöd – und hier wollen alle Leute Freunde sein, also, wir müssen mit dem Anderen reden, damit er nicht glaubt, dass wir geärgert sind oder so was. Siehst du was ich meine?

I: Nicht so richtig

---

71 Paco wohnt im Studentenwohnheim in der Bachemerstr.

M: Z. B. wir kennen uns vom letzten Jahr. Im letzten Jahr hatten wir uns so gesehen, aber jetzt sollen wir zusammen sein und uns helfen u.s.w. Und wir sollen
immer mit den Anderen reden, damit. – Wir sollen alle Freunde sein (I: hum).
Deswegen, wenn ich z. B. ich nicht neben eine Freundin sitze, sie wird sagen Pss,
Pss, Pss (I: lacht).

Marie scheint häufige Kontakte zu anderen französischen Studierenden zu haben.
Diese Kontakte setzen sich auch in den von ihr besuchten Lehrveranstaltungen fort,
»wir kennen uns, deswegen setzen wir nebeneinander«. Sie scheint den Eindruck zu
haben, dass die Kontakte zu ihren französischen Freunden die Kontaktaufnahme zu
deutschen Studierenden in Lehrveranstaltungen unmöglich machen. Dies scheint sie
zu bedauern, da sie durch den Kontakt zu Deutschen ihre Deutschkenntnisse verbessern möchte, »wir möchten auch Deutsch sprechen«. Sie nimmt an, dass die deutschen Studierenden es nicht wagen, sie in der Gruppe der französischen Studierenden
anzusprechen, »und dann die Deutschen vielleicht Angst haben und kommen nicht«.
Sie selbst wagt die Kontaktaufnahme mit den deutschen Studierenden nicht, da sie
sich vor den Reaktionen ihrer französischen FreundInnen zu fürchten scheint. Sie
fürchtet die Konsequenzen, die eine Distanzierung von der Gruppe haben könnte. Die
befreundeten Franzosen würden über sie reden, »wenn ich z. B. nicht neben einer
Freundin sitze, sie wird sagen Pss, Pss, Pss«, und womöglich denken, dass sie sich
durch das Wegsetzen von ihnen distanzieren wolle, »also, wir müssen mit den Anderen reden, damit er nicht glaubt, dass wir geärgert sind oder so was«. Sie leidet einerseits unter dem Gruppenzwang »das ist auch blöd« und wagt andererseits aber nicht,
die Gruppe für einige Zeit zu verlassen, um deutsche Kommilitonen kennen zu lernen.

Die Analyse der qualitativen Interviews ergibt, dass Studierenden, die zu wenige
Situationen sehen, um deutsche Studierende kennen zu lernen und auf diese Weise
ihre seltenen deutschen Kontakte erklären, die individuellen »Kosten« der Kontaktaufnahme im Vergleich zum erwarteten Nutzen (häufig Deutsch zu lernen) als zu
hoch einschätzen. Die zu hohen »Kosten« scheinen sich durch den Aufwand an Zeit
und Energie zu bedingen, der zur Kontaktaufnahme und Freundschaftsentwicklung
nötig ist. Zudem scheinen sich viele Befragte dieser Gruppe vor negativen Reaktionen der deutschen Studierenden auf ihre Versuche der Kontaktaufnahme zu fürchten.
Nur in ganz »sicheren« Situationen, in denen sie selbst angesprochen werden oder
bei sich ihnen (an)bietenden »legitimen Anlässen zur Kontaktaufnahme«, bei denen
sie sich der positiven Reaktion der deutschen Studierenden sicher sein können, wagen sie die Kontaktaufnahme. Die Befragten fürchten durch die Kontaktaufnahme zu
deutschen Studierenden häufig nicht nur die ablehnenden Reaktionen der deutschen
Studierenden, sondern auch den Verlust von Sympathien in ihrer Nationalitätengruppe. Aus diesem Grund ist es zu verstehen, dass der Großteil der Erasmusstudierenden
die Auffassung hat, dass sich intensive Kontakte zu Deutschen und Freundschaften
zu anderen ausländischen Studierenden ausschließen. Probanden, die angeben, es
gäbe zu wenige Situationen, um deutsche Studierende kennen zu lernen, meinen

demnach größtenteils, dass es zu wenige Situationen gibt, in denen sie von deutschen Studierenden angesprochen werden oder in denen sie sich der uneingeschränkten positiven Reaktion der deutschen Studierenden auf ihre Kontaktinitiative sicher sein können und in denen sie zudem keine negativen Reaktionen der Mitglieder ihrer Nationalitätengruppe erwarten müssen.

### 5.2.2.1.1.2    Desinteresse und Distanziertheit der Deutschen

Die große Gruppe von 52% der Gaststudierenden, die ihre deutschen Kontakte in der quantitativen Erhebung als zu selten beurteilen, wählen auf dem Fragebogen als Begründung die Antwortkategorie »Die deutschen Studierenden sind zu distanziert und haben kein echtes Interesse an Kontakten« (siehe Abbildung 27). Durch die Analyse der qualitativen Interviews soll nun herausgefunden werden, was die Befragten mit dieser Antwort ausdrücken möchten. Es stellt sich die Frage, auf welche Erlebnisse sich die Einschätzungen der Deutschen als distanziert und desinteressiert zurückzuführen sind.

In den qualitativen Interviews wird die wahrgenommene Distanziertheit der deutschen Interaktionspartner häufig als Ausdruck des »deutschen Charakters« interpretiert. Diese Meinung äußert z. B. der spanische Erasmusstudent Roberto aus Cottbus:

I: Hat sich dein Bild von den Deutschen verändert seit du hier bist?

R: Wir sagen von den Deutschen, dass sie sehr »quadrado« sind, dass ist wahr (lachen) alles sehr organisiert und »quadrado«. Und was ich jetzt denke ist, dass sie womöglich nicht so offen wie die Spanier sind. Wenn ich mir einen Erasmusstudenten in Spanien vorstelle, denke ich, dass er anderes behandelt würde. Hier sind sie sehr verschlossen.

I: Wie wäre es in Spanien?

R: Wenn ich einen Erasmusstudenten treffen würde, würde ich versuchen, mit ihm zu reden, damit er Spanisch lernt (I: hum). Hier versteht mich niemand. Ich mache schon ganz kurze Sätze, aber die verstehen mich nicht. Ich weiß nicht warum (lachen). Sie verstehen mich nicht und versuchen auch nicht, mich kennen zu lernen. Am Anfang habe ich für zwei gekocht und habe ihn zum Essen eingeladen, aber er wollte lieber alleine essen (I: hum).

In dieser Textsequenz bedient sich Roberto des in Spanien weit verbreiteten Stereotyps über die Deutschen, die »quadrado« genannt werden, um seine wenigen Kontakte zu deutschen Studierenden zu erklären. »Quadrado« heißt eigentlich »viereckig« und soll in diesem Zusammenhang vermutlich engstirnig, überorganisiert, starr und unflexibel bedeuten. Zudem sind die Deutschen für Roberto wenig »offen«, was für ihn erklärt, warum sie selten Kontakt zu ihm aufnehmen und auf seine eigenen Kontaktangebote nicht eingehen.

Im Gegensatz zu den »verschlossenen« Deutschen, die auf seine Versuche der Kontaktaufnahme nicht reagierten und selbst selten die Initiative ergriffen, entwirft Roberto das Bild der »offenen« Spanier, die, wie er selbst, auf die Ausländer in Spanien zugehen würden. »Wenn ich einen Erasmusstudenten treffen würde, würde ich versuchen, mit ihm zu reden, damit er Spanisch lernt«. Hinter diesem Ausspruch scheint sich der Vorwurf an die Deutschen zu verbergen, sich nicht genug bemüht zu haben, sein schlechtes Deutsch zu verstehen und ihn kennen zu lernen. Ähnlich wie Roberto scheinen viele Interviewte, die ihre seltenen und wenig intensiven deutschen Kontakte durch den verschlossenen deutschen Charakter erklären, zu Beginn ihres Deutschlandaufenthalts erwartet zu haben, dass die Deutschen Interesse an ihnen als ausländische Studierende zeigen würden und aktiv versuchen würden, sie kennen zu lernen. Aus diesem Grund wird von den Befragten auch eher selten von eigenen Versuchen der Kontaktaufnahme berichtet und ihre Kontaktinitiative scheint sich hauptsächlich im Abwarten erschöpft zu haben. Dass die Deutschen entgegen den Erwartungen nur geringe Kontaktinitiative zeigen, wird von den Befragten dann als Ausdruck ihrer Distanziertheit und ihres Desinteresses gewertet. Von Diskriminierungen berichtet allerdings niemand. Die alleinige Verantwortung für ihre geringen deutschen Kontakte sehen die Probanden dieser Gruppe bei den Deutschen.

In anderen Interviews werden weniger »deutsche Charaktereigenschaften« als die anderen Interessen der Deutschen für deren fehlende Kontaktinitiative verantwortlich gemacht. Diese divergierenden Interessen von deutschen Studierenden und Erasmusstipendiaten werden in den unterschiedlichsten Bereichen gesehen. Nach Fatima könnte man mit deutschen Studierenden z. B. selten feiern, da diese nur studieren wollten.

> F: (...) Hier wir sind Ausländer, wir haben so viel Zeit (I: ja) und dann wir wollen immer Partys machen, aber die Deutschen können nicht (I: ja). Darum wir bleiben immer unter Ausländern, weil die Deutschen denken: »Oh, wir haben Klausuren! Oh, diese Erasmusstudenten, sie machen immer Partys, sie sind Scheiße« (I: lacht). Das war so mit meinen Mitbewohnern, dass ich kriege immer Probleme. Wenn ich eine Party mache, meine Mitbewohner schreien immer: »Ja, ich hab Klausuren! Kannst du nicht vielleicht verschieben?«.

> I: Was hast du gesagt?

> F: »Tut mir leid, aber ich mache eine Party. Ich mache trotzdem die Party. Es ist nicht mein Problem« (F, I: lachen). Aber meine Mitbewohner waren nicht so – (I: zufrieden?) verständnisvoll.

> I: Ja, hättest du die nicht einladen können?

> F: Aber die konnten nicht (I: ja). Das ist mir egal.

Nach Fatima ergeben sich wenige Kontaktmöglichkeiten in der Freizeit, da die deutschen Studierenden weniger Interesse an Partys hätten als die ausländischen Studierenden. Als Grund für die konträren Interessen erscheinen Fatima die größeren Studienverpflichtungen der deutschen im Vergleich zu denen der ausländischen Studierenden. Diese müssten sich auf Klausuren vorbereiten und hätten so keine Zeit für abendliche Partys. Die ausländischen Studierenden könnten dagegen so viel feiern wie sie wollen, da sie genügend Zeit hätten.

Andere befragte ErasmusstudentInnen führen das wahrgenommene eingeschränkte Interesse der deutschen Studierenden auf deren geringe Bedürfnisse an neuen Freundschaften zurück, da diese schon feste Freundeskreise besitzen. Die finnische Studentin Elsa denkt, dass sie als ErasmusstudentIn für die deutschen Studierenden keine attraktive Freundin sei, da sie nur sechs Monate in Deutschland bliebe und damit die Mühe des Beziehungsaufbaus nicht lohne:

> I: Wie behandeln dich die deutschen Studenten so (...)?

> E: (...) Ich denke, dass sie vielleicht denken, dass ich bleibe hier nur ein Semester. Und ein Semester, das geht so schnell und dann ja, dann bin ich schon weg. (A: Mmh) Vielleicht dann bemühen sie sich nicht, so viel Freunde zu bekommen nur für einige Monate.

Eine große Gruppe von Stipendiaten macht die Deutschen für ihre wenigen Kontakte verantwortlich. Dass sie selten eingeladen oder angesprochen werden gilt als Beleg für das Desinteresse und die Distanziertheit der Deutschen. Erasmusstudierende machen zum Teil deutsche, kontakthemmende Charaktereigenschaften als Erklärungen für dieses wahrgenommene Desinteresse verantwortlich. In diesem Fall scheint der Rückgriff auf bekannte Stereotypen über die Deutschen üblich zu sein.

Von anderen Befragten dieser Gruppe wird das wahrgenommene Desinteresse der Deutschen durch ihre geringen Bedürfnisse nach neuen Freundschaften oder durch divergierende Freizeitinteressen erklärt. Diese Begründungen ähneln denen, welche die Studierenden gegeben haben, die situative Bedingungen für ihre seltenen Kontakte verantwortlich machen. Die Gruppe äußert keine Vorwürfe bezüglich des Verhaltens der Deutschen und hat Verständnis für ihre unterschiedliche Lebenssituation.

### 5.2.2.1.1.3    Pech oder Schicksal

Die drittwichtigste »externe« Erklärungsvariante ist die Begründung der seltenen Kontakte zu deutschen Studierenden durch das eigene Pech. Für diese Antwortmöglichkeit auf dem Fragebogen entscheiden sich 31% der Befragten (siehe Abbildung 27).

Auch in den qualitativen Interviews wird diese Erklärungsmöglichkeit von einigen Befragten gewählt. So auch von der englischen Studentin Andrea:

> I: Wie ist das mit dem Kontakt zu den Deutschen, findest du es leicht oder schwer Kontakt zu haben?

> A: Schwer. Vielleicht habe ich aber auch einfach Pech, weil ich dann einfach nur Leute in meinem Wohnheim kenne, die einfach nicht so sind, wie ich bin (...).

Als Ort, an dem man Kontakte zu deutschen Studierenden knüpfen könnte, nimmt Andrea nur das Studentenwohnheim wahr. Ihre MitbewohnerInnen interessieren sie jedoch nicht, da sie anderes sind als sie selbst. Da man sich seine Mitbewohner nicht aussuchen kann, scheint es aus Andreas Sicht eine schicksalhafte Fügung zu sein, dass sie in Deutschland wenige Deutsche kennen gelernt hat.

Von Befragten, die das Schicksal für ihre seltenen deutschen Kontakte verantwortlich machen, wird jede eigene Verantwortung für Kontaktsituation bestritten. Die Probanden stellen sich als »Opfer« des Schicksals dar, das sie nicht mit den »richtigen« Deutschen bekannt gemacht hat.

Eine ähnliche Erklärungsvariante wie die schicksalhafte, die sich in einigen qualitativen Interviews findet, ist die Begründung der seltenen Kontakte zu deutschen Studierenden durch das Erasmusprogramm. Befragte, die das Erasmusprogramm für ihre wenigen deutschen Kontakte verantwortlich machen, scheinen zu erwarten, dass sie durch die Erasmusorganisatoren mit Deutschen bekannt gemacht werden. Da ihnen deutsche Kontakte jedoch nicht »organisiert« werden, scheint das Erasmusprogramm die Verantwortung für ihre geringen deutschen Kontakte zu haben. Das Programm ist hier die »externe« Kraft, welche die Kontakte steuert.

### 5.2.2.1.1.4    Geringe Deutschkenntnisse

Bei den Antwortkategorien, die auf »interne« Erklärungen hindeuten, steht die Erklärung der seltenen Kontakte durch die eigenen zu geringen Deutschkenntnisse an erster Stelle. 30% der Befragten der quantitativen Erhebung führen ihre als zu selten beurteilten deutschen Kontakte auf ihre zu geringen Deutschkenntnisse zurück (siehe Abbildung 27). In den qualitativen Interviews ist dies ebenfalls die am häufigsten gewählte »interne« Erklärung. In diesem Zusammenhang wird von den Gaststudierenden immer wieder das Bedürfnis nach einem intensiven Gedankenaustausch angesprochen, das aufgrund der schlechten Deutschkenntnisse nur im Gespräch mit Landsleuten befriedigt werden könne. So berichtet die spanische Studentin Marianna in ihrer Muttersprache:

> I: Warum bist du mit den Spaniern befreundet und nicht mit den Engländern oder Franzosen?

> M: Wegen der Sprache (...). Gut, ich bin hierher gekommen, um Deutsch zu lernen und das Beste wäre zu sagen: »Gut, ich spreche nur Deutsch«. Aber, das ist unvermeidlich. (...) Jemand, der wie ich die Sprache nicht beherrscht, manchmal hast du Lust nicht nur diese dämlichen Unterhaltungen in Deutsch zu führen. Manchmal möchte ich ausdrücken, was ich denke und ich möchte, dass mich die Leute gut verstehen. Ich möchte mich nicht nur immer über das Wetter unterhalten.

Aufgrund ihres begrenzten Wortschatzes im Deutschen kann Marianna mit Deutschen oder ausländischen Studierenden, die nicht Spanisch sprechen, nur einfache

Unterhaltungen z. B. über das Wetter führen. Intensivere Gespräche scheinen ihr nur mit Landsleuten möglich zu sein. Auf diese Weise erklärt sie, warum sie hauptsächlich mit spanischen Studierenden in Osnabrück befreundet ist und weniger mit ausländischen Studierenden anderer Nationalitäten oder mit Deutschen. Befragte, die wie Marianna fast überhaupt kein Deutsch sprechen, vermuten auch bei den deutschen Studierenden große Hemmungen, sie anzusprechen, was ihre geringen Kontakte zu dieser Gruppe erklären soll.

Nicht nur Studierende mit geringen Deutschkenntnissen, geben dies jedoch als Grund für ihre wenigen Kontakte zu deutschen Studierenden an. In dieser Gruppe sind auch Befragte zu finden, die aus meiner Sicht gut Deutsch sprechen, so dass mit ihnen z. B. auch das qualitative Interview auf Deutsch geführt werden kann. Sie sind aber dennoch sehr unsicher, mit Deutschen zu kommunizieren, da sie ihre Deutschkenntnisse individuell als »zu schlecht« beurteilen. Diese Erasmusstudierenden bevorzugen häufig andere ausländische Studierende, um sich mit ihnen auf Deutsch zu unterhalten, da sie bei diesen Interaktionspartnern weniger Angst haben, Fehler zu machen. Zu dieser Gruppe gehören die französischen Studentinnen Cathérine und Cécile:

> C: (...) Wenn wir dagegen Deutsch mit den Ausländern sprechen, stört uns das nicht sehr, das sie unser Niveau haben (...).

> I: Ihr sprecht also lieber mit den Ausländern als mit den Deutschen Deutsch?

> Ca: Das ist einfacher, wir haben weniger Komplexe (C: genau, lacht).

> C: Wir haben weniger Komplexe. Am Anfang habe ich mehr mit Nina gesprochen als mit meiner Familie. Also, Nina macht so viele Fehler und ich auch und wir konnten uns verstehen (lacht).

Obwohl Cécile in einer deutschen Familie untergebracht ist, hat sie sich am Anfang mehr mit der spanischen Studentin Nina unterhalten, die ebenfalls in dieser Familie lebt und die weit weniger Deutsch spricht als sie selbst, weil sie sich im Gespräch mit ihr der eigenen Fehler nicht zu schämen braucht. Cécile und Cathérine versuchen durch den Kontakt zu anderen ausländischen Studierenden ihre Deutschkenntnisse zu verbessern. Kontakte zu Deutschen aufzunehmen, wagen sie dagegen nur selten. Welche Sprache die ausländischen Studierenden, die nicht aus dem selben Land kommen, untereinander wählen, hängt von der jeweiligen Sprachkompetenz der Befragten ab. Wie aus den Interviews ersichtlich, wird in der Regel Deutsch oder Englisch gewählt.

Wenn Erasmusstudentinnen bei sich die Ursache für die wenigen Kontakte zu deutschen Studierenden suchen, wählen sie häufig ihre zu geringen Deutschkenntnisse als Erklärungsmöglichkeit. Da die Deutschkenntnisse subjektiv beurteilt werden, finden sich in dieser Gruppe neben Studierenden, die fast kein Deutsch sprechen auch Probanden, die aus meiner Sicht sehr gut in der Lage wären Unterhaltungen auch über komplexere Themen auf Deutsch zu führen. Sie schämen sich aber für die kleinsten Fehler oder Akzente schämen und vermeiden aus diesem Grund Gespräche mit Deutschen. Bei dieser Gruppe scheinen es dann weniger die tatsächlichen Deutschkenntnisse als die persönlichen Hemmungen zu sein, welche die Kontaktaufnahme zu Deutschen verhindern.

### 5.2.2.1.1.5    Schüchternheit

Wenige Befrage geben in den empirischen Erhebungen ihre Schüchternheit als Grund für ihre geringen deutschen Kontakte an. Dass die Befragten ein positives Selbstbild bewaren wollen, auch wenn sie ihr Kontaktdefizit zu deutschen Studierenden als Misserfolg wahrnehmen, kann die seltene Wahl dieser Begründung erklären.

### 5.2.2.1.1.6    Mangelndes eigenes Interesse

Fehlendes Interesse an Kontakten zu deutschen Studierenden schreibt sich nur 1% der Befragten der quantitativen Erhebung zu, die ihre deutschen Kontakte als zu selten beurteilen. In Frage kommt auch, dass Stipendiaten, die wenig Interesse an deutschen Kontakten haben, auch geringe Kontakte zu Deutschen als »häufig genug« beurteilen und aus diesem Grund bei dieser Antwortkategorie nicht auftauchen.

In den qualitativen Interviews sprechen jedoch, unabhängig davon ob sie ihre deutschen Kontakte als »häufig genug« oder »nicht häufig genug« beurteilen, insgesamt nur sehr wenige Studierende davon, dass sie kein besonderes Interesse an deutschen Kontakten hätten. Dies ist im Rahmen einer Befragung der Teilnehmer eines europäischen Austauschprogramms dessen Ziele die Stipendiaten kennen, nicht zu erwarten.

Wenn fehlendes Interesse doch angegeben wird, dann häufig von Studierenden, für die der Deutschlandaufenthalt ein zwingender Bestandteil ihres Studiums im Heimatland ist. Dies sind z. B. alle englischen GermanistikstudentInnen. Diese Studierenden müssen einen Erasmusaufenthalt machen und können sich nicht frei dafür entscheiden (siehe S. 169).

Offen sprechen sehr wenige Befragte über ihre geringe Motivation nach Deutschland zu kommen, Deutsch zu lernen und deutsche Studierende kennen zu lernen. Das geringe Interesse der Befragten lässt sich allerdings in einigen Interviews unterschwellig daran erkennen, ob sie den Kontakten zu Deutschen besondere Bedeutung zuschreiben oder nicht. Kontakte zu Deutschen sind z. B. für vier befragte spanische Studentinnen in Greifswald völlig unwichtig, da sie ausschließlich nach Deutschland kamen, um den Abschluss ihres Englischstudiums zu machen und sie vermuteten, dass die geforderten Studienleistungen hier leichter zu erbringen seien als in Spanien. Diese Studierenden möchten kein Deutsch lernen und keine deutschen Freundschaften schließen, da sie befürchten, dass ihre Englischkompetenzen leiden könnten.

Insgesamt kann man vermuten, dass Begründungen für die Seltenheit der deutschen Kontakte mit dem eigenen geringen Interesse oder mit der eigenen geringen Kontaktinitiative so selten genannt werden, da die Befragten den Erwartungen des

Erasmusprogramms entsprechen möchten und es vermeiden wollen, sich als Verant-wortliche(n) für die seltenen Kontakte zu präsentieren.

Nachdem gezeigt worden ist, wie Befragte die Seltenheit ihrer deutschen Kontakte erklären und was mit den auf dem Fragebogen gewählten Antwortkategorien in der Regel gemeint ist, soll darauf eingegangen werden wie Studierende, die ihre deut-schen Kontakte als »häufig genug« einschätzen, diese Häufigkeit begründen.

### 5.2.2.1.2    Begründungen der häufigen Kontakte zu deutschen Studierenden

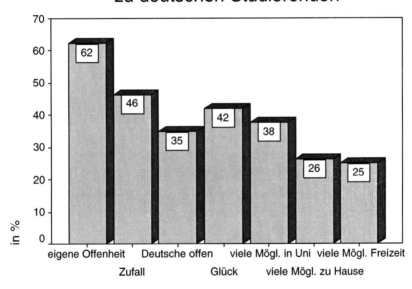

Abbildung 28: Begründungen für häufige Kontakte zu deutschen Studierenden.

*Erläuterung: Die Begründung der häufigen Kontakte zu deutschen Studierenden mit den vielen Kontaktmöglichkeiten im Wohnbereich (zu Hause) oder durch die vielen Kontaktmöglichkeiten in der Freizeit werden von den Befragten als »sonstige Gründe« genannt und entsprechen nicht den vorgegebenen Antwortkategorien auf dem Fragebogen.*

Betrachtet man die Begründungen, die von Studierenden angegeben werden, die ihre Kontakte zu deutschen Studierenden als »häufig genug« beurteilen, erkennt man, dass »*interne*« Erklärungen überwiegen (siehe Abbildung 28).

62% der Befragten dieser Gruppe sehen sich als »offen« und führen ihre Kontakte häufig auf die eigene Initiative bei der Kontaktaufnahme zurück. Bei den »*externen*«

Begründungen sind die Erklärungen der eigenen häufigen Kontakte durch den Zufall (46%) und durch das Glück (42%) am häufigsten anzutreffen. 38% der Befragten dieser Gruppe sehen viele Möglichkeiten zur Kontaktaufnahme mit deutschen Studierenden während oder nach den Lehrveranstaltungen. An dritter Stelle der »externen« Erklärungen sind Begründungen der häufigen Kontakte zu deutschen Studierenden durch das Interesse und die Offenheit der deutschen Interaktionspartner zu finden. Diese Erklärungsmöglichkeit wird von 35% der Befragten gewählt. Viele Kontaktmöglichkeiten im Wohnbereich werden unter »sonstigen Gründen« von 26% angegeben und von 25% werden zusätzlich Kontaktmöglichkeiten in der Freizeit als Begründung gewählt. Die Hypothese bestätigt sich, dass häufige Kontakte zu deutschen Studierenden als Erfolge gesehen werden, welche die Befragten vorwiegend »intern« erklären. Sie sehen sich selbst als Ursache ihrer vielen deutschen Kontakte und betonen ihre Offenheit und Initiative, da sie sich im Interview vermutlich positiv darstellen möchten und ihr Selbstwertgefühl stärken wollen.

Welche Bedeutungen die auf dem Fragebogen gewählten Antwortkategorien für die Befragten haben, kann durch die Analyse der qualitativen Interviews näher bestimmt werden.

### 5.2.2.1.2.1     Eigene Offenheit und Kontaktfreude

In den qualitativen Interviews erklären die Interviewten die Häufigkeit ihrer Kontakte zu deutschen Studierenden vor allem durch ihre eigene Kontaktinitiativen und ihre positiven Eigenschaften. Für die Gruppe der Gaststudierenden, die diese Erklärungen wählen, kann die französische Studentin Michelle stehen, die in Mainz interviewt wurde:

> I: Hast du in großen Gruppen Unterricht oder in kleinen?

> M: Beides, aber ich bin eher der Mensch, der die Leute anspricht. Oder wenn mir jemand sympathisch vorkommt, dann – (I: lacht). Es ist vielleicht manchmal zu direkt für manche Leute, aber: »Hallo, ich bin Michelle«.

Michelle berichtet mir, dass sie in Lehrveranstaltungen viele Deutsche kennen gelernt habe. Als sie nach der Teilnehmerzahl ihrer Veranstaltungen gefragt wird, scheint sie zu verstehen, dass ich ihre Kontakte auf die besonders großen Kontaktmöglichkeiten in kleinen Veranstaltungen zurückführen will. Durch ihre Entgegnung: *»aber ich bin eher der Mensch, der die Leute anspricht«* scheint sie auszudrücken, dass nicht die Teilnehmerzahlen der Veranstaltungen ihre Kontakte zu deutschen Studierenden beeinflussen, sondern sie ihre deutschen Kontakte allein ihrer Kontaktinitiative verdankt. Wie viele andere Befragte, die ihre deutschen Kontakte als häufig genug beurteilen, sieht sie sich als kontaktfreudig und offen wie auch noch andere Interviewpassagen zeigen. Ihre Kontakte zu deutschen Studierenden stellt Michelle als persönliche Erfolge dar, was ihr vermutlich erlaubt, ein positives Bild von sich zu vermitteln und ihr Selbstwertgefühl zu stärken.

Viele Befragte, die ähnlich wie Michelle, ihre Kontakte zu deutschen Studierenden als persönliche Erfolge wahrnehmen, beschreiben ihre Distanzierung von anderen Erasmusstipendiaten aus dem Herkunftsland, die sie in der Regel als Vorraussetzung der Kontaktaufnahme zu deutschen Studierenden begreifen. Ähnlich wie die
meisten Befragten, die über nur geringe Kontakte zu Deutschen verfügen, nehmen sie
an, dass sich gleichzeitige Freundschaften zu Landsleuten und zu Deutschen ausschließen. Nicht nur die Kontaktaufnahme zu Deutschen, sondern auch die bewusste
Distanzierung von Landsleuten wird von Studierenden mit häufigen deutschen Kontakten daher als persönliche Leistung beschrieben.

### 5.2.2.1.2.2    Glück oder Zufall

In der quantitativen Erhebung sind unter den »externen« Begründungen die Erklärungen der häufigen Kontakte zu deutschen Studierenden durch den Zufall und durch
das Glück am häufigsten anzutreffen (siehe Abbildung 28). In den qualitativen Interviews stellen sich mehrere Studierende der Gruppe mit häufigen Kontakten zu deutschen Studierenden als Personen dar, die alle möglichen zufälligen Begegnungen
nutzen. Auf diese Weise sind die »externen« Erklärungen der Kontakte durch das
Schicksal in den qualitativen Interviews auch »internen« Erklärungen zurechenbar,
da es letztlich wieder die Initiative der Austauschstudierenden ist, die zu Kontakten
mit Deutschen führt.

### 5.2.2.1.2.3    Viele Kontaktmöglichkeiten

Befragte der qualitativen Erhebung, die häufige und intensive Kontakte zu deutschen
Studierenden angeben, sehen in allen möglichen Lebensbereichen Kontaktmöglichkeiten, die sie nutzen können. So auch die französische Studentin Carole in Osnabrück:

> I: Hattest du das Gefühl, dass es einfach ist, Deutsche kennen zu lernen? Wie
> machst du das? Sprichst du die an?

> C: Also, manchmal ist es zufällig (I: ja). Also, du bist in der Mensa, es gibt Leute
> und du sprichst. Oder im Studium, du machst ein Referat, na ja, es gibt auch die
> Leute im Geschäft, die die Briefmarken kaufen. Wenn du immer in gleichen Ge-
> schäft gehst (I: ja) dann: »Zehn Mark« und dann sprichst du und das ist ein klei-
> nes Beispiel. Wie in Frankreich, weißt du?

Ähnlich wie bei den Erklärungen der eigenen Kontakte durch »Zufälle« oder
»Glück« scheinen die meisten Erasmusstudierenden, die ihre Kontakte durch die
bestehenden Kontaktmöglichkeiten erklären, nicht zu meinen, dass die Kontakte
durch die Situationen entstehen, also »extern« verursacht sind, sondern dass sie die
Fähigkeit haben, in allen Lebensbereichen die sich bietenden Kontaktmöglichkeiten
wahrzunehmen und zu nutzen. Damit werden die ursprünglich »extern« interpretier-

ten Erklärungen der Kontakte zu Deutschen durch die umgebungsbedingten Kontaktmöglichkeiten zu »internen« Erklärungen.

### 5.2.2.1.2.4    Offenheit und Kontaktfreude der Deutschen

35% der Befragten die ihre Kontakte zu deutschen Studierenden in der quantitativen Erhebung als »häufig genug« einschätzen, führen diese Kontakte auf die Offenheit und Kontaktfreude ihrer deutschen Interaktionspartner zurück (siehe Abbildung 28).

In den qualitativen Interviews ist diese Gruppe in Personen zu unterteilen, die ihre Kontakte auf die Kontaktinitiativen der deutschen Studierenden zurückführen und Personen, welche positive Reaktionen der Deutschen auf ihre eigenen Kontaktinitiativen als Ausdruck von deren Offenheit und Interesse interpretieren. Während die Befragten der ersten Gruppe ihre Kontakte eher »extern« interpretieren, betonen die Personen der zweiten Gruppe wieder ihre Kontaktinitiative, so dass diese Erklärungen »intern« zu verstehen sind. Zu der ersten Gruppe gehört die norwegische Studentin Linda in Wernigerode, die ihre vielen deutschen Kontakte vorwiegend auf das Interesse und die Kontaktinitiative der deutschen StudentInnen zurückführt:

> L: Und ich hatte auch das Gefühl, als ich hierher gekommen bin, dass die Leute wussten, dass ich kommen sollte. Weil: »Ah, Du kommst auch aus Norwegen«. Und: »Echt, woher weißt du das?« Ich war sehr überrascht.
>
> I: Wer hat das gesagt?
>
> L: Viele deutsche Studenten, die wussten das.
>
> I: Die haben schon auf Dich gewartet?
>
> L: Ich weiß nicht. Aber ich hatte den Eindruck, dass sie immer wissen, wie viele Ausländer kommen. Und es gibt auch eine Studentengruppe hier, die sich um die ausländischen Studenten kümmern. Sie haben auch großes Interesse daran, glaube ich.

In diesem Interviewausschnitt beschreibt Linda, dass sie von deutschen Kommilitonen angesprochen worden wäre und dass auch die deutschen StudentInnen der Betreuungsinitiative mit ihr Kontakte aufgenommen hätten. Sie vermutet bei den Mitgliedern der Betreuungsinitiative ein »großes Interesse« an ausländischen Studierenden. In anderen Interviews wird von durch die Betreuungsorganisationen oder die Akademischen Auslandsämter vermittelten deutschen Kontakten berichtet.

Die Analyse der in den qualitativen Interviews gegebenen Begründungen für häufige Kontakte hat gezeigt, dass die als ursprünglich »extern« interpretierten Erklärungsmöglichkeiten der Kontakthäufigkeit auf dem Fragebogen durch das Glück, den Zufall und durch situative Kontaktmöglichkeiten, eigentlich den »internen« Erklärungen zuzurechen sind, da in allen diesen Fällen die eigene Kontaktinitiative von den Befragten betont wird. Aufgrund der eigenen Offenheit würden die Probanden die sich bietenden Zufälle und situativen Kontaktmöglichkeiten nutzen.

### 5.2.2.1.3    Zusammenfassung

Die von den Befragten gegebenen Begründungen für die Häufigkeit ihrer deutschen Kontakte haben gezeigt, dass Studierende, die ihre deutschen Kontakte als »häufig genug« einschätzen, diese vor allem auf ihre eigene Offenheit und Kontaktinitiative zurückführen. Erasmusstipendiaten, die ihre deutschen Kontakte als »nicht häufig genug« beurteilen, begründen diese dagegen besonders oft mit fehlenden Kontaktmöglichkeiten oder dem Desinteresse der Deutschen. Es bestätigt sich meine unter 3.1.2.2.1 aufgestellte Hypothese, dass die Situationswahrnehmungen der Befragten nicht unüberprüft als »Darstellungen der Wirklichkeit« interpretiert werden dürfen, sondern erst in Bezug auf die Funktion verstanden werden können, die sie für die Befragten erfüllen. Es bietet sich die aus den Attribuierungstheorien abgeleitete Interpretation an, dass sich ausländische Studierende, die ihre Kontakte zu deutschen Studierenden als »häufig genug« bezeichnen, durch die Rückführung dieser Kontakte auf eigene Verdienste, positiv darstellen und ihr Selbstwertgefühl stärken wollen. Erasmusstudierende, die ihre deutschen Kontakte als zu selten einschätzen, möchten dagegen vermutlich durch die Betonung von situativen Zwängen jegliche Selbstverantwortung für den Misserfolg vermeiden und so ihr Selbstwertgefühl schützen.

Durch die Analyse der Situationswahrnehmungen der befragten Erasmusstudierenden lassen sich einige Faktoren erkennen, die möglicherweise einen Einfluss auf die Kontaktdichte zwischen ausländischen und deutschen Studierenden haben, und die möglicherweise Bestandteile meines eigenen Erklärungsmodells werden können, sollte sich ihr Erklärungswert durch eine statistische Prüfung bewahrheiten. Bei den personalen Faktoren werden von den Befragten vor allem die Motivation genannt, Deutsche kennen zu lernen, die Einschätzung der Deutschkenntnisse und die Angst vor negativen Reaktionen der eigenen Nationalitätengruppen auf eine Annäherung an deutsche Studierende. Bei den umgebungsbezogenen Faktoren wird vorwiegend die Häufigkeit der »legitimen Anlässe« zur interkulturellen Kontaktaufnahme im Wohnbereich, im Studium und in der Freizeit genannt. Zudem scheint das Kontaktinteresse der deutschen Interaktionspartner einen Einfluss auf die Kontaktdichte zwischen deutschen und ausländischen Studierenden zu haben.

### 5.2.2.2    Erklärungsansätze der Vertreter der Akademischen Auslandsämter und der Mitarbeiter der lokalen Betreuungsinitiativen

Nachdem die Situationswahrnehmungen der befragten Erasmusstipendiaten vorgestellt worden sind, wird analysiert, auf welche Faktoren die lokalen Erasmuskoordinatoren die Kontaktdichte zwischen ausländischen und deutschen Studierenden zurückführen. Auf diese Weise sollen weitere wichtige unabhängige Variablen identifiziert werden, deren tatsächlicher Erklärungswert später durch eine statistische Prüfung ermittelt werden soll.

Insgesamt werden 13 qualitative Interviews mit Vertretern der Akademischen Auslandsämter und Mitarbeitern der Betreuungsinitiativen in allen Erhebungshochschulen geführt. Die Interviewten werden gebeten, die sozialen Kontakte zwischen ErasmusstudentInnen und deutschen Studierenden an ihrer Hochschule einzuschätzen. Bis auf zwei Befragte haben alle anderen Interviewten auch selbst schon im Ausland studiert, so dass sie diese Frage auch aufgrund ihrer eigenen Erfahrungen beurteilen. Im Bereich der Einschätzung der Kontaktdichte zwischen deutschen und ausländischen Studierenden unterscheiden sich die geäußerten Einschätzungen. Während die Leiterin des Akademischen Auslandsamtes in Wernigerode und auch die Vertreterin der Betreuungsinitiative in Wernigerode, die Gesprächspartnerinnen im Akademischen Auslandsamt in Mainz und der Mitarbeiter der Betreuungsinitiative der juristischen Fakultät in Köln zunächst eher intensive und häufige Kontakte vermuten, sehen alle anderen Befragten in diesem Bereich große Defizite.

Die Befragten werden im Folgenden gebeten, die Kontaktdichte zwischen ausländischen und deutschen Studierenden an ihrer Hochschule zu erklären. Bei den geäußerten Begründungen dominieren die *umgebungsbedingten Kontaktmöglichkeiten*. In Köln und Mainz wird von den Befragten besonders die Größe der Universität als Faktor angeführt, der die Kontakte zu deutschen Studierenden erschweren würde. Die Erasmuskoordinatorin der Universität zu Köln sagt:

> »(...) Die Uni ist einfach sehr, sehr groß. Und sie ist natürlich anonymer als 'ne kleine Uni, wo man auch sich schneller wieder trifft, wo man einfach ein anderes Kontaktsystem hat (...)«.

Diese und ähnliche Stellen scheinen die Auffassung der Befragten auszudrücken, dass die Erasmusstudierenden in großen Universitäten selten die selben Personen an unterschiedlichen Orten und in verschieden Lehrveranstaltungen treffen und sich damit wenige »legitime Anlässe« zur interkulturellen Kontaktaufnahme ergeben. Von den Befragten der Hochschulen in Köln und Mainz werden zudem die großen Lehrveranstaltungen, vor allem in den häufig von ErasmusstudentInnen studierten Fächern Jura und BWL angesprochen, in denen sich ebenfalls keine Kontakte zwischen ausländischen und deutschen Studierenden durch z. B. Gruppenarbeit ergeben würden. Zudem gäbe es an diesen Hochschulen so viele Studierende aller möglichen Nationalitäten, dass die Kontaktaufnahme zu Landsleuten einfach sei, was zu geringem Bedürfnis der Austauschstudierenden führe, deutsche Studierende kennen zu lernen. Zudem wird auch von mehreren Interviewten in Köln und Mainz auf das deutsche Universitätssystem eingegangen, in dem die Studierenden ihre Veranstaltungen frei wählen könnten. Aus diesem Grund könnten die ErasmusstudentInnen nicht regelmäßig die gleichen deutschen Studierenden trennen. Selbst Kontakte zu deutschen Kommilitonen in ihrem Fachbereich seien für die Erasmusstudierenden nicht einfach aufzunehmen. An deutschen Hochschulen würden zudem selten Lehrformen wie z. B. Gruppenarbeit eingesetzt, bei denen die Studierenden untereinander kommunizieren und sich kennen lernen könnten. Diesen Punkt sprechen u. a. die befragten Mitarbeiterinnen des Akademischen Auslandsamtes in Mainz an:

T: Und bei den Lehrformen. Wir haben hier in Deutschland in den Seminaren die Form Referat und normalerweise kann man das als Einzelreferat machen, man macht es manchmal in der Gruppe, aber eigentlich individualistisch (M: genau). Wenn ich jetzt z. B. die Lehrformen von den Niederlanden nehme, da ist es so, dass sehr viel auf Gruppenarbeit basiert. D. h. wenn ein Erasmusstudent dahinkommt, dann kommt er direkt in die Gruppenarbeit hinein.

M: Lernt die besser kennen, die besuchen sich gegenseitig. Bei uns ist das absolut unüblich. Selbst auf Examen muss man sich in der Regel individuell vorbereitet und ganz selten in der Gruppe oder wenn die Prüfungssituation zulässt, dass z. B. in Gruppen geprüft wird. Das sind ja ganz, ganz wenige Fachbereiche, die den Modus wählen. (...)

Nicht nur die in Deutschland eingesetzten Lehrformen bedingten somit die wenigen interkulturellen Kontaktmöglichkeiten, sondern auch die individuellen Prüfungsvorbereitungen.

Die Erasmuskoordinatoren in Köln, Mainz und Greifswald sehen ferner den hohen Anteil an Erasmusstudierenden in einigen Studentenwohnheimen als einen Grund für die geringe Kontaktdichte zwischen ausländischen und deutschen Studierenden an ihrer Hochschule. Dies belegt z. B. eine Passage aus dem Interview mit dem Leiter der Erasmusbetreuungsinitiative AEGEE in Köln:

R: (...) Das liegt auch zum Teil ein bisschen an der Politik des Studentenwerks, glaube ich, die die ausländischen Studenten gezielt in Wohnheime verfrachten, sag ich jetzt mal, und die deutschen Studenten in verschiedene Wohnheime.

I: Echt?

R: Ja, ich weiß also, dass die sich konzentrieren, die Erasmusstudenten meistens auf Rodenkirchen und Hürth, wobei das natürlich auch Wohnheime sind, die ein bisschen auch dafür ausgerichtet sind. Die Zimmer sind ein bisschen einfacher. Das sind so Zimmer, wo man vielleicht ein Jahr bleibt, maximal. Aber das ist ein bisschen schade. Man könnte das vielleicht–

I: Ein bisschen besser mischen meinst Du?

R: Ein bisschen besser organisieren. Das Studentenwerk habe ich oft genug kritisiert.

I: Und warum machen die das?

R: Das ist einfacher für sie. Weil das die größten Studentenwohnheime sind.

I: Also, es ist einfach, wieso ist das jetzt einfacher?

R: Weil es die größten Studentenwohnheime sind. Weil da die meisten Kapazitäten sind, und auch die größte Fluktuation ist. Die können halt mit einem Schlag 30, 40 Erasmus-Studenten dort unterbringen, weil auch immer viel rausgehen.

Das hat einmal so angefangen, dass diese Studentenwohnheime dann für die
Erasmus reserviert waren. Und dann ist es natürlich auch so, dass da im Sommer-
semester 50, 60 ausziehen in einem, und dann kommen da 60 neue rein.

Die ErasmusstudentInnen werden, wie meine quantitative Erhebung ergibt, in den
untersuchten Städten zu 75% in Studentenwohnheimen untergebracht. Die Zimmer
werden vom lokalen Studentenwerk zugewiesen. Aus den Interviews mit Vertretern
der Akademischen Auslandsämter und Mitarbeitern der lokalen Betreuungsinitiativen
in Köln, Mainz und Greifswald kann man entnehmen, dass es in diesen Städten Studentenwohnheime gibt, deren Ausländeranteil besonders hoch ist. In diesen Wohnheimen scheint ein großer Teil der dortigen EramusstudentInnen untergebracht zu
werden. Für die Zuweisung der Erasmusstudenten auf bestimmte Wohnheime mit
hohem Ausländeranteil durch das Studentenwerk macht der Vorsitzende von AEGEE
in Köln verwaltungstechnische Gründe verantwortlich.

Die Leiterin des Akademischen Auslandsamtes der Hochschule Harz in Wernigerode sowie die Vertreterin der dortigen Betreuungsinitiative INTERFORUM führen
die häufigen und intensiven Kontakte zwischen deutschen und ausländischen Studierenden an ihrer Hochschule ebenfalls auf situative Bedingungen zurück. Es wird die
überschaubare Größe der Hochschule als ein Faktor genannt, der viele Kontaktmöglichkeiten schaffe. Da die ErasmusstudentInnen in Wernigerode auf dem Hochschulcampus untergebracht seien, sähen sie in ihrem Wohnbereich, in der Mensa, in
den Lehrveranstaltungen und in der Feizeit immer wieder die selben deutschen Studierenden, so dass die Hemmungen ein Gespräch anzufangen gering seien. Da an der
Hochschule Harz nur 60 ausländische Studierende immatrikuliert seien, könnten die
Erasmusstudierenden ihre Kontaktbedürfnisse nicht nur aus der Gruppe ihrer Landsleute befriedigen, sondern wären auch auf deutsche Studierende angewiesen. Aufgrund des geringen Ausländeranteils der Hochschule, sei auch der Anteil der Ausländer in den Studentenwohnheimen gering, so dass sich auch hier viele Möglichkeiten
zur Kontaktaufnahme ergeben könnten. In den Interviews mit den Erasmusorganisatoren in Wernigerode werden die häufigen Kontakte der Erasmusstudenten mit deutschen Studierenden von den Befragten auf ihre organisatorischen Maßnahmen zur
Integration der ausländischen Studierenden zurückgeführt. Die Erasmusstudierenden,
die fast alle Tourismuswirtschaft studierten, würden ins Hauptstudium vermittelt, wo
häufig Studienprojekte stattfänden, bei deren Durchführung viele Kontakte durch
Gruppenarbeit entstünden. In der Freizeit würden Exkursionen und Feiern für die
Erasmusstudierenden organisiert, bei denen zur Hälfte auch deutsche Studierende
teilnehmen würden, so dass sich auch hier interkulturelle Kontakte ergeben könnten.

Neben den umgebungsbedingten Kontaktmöglichkeiten zwischen deutschen und
ausländischen Studierenden führen die Befragten die Kontaktdichte zwischen deutschen und ausländischen Studierenden am zweithäufigsten auf die Fähigkeiten, das
Interesse und die *Kontaktinitiativen der EramusstudentInnen* zurück. Von den Befragten aller untersuchter Hochschulen werden vor allem die schlechten Deutschkenntnisse einer großen Zahl von ErasmusstudentInnen erwähnt. In vielen Interviews

werden die spanischen Erasmusstudierenden angesprochen, die in der Regel mit besonders wenigen Deutschkenntnissen nach Deutschland kämen und zu ausschließlichen Kontakten mit ihren Landsleuten neigten. Neben den geringen Sprachkenntnissen beklagen die Erasmusorganisatoren vorwiegend die wahrgenommene geringe Kontaktinitiative der ErasmusstudentInnen. Diese erwarteten häufig, dass die deutschen Studierenden sie ansprächen, ohne selbst die Kontaktinitiative zu ergreifen. Stellvertretend für die anderen Befragten kann hier eine Vertreterin des ASTA in Greifswald sprechen:

> A: (...) Deswegen gibt es auch bei vielen Leuten so vielleicht, dass sie sehr lange Zeit allein bleiben, weil sie sich nicht trauen. Die verlangen von Anderen, dass sie zu denen kommen. Das funktioniert natürlich nicht. Wenn ich nur warte, dass jemand zu mir kommt. (...)

Neben den schlechten Deutschkenntnissen und der fehlenden Kontaktinitiative wird bei vielen Befragten noch das Bedürfnis der Erasmusstudierenden nach häufigen und intensiven Kontakten zu Landsleuten vermutet, was gleichzeitig die wenigen Kontakte zu deutschen Studierenden bedingen würde.

Als eher selten gewählte Erklärungsmöglichkeiten der geringen Kontaktdichte zwischen den Erasmusstudierenden und ihren deutschen Kommilitonen werden von den Erasmuskoordinatoren fehlendes Interesse und mangelnde Initiative der deutschen Studierenden genannt. In diese Richtung argumentiert u. a. die Vorsitzende von IAESTE in Cottbus:

> I: Und ja, wie ist das mit den Kontakten zwischen den deutschen Studenten und den ausländischen Studenten, also, gibt es da viele Kontakte?

> A: Es gibt schon Kontakte, aber ich sag mal so, die Deutschen sind ja immer ein bisschen – zumindest die, die ich kenne, fremdspracheninteressiert sind sie sowieso nicht so. Und das sind dann halt auch die Leute, die sagen, wenn die hierher kommen, nach Deutschland, müssen sie halt schon Deutsch sprechen und so weiter. Irgendwo haben sie Recht, aber auf der anderen Seite sind sie halt auch nicht so unbedingt gewillt, denen da zu helfen, oder kennen zu lernen, weil dann müssten sie sich selber bemühen, wenn sie sich jetzt mit jemandem auf Englisch unterhalten müssten. Es gibt natürlich immer wieder Ausnahmen. Ich sag mal so, bei den Architekten und bei den internationalen Studiengängen, die Leute sind natürlich dran interessiert, hier Spanisch oder Portugiesisch oder so was zu lernen.

Die Vorsitzende von IAESTE Cottbus sieht u. a. das geringe Interesse vieler deutscher Studierender an Fremdsprachen und damit an dem Kontakt zu ausländischen Studierenden als Grund für ihre geringe Kontaktinitiative ausländische Studierende kennen zu lernen. Sie nimmt eine Unterscheidung nach Fachbereichen vor. Die Studierenden des Bauingenieurwesens, die sie, wie aus anderen Interviewstellen ersichtlich, zunächst meint, hätten wenig Interesse an Kontakten zu ErasmusstudentInnen, da sie nur in geringem Umfang »fremdspracheninteressiert« seien. Das interkulturelle Interesse der ArchitekturstudentInnen oder der StudentInnen der internationalen Studiengänge sei dagegen größer, da diese Studierenden häufig selbst einen Auslandsaufenthalt planten oder Fremdsprachenkenntnisse für die Bewältigung ihres Studiums benötigten. Von einigen anderen Interviewten wird das wahrgenommene geringe Interesse der deutschen Studierenden an Kontakten zu ErasmusstudentInnen auf die bestehenden festen Freundeskreise zurückgeführt. Bei den Deutschen bestünde aus diesem Grund kein Bedürfnis nach neuen Freundschaften.

Die studentische Vertreterin des ASTA in Greifswald vermutet zudem Ausländerfeindlichkeit und negative Einstellungen zu ausländischen Studierenden als Gründe für die geringe Kontaktinitiative der deutschen Studierenden.

Die Leiterin des Akademischen Auslandsamtes der Hochschule Harz in Wernigerode führt die häufigen und intensiven Kontakte von ErasmusstudentInnen an ihrer Hochschule u. a. auf das hohe interkulturelle Interesse der deutschen Studierenden im Studiengang Tourismus zurück, in dem fast alle dortigen Erasmusstudierenden eingeschrieben sind. Viele der deutschen Studierenden hätten schon im Ausland studiert oder planten einen Auslandsaufenthalt. Zudem sei die Fremdsprachenbeherrschung für Studierende der Tourismuswirtschaft im Hinblick auf den zukünftigen Beruf entscheidend.

Zusammenfassend kann man sagen, dass die befragten Erasmuskoordinatoren vor allem umgebungsbezogene Faktoren für die Kontaktdichte zwischen ausländischen und deutschen Studierenden an ihren Hochschulen verantwortlich machen. Sie sehen die Größe der Hochschule, die Zahlen an immatrikulierten ausländischen Studierenden, die Größe der Lehrveranstaltungen, den Anteil ausländischer Studierender in den Studentenwohnheimen und die angewandten Lehrformen in den Veranstaltungen als wichtige Einflussfaktoren auf die interkulturelle Kontaktdichte. Die eigenen Maßnahmen zur »Integration« der Erasmusstudierenden werden von allen Befragten als positiv dargestellt. Die eigene Betreuung wird für Erfolge im Bereich der interkulturellen Kontakte verantwortlich gemacht. Defizite werden dagegen mit Umgebungsfaktoren erklärt, welche die Interviewten nicht beeinflussen können. Auch hier könnte man das Bedürfnis der Probanden vermuten, sich vor mir als Interviewerin positiv darzustellen und das Selbstwertgefühl zu stärken bzw. nicht zu gefährden.

Neben den Kontaktmöglichkeiten werden vor allem die schlechten Deutschkenntnisse und die fehlenden Kontaktinitiativen der ErasmusstudentInnen für ihre wenigen Kontakte zu deutschen Studierenden verantwortlich gemacht. Nicht so bedeutsam sind dagegen Erklärungen der geringen »Kulturkontakte« durch die Einstellungen, das mangelnde Interesse oder die geringe Kontaktinitiative der deutschen Studierenden. Der Großteil der Befragten hält die deutschen Studierenden für interessiert an Kontakten zu ausländischen Studierenden. In diesem Kontext werden vor allem Studierende genannt, die einen Erasmusaufenthalt planen, die gerade aus dem Ausland zurückgekehrt sind oder die sich für Fremdsprachen interessieren. Einige Befragten vermuten einen Zusammenhang zwischen dem Studienfach der deutschen Studierenden und ihrem Interesse an ausländischen Studierenden.

### 5.2.2.3  Eigenes Erklärungsmodell

Ausgehend von handlungstheoretischen Überlegungen wird die Freundschaftsaufnahme der ausländischen Studierenden zu ihren deutschen Kommilitonen als Ausdruck individueller Entscheidungen der Beteiligten interpretiert. Es wird angenommen, dass interkulturelle Freundschaften erst dann aufgenommen werden, wenn der individuelle Nutzen von den Akteuren höher eingeschätzt wird als die zu erwartenden »Kosten«. Um die relevanten Einflussvariablen herauszufinden, welche die individuellen Handlungsentscheidungen beeinflussen, wurden die Situationswahrnehmungen der Stipendiaten sowie die der Erasmuskoordinatoren analysiert. Von den Befragten wurden Variablen genannt, die sich auf die Person der Erasmusstudierenden beziehen, welche die situativen Kontaktmöglichkeiten oder die deutschen Interaktionspartner charakterisieren. Die Größe des Einflusses der genannten Erklärungsfaktoren auf die Kontaktdichte zwischen Erasmusstudierenden und ihren deutschen Kommilitonen wurde jedoch von den Interviewten unterschiedlich beurteilt. Die Wahl der jeweiligen Begründungen ließen sich u. a. aus dem Bedürfnis der Probanden erklären sich im Interview positiv darzustellen, indem sie Erfolge durch ihre Eigenschaften und Initiativen erklärten und Misserfolge vorwiegend Faktoren zuschrieben, die sie nicht beeinflussen können.

Die von den lokalen Akteuren genannten Faktoren, welche die interkulturelle Kontaktdichte beeinflussen, habe ich unter 3.4.2 zusammengefasst. Im nächsten Abschnitt soll nun ihr Erklärungswert mit Hilfe von statistischen Verfahren bestimmt werden.

Bevor alle Variablen bei denen ein Einfluss auf die Kontaktdichte zwischen Erasmusstudierenden und ihren deutschen Kommilitonen vermutet wird, statistisch getestet werden können, muss zunächst die unhängige Variable »Kontakte zu deutschen Studierenden« aus drei bereits vorgestellten Indikatorvariablen gebildet werden.

Aus den drei dichotomen Indikatorvariablen[72] »Beurteilung der Kontakte zu deutschen Studierenden als »häufig genug«, »Beurteilung der Kontakte zu deutschen Studierenden als »intensiv genug« und »Anzahl der Aktivitäten, die mit deutschen Studierenden ausgeübt werden«[73] wird eine neue dichotome Variable erzeugt, welche die Häufigkeit und die Intensität der Kontakte zu deutschen Studierenden ausdrücken soll. Weist gar keine oder nur eine der drei Indikatorvariablen auf häufige oder inten-

---

72  Alle drei Indikatorvariablen korrelieren zwischen R = 0,451 und R= 0,606 jeweils auf dem Signifikanzniveau von 99% untereinander. Dies kann als Hinweis darauf verstanden werden kann, dass sie alle das gleiche Phänomen messen.

73  Wer mindestens höchstens vier der elf im Fragebogen abgefragten Aktivitäten mit deutschen Studierenden unternimmt, gehört in die Kategorie mit »seltenen Kontakten bei Aktivitäten«. Befragte, die mindestens fünf der elf Aktivitäten mit Deutschen ausüben, gehören dagegen in die Kategorien mit »häufigen Kontakten bei Aktivitäten«.

sive Kontakte der Befragten zu deutschen Studierenden hin, werden die Betreffenden der Gruppe mit »seltenen und wenig intensiven Kontakten« zugeordnet.

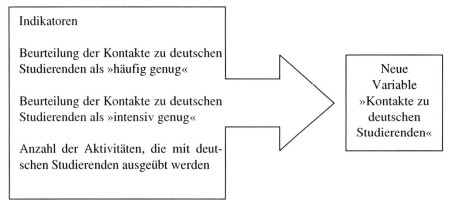

Weisen zwei oder alle drei Indikatorvariablen auf häufige und intensive Kontakte zu deutschen Studierenden hin, werden die Probanden in der neuen Variable der Gruppe mit »häufigen und intensiven deutschen Kontakten« zugeordnet. Wer also z. B. seine Kontakte als »nicht häufig genug« und als »nicht intensiv genug« beurteilt und nicht mehr als vier der elf im Fragebogen abgefragten Aktivitäten mit deutschen Studierenden ausübt, gehört bei der neuen Variable zur Gruppe mit »seltenen und wenig intensiven Kontakten zu deutschen Studierenden« (Tabelle 10).

Die Häufigkeitsverteilungen in der neu erzeugten Variable sehen wie folgt aus.

**Kontakte zu deutschen Studierenden**

|  |  | Häufigkeit | Prozent | Gültige Prozente | Kumulierte Prozente |
|---|---|---|---|---|---|
| Gültig | viele und intensive Kontakte | 71 | 36,0 | 36,0 | 36,0 |
|  | seltene und wenig intensive Kontakte | 126 | 64,0 | 64,0 | 100,0 |
|  | Gesamt | 197 | 100,0 | 100,0 |  |

*Tabelle 10: Kontakthäufigkeit und –intensität zu deutschen Studierenden.*

5.2.2.3.1    Bivariate Korrelationen

Die aus den drei Indikatorvariablen erzeugte neue dichotome Variable »Kontakte zu deutschen Studierenden« soll nun anhand der unter 3.4.2 vorgestellten unabhängigen Variablen erklärt werden. Es werden zunächst bivariate Korrelationen errechnet.

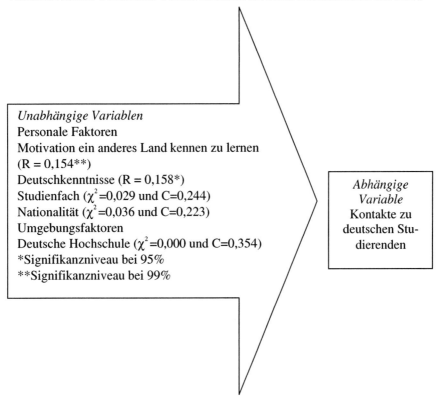

*Abbildung 29: Variablen, die Korrelationen mit der Kontakthäufigkeit/-intensität zu deutschen Studierenden aufweisen.*

5.2.2.3.1.1    Erläuterung der unabhängigen Variablen, die Korrelationen mit den Freundschaftswahlen aufweisen

5.2.2.3.1.1.1  Motivation

Bei den zwölf durch den Fragebogen abgefragten Gründen sich für einen Deutschlandaufenthalt zu entscheiden, korreliert nur das Interesse ein anderes Land kennen zu lernen gering mit der interkulturellen Kontakthäufigkeit/-intensität (R = 0,158 auf

einem Signifikanzniveau von 99%). Erasmusstudierende, die es »sehr wichtig« finden durch den Deutschlandaufenthalt ein »anderes Land kennen zu lernen«, haben
demnach häufigere und intensivere Kontakte zu deutschen Studierenden als Befragte,
die dieses Interesse nicht teilen. Da, wie aus den qualitativen Interviews ersichtlich
wird, das Interesse der Erasmusstudierenden an Deutschland in der Regel auch bedeutet, dass sie die deutsche Bevölkerung kennen lernen möchten, ist die Korrelation
dieser Motivationsdimension mit der Kontakthäufigkeit/-intensität zu deutschen
StudentInnen verständlich. Dieses Ergebnis kann als Hinweis auf die Bestätigung der
unter 3.4.2 aufgestellt Hypothese interpretiert werden, dass die Wahl von Deutschen
als Freunde nur erfolgt, wenn die Befragten auf diese Weise ihre individuellen
Handlungsziele erreichen können.

### 5.2.2.3.1.1.2  Studienfach

Die vorgefundene Korrelation des Studienfachs der Befragten mit der Häufig-
keit/Intensität ihrer deutschen Kontakte ($\chi^2 = 0,029$ und C = 0,244) ist vor allem
durch die SprachstudentInnen bedingt. Personen dieser Gruppe, bei denen es sich
zum großen Teil um Studierende des Fachs Germanistik handelt, haben wesentlich
häufigere und intensivere Kontakte zu deutschen Studierenden als Studierende der
anderen Studienrichtungen. Die deutschen Kontakte der Probanden, die andere Fachrichtungen studieren, unterscheiden sich dagegen nicht signifikant untereinander.
Aus diesem Grund wird eine neue Variable gebildet, die nur noch die Information
SprachstudentIn oder nicht enthält.

**Kreuztabelle**

| | | | Fächer | | |
|---|---|---|---|---|---|
| | | | Sprachen | Andere | Gesamt |
| Kontakte zu deutschen Studierenen | häufig und intensiv | Anzahl | 44 | 27 | 71 |
| | | % von Sprachstudenten und andere | 44,9% | 27,3% | 36,0% |
| | selten und wenig intensiv | Anzahl | 54 | 72 | 126 |
| | | % von Sprachstudenten und andere | 55,1% | 72,7% | 64,0% |
| Gesamt | | Anzahl | 98 | 99 | 197 |
| | | % von Sprachstudenten und andere | 100,0% | 100,0% | 100,0% |

*Tabelle 11: Kontakte zu deutschen Studierenden nach Studienfächern.*

Aus Tabelle 11 ist ablesbar, dass 44,9% der SprachstudentInnen häufige und intensive Kontakte zu deutschen Studierenden haben. Bei den Studierenden der anderen

Fachrichtungen sind es dagegen nur 27,3% der Befragten. Nun stellt sich die Frage, wie sich diese signifikanten Unterschiede ($\chi^2 = 0,010$ und $\Phi = 0,184$) erklären lassen.

Zunächst könnte man den Einfluss unterschiedlicher Deutschkompetenzen vermuten, der sich durch das Studienfach der Befragten manifestiert. Es stellt sich jedoch heraus, dass die Sprachstudierenden ihre Deutschkenntnisse nicht signifikant besser beurteilen als die Studierenden der anderen Fächer. Es könnte sein, dass die GermanistikstudentInnen trotz objektiv guter Deutschkenntnisse ihre mündlichen Sprachkompetenzen dennoch als gering beurteilen, da ihr Maßstab aufgrund der Studienanforderungen ein anderer ist und sie höhere Anforderungen an ihre Ausdruckfähigkeit im Deutschen als Studierende anderer Fachrichtungen stellen. Da aber vermutlich gerade das Vertrauen in die eigenen Deutschkompetenzen relevant für die Kontaktaufnahme zu deutschen Studierenden ist, muss auch die vielleicht tatsächlich höhere mündliche Deutschkompetenz der Sprachstudierenden nicht unbedingt Einfluss auf die Kontakte zu den deutschen Studierenden haben (siehe Interviewausschnitt Cécile und Cathérine auf S. 219).

Der Einfluss des Faktors Studienfach auf die Häufigkeit der Kontakte zwischen Erasmusstudierenden und ihren deutschen Kommilitonen, könnte auch auf die möglicherweise höhere Motivation der Sprachstudenten Deutsch zu lernen und zu diesem Zweck Kontakte zu deutschen Studierenden aufzunehmen, zurückgeführt werden. Es ergibt sich tatsächlich eine geringe Korrelation ($R = 0,154$ auf dem Signifikanzniveau von 95%) zwischen dem Studienfach (Sprachen oder andere Fächer) und der Motivation, die Sprachkenntnisse durch den Auslandsaufenthalt zu verbessern. Dass bedeutet, dass die ausländischen SprachstudentInnen eine höhere Motivation angeben ihre Deutschkenntnisse während des Deutschlandaufenthalts zu verbessern als die Befragten der anderen Fachrichtungen. Demnach lässt sich die Korrelation zwischen dem Studienfach und der Kontakthäufigkeit/-intensität zu deutschen Studierenden eher auf die höhere Motivation der SprachstudentInnen Deutsch zu lernen als auf ihr größeres Vertrauen in ihre mündliche Sprachkompetenz im Deutschen zurückführen.

Es ist möglich, dass auch die deutschen Kommilitonen der SprachstudentInnen größeres Interesse an Kontakten mit ausländischen Studierenden haben als die deutschen Studierenden der anderen Fächer, da sie möglicherweise größeres Interesse am Erlernen und Praktizieren von Fremdsprachen haben. Dies könnte bedeuten, dass die deutschen Sprachstudierenden häufiger als deutsche Studierende der anderen Fächer versuchen, Kontakte zu ErasmusstudentInnen aufzunehmen und sie positiver auf Kontaktversuche der Erasmusstudierenden reagieren als Studierende der anderen Fächer. Diese Hypothese kann allerdings nicht überprüft werden, da das Interesse der deutschen Studierenden an Kontakten mit  Erasmusstudierenden nicht erhoben wird.

### 5.2.2.3.1.1.3  Deutschkenntnisse

Unabhängig von den Studienfächern der befragten Erasmusstudierenden hat die Beurteilung ihrer Deutschkompetenzen einen Einfluss auf die Häufigkeit und die Intensität ihrer Kontakte zu deutschen Studierenden ($R = 0,143$ auf einem Signifikanzniveau von 95%). Während 43% der ErasmusstudentInnen mit guten Deutschkenntnissen[74] häufige und intensive Kontakte zu deutschen Studierenden haben, sind es bei den Probanden mit schlechten Deutschkenntnissen nur 27,8%.

Es ist von einer Wechselwirkung auszugehen. Das Vertrauen in die eigene Sprachkompetenz wird die Kontaktaufnahme der ausländischen Studierenden zu deutschen Kommilitonen erleichtern. Stipendiaten, die ihre mündlichen Deutschkenntnisse als gut einschätzten, haben vermutlich weniger Hemmungen, deutsche Studierende anzusprechen als Stipendiaten, die sich keine längeren Gespräche mit deutschen Studierenden aufgrund ihrer als zu gering eingeschätzten Sprachkenntnisse zutrauen. Gaststudierende, die häufige Kontakte zu Deutschen haben, können auf diese Weise ihre Deutschkenntnisse weiter verbessern.

Ausländische Studierende, die sich intensive Gespräche mit deutschen Studierenden zutrauen, werden zudem vermutlich auch von den deutschen Studierenden eher als Freunde gewählt als ErasmusstudentInnen, mit denen Unterhaltungen nur in einer Fremdsprache möglich sind. Diese Hypothese kann in dieser Erhebung nicht überprüft werden, da sich die empirischen Daten auf die Gruppe der ausländischen Studierenden beschränken.

### 5.2.2.3.1.1.4  Nationalität

Insgesamt werden im Rahmen der quantitativen Erhebung ErasmusstudentInnen aus 22 europäischen Nationen befragt. Aufgrund der geringen Fallzahlen vieler Nationalitäten können nur die deutschen Kontakte der Probanden der vier am häufigsten befragten Nationalitäten verglichen werden. Dies sind die Franzosen/Französinnen, die EngländerInnen, die SpanierInnen und die Polen/Polinnen. 70% der Befragten der Gesamtstichprobe haben eine dieser vier Nationalitäten. Die statistische Auswertung ergibt, dass die deutschen Kontakte der Befragten abhängig von ihrer Nationalität unterschiedlich häufig und intensiv sind ($\chi^2 = 0,036$ und C = 0,223).

Da ich im Laufe meiner qualitativen Interviews sowohl französische, britische, spanische als auch polnische Erasmusstudierende befragt habe, die hauptsächlich Freundschaften innerhalb ihrer Nationalitätengruppe unterhielten und von wenigen Kontakten zu deutschen Studierenden berichteten, überraschen mich die in den quantitativen Daten deutlich erscheinenden Unterschiede der Kontakte zu deutschen Studierenden je nach Nationalität der Befragten. Den Ergebnissen der quantitativen Erhebung zufolge haben die französischen Befragten von den vier verglichenen Na-

---

74 »Gute Deutschkenntnisse« entsprechen folgenden angekreuzten Antwortkategorien auf dem Fragebogen:»Ich spreche fehler- und akzentfreies Deutsch« oder »Ich kann meine Meinung zu politischen oder gesellschaftlichen Themen ohne Probleme ausdrücken«. »Schlechte Deutschkenntnisse« entsprechen folgenden angekreuzten Antwortkategorien auf dem Fragebogen: »Ich kann eine einfache Unterhaltung auf Deutsch führen (z. B. über den letzten Kinofilm)« oder »Ich kenne nur einige deutsche Sätze« (Wie geht's, Wie heißt du?...).

tionalitäten die häufigsten und intensivsten Kontakte zu deutschen Studierenden zu haben (siehe Abbildung 30). 50% der französischen Probanden haben häufige und intensive Kontakte zu deutschen Studierenden. Bei den EngländerInnen sind es noch 34,2%, bei den SpanierInnen 31% und bei den Polen/Polinnen nur noch 12%. Die Studierenden der sonstigen Nationalitäten haben zu 40,6% häufigen und intensiven Kontakt zu deutschen Studierenden.

# Kontakte zu deutschen Studierenden

## nach Nationalität

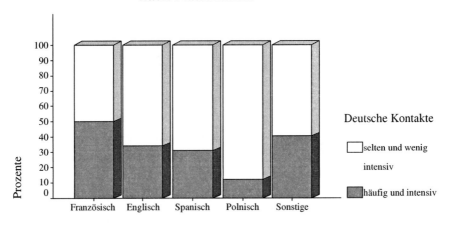

*Abbildung 30: Kontakte zu deutschen Studierenden nach Nationalität.*

Wie lassen sich nun diese Ergebnisse erklären, wenn man nicht auf die unter 3.2 vorgestellte, wenig plausibel erscheinende »Kulturdistanzhypothese« zurückgreifen möchte? Die Nationalität korreliert mit drei anderen Variablen, deren Einfluss auf die deutschen Kontakte sich durch die Nationalität manifestieren könnte.Es ist zunächst das *Studienfach* zu nennen. Wie schon herausgefunden worden ist, haben die Sprach- studentInnen signifikant höhere Kontakte zu deutschen Studierenden als die Studie- renden der anderen Fachrichtungen, was vor allem auf ihre höhere Motivation zu- rückgeführt wird Deutsch zu lernen (siehe S. 234). Es ergeben sich Korrelationen ($\chi^2 = 0,000$ und C = 0,393) zwischen dem Studienfach der Befragten und ihrer Staats- angehörigkeit. Polnische und spanische Studierende, die ja vorwiegend seltene und wenig intensive Kontakte zu deutschen Studierenden haben, studieren größtenteils andere Fächer und nicht Sprachen[75]. Die französischen und englischen Probanden, die hauptsächlich häufige und intensive Kontakte zu deutschen Studierenden haben,

---

75 Die polnischen Befragten studieren zu 28% Sprachen und die spanischen zu 20,8%.

studieren dagegen größtenteils Sprachen[76]. Ein Teil des Einflusses der Nationalitäten auf die sozialen Kontakte zu deutschen Studierenden könnte demnach in den Studienfächern und damit in der Motivation, Deutsch zu lernen, begründet liegen.

Eine weitere Variable, die den Einfluss der Nationalität auf die Kontakte zu deutschen Studierenden erklären könnte, sind die *Deutschkenntnisse*. Je nach Nationalität schätzen die Befragten ihre Deutschkenntnisse unterschiedlich umfangreich ein ($\chi^2 = 0,006$ und C = 0,261).

**Nationalitäten * Deutschkenntnisse  Kreuztabelle**

| | | | Deutschkenntnisse | | |
| | | | gut | schlecht | Gesamt |
|---|---|---|---|---|---|
| Nationalitäten | Französich | Anzahl | 22 | 14 | 36 |
| | | % von Nationalitäten | 61,1% | 38,9% | 100,0% |
| | Englisch | Anzahl | 24 | 14 | 38 |
| | | % von Nationalitäten | 63,2% | 36,8% | 100,0% |
| | Spanisch | Anzahl | 7 | 22 | 29 |
| | | % von Nationalitäten | 24,1% | 75,9% | 100,0% |
| | Polnisch | Anzahl | 17 | 8 | 25 |
| | | % von Nationalitäten | 68,0% | 32,0% | 100,0% |
| | Sonstige | Anzahl | 37 | 32 | 69 |
| | | % von Nationalitäten | 53,6% | 46,4% | 100,0% |
| Gesamt | | Anzahl | 107 | 90 | 197 |
| | | % von Nationalitäten | 54,3% | 45,7% | 100,0% |

*Tabelle 12: Deutschkenntnisse nach Nationalität der Befragten.*

Bei Betrachtung der Tabelle 12 erkennt man, dass die befragten SpanierInnen ihre Deutschkenntnisse wesentlich schlechter beurteilen als die Studierenden der anderen Nationalitäten. Bei den SpanierInnen sind es 75,9%, die schlechte Deutschkenntnisse angeben. Bei den Befragten der anderen drei Nationalitäten sind es nur zwischen 32% und 38,9%. Diese Ergebnisse kann man als Hinweise auf die tatsächlich schlechteren Deutschkenntnisse der spanischen Befragten im Vergleich zu den Probanden der anderen Staatsangehörigkeiten interpretieren. Auch während der Durchführung der qualitativen Interviews sind mir die schlechten Deutschkenntnisse vieler spanischer Befragten aufgefallen, da fast alle Interviews mit spanischen ErasmusstudentInnen auf Spanisch geführt werden mussten, während sich die meisten französischen, englischen oder polnischen Interviewten auf Deutsch ausdrücken konnten. Begründet werden die geringen Deutschkenntnisse der spanischen Studierenden von den Mitarbeitern der Betreuungsinitiativen und den Befragten der Akademischen Auslandsämter durch die Tatsache, dass im Gegensatz zu den meisten ErasmusstudentInnen aus England, Frankreich und Polen die wenigsten Stipendiaten aus Spanien, Deutsch als Schulfach hatten. Selbst wenn sie Germanistik studieren, haben sie

---

76 Die englischen Befragten studieren zu 76,3% Sprachen und die französischen zu 75%.

aus diesem Grund sehr geringe Deutschkenntnisse, wenn sie ihren Erasmusaufenthalt an einer deutschen Hochschule beginnen. Die geringen Deutschkenntnisse der spanischen ErasmusstudentInnen können vermutlich u. a. ihre, im Vergleich zu den französischen und englischen Befragten, selteneren und weniger intensiven Kontakte zu deutschen Studierenden erklären.

Als letzte Einflussgröße, die den Einfluss der Nationalität auf die Kontakte zu deutschen Studierenden erklären kann, erscheint das von den ErasmusstudentInnen bei den deutschen Studierenden vermutete Bild von Studierenden ihrer Nationalität. Es ergibt sich eine Korrelation von C = 0,348 und $\chi^2$ = 0,001 zwischen der Nationalität der Befragten und der von ihnen bei den deutschen Studierenden vermuteten Fremdbildern. Die meisten spanischen Probanden (75%) vermuten ein positives Bild von Studierenden ihrer Nationalität bei den deutschen Studierenden. Bei den französischen Befragten sind es noch 61,1%, die ein positives Bild von Studierenden ihrer Nationalität bei den deutschen Kommilitonen vermuten und bei den EngländerInnen sind es 42,1%. Bei den polnischen Probanden vermuten dagegen nur 20% ein positives Fremdbild bei den deutschen Studierenden.

Dass ein Großteil der polnischen Studierenden ein negatives Bild von Studierenden seiner Nationalität bei den deutschen Studierenden vermuten, kann ein Faktor sein, der ihn bei der Kontaktaufnahme mit deutschen Studierenden hemmt.

Der Einfluss der Nationalität auf die Häufigkeit und die Intensität der Kontakte zu deutschen Studierenden wird auf den Einfluss von drei Variablen zurückgeführt. Dies sind die Motivation, die Deutschkenntnisse durch den Aufenthalt zu verbessern, die eingeschätzten Deutschkenntnisse und das von den Befragten vermutete Bild von Studierenden ihrer Nationalität bei deutschen Studierenden. Die wenigen deutschen Kontakte der spanischen Erasmusstudierenden könnten dadurch bedingt sein, dass sich wenige GermanistikstudentInnen unter ihnen befinden, was bedeuten könnte, dass ihre Motivation, Deutsch zu lernen, gering ist. Zudem schätzen die spanischen Studierenden ihre Deutschkenntnisse erheblich schlechter ein als die Studierenden aus anderen Ländern, was ihre Kontaktaufnahme zu deutschen Studierenden erschweren könnte.

Die befragten polnischen Probanden studieren ebenfalls seltener Sprachen als die französischen und britischen Befragten, die erheblich häufigere Kontakte zu deutschen Studierenden haben als die polnischen. Zudem ist das bei den deutschen Studierenden vermutete Bild von Personen polnischer Nationalität größtenteils negativ, was die polnischen Studierenden hemmen könnte, Kontakte aufzunehmen.

Die britischen und französischen Studierenden studieren größtenteils Germanistik, schätzen ihre Deutschkenntnisse positiv ein und vermuten bei den deutschen Studierenden überwiegend ein positives Bild von Personen ihrer Nationalität, was ihre häufigen und intensiven deutschen Kontakte erklären könnte.

5.2.2.3.1.1.5  Deutsche Hochschule

Je nach Hochschule, an der die Erasmusstudierenden in Deutschland immatrikuliert sind, variiert die Häufigkeit/Intensität ihrer Kontakte zu deutschen Studierenden ($\chi^2 = 0{,}000$ und $C = 0{,}354$[77]).

Aus Abbildung 31 ist ersichtlich, dass fast alle Befragten an der Gasthochschule in Wernigerode (85,7%) und die Mehrzahl der befragten Erasmusstipendiaten in Osnabrück (64,9%) häufige und intensive Kontakte zu deutschen Studierenden haben. In Greifswald sind es noch 40% der Befragten. An den Gasthochschulen in Mainz (27,9%), in Köln (24,6%) und in Cottbus (20%) pflegt dagegen nur eine Minderheit der befragten ErasmusstudentInnen häufige und intensive Kontakte zu deutschen Studierenden.

## Deutsche Kontakte nach Gasthochschule

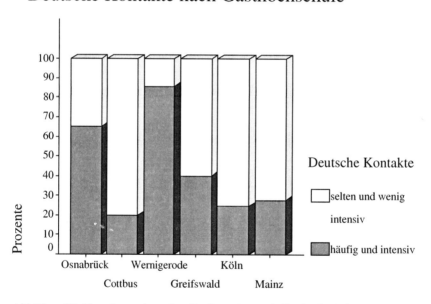

*Abbildung 31: Kontakte zu deutschen Studierenden nach Gasthochschule.*

Bei der Konzeption der quantitativen Untersuchung hatte ich erwartet, dass die Kontaktmöglichkeiten zu deutschen Studierenden mit der Größe der Gasthochschule abnehmen würden, was in größeren Hochschulen zu selteneren und weniger intensiven Kontakten zwischen deutschen und ausländischen Studierenden führen müsste

---

77 Diese Korrelation bleibt sowohl bei Einbeziehung als auch bei Nichtberücksichtigung der Befragten aus Wernigerode bestehen.

als an kleinen Hochschulen (siehe Hypothese 11). Diese Hypothese scheint sich bei erster Ansicht der quantitativen Daten teilweise zu bestätigen. Es bestehen die häufigsten und intensivsten Kontakte zwischen Erasmusstudierenden und deutschen Kommilitonen an der Hochschule Harz in Wernigerode, der kleinsten untersuchten Hochschule (siehe Abbildung 31). Die Erasmusstudierenden an den »mittelgroßen« Universitäten in Osnabrück und Greifswald haben im Vergleich mit den anderen untersuchten Universitäten auch »mittlere« Kontakte zu deutschen Studierenden. Die Befragten an den großen Universitäten in Mainz und Köln unterhalten dagegen größtenteils seltene und wenig intensive Kontakte zu deutschen Studierenden. Während sich bei diesen fünf untersuchten Hochschulen ein Zusammenhang zwischen der Größe der Hochschule und den Kontakten zu deutschen Studierenden erkennen lässt, erstaunen die Ergebnisse der Brandenburgischen Technischen Universität in Cottbus. An dieser kleinen bis mittelgroßen Universität müssten nach der Ausgangshypothese genügend interkulturelle Kontaktmöglichkeiten vorhanden sein, die zu häufigen deutschen Kontakten der dortigen Erasmusstudierenden führen müssten. In Cottbus hat jedoch der Großteil der Befragten seltene und wenig intensive Kontakte zu deutschen Kommilitonen[78] (siehe Abbildung 31).Für dieses Ergebnis müssen nach den theoretischen Überlegungen entweder die fehlenden Kontaktmöglichkeiten oder die kontakthemmenden Charakteristika der ErasmusstudentInnen verantwortlich sein. Zur eingehenderen Verifizierung meiner Ausgangshypothese, dass die deutschen Kontakte der Erasmusstudierenden von der Häufigkeit der »legitimen Anlässe« zur interkulturellen Kontaktaufnahme abhängen, die mit steigenden Studierendenzahlen abnehmen und um auf diese Weise die Ergebnisse in Cottbus zu erklären, werden im Folgenden die bestehenden interkulturellen Kontaktmöglichkeiten an den untersuchten Hochschulen beschrieben und verglichen.

*Interkulturelle Kontaktmöglichkeiten in der Freizeit, im Wohnbereich und während des Studiums im Hochschulvergleich:* Die interkulturellen Kontaktmöglichkeiten in den wichtigsten Lebensbereichen der Erasmusstudierenden, während des Studiums, im Wohnumfeld und in der Freizeit, werden im Folgenden für meine sechs Erhebungshochschulen untersucht. Zur Analyse werden die Daten der qualitativen Interviews sowie meine Beobachtungen während der qualitativen Erhebungsphase herangezogen. Es wird versucht, die Kontaktmöglichkeiten zwischen ausländischen und deutschen Studierenden darzustellen, die auf den Durchschnitt der Befragten an den Erhebungshochschulen zutreffen. Die wahrgenommenen Kontaktmöglichkeiten können jedoch individuell sehr unterschiedlich sein, so dass die vorgestellten Bewertungen nicht auf jede(n) Erasmusstudierenden an den jeweiligen Gasthochschulen zutreffen können.

---

78 Insgesamt ist die Fallzahl von 20 Befragten in Cottbus nicht besonders hoch, so dass sich hier Verzerrungen ergeben könnten. Da diese 20 Befragten allerdings die Hälfte der in Cottbus studierenden ErasmusstudentInnen sind, kann man davon ausgehen, dass zumindest eine Tendenz zu wenigen Kontakte zu deutschen Studierenden vorhanden ist.

Für jeden der drei untersuchten Lebensbereiche werden zwischen einem und drei Punkten pro Hochschule vergeben. Ein Punkt steht für geringe interkulturelle Kontaktmöglichkeiten, zwei Punkte bedeuten mittlere Kontaktmöglichkeiten und drei Punkte bedeuten hohe Kontaktmöglichkeiten. Am Ende der Analyse wird durch Addition der Punktzahlen, die in den drei Bereichen vergeben wurden, eine neue Variable errechnet, welche die Kontaktmöglichkeiten zwischen deutschen und ausländischen Studierenden in den sechs untersuchten Hochschulen beschreibt und einen Hochschulvergleich möglich macht.

*Kontaktmöglichkeiten während des Studiums an der Gasthochschule:* Durch die Analyse der qualitativen Interviews kristallisieren sich drei Variablen heraus, welche die Häufigkeit der »legitimen Anlässe« zur interkulturellen Kontaktaufnahme während des Studiums an den untersuchten Hochschulen beeinflussen. Dies sind die Größe der Lehrveranstaltungen/Lehrformen, ob Fachunterricht für Erasmusstudierende stattfindet und der Campuscharakter der Hochschule.

*Größe der Lehrveranstaltungen/Lehrformen:* Wenn befragte Erasmusstudierende von geglückten Kontaktaufnahmen zu deutschen Studierenden in oder nach ihren Lehrveranstaltungen berichten, dann handelt es sich in der Regel um Veranstaltungen mit geringen Teilnehmerzahlen, um Atelierarbeit oder um Studienprojekte. Besonders leicht erscheint den Erasmusstudierenden die Kontaktaufnahme zu deutschen Kommilitonen während Gruppenarbeiten. Der »legitime« interkulturelle Kommunikationsanlass ist hier der Austausch über fachspezifische Themen. Vorlesungen oder Seminare mit großen Teilnehmerzahlen, die vorwiegend lehrkörperzentriert ablaufen, scheinen dagegen nur in geringem Maße interkulturelle Kontakte während der Veranstaltungen zu ermöglichen.

Von Veranstaltungen mit geringen Teilnehmerzahlen, Studienprojekten oder Atelierarbeit wird mir besonders häufig an den untersuchten kleinen oder mittelgroßen Hochschulen in Wernigerode, Cottbus, Greifswald und Osnabrück berichtet. Befragte der großen Universitäten in Köln und Cottbus besuchen dagegen größtenteils Veranstaltungen mit hohen Teilnehmerzahlen, in denen sich selten Kontakte durch Gruppen- oder Projektarbeit ergeben.

*Fachunterricht für Erasmusstudierende:* Besuchen deutsche und ausländische Studierende nicht die gleichen Lehrveranstaltungen, ergeben sich natürlich keinerlei interkulturelle Kontaktmöglichkeiten während und nach den Veranstaltungen. Sonderkurse für ausländische Studierende, die aus fachlichen Gründen sicherlich sehr sinnvoll sind, gibt es an den juristischen Fakultäten der Universitäten in Köln und Mainz. Jura gehört zu den am häufigsten studierten Fächern von Erasmusstudierenden. Diese Kurse können aufgrund der geringen Gesamtzahlen ausländischer Studierender an den kleineren Hochschulen in Wernigerode, Osnabrück, Greifswald und Cottbus nicht eingerichtet werden.

*Campuscharakter der Gasthochschule:* Die qualitativen Interviews belegen, dass sich verstärkt legitime Anlässe zur interkulturellen Kontaktaufnahme bieten, wenn sich die Lebensbereiche der deutschen und ausländischen Studierenden in räumlicher

Nähe zueinander befinden. Dies ist bei Campushochschulen der Fall, die den ausländischen Studierenden besonders gute Möglichkeiten bieten, ihre deutschen Kommilitonen auch in ihrem Wohnbereich oder in den Studentenkneipen auf dem Campus wieder zu treffen. Damit ergeben sich auch verstärkt Anlässe zur Kontaktaufnahme. Die untersuchten Hochschulen in Mainz, Cottbus und Wernigerode sind Campushochschulen.

Vergleicht man die durch die drei vorgestellten Variablen beeinflussten interkulturellen Kontaktmöglichkeiten im Studium an den Erhebungshochschulen, kommt man zu dem Schluss, dass die besten Kontaktmöglichkeiten an der Hochschule Harz und an der Brandenburgischen Technischen Universität in Cottbus zu finden sind. An diesen Hochschulen finden nach den Angaben der Befragten häufig Projekt-, Gruppen- oder Atelierarbeit statt. Es existieren keine Sonderkurse für Erasmusstudierende und die Campushochschulen bieten den Stipendiaten vielfältige Möglichkeiten, ihre deutschen Kommilitonen auch nach den Lehrveranstaltungen wieder zu treffen. Für diese Hochschulen werden je drei Punkte für gute Kontaktmöglichkeiten vergeben.

Mittlere interkulturelle Kontaktmöglichkeiten im Studium scheint es an den Universitäten in Osnabrück und Greifswald zu geben. Sie erhalten je zwei Punkte. Positiv ist, dass die Stipendiaten vornehmlich an kleinen Veranstaltungen mit hohem Kontaktpotential teilnehmen und keine Sonderkurse für ausländische Studierende existieren. Beide Universitäten sind jedoch keine Campusuniversitäten, so dass sich die Mensen, die Studentenwohnheime, die Studentenkneipen und die Fachbereiche auf dem gesamten Stadtgebiet befinden. Die Möglichkeiten, die selben deutschen Studierenden zufällig in unterschiedlichen Zusammenhängen zu treffen, sind damit geringer als an den Campushochschulen in Wernigerode und Cottbus.

Geringe Möglichkeiten Kontakte zu deutschen Studierenden im Studium aufzunehmen, haben Erasmusstudierende an den Universitäten in Köln und Mainz. Diese Hochschulen erhalten je einen Punkt. Die Befragten besuchen größtenteils Lehrveranstaltungen mit hoher Teilnehmerzahl, was das Kontaktpotential vermindert. Zudem werden für die Jurastudierenden Lehrveranstaltungen angeboten, die für ausländische Studierende reserviert sind, und in denen demnach keine deutschen Kommilitonen kennen gelernt werden können. Die Universität zu Köln ist zudem keine Campusuniversität. Obwohl die Johannes Gutenberg-Universität einen Universitätscampus hat, wird die Mehrzahl der dortigen Erasmusstudierenden in Wohnheimen untergebracht, die sich nicht auf dem Campus befinden, so dass der kontaktfördernde Aspekt von Campushochschulen, die Überschneidung von Studien- und Wohnumfeld, hier nicht zum Tragen kommt.

*Interkulturelle Kontaktmöglichkeiten im Wohnbereich:* Die Analyse der qualitativen Interviews ergibt, dass die Häufigkeit von legitimen Anlässen zur Kontaktaufnahme mit deutschen Kommilitonen im Wohnbereich der Erasmusstudierenden entscheidend davon abhängt, ob die Betreffenden mit Deutschen untergebracht werden oder vorwiegend mit ausländischen Studierenden.

Die besten interkulturellen Kontaktmöglichkeiten bietet die Unterbringung der Erasmusstudierenden in deutschen Familien oder in Wohngemeinschaften mit deutschen Studierenden. In allen untersuchten Hochschulstandorten lebt jedoch nur eine Minderheit der Befragten der quantitativen Erhebung in deutschen Familien (2%) oder in privaten Wohngemeinschaften (17%).

75% der Probanden werden während ihres Deutschlandaufenthalts in Studentenwohnheimen einquartiert. Diese hohe Zahl erklärt sich durch die Vermittlung der Zimmer durch die Akademischen Auslandsämter in Zusammenarbeit mit dem lokalen Studentenwerk. In der Regel können die Erasmusstipendiaten schon in ihrem Heimatland ein Zimmer in einem deutschen Studentenwohnheim bestellen, was für sie die einfachste Möglichkeit der Unterbringungsbeschaffung darstellt. Private Zimmer müssen dagegen in der Regel selbstständig gesucht werden. Bei der Unterbringungsart der Erasmusstudierenden gibt es demnach nur minimale Unterschiede zwischen den Hochschulen. An keiner der Hochschulen finden sich Wohnheime, die ausschließlich von ausländischen Studierenden belegt werden, was überhaupt keine interkulturellen Kontaktmöglichkeiten im Wohnbereich bedeuten würde. Ein Punkt für geringe Kontaktmöglichkeiten im Wohnbereich wird aus diesem Grund an keine der Hochschulen vergeben.

Der Ausländeranteil der Studentenwohnheime, in denen die Erasmusstudierenden untergebracht werden, ist jedoch je nach Gasthochschule unterschiedlich hoch. Hier scheinen die Anlässe zur Kontaktaufnahme mit deutschen Kommilitonen mit dem Anteil an deutschen Studierenden in den Wohnheimen anzusteigen.

Gute interkulturelle Kontaktmöglichkeiten im Wohnbereich gibt es für die Erasmusstudierenden an den Hochschulen in Cottbus, Wernigerode und Osnabrück. Hier werden je drei Punkte vergeben. In Cottbus und Wernigerode werden die Erasmusstudierenden vorrangig auf Wohnheime auf dem Universitätscampus verteilt, in denen der Anteil der deutschen Studierenden überwiegt. In Cottbus teilen sich die Erasmusstudierenden sogar häufig ein Zimmer mit einem/einer deutschen Studierenden, so dass sich durch den regelmäßigen Kontakt die Zimmergenossen zu Freunden entwickeln können. Auch in Osnabrück werden die Erasmusstudierenden in Wohnheimen untergebracht, in denen der Ausländeranteil gering ist.

Mittlere Kontaktmöglichkeiten im Wohnbereich gibt es nach der Analyse der qualitativen Interviews an den Universitäten in Greifswald, Köln und Mainz. Hier werden je zwei Punkte verteilt. In Greifwald, Köln und Mainz sieht die Wohnsituation der Erasmusstudierenden recht heterogen aus. In allen dortigen Studentenwohnheimen werden Erasmusstudierende untergebracht, so dass ausländische Studierende interviewt werden, die hauptsächlich mit deutschen Studierenden in ihrem Wohnbereich leben und andere, die ausschließlich von ausländischen Mitbewohnern berichten. In den qualitativen Interviews finden sich Hinweise, die durch die Beobachtungen in den Städten unterstützt werden, dass es an den Hochschulen in Greifswald, Köln und Mainz Wohnheime gibt, in denen der Ausländeranteil besonders hoch ist, und in denen ein Großteil der dortigen Erasmusstudierenden untergebracht wird. Es

244

scheinen sich für die dort Untergebrachten somit wenige Möglichkeiten zu ergeben, deutsche Mitbewohner kennen zu lernen.

*Interkulturelle Kontaktmöglichkeiten in der Freizeit:* Die Häufigkeit von interkulturellen Kontakten der Befragten in der Freizeit scheint u. a. davon abzuhängen, welche Integrationsmaßnahmen von den Akademischen Auslandsämtern, den deutschen Fachbereichen, dem ASTA oder den lokalen Betreuungsinitiativen durchgeführt werden. Es eröffnen sich gute Möglichkeiten für die Erasmusstudierenden deutsche Kommilitonen kennen zu lernen, wenn an den für die ausländischen Studierenden angebotenen Freizeitaktivitäten wie Stammtischen, Exkursionen oder Festen auch deutsche Studierende teilnehmen. Sehr gute interkulturelle Kontaktmöglichkeiten ergeben sich nach meinen Erfahrungen bei Tandemprogrammen[79] oder interkulturellen Gesprächskreisen[80]. Wenige Kontaktmöglichkeiten ergeben sich dagegen, wenn die Orientierungstage oder –wochen, die in den Erhebungshochschulen vor Semesterbeginn stattfinden, ohne die Beteiligung von deutschen Studierenden stattfinden und die für Erasmusstudierende angebotenen Freizeitaktivitäten während des Semesters nicht für deutsche Studierende zugänglich sind.

Analysiert man die lokalen Betreuungsangebote anhand der Angaben der lokalen Organisatoren und Erasmusstudierenden, wird erkennbar, dass die besten interkulturellen Kontaktmöglichkeiten im Bereich der Freizeit an der Hochschule Harz in Wernigerode bestehen. Es werden drei Punkte vergeben. Die meisten der dortigen Aktivitäten für Erasmusstudierende finden auch mit deutschen TeilnehmerInnen statt. Es existiert die Betreuungsinitiative INTERFORUM, die aus ca. zwanzig deutschen Studierenden besteht, welche die 15 dortigen Erasmusstudierenden betreuen wollen und mit dem Akademischen Auslandsamt Exkursionen und Feiern organisieren. Diese Initiative trifft sich wöchentlich mit den interessierten Erasmusstudierenden, um neue Projekte zu planen. Aufgrund der kleinen Hochschule und dem ständigen Kontakt mit der Leiterin des Akademischen Auslandsamtes und den Mitgliedern der Betreuungsinitiative, scheint es für die Erasmusstudierenden kaum Möglichkeiten zu geben, nicht an den angebotenen Veranstaltungen teilzunehmen. Alle Befragten der empirischen Erhebungen geben an, dass sie an Festen und Exkursionen, die von der Betreuungsinitiative organisiert wurden, teilgenommen hätten.

*Mittlere Kontaktmöglichkeiten* bei denen durch die lokalen Erasmuskoordinatoren organisierten Aktivitäten, haben Befragte der untersuchten Universitäten in Osnabrück, Köln und Mainz. An diese Hochschulen werden je zwei Punkte vergeben. An der Universität Osnabrück finden sich sowohl Betreuungsangebote mit hohem inter-

---

79 Einige Akademische Auslandsämter und einige Betreuungsinitiativen vermitteln den Erasmusstudierenden deutsche Gesprächspartner. Auf diese Weise sollen die sozialen Kontakte zwischen ausländischen Studierenden und Deutschen im Rahmen von »Tandemprogrammen« gefördert werden.

80 In »spanischen Gesprächskreisen« treffen sich z. B. spanische Erasmusstudierende und deutsche StudentInnen, die Spanisch sprechen und spanische Studierende kennen lernen wollen.

kulturellen Kontaktpotential als auch Angebote mit niedrigem. Negativ ist, dass eine Orientierungswoche vor Semesteranfang durchgeführt wird, die ausschließlich für Erasmusstudierende reserviert ist. Auch Exkursionen und ein Erasmusstammtisch werden vorrangig für ausländische Studierenden angeboten. Positiv ist dagegen, dass das Akademische Auslandsamt durch Vermittlung von deutschen Gesprächspartnern und der Organisation von internationalen Gesprächskreisen versucht, die Kontakte zwischen ausländischen und deutschen Studierenden zu fördern.

An den Universitäten in Köln und Mainz übernehmen vor allem die Fachbereiche und einige Betreuungsinitiativen wie AEGEE und ELSA die soziale und fachliche Betreuung der dortigen Erasmusstudierenden. Insgesamt können in der Freizeit keine einheitlichen interkulturellen Kontaktmöglichkeiten identifiziert werden, da die Art der Betreuung je nach Engagement des deutschen Fachbereichs unterschiedlich ist. Einige Erasmusstudierende werden gleich zu Beginn des Semesters mit deutschen Kommilitonen bekannt gemacht, was Freundschaften ermöglicht. Für andere Stipendiaten findet außer der Hilfe bei der Einschreibung keinerlei Betreuung statt, so dass hier eher die Kontaktmöglichkeiten im Wohnheim oder im Studium entscheidend sind.

*Wenige organisierte Kontaktmöglichkeiten* zwischen deutschen und ausländischen Studierenden im Freizeitbereich gibt es an den Universitäten in Cottbus und Greifswald. Hier wird je ein Punkt verteilt. An diesen Hochschulen richten sich sämtliche Betreuungsangebote wie Orientierungswochen/Sprachkurs vor Semesteranfang, Exkursionen und Feste vorwiegend an ausländische Studierende, so dass die Erasmusstudierenden keine deutschen Kommilitonen kennen lernen können. Ein Tandemprogramm oder internationale Gesprächskreise existierten zum Zeitpunkt meiner empirischen Erhebungen noch nicht.

|             | Studium | Wohnen | Freizeit | Total |
|-------------|---------|--------|----------|-------|
| Wernigerode | 3       | 3      | 3        | 9     |
| Osnabrück   | 2       | 3      | 2        | 7     |
| Cottbus     | 3       | 3      | 1        | 7     |
| Mainz       | 1       | 2      | 2        | 5     |
| Greifswald  | 2       | 2      | 1        | 5     |
| Köln        | 1       | 2      | 2        | 5     |

*Tabelle 13: Interkulturelle Kontaktmöglichkeiten an den untersuchten Hochschulen während des Studiums, im Wohnbereich und in der Freizeit. Erläuterung: 3 Punkte = sehr gute Kontaktmöglichkeiten, 2 Punkte = mittlere Kontaktmöglichkeiten und 1 Punkt = geringe Kontaktmöglichkeiten.*

Betrachtet man in Tabelle 13 die Ergebnisse der Analyse der interkulturellen Kontaktmöglichkeiten an den untersuchten Hochschulen in den Lebensbereichen Studium, Wohnen und Freizeit, ergeben sich insgesamt gute Kontaktmöglichkeiten zwischen deutschen und Erasmusstudierenden an der Hochschule Harz in Wernigerode. Mittlere Kontaktmöglichkeiten finden sich an der Universität Osnabrück und der Technischen Universität in Cottbus. Wenige Möglichkeiten deutsche Kommilitonen kennen zu lernen existieren für die Erasmusstudierenden an der Johannes Gutenberg-Universität in Mainz, der Universität zu Köln und der Ernst-Moritz-Arndt Universität in Greifswald.

Die vorgestellten Analysen ergeben, dass nicht allein die Anzahlen der immatrikulierten deutschen und ausländischen Studierenden an den Erhebungshochschulen die Häufigkeit von Anlässen zur Kontaktaufnahme zwischen deutschen und ausländischen Studierenden bestimmen. Die interkulturellen Kontaktmöglichkeiten im Bereich des Studiums werden zudem entscheidend davon beeinflusst, ob es sich bei der Gasthochschule um eine Campusuniversität handelt, ob es Sonderkurse für ausländische Studierende gibt und wie groß die Lehrveranstaltungen sind bzw. welche Lehrmethoden dominieren. Im Wohnbereich bestimmt der Anteil der deutschen Studierenden an den Mitbewohnern der Erasmusstudierenden deren Möglichkeiten deutsche Kontakte zu knüpfen. Bei durch die Erasmusorganisatoren geplanten Freizeitaktivitäten ist für die interkulturellen Kontaktmöglichkeiten entscheidend, welche Betreuungsangebote bestehen und ob die Teilnahme deutscher Studierender möglich ist oder nicht.

Vergleicht man die in Tabelle 13 dargestellten interkulturellen Kontaktmöglichkeiten mit den tatsächlichen deutschen Kontakten der Erasmusstudierenden (siehe Abbildung 31) erkennt man, dass diese Ergebnisse nur teilweise übereinstimmen. Dies bedeutet, dass allein durch die Analyse der lokalen Möglichkeiten zur interkulturellen Kontaktaufnahme nicht erklären werden kann, warum die Befragten je nach Gasthochschule unterschiedlich häufige und intensive deutsche Kontakte haben. Es drängt sich die Einsicht auf, dass nicht nur die umgebungsbedingten Anlässe zur Kontaktaufnahme mit deutschen Studierenden für die Befragten an den untersuchten Hochschulen unterschiedlich häufig sind, sondern dass sich die Befragten von Gasthochschule zu Gasthochschule in ihren kontaktrelevanten Charakteristika unterscheiden. Es müssen zur Erklärung der Kontaktunterschiede an den Hochschulen somit auch noch die kontaktrelevanten Charakteristika der Erasmusstudierenden verglichen werden. In diesem Zusammenhang werden die Motivation für den Deutschlandaufenthalt, die Deutschkenntnisse und das Studienfach der Befragten der quantitativen Erhebung im Hochschulvergleich betrachtet. Diese drei personalen Variablen haben sich, wie bereits vorgestellt, als relevante Einflussfaktoren auf die Kontaktdichte zwischen ausländischen und deutschen Studierenden erwiesen (siehe S. 233 bis 240).

*Deutschkenntnisse:* Es gibt einen signifikanten Zusammenhang zwischen der Gasthochschule und den von den Befragten angegebenen Deutschkenntnissen ($\chi^2$ = 0,001 und C = 0,309). Die besten Deutschkenntnisse schreiben sich die Erasmusstudierenden Mainz zu. An der Johannes Gutenberg-Universität geben 72,1% der Befragten gute Deutschkenntnisse an[81] (siehe Abbildung 32). Es werden drei Punkte für diesen kontaktfördernden Faktor vergeben.

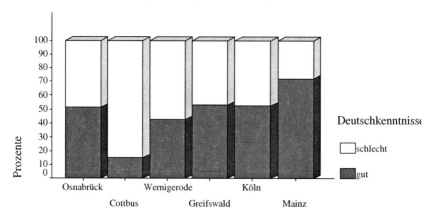

Abbildung 32: Deutschkenntnisse der Stipendiaten an den Gasthochschulen.

An den Universitäten in Köln (52,6%), in Osnabrück (51,4%), Wernigerode (42,9%) und Greifswald (53,3%) sind es noch ungefähr die Hälfte der Befragten, die gute Deutschkenntnisse angeben. Es werden je zwei Punkte vergeben.

Befragte der Brandenburgischen Technischen Universität geben nur zu 15% gute Deutschkenntnisse an. In den geringen Deutschkenntnissen oder dem geringen Vertrauen in die eigenen Deutschkenntnisse könnte somit ein Grund für die seltenen und wenig intensiven Kontakte der Erasmusstudierenden in Cottbus liegen. Cottbus erhält einen Punkt.

---

81 »Gute Deutschkenntnisse« entsprechen folgenden angekreuzten Antwortkategorien auf dem Fragebogen: »Ich spreche fehler- und akzentfreies Deutsch« oder »Ich kann meine Meinung zu politischen oder gesellschaftlichen Themen ohne Probleme ausdrücken«. »Schlechte Deutschkenntnisse« entsprechen folgenden angekreuzten Antwortkategorien auf dem Fragebogen: »Ich kann eine einfache Unterhaltung auf Deutsch führen (z. B. über den letzten Kinofilm)« oder »Ich kenne nur einige deutsche Sätze (Wie geht's?, Wie heißt du?...)«.

*Motivation:* Nun wird die Motivation der Befragten verglichen, durch den Deutschlandaufenthalt ihre Sprachkenntnisse zu verbessern. Wie die Analyse der qualitativen Interviews ergeben hat, strebt ein Großteil der Erasmusstudierenden Kontakte zu Deutschen an, da diese als effizientes Mittel angesehen werden, die Deutschkenntnisse zu verbessern (siehe 4.3.2.2). Die Motivation, die Deutschkenntnisse durch den Auslandsaufenthalt zu verbessern, kann demnach auch Aufschluss über die Motivation geben, Deutsche kennen zu lernen. Auch in Bezug auf dieses Merkmal unterscheiden sich die Befragten der Erhebungshochschulen relativ stark ($\chi^2 = 0,001$ und C = 0,309).

An den untersuchten Hochschulen in Wernigerode, Mainz, Greifswald, und Osnabrück finden es zwischen 100% und 86,7% der Befragten sehr wichtig, ihre Sprachkenntnisse durch den Deutschlandaufenthalt zu verbessern. An diese Hochschulen werden je drei Punkte für hohe Motivation vergeben.

An der Universität zu Köln sind es 80,7% der Befragten, die das Ziel haben, die Deutschkenntnisse durch den Aufenthalt zu verbessern. Aus diesem Grund werden hier für mittlere Motivation zwei Punkte vergeben.

An der Technischen Universität in Cottbus finden es nur 55% der Befragten sehr wichtig, ihre Deutschkenntnisse durch den Aufenthalt zu verbessern. Es wird ein Punkt für geringe Motivation vergeben. Die Befragten in Cottbus schätzen ihre Deutschkenntnisse also nicht nur schlechter ein als die Befragten in den anderen Hochschulen, für sie scheint es zudem nicht so wichtig zu sein, ihre Deutschkenntnisse durch den Deutschlandaufenthalt zu verbessern. Diese geringere Motivation Deutsch zu lernen, könnte zu geringer Initiative der Studierenden in Cottbus führen, deutsche Studierende kennen zu lernen, was u. a. die dortigen seltenen und wenig intensiven interkulturellen Kontakte erklärt.

*Studienfach:* Wie auf S. 234 ff. schon dargestellt wurde, haben die ausländischen Sprachstudierenden signifikant häufigere deutsche Kontakte als die Studierenden der anderen Fachrichtungen. Nun soll die Verteilung der Sprachstudierenden auf die Gasthochschulen untersucht werden. Diese ist sehr unterschiedlich ($\chi^2 = 0,000$ und C = 0,351). Da an den Hochschulen in Osnabrück, Greifswald und Wernigerode[82] zwischen 85,7% und 60% der Befragten Sprachen studierenden, werden hier je drei Punkte vergeben.

Da an der Universität zu Köln 47,4% der Befragten und an der Johannes Gutenberg-Universität in Mainz 52,5% der Probanden Sprachen studieren, werden hier je zwei Punkte vergeben.

An der Brandenburgischen Technischen Universität in Cottbus studieren überhaupt keine Befragten Sprachen, da hier kein Angebot vorhanden ist. Es wird ein Punkt vergeben. Der Großteil der Befragten in Cottbus studiert Architektur und die

---

82 Sechs der sieben Befragten in Wernigerode studieren Tourismuswirtschaft. Diese Befragten werden hier als »Sprachstudierende« erfasst, da in ihrem Studiengang auch Fremdsprachenunterricht stattfindet.

Minderheit Bauingenieurwesen. Diese Fächerverteilung kann vermutlich u. a. erklären, warum die Motivation, Deutsch durch den Auslandsaufenthalt zu lernen, in Cottbus geringer ist als in den anderen Städten. Die Studierenden in Cottbus benötigen nur geringe oder gar keine Deutschkenntnisse zur Erreichung ihrer Studienziele. Da einige Veranstaltungen an der deutschen Hochschule in Englisch angeboten werden und zudem praktische Fächer belegt werden, können die Leistungsnachweise in Cottbus auch größtenteils ohne Deutschkenntnisse erworben werden (siehe S. 172 ff.).

Nach der Auswertung der analysierten kontaktrelevanten Charakteristika der Erasmusstudierenden im Hochschulvergleich sehen die verteilten Punktzahlen wie folgt aus:

|  | Deutschkennt-nisse | Motivation | Studienfach | Total |
|---|---|---|---|---|
| Wernigerode | 2 | 3 | 3 | 8 |
| Osnabrück | 2 | 3 | 3 | 8 |
| Greifswald | 2 | 3 | 3 | 8 |
| Mainz | 3 | 3 | 2 | 8 |
| Köln | 2 | 2 | 2 | 6 |
| Cottbus | 1 | 1 | 1 | 3 |

*Tabelle 14: Kontaktrelevante Charakteristika der Erasmusstudierenden im Hochschulvergleich. Erläuterung: 3 Punkte = besonders kontaktfördernde Eigenschaft, 2 Punkte= relativ kontaktfördernde Eigenschaft, 1 Punkt = kontakthemmende Eigenschaft.*

Besonders kontaktfördernde Charakteristika haben nach der Analyse die Erasmusstudierenden an den Hochschulen in Wernigerode, in Osnabrück, in Greifswald und in Mainz (siehe Tabelle 14). An dieser Hochschule studiert ein Großteil der Befragten Sprachen, was zum Teil die hohe Motivation der Stipendiaten erklären kann, die Deutschkenntnisse durch den Deutschlandaufenthalt zu verbessern. Zudem werden die eigenen Sprachkompetenzen im Deutschen positiv beurteilt, was bedeuten könnte, dass Studierende in diesen Städten geringe Hemmungen haben Kontakte zu deutschen Studierenden aufzunehmen.

An der Universität zu Köln findet man durchschnittliche kontaktfördernde Charakteristika bei den dortigen Erasmusstudierenden.

An der Brandenburgischen Technischen Universität in Cottbus überwiegen die kontakthemmenden Charakteristika der Befragten. Die Gaststudierenden in Cottbus schätzen ihre mündlichen Deutschkenntnisse größtenteils als schlecht ein und geben ein geringes Interesse an, Deutsch zu lernen, was u. a. auch durch das Studium der Architektur oder des Bauingenieurwesens bedingt sein kann. Sieht man sich nun sowohl die umgebungsbezogenen Kontaktmöglichkeiten an den Gasthochschulen als auch die Charakteristika der dortigen Erasmusstudierenden an, ergibt sich folgendes Bild:

| | Kontaktmöglichkeiten | Personale Faktoren | Total |
|---|---|---|---|
| Wernigerode | 9 | 8 | 17 |
| Osnabrück | 7 | 8 | 15 |
| Greifswald | 5 | 8 | 13 |
| Mainz | 5 | 8 | 13 |
| Köln | 5 | 6 | 11 |
| Cottbus | 7 | 3 | 10 |

*Tabelle 15: Kontaktmöglichkeiten und Charakteristika der Erasmusstudierenden im Hochschulvergleich.*

Betrachtet man die in Tabelle 15 zusammengefassten umgebungsbezogenen Kontaktmöglichkeiten an den untersuchten Gasthochschulen und auch die kontaktrelevanten Charakteristika der Erasmusstudierenden, lassen sich die beobachteten zwischenuniversitären Unterschiede in der Kontaktdichte zwischen deutschen und ausländischen Studierenden weitgehend erklären (vgl. Abbildung 31). Im Folgenden sollen die Ergebnisse der vorgestellten Analysen für die einzelnen Erhebungshochschulen zusammengefasst werden.

An der Hochschule Harz in *Wernigerode* gibt es für die dortigen Erasmusstudierenden während des Studiums, im Wohnbereich und auch in der Freizeit vielfältige Möglichkeiten, deutsche Studierende kennen zu lernen. Es gibt eine große Gruppe deutscher Studierender, die sich um Kontakte zu den ausländischen Studierenden bemühen. Den sich häufig bietenden Anlässen deutsche Studierende kennen zu lernen stehen geringe Möglichkeiten Studierende der eigenen Nationalität zu treffen gegenüber, da die Zahlen ausländischer Studierender an dieser Hochschule insgesamt sehr gering sind. Damit bestehen für die Erasmusstudierenden in Wernigerode nur geringe Alternativen zu Freundschaften mit deutschen Studierenden.

Die guten Kontaktmöglichkeiten werden von den dortigen Erasmusstudierenden genutzt, da deutsche Kontakte den individuellen Zielen entsprechen und ausreichende Deutschkenntnisse zur Kontaktaufnahme vorhanden sind. So scheinen die Erasmusstudierenden in Wernigerode, die fast alle Tourismus studieren, sehr daran interessiert zu sein, ihre Deutschkenntnisse durch den Deutschlandaufenthalt zu verbessern, und sie trauen sich auch größtenteils intensive Gespräche mit deutschen Studierenden auf Deutsch zu.

Die vielfältigen Kontaktmöglichkeiten sowie die kontaktfördernden personalen Faktoren machen verständlich, warum fast alle Befragte der empirischen Erhebungen häufige und intensive Kontakte zu deutschen Studierenden angeben. In Wernigerode scheint der hohe Nutzen, den sich die dortigen Befragten aus Kontakten zu deutschen

Studierenden versprechen ohne besonders große Mühen und individuelle Kosten erreichbar zu sein, was die häufigen interkulturellen Kontakte erklären kann.

An der Universität *Osnabrück* werden die mittleren interkulturellen Kontaktmöglichkeiten von 64,9% der Befragten der quantitativen Erhebung genutzt, da die Stipendiaten besonders kontaktfördernde Charakteristika aufweisen. Durchschnittlich wird von den Befragten großes Interesse an der Verbesserung ihrer Sprachkenntnisse angeben, was sich u. a. auch dadurch erklären lässt, dass der Anteil der Germanistikstudierenden an den Befragten hoch ist. Den mittleren individuellen Kosten der Kontaktaufnahme mit deutschen Studierenden steht ein hoher eingeschätzter Nutzen gegenüber, so dass sich in Osnabrück die Mehrheit der Befragten um Kontakte zu deutschen Studierenden zu bemühen scheint.

An der Ernst-Moritz-Arndt Universität in *Greifswald* haben 40% der Befragten häufige und intensive Kontakte zu deutschen Studierenden, was nach den vorgestellten Analysen vor allem den kontaktfördernden Charakteristika der dortigen Erasmusstudierenden zuzuschreiben ist. An dieser Hochschule gibt die Mehrzahl der Befragten ein großes Interesse an, die Deutschkenntnisse während des Aufenthalts zu verbessern, was bei vielen u. a. dadurch bedingt sein könnte, dass sie Germanistik studieren. Hinzu kommt, dass in Greifswald die Zahl der ausländischen Studierenden gering ist, so dass für viele Studierende gar keine Möglichkeiten bestehen, ihr Bedürfnis nach Freundschaften durch Kontakte zu Studierenden ihrer Nationalität zu befriedigen. Es scheinen sich für die dortigen Erasmusstudierenden jedoch nur geringe Anlässe zur Kontaktaufnahme mit Deutschen zu bieten. Bei hohem eingeschätzten individuellen Nutzen von Kontakten zu deutschen Studierenden, scheinen die geringen Kontaktmöglichkeiten dennoch von einem Teil der Befragten genutzt zu werden.

An der Johannes Gutenberg-Universität in *Mainz* hat nur knapp jede(r) dritte Befragte häufigen und intensiven Kontakt zu deutschen Studierenden (siehe Abbildung 31). Den kontaktfördernden Charakteristika der dortigen Erasmusstudierenden stehen wie in Greifswald nur geringe Anlässe zur Kontaktaufnahme mit deutschen Studierenden gegenüber. Das etwas schlechtere Ergebnis als in Greifswald könnte man dadurch erklären, dass in Mainz u. a. vierzehn französische Erasmusstudierende aus Dijon befragt werden. Diese studieren einen deutsch-französischen Studiengang. Diese Studierenden sprechen in der Regel sehr gut Deutsch und haben auch eine hohe Motivation ihre Deutschkenntnisse noch zu verbessern. Es geben jedoch nur vier dieser Gaststudierenden häufige und intensive Kontakte zu deutschen Studierenden an. In den qualitativen Interviews wird mir von Stipendiaten dieses Sonderprogramms erklärt, dass sie schon in Frankreich ein Jahr als Gruppe studiert hätten, bevor sie nach Deutschland gekommen seien. Die deutschen Studierenden ihres Jahrgangs seien während ihres Deutschlandaufenthalts in Frankreich. Für diese französischen Erasmusstudierenden scheint es nach der Analyse der qualitativen Interviews besonders schwer zu sein, deutsche Studierende kennen zu lernen, da der Gruppenzusammenhalt in der französischen Gruppe besonders groß ist. Während sich die Nationalitätengruppen an den anderen untersuchten Hochschulen in der

Regel erst in Deutschland bilden, kommt diese Gruppe schon geschlossen nach Deutschland. Die Kosten der Kontaktaufnahme zu deutschen Studierenden werden von vielen Studierenden dieses Studiengangs als besonders hoch eingeschätzt, was bedeutet, dass sie die bestehenden französischen Freundschaften nicht für neue Kontakte zu deutschen Studierenden riskieren wollen. Unter Berücksichtigung dieser relativ großen Sondergruppe wird verständlich, warum die Befragten in Mainz trotz ihrer zunächst positiv erscheinenden Charakteristika größtenteils seltene und wenig intensive Kontakte zu deutschen Studierenden haben und das Ergebnis trotz gleicher Punktzahlen mit Greifswald schlechter ausfällt. Insgesamt scheint ein Großteil der Befragten in Mainz die Kontaktaufnahme zu deutschen Studierenden als zu kostenintensiv einzuschätzen als dass er bereit wäre, trotz seines Kontaktinteresses und seiner guten Deutschkenntnisse, Kontakte aufzunehmen.

An der Universität zu *Köln* treffen geringe umgebungsbezogene Kontaktmöglichkeiten mit nur durchschnittlich kontaktfördernden Charakteristika der dortigen Erasmusstudierenden zusammen, so dass insgesamt das Ergebnis der quantitativen Erhebung von nur 24,6% der Befragten, die intensive und häufige Kontakte zu deutschen Studierenden haben, verständlich wird (siehe Tabelle 15). Da die Kölner Befragten den Kontakten zu deutschen Studierenden nur geringen Nutzen bei hohen Kosten der Kontaktinitiative zuschreiben, entscheiden sie sich eher für Freundschaften mit den leichter zugänglichen Studierenden der eigenen Nationalität oder mit anderen ausländischen Studierenden.

An der Brandenburgischen Technischen Universität in *Cottbus* können die seltenen und wenig intensiven deutschen Kontakte von 80% der Befragten der quantitativen Erhebung eindeutig auf ihre kontakthemmenden Charakteristika zurückgeführt werden (siehe Tabelle 15). Ein Großteil der Befragten in Cottbus schätzt seine Deutschkenntnisse als gering ein. Die Stipendiaten haben zudem größtenteils ein geringeres Interesse als die Befragten der anderen Hochschulen, ihre Sprachkenntnisse durch den Deutschlandaufenthalt zu verbessern, was zu geringer Kontaktinitiative führen könnte. Die Tatsache, dass sie nur sehr geringe Deutschkenntnisse zur Bewältigung der an sie gestellten Studienanforderungen benötigen, kann u. a. erklären, warum ihr Interesse an der Verbesserung ihrer Deutschkenntnisse und damit an deutschen Kontakten so gering ist. Da eine geringe Motivation zur Kontaktaufnahme mit deutschen Studierenden zu besteht, werden auch die sich bietenden vielfältigen Anlässe zur Kontaktaufnahme von der Mehrheit der Befragten nicht genutzt. Da sich ein Großteil der Befragten in Cottbus von Kontakten zu deutschen Studierenden geringen Nutzen zu versprechen scheint, werden keinerlei Kosten der Kontaktaufnahme akzeptiert.

Abschließend ist zu sagen, dass die Unterschiede in der Häufigkeit und in der Intensität der Kontakte zwischen deutschen und ausländischen Studierenden an den untersuchten Hochschulen nicht nur, wie anfangs vermutet, auf die unterschiedlichen lokalen Kontaktmöglichkeiten zurückzuführen sind, sondern auch darauf, dass sich die Befragten in ihren kontaktrelevanten Charakteristika von Erhebungshochschule zu Erhebungshochschule unterscheiden. Zur Erklärung der beobachteten Unterschiede im Freundschaftswahlverhalten der Befragten an den deutschen Gasthochschulen müssen eine Vielzahl von umgebungsbezogenen Variablen und personalen Faktoren berücksichtigt werden. Die Hypothese 10 und die Hypothese 11, nach denen die interkulturelle Kontaktdichte an den deutschen Gasthochschulen bei Kenntnis der Zahlen der immatrikulierten deutschen und dem Anteil an ausländischen Studierenden vorhergesagt werden kann, haben sich damit nicht bestätigt.

### 5.2.2.3.2    Multivariates Erklärungsmodell der Freundschaftswahlen

Nachdem das Interesse ein anderes Land kennen zu lernen, die Nationalität, das Studienfach, die eingeschätzten Deutschkenntnisse und die deutsche Gasthochschule als Variablen ermittelt worden sind, bei denen sich Korrelationen mit den zu erklärenden Kontakten der Erasmusstudierenden zu deutschen Kommilitonen ergeben, wird nun ein Modell berechnet, das es erlaubt, Aussagen über den Erklärungswert jeder einzelnen Variable im Zusammenspiel mit den anderen Erklärungsvariablen zu treffen. Als multivariates Analyseverfahren, mit dem die Abhängigkeit der dichotomen Variable »Kontakte zu deutschen Studierenden« von den unabhängigen Variablen getestet werden kann, wird wieder die »Logistische Regression« angewandt. Wie schon bei der Erklärung der Studienbeteiligung wird die Methode der Vorwärtsselektion gewählt. In der Tabelle 16 ist die Vorhersagewahrscheinlichkeit der Kontaktdichte zwischen deutschen und ausländischen Studierenden nach Eingabe der unabhängigen Variablen zu erkennen.

**Klassifizierungstabelle**

| | | Vorhergesagt | | |
|---|---|---|---|---|
| | | Kontakte zu deutschen Studierenden | | |
| | Beobachtet | häufig und intensiv | selten und wenig intensiv | Prozentsatz der Richtigen |
| Schritt 1 | Kontakte zu deutschen häufig und intensiv | 30 | 41 | 42,3 |
| | Studierenden    selten und wenig intensiv | 14 | 112 | 88,9 |
| | Gesamtprozentsatz | | | 72,1 |
| Schritt 2 | Kontakte zu deutschen häufig und intensiv | 28 | 43 | 39,4 |
| | Studierenden    selten und wenig intensiv | 12 | 114 | 90,5 |
| | Gesamtprozentsatz | | | 72,1 |

*Tabelle 16: Multivariates Erklärungsmodell der Kontakte zu deutschen Studierenden.*

*Erläuterung: In Schritt 1 eingegebene Variable: Hochschule in Deutschland. In Schritt 2 zusätzlich eingegebene Variable: Motivation ein anderes Land kennen zu lernen.*

Aus der Tabelle 16 ist zu entnehmen, dass nur zwei der fünf Variablen, die Korrelationen mit den »Kontakten zu deutschen Studierenden« aufweisen, in das Gesamtmodell aufgenommen werden. Die Deutschkenntnisse, das Studienfach und die Nationalität werden nicht in die Berechnungen einbezogen, da sich diese Variablen im Gesamtmodell nicht als signifikant erweisen.

Die Tabelle 16 weist zwei Analyseschritte nach, in denen jeweils eine zusätzliche unabhängige Variable in die Untersuchung aufgenommen wird. Nach diesen zwei Schritten hat sich die Anpassung des Gesamtmodells signifikant um $\chi^2 = 32,307$ verbessert. Die Gasthochschule in Deutschland ist die wichtigste Erklärungsvariable für die Kontakte zwischen Erasmusstipendiaten und deutschen Studierenden, da sie die höchsten Korrelationen mit der abhängigen Variable aufweist. Aus diesem Grund wird sie auch als erste in die Analyse aufgenommen. Es können 72,1% der beobachteten Antworten richtig errechnet werden. Im zweiten Schritt wird die Motivation »ein anderes Land kennen zu lernen«, zusätzlich in das Modell aufgenommen. Der Prozentsatz der richtig vorhergesagten Antworten bleibt bei 72,1%. Am Ende der Analyse liegt die Wahrscheinlichkeit, dass eine Prognose von häufigen und intensiven deutschen Kontakten zutrifft, bei 39,4% und die Wahrscheinlichkeit, dass eine Prognose von seltenen und wenig intensiven deutschen Kontakten zutrifft, bei 90,5%.

Insgesamt kann bei der Kenntnis der Hochschule in Deutschland und der Größe des Interesses durch den Deutschlandaufenthalt ein anderes Land kennen zu lernen mit der Wahrscheinlichkeit von 72,1% richtig vorhergesagt werden, ob der/die Betreffende häufige und intensive Kontakte zu deutschen Studierenden hat oder nicht.

Da auf S. 240 ff. schon gezeigt wurde, dass die Variable »deutsche Hochschule« sowohl die umgebungsbezogenen, interkulturellen Kontaktmöglichkeiten als auch die kontaktrelevanten Charakteristika der Erasmusstudierenden subsummiert, ist zu verstehen, warum diese Variable als wichtigste Erklärungsvariable im multivariaten Modell erscheint und bei ihrer Kenntnis schon mit 72,1% Wahrscheinlichkeit die deutschen Kontakte der Erasmusstudierenden richtig vorhergesagt werden können.

### 5.2.2.3.3    Typenbildung

Nachdem nun anhand von statistischen Berechnungen diejenigen Variablen identifiziert worden sind, welche die Kontakthäufigkeit und Kontaktintensität zwischen deutschen Studierenden und Erasmusstipendiaten entscheidend beeinflussen, werden die auf individuellen Handlungsentscheidungen beruhenden Freundschaftswahlen für drei Idealtypen von Erasmusstudierenden dargestellt. Auf diese Weise wird die Beziehung zwischen den kontaktrelevanten personalen und umgebungsbezogenen Variablen noch besser verdeutlicht. Die drei idealtypischen »Kontakttypen« von Erasmusstudierenden können aufgrund der Analyse der qualitativen Interviews gebildet werden.

### 5.2.2.3.3.1    Die Sprachinteressierten

Am Beispiel der französischen Studentin Carole werden die entscheidenden Charakteristika, Motivationen und Situationswahrnehmungen der »Sprachinteressierten« deutlich.

> C: Ja, z. B. ich bin nie mit Franzosen geblieben, (I: ja) nie.

> I: Findest du dich denn eher typisch oder untypisch?

> C: Ne, untypisch – also, ich will nicht sagen – also, ich hab nie eine Französin angerufen, weißt du? (I: ja) Nie, ich war sehr kalt. Und gestern war ich im Konzert von Isabelle (I: ja) also, ich hab nie mit ihr gesprochen und wir kannten uns, ich habe immer »salut« und dann weg, weiß du? (I: ja) Um höflich zu sein. Deshalb war ich im Konzert, um ihr zu sagen: «Ich mag dich«, aber ich wolle (I: ja) besser etwas Anderes machen, als mit dir zu sprechen.

> I: Und warum hast du dich so verhalten? Also, nicht so viel Kontakt gesucht mit den anderen Franzosen?

> C: Also, ich wolle echt die Deutschen kennen lernen, die deutschen Leute kennen lernen (I: ja), aus Deutschland und die Sprache sprechen. Also ich wusste, dass es schwer ist. Viele Leute haben mir gesagt: »Ja, wenn man in Ausland fährt, sehr oft in Erasmus, bleiben die Leute zusammen«. Ich habe gesagt: »Nein, nein, das möchte ich nicht«.

Befragte, die den »Sprachinteressierten« zuzuordnen sind, sprechen wie Carole immer wieder von ihrer hohen Motivation, Deutsche kennen zu lernen. Sie geben für dieses große Interesse vor allem das Ziel an, ihre Deutschkenntnisse zu verbessern. Diese Austauschstudierenden möchten unbedingt ihre Sprachkompetenz erweitern, da sie mit Deutschen intensive Gespräche führen wollen, also ein »kulturelles« Interesse haben, sie die Sprache interessiert, sie Deutschkenntnisse zur Erfüllung ihrer heimatlichen Studienanforderungen benötigen oder sie sich Vorteile bei der zukünftigen Arbeitsplatzsuche versprechen. Die Sprachinteressierten möchten ihr Ziel, Deutsch zu lernen, durch Kontakte zu Deutschen erreichen. Sie schreiben den Kontakten zu deutschen Studierenden somit einen sehr hohen individuellen Nutzen zu. Sie distanzieren sich in der Regel von ihren Landsleuten in der Austauschstadt, da ihnen die Sicherheit und Hilfestellung, die ihnen ihre Nationalitätengruppe geben kann, weniger wichtig sind als Deutsche kennen zu lernen und sie annehmen, dass intensive Kontakte sowohl zu Landsleuten als auch zu Deutschen nicht vereinbar seien. Auch Carole ist nach ihrer Darstellung »nie mit Franzosen geblieben«, was bedeuten könnte, dass sie ihre Freundschaften während des Deutschlandaufenthalts nicht aus der Gruppe der französischen Landsleute gewählt hat. Sie hat diese nur aus Höflichkeit gegrüßt und darüber hinaus so weit wie möglich gemieden, »salut und dann weg«. Erst in der letzten Woche ihres Aufenthalts ist sie zu einem Gespräch mit der französischen Erasmusstudentin Isabelle bereit, deren Kontaktversuche sie bis dahin zurückgewiesen hat. »Deshalb war ich im Konzert, um ihr zu sagen, »ich mag dich«, aber ich wollte besser was Anderes machen als mit dir zu sprechen«. Wie Carole nehmen die anderen Sprachmotivierten die Distanzierung von ihren Landsleuten in Kauf, um ihr Ziel, Deutsche kennen zu lernen, zu erreichen. Wie andere Textstellen zeigen, sind ihnen, um ihre Ziele zu erreichen, keine individuellen Kosten zu hoch. Aus diesem Grund müssen die Deutschkenntnisse von Personen dieser Gruppe zu Beginn ihres Aufenthalts auch nicht besonders gut sein, da sie auch mühsame erste Unterhaltungen auf Deutsch nicht scheuen und Missverständnisse und Nachfragen der deutschen Gesprächspartner in Kauf nehmen. Carole sprach bei ihrer Ankunft in Deutschland z. B. fast überhaupt kein Deutsch, was ich bestätigen kann.

Interessant ist Caroles Aussage, sie habe schon vor ihrem Aufenthalt gehört, dass die »Gefahr« bestehe, während des Erasmusaufenthalts ausschließlich Kontakte zu Landsleuten zu haben. Die »Warnung« von Freunden oder Bekannten scheint bei ihr dazu beigetragen zu haben, ihr Ziel, Deutsch zu lernen, zu definieren und die Distanzierung von den Landsleuten als Voraussetzung zu erkennen. Dies könnte ein Grund sein, warum sie sich selbst in der Anfangsphase ihres Aufenthalts nicht auf die Sicherheit und Orientierung bietenden Kontakte mit anderen französischen Erasmusstudierenden eingelassen hat.

Die »Sprachinteressierten« warten nicht bis sie mit deutschen Studierenden bekannt gemacht werden oder diese sie ansprechen, sondern übernehmen selbst die Kontaktinitiative. Sie haben individuelle »Kontaktstrategien« entwickelt. Sie treten in Musikgruppen ein, versuchen beim Sport, in Kneipen, in der Mensa, nach Lehrveranstaltungen usw. Deutsche kennen zu lernen. Aufgrund ihrer Bereitschaft, viel Zeit und Energie in die Kontaktaufnahme mit deutschen Studierenden zu investieren und alle möglichen Widerstände zu    überwinden, wie z. B. Sprachbarrieren, wenig Interesse der Angesprochenen, Distanzierung der Landsleute, gelingt es ihnen, wie auch Carole, einen Bekannten- und Freundeskreis aufzubauen, der vorwiegend aus Deutschen besteht. Die »Sprachinteressierten« machen insgesamt eine Minderheit der Befragten aus. Da Studierende dieses Typs wenig auf die durch die Betreuungsinitiativen, die Akademischen Auslandsämter oder ihre deutschen Professoren organisierte Kontaktmöglichkeiten, die automatisch Kontakte zu deutschen Studierenden herstellen, angewiesen sind, finden sie sich in allen untersuchten Hochschulstandorten und in allen Fachbereichen.

### 5.2.2.3.3.2    Die Unentschiedenen

Der Großteil der Befragten der qualitativen Erhebung gehört zum Typ der »Unentschiedenen«. Diese Studierenden haben zu Beginn des Deutschlandaufenthalts das Hauptziel so schnell wie möglich einen neuen Freundeskreis aufzubauen. Es werden die Personen als Freunde gewählt, die am einfachsten zugänglich sind. Weniger wichtig ist für sie das Ziel, ihre Deutschkenntnisse zu verbessern. Während bei den »Sprachinteressierten« die Umgebungsfaktoren kaum Einfluss auf die Kontakte zu Deutschen haben, sind die »Unentschiedenen« stark von den sich ihnen bietenden

Kontaktmöglichkeiten abhängig. Übersteigen zu Beginn des Auslandsaufenthalts die Kontaktmöglichkeiten Studierende der eigenen Nationalität kennen zu lernen die Möglichkeiten deutsche Kommilitonen zu treffen, werden von dieser Gruppe vorzugsweise Landsleute oder wenn diese nicht verfügbar sind, andere ausländische Studierende als Freunde gewählt. Der Kontakt zu Landsleuten ist auch aufgrund der gemeinsamen Sprache und der wahrgenommenen kulturellen Ähnlichkeiten für die Erasmusstudierenden dieses Typs häufig besonders einfach. Die Anfangskontakte zu Landsleuten werden im Laufe des Aufenthalts zu festen Freundschaften und das Bedürfnis, neue Freunde zu finden, nimmt stetig ab, was bedeutet, dass auch ihre Initiative geringer wird, Deutsche kennen zu lernen. Aus diesem Grund sind die Kontakte am Ende des Aufenthalts häufig die selben, die schon in den ersten Wochen geschlossen wurden. Entscheiden sie sich aufgrund des einfacheren Zugangs zu Beginn ihres Aufenthalts für Freundschaften zu Studierenden der eigenen Nationalität, äußern sie sich zum Interviewzeitpunkt häufig unzufrieden mit ihren Deutschkenntnissen. Sie beschreiben sehr eindrucksvoll, dass sich die Pflege ihrer intensiven Freundschaften zu Landsleuten nicht mit verstärkten Kontaktaufnahmen zu Deutschen vereinbaren ließe. Dass die Distanzierung von den Landsleuten bedeutet diese für die emotionale Stabilität wichtigen Kontakte zu riskieren, macht u. a. ein Interview mit einer Gruppe von drei Spanierinnen (Rut (R), Ana (A) und Nina (N)) deutlich, die relativ wenige Kontakte außerhalb ihrer Gruppe haben und die Distanzierungen der »Sprachinteressierten« sehr kritisch beurteilen.

> R: Uns passiert das Gleiche wie dem Rest, weil die Russen mit Russen befreundet sind, die Engländer mit den Engländern, immer –.

> N: Wir kennen auch andere, Freundinnen, die ankommen, an den Spaniern vorbeigehen und Leute mit der richtigen Nationalität suchen, um zu sprechen, nur um zu sprechen.

> N: Ich weiß nicht, ich finde es nicht – schlecht, weil wir alle hier her gekommen sind, um Deutsch zu lernen, also muss  man das Leben dort kennen lernen und Deutsch sprechen. Aber es gibt verschiedene Arten zu handeln. Man kann auch mit Spaniern Kontakt haben und mit Spaniern befreundet sein, sie besuchen und (I: O. K.) Es gibt verschiedene Arten zu handeln. Aber ich –.

> I: Habt ihr Freunde, die sich so verhalten haben (A: ja), die keinen Kontakt (N: ja) mit euch wollten?

> A: Ja, manche Tage verbringe ich nur mit Spaniern und sie sagen, dass ich meine Zeit verliere.

> N: Ich achte nicht darauf.

> A: Ich schon, weil wir eigentlich hier sind, um Deutsch zu lernen und wir den ganzen Tag lang Spanisch sprechen und dann habe ich nichts gelernt.

N: Aber du sprichst immer etwas Deutsch.

A: Ja, klar, aber wir Spanierinnen sind manchmal den ganzen Tag zusammen, den ganzen Abend, den ganzen Morgen und den ganzen Nachmittag zusammen und die Leute kommen, sagen:»Hallo, wie geht's?« und du sagst nur, was du immer schon konntest und nie sagst du etwas anderes.

N: Ich schon, du lernst trotzdem, nein, es geht nicht darum, dass ich nicht mit den anderen reden will.

A: (?) Mit Fad z. B. wechsele ich manchmal die Sprache und wir reden auf Deutsch und plötzlich sage ich ein–zwei Sätze in Spanisch und fühle mich so wohl.

N: Ich habe nie gedacht, dass auch nur ein Tag hier umsonst gewesen ist (A: ich ja), um Deutsch zu lernen (A: ich schon). Ich nicht. Aber ich habe auch zu Hause immer jemanden, mit dem ich sprechen kann.

I: Habt ihr auch daran gedacht, das Gleiche zu tun, wie eure Freunde, die keinen Kontakt mehr wollten, um mehr Deutsch zu lernen?

N: Nein.

R: Klar, man muss versuchen, nicht den ganzen Tag zusammen zu sein. Einen Teil zusammen sein und sich dann trennen.

N: Wir sind auch nicht so viel Zeit zusammen (A: nein). Das hängt von Tag ab.

A: Es gibt Tage, an denen du alles machen kannst. Du kannst Deutsch sprechen, Du kannst Spanisch sprechen, du kannst arbeiten, alles. Das hängt vom Tag ab.

N: Weißt du, ich könnte nicht aufhören sie zu treffen, nur weil ich nicht Spanisch sprechen will, weil ich Deutsch sprechen will, ich könnte das nicht. Trotz meiner vielen Stunden Spanisch kann ich doch Deutsch lernen (I: hum). Es erscheint mir nicht richtig, was manche machen, dass: »Nur weil du Spanisch sprichst, rede ich nicht mit dir« (I: hum) – Ich bitte dich!

In diesem Textabschnitt diskutieren die drei interviewten Spanierinnen das Verhalten einiger ihnen bekannter SpanierInnen, die den Kontakt zu ihrer spanischen Nationalitätengruppe in Osnabrück meiden, »wir kennen auch andere, Freundinnen, die ankommen, an den Spaniern vorbeigehen und Leute mit der richtigen Nationalität suchen, um zu sprechen«. Im Verlauf des Interviews wird deutlich, dass diese spanischen »Freundinnen« den Kontakt mit den Interviewten meiden, um mit Deutschen Kontakte aufbauen zu können und um auf diese Weise ihre Deutschkenntnisse zu verbessern. Diese »Abtrünnigen«, die sich in Deutschland nicht nach den sozialen Erwartungen ihrer Nationalitätengruppe richten, kritisieren das Verhalten der interviewten Spanierinnen, die wenige Kontakte zu Deutschen haben und so das Ziel ihres Deutschlandaufenthalts, Deutsch zu lernen, aus ihrer Sicht nicht erreichen können,

»ja, manche Tage verbringe ich nur mit Spaniern und sie sagen, dass ich meine Zeit verliere«. Im Interview lassen sich unterschiedliche Reaktionen der Gruppenmitglieder auf diese Kritik erkennen. Während Nina sie ignoriert »ich achte nicht darauf« und das Verhalten dieser SpanierInnen verurteilt »es erscheint mir nicht richtig«, findet Ana die geäußerte Kritik eher berechtigt und nimmt sie im Gegensatz zu Nina ernst »ich schon, weil wir eigentlich hier sind, um Deutsch zu lernen und wir den ganzen Tag Spanisch sprechen«. Ana scheint sich in dem oben beschriebenen Konflikt von unterschiedlichen, sich zum Teil ausschließenden Zielen zu befinden. Einerseits gibt sie den »abtrünnigen« spanischen StudentInnen recht, denen das Ziel Deutsch zu lernen wichtig ist und die annehmen, dass man zur Erreichung von deutschen Kontakten die Freundschaften zu spanischen Erasmusstudierenden reduzieren müsste. Andererseits sind ihr die Kontakte zu ihren Landleuten wichtig und es tut ihr gut Spanisch zu sprechen, »plötzlich sage ich ein–zwei Sätze in Spanisch und fühle mich so wohl«. Bis zum Interviewzeitpunkt hat sie sich letztendlich für den Verbleib in ihrer Nationalitätengruppe entschieden. Sie ist jedoch mit ihren Fortschritten im Deutschen nicht zufrieden. »Du sagst nur, was du immer schon konntest und nie sagst du etwas anderes«. Interessant ist an dieser Textstelle, dass der individuelle Interessenkonflikt, der mir in vielen anderen Einzelinterviews beschrieben wird, hier offen von Mitgliedern einer Nationalitätengruppe diskutiert wird, was vermutlich nur im Rahmen dieses Interviews für Forschungszwecke überhaupt möglich ist. Hier scheint Nina eher die Gruppenmeinung zu artikulieren und den Gruppenzusammenhalt zu stärken, indem sie die besondere Beziehungsqualität der Spanierinnen untereinander betont und die Wichtigkeit der spanischen Freunde über das Ziel, Deutsch zu sprechen, stellt. »Ich könnte nicht aufhören, sie zu treffen, nur weil ich nicht Spanisch sprechen will«. Ana betont immer wieder den Wunsch besser Deutsch zu lernen, was für sie auch zu bedeuten scheint sich von der eigenen Gruppe zu lösen. Sie stellt damit die eigene Gruppe offen in Frage, was die relativ heftige Diskussion der Gruppenmitglieder zu diesem Punkt erklärt. Den Konflikt zwischen Ana und Nina schlichtet dann die dritte Spanierin Ruth, indem sie die beiden artikulierten Interessen, Kontakte zu der Spaniergruppe (Nina) und Deutsch lernen durch Kontakte zu Deutschen (Ana), nicht als unvereinbar definiert: »Klar, man muss versuchen, nicht den ganzen Tag zusammen zu sein. Einen Teil zusammen sein und sich dann trennen«. Ruth schlägt nicht vor, in ihren spanischen Freundeskreis Deutsche aufzunehmen, sich als Gruppe um deutsche Kontakte zu bemühen, sondern, dass sich jede Einzelne neben und nach ihren Kontakten zu den spanischen Freundinnen Kontakte zu Deutschen aufnimmt. Diesen Kompromiss nehmen im Folgenden Ana und Nina an, womit sowohl die Gruppenbeziehungen als auch die Kontakte zu Deutschen als relevant gelten können. Dieser Kompromiss ermöglicht die Fortsetzung der Gruppenbeziehungen wie bisher. Ob von Anna in Zukunft verstärkt Kontakte zu Deutschen gesucht werden, ist fraglich, da intensive Gruppenkontakte und zusätzliche Kontakte zu Deutschen schon aus zeitlichen Gründen schwer vereinbar erscheinen. Am Ende der Diskussion steht die Verurteilung der Spanierinnen, die den Kontakt zur Spaniergruppe meiden durch Nina, der dieses Mal von Ana nicht widersprochen wird. »Es erscheint mir nicht richtig, was manche machen, dass: «Nur weil du Spanisch sprichst, rede ich nicht mit dir». Ich bitte dich! Nina appelliert an die gemeinsame Auffassung der Gruppenmitglieder der Anna nicht widerspricht und sich damit der Meinung von Nina zu beugen scheint.

Die besprochene Interviewpassage zeigt den Interessenkonflikt sehr deutlich, in dem sich viele ErasmusstudentInnen befinden, die einerseits die Kontakte zu ihren Landsleuten als wertvoll erachten und pflegen wollen und die andererseits verstärkt deutsche Freundschaften anstreben, aber befürchten, so die Kontakte zu ihren Landsleuten aufs Spiel zu setzen. Dass die Distanzierung von der eigenen Nationalitätengruppen implizite oder explizit geäußerte Kritik am Verhalten der Gruppenmitglieder, die wenige Kontakte zu Deutschen haben, bedeutet, kann man ebenfalls an dieser Textstelle erkennen.

In den qualitativen Interviews wird sehr selten von Gruppen berichtet, die sowohl aus deutschen als auch aus ausländischen Studierenden bestehen, was u. a. auf die Entstehungssituation der Gruppen vor Semesterbeginn, den Gebrauch der Sprache des Heimatlandes in der Nationalitätengruppe, die Entstehung eines Zusammengehörigkeitsgefühls, das u. a. auf wahrgenommenen nationalen Ähnlichkeiten beruht und den gemeinsamen Besuch der Lehrveranstaltungen zurückgeführt werden kann. Viele »Unentschiedene«, die zu Beginn ihres Deutschlandaufenthalts Mitglieder in den Nationalitätengruppen wurden, berichten mir nach einigen Monaten von dem oben beschriebenen Interessenkonflikt. Der Kompromiss, den die drei Spanierinnen in ihrer Diskussion erzielen, sowohl Kontakte zu Deutschen als auch zu Landsleuten zu pflegen, scheint aus den genannten Gründen in der Realität relativ schwer umsetzbar zu sein.

Erscheint es den »Unentschiedenen« dagegen zu Anfang ihres Auslandssemesters einfacher, deutsche Studierende als Freunde zu gewinnen als Landsleute oder andere ausländische Studierende, entscheiden sich Studierende dieses Typs für Freundschaften mit deutschen Studierenden. Dies ist z. B. sehr gut an der Hochschule Harz in Wernigerode zu beobachten, wo sich die Mitglieder der deutschen Betreuungsinitiative als Freunde anbieten und gleichzeitig wenige Möglichkeiten bestehen, Landsleute kennen zu lernen, was durch die geringen Zahlen ausländischer Studierender an dieser Hochschule bedingt ist.

Ob die »Unentschiedenen« Kontakte zu deutschen Studierenden aufbauen können oder nicht, hängt, wie die Analyse gezeigt hat, vor allem von den durch die Akademischen Auslandsämter, die Studentenvertretungen, die Betreuungsinitiativen, das Studentenwerk und durch die Lehrenden gestalteten interkulturellen Kontaktmöglichkeiten ab. Da Erasmusstudierende dieses Typs vor allem das Bedürfnis haben in Deutschland neue Freunde zu finden, wählen sie diejenigen Personen als Freunde, zu denen sie am leichtesten Zugang haben. Dies sind in den meisten Fällen Studierende der gleichen Nationalität, so dass sich erklärt, das der Großteil der »Unentschiedenen« vor allem Freundschaften in dieser Gruppe aufbaut. Da viele Studierende dieser

Gruppe ihr sekundäres Ziel, ihre Deutschkenntnisse zu verbessern, nicht erreichen, äußern sie sich unter diesem Gesichtspunkt besonders unzufrieden mit ihren Kontakten in Deutschland.

### 5.2.2.3.3.3    Die Verweigerer

Anders als die »Sprachinteressierten« oder die »Unentschiedenen« haben die »Verweigerer« überhaupt kein Interesse an Kontakten zu Deutschen und am Erlernen der deutschen Sprache. Diese fehlende Motivation, kann man bei einem Teil der Studierenden dadurch erklären, dass sie sich für das Auslandsstudium entschieden haben, um die individuellen »Kosten« des heimatlichen Studiums (z. B. unbeliebte Professoren oder Kommilitonen, schwierige Prüfungen, schlechte Bibliotheken oder Lehrveranstaltungen mit geringem Niveau) zu minimieren. Das Auslandsstudium ist somit eine Strategie mit dem geringsten Aufwand einen universitären Abschluss zu erreichen, was im Rahmen der Europäisierung der nationalen Bildungssysteme, u. a. durch das ECTS-Programm, heute möglich ist. Neben den neuen Handlungsmöglichkeiten, die sich durch ein Studium im europäischen Ausland für die Erasmusstudierenden ergeben, sehen sich andere Studierende dem »Zwang« zu einem Auslandsaufenthalt ausgesetzt. Diese Gaststudierenden vermuten, dass Auslandserfahrungen und Fremdsprachenkenntnisse ihren späteren beruflichen Einstieg erleichtern werden. Der Erasmusaufenthalt in Deutschland wird als notwendiger Karrierebaustein gesehen. Für andere Befragte stellt das Auslandsstudium nur einen ungeliebten Pflichtteil ihres Studiums im Heimatland dar. Die Befragten, für die der Auslandsaufenthalt der einfachste Weg ist die Studienanforderungen zu erfüllen oder die den Auslandsaufenthalt ausschließlich als Karrierebaustein sehen, repräsentieren vielleicht einen neuen Typ europäischer Studierender, welcher die sich im Rahmen der Europäisierung ergebenden neuen Handlungsmöglichkeiten und Handlungszwänge wahrnimmt.

Für andere Befragte dieser Gruppe bedeutet das Studium in Deutschland die Möglichkeit, ungeliebten privaten Lebenssituationen zu entfliehen. Dies sind z. B. Befragte, die sich durch den Auslandsaufenthalt von ihrer/ ihrem Geliebten trennen möchten oder der elterlichen Kontrolle entfliehen wollen.

Da die »Verweigerer« nur geringes Interesse an Kontakten zu Deutschen haben, finden sie unabhängig von den sich bietenden Kontaktmöglichkeiten keinerlei Kontakte zur deutschen Bevölkerung, was sie anders als die »Unentschiedenen« aber nicht besonders beklagen. In der Regel suchen sie sich ihre Freunde in der Gruppe der Studierenden aus ihrem Land oder in geringerem Maße unter den anderen ausländischen Studierenden.

Betrachtet man die gesamte Gruppe der befragten Erasmusstudierenden, sind die »Verweigerer« und die »Sprachinteressierten« in der Minderheit.

Abschließend ist zu erkennen, dass das Interesse an Kontakten zu Deutschen die wichtigste Voraussetzung für die Kontaktaufnahme zu deutschen Studierenden darzustellen scheint. Die unter 5.2.2.3.1.1.5 vorgestellten Möglichkeiten, deutsche Studierende im Studium, im Wohnbereich und in der Freizeit mit nur geringer eigener Initiative kennen zu lernen, scheinen nur den Umfang an deutschen Kontakten der »Unentschiedenen«, die jeweils die für sie am einfachsten zu erreichenden Personen als Freunde wählen, zu beeinflussen. Zu dieser Gruppe gehört jedoch ein Großteil der Befragten, was den Erklärungswert der Umgebungsvariablen und die unterschiedlichen Kontaktverteilungen in den Erhebungshochschulen erklären kann.

Bei den »Sprachinteressierten« spielen die umgebungsbezogenen Kontaktmöglichkeiten dagegen nur eine geringe Rolle, da sie ausschließlich an Kontakten zu Deutschen interessiert sind. Sie warten nicht, dass von Dritten Kontakte hergestellt werden, sondern übernehmen selbst die Kontaktinitiative. Studierende dieser Gruppe haben am Ende des Semesters häufigen und intensiven Kontakte zu deutschen Studierenden.

Auch die Kontakte der »Verweigerer« zu deutschen Studierenden sind unabhängig von den sich bietenden Kontaktmöglichkeiten. Da die Studierenden dieser Gruppe keinerlei Interesse haben, Deutsche zu treffen oder Deutsch zu lernen, gehen sie unabhängig von den sich bietenden Kontaktmöglichkeiten nur selten Freundschaften zu Deutschen ein.

### 5.2.3 Diskussion der Ergebnisse vor dem Hintergrund der theoretischen Überlegungen und bisherigen empirischen Ergebnisse zu den interkulturellen Freundschaften

Bisherige Studien zu ausländischen Studierenden stellen überwiegend einen Mangel an Kontakten zwischen Gaststudierenden und der Bevölkerung ihres Aufnahmelandes fest (siehe 3.1.2.1). Auch die Ergebnisse meiner Untersuchung weisen auf wenig umfangreiche und intensive deutsche Kontakte von ca. 2/3 der befragten Erasmusstudierenden hin. Über soziale Isolation während des Deutschlandaufenthalts wird mir in den qualitativen Interviews jedoch selten berichtet, da der Großteil der Befragten während des Deutschlandaufenthalts in Gruppen von anderen Erasmusstudierenden aus den jeweiligen Herkunftsländern integriert ist. Aus dieser Gruppe wählen die Befragten vorwiegend ihre engsten Freunde in Deutschland. Zu ausländischen Studierenden, die nicht aus dem eigenen Heimatland kommen, bestehen bei einem Großteil der Befragten ebenfalls relativ häufige Kontakte. In dieser Gruppe scheinen sich viele Bekannte zu befinden, welche die Befragten insbesondere bei Partys, in der Diskothek, in der Kneipe oder in der Mensa besonders häufig treffen, mit denen sie Vergleiche zwischen Deutschland und dem eigenen Land durchführen und damit Erfahrungen aus der »Perspektive der Fremden« austauschen. In bisherigen Studien zu ausländischen Studierenden wird der Zusammenhang zwischen dem Zeitpunkt der Freundschaftsaufnahme und der Zusammensetzung des Freundeskreises der Befragten am Ende ihres Auslandsaufenthalts nicht beachtet. Die Analyse meiner Daten ergibt, dass die für die gesamte Zeit des Aufenthalts relevanten Kontakte der Erasmusstudierenden in der Regel in den ersten Wochen in Deutschland geschlossen werden. Die Bedeutung der Anfangsphase für die Freundschaftsfindung ergibt sich u. a. durch die hohe Motivation vieler Erasmusstudierenden, in Deutschland so schnell wie möglich neue soziale Kontakte aufzubauen. Viele Probanden scheinen das Bedürfnis zu haben, die individuellen Kosten des Umgebungswechsels durch den Zusammenschluss mit anderen Studierenden in ähnlicher Lage zu minimieren. Zur Erklärung der Kontakte müssen also vorrangig die personalen Faktoren und umgebungsbezogenen Kontaktmöglichkeiten betrachtet werden, die zu Anfang des Semesters kontaktrelevant sind.

In Kapitel 3.2 wurde bereits vorgestellt, dass in der Austauschforschung das Verhalten der ausländischen Studierenden im Gastland vor allem durch deren angenommene nationalkulturelle Prägung erklärt wird (siehe 3.2.1). Es werden Anpassungsprobleme der ausländischen Studierenden vermutet, die aus der »kulturellen Distanz« zwischen Heimatland- und Gastlandkultur resultierten. Von vielen Austauschforschern wird angenommen, dass bei großer kultureller Distanz Interaktionsprobleme zwischen ausländischen Studierenden und Personen des Gastlandes aufträten, die sich in geringen interkulturellen Kontakten niederschlügen. Aus diesem Grund, wird in vielen Arbeiten zu ausländischen Studierenden angenommen, dass vor allem Studierende aus Entwicklungsländern, deren Herkunftsländern in großer »kultureller Distanz« zu Deutschland stünden, große Probleme hätten, während ihres Aufenthalts Deutsche kennen zu lernen[83]. Die vorliegende Untersuchung hat jedoch gezeigt, dass auch ein Großteil der von mir befragten Erasmusstudierenden, die vorwiegend aus europäischen Industrieländern kommen, seltene und wenig intensive Kontakte zu deutschen Studierenden hat. Kontakte zur deutschen Bevölkerung außerhalb der Hochschule bestehen so gut wie gar nicht. Dies ist ein Hinweis darauf, dass die sozialen Kontakte der ausländischen Studierenden nicht durch die »kulturelle Distanz« zwischen Herkunfts- und Gastland zu erklären sind.

Wenn ausländische Studierende ihre geringen Kontakte zur Gastlandbevölkerung mit kulturellen Unterschieden begründen, wird dies in der Austauschforschung häufig als Hinweis auf tatsächliche Kulturunterschiede gewertet (siehe 3.1.2.2.1). Von mir wurde die Hypothese geprüft, dass die gewählten Erklärungen der Zusammensetzung des Freundes- und Bekanntenkreises bestimmte Funktionen für die Befragten übernehmen und subjektive Attribuierungen widerspiegeln und nicht als »objektive« Wahrheiten verstanden werden können. Diese Hypothese hat sich weitgehend bestätigt. Seltene und wenig intensive Kontakte zu deutschen Studierenden werden von den Betroffenen vorwiegend »extern« erklärt, d. h., dass sie auf Faktoren wie die Situation, das Interesse der deutschen Studierenden oder das Schicksal zurückgeführt werden. Diese Faktoren kann der Einzelne nicht beeinflussen und muss demnach auch nicht Verantwortung für die geringe Häufigkeit seiner deutschen Kontakte übernehmen. Die Befragten, die häufige und intensive Kontakte zu deutschen Studierenden angeben, begründen diese dagegen vorwiegend »intern«, d. h., mit ihrer gro-

---

83 Der Großteil der empirischen Arbeiten zu ausländischen Studierenden in Deutschland bezieht sich nur auf Studierende aus Entwicklungsländern.

ßen Kontaktinitiative oder ihrem »offenen« Charakter. Diese Ergebnisse werden als Bestätigung psychologischer Attribuierungstheorien gewertet, die »externe« Erklärungen bei der Begründung von Misserfolgen und »interne« Erklärungen bei der Begründung von Erfolgen zur positiven Selbstdarstellung und Erhaltung bzw. Stärkung des Selbstbewusstseins annehmen (siehe 3.1.2.2.1).

Im Gegensatz zu den »kulturdeterministischen« Ansätzen vieler bestehender Studien zu ausländischen Studierenden wurde in dieser Arbeit versucht, ein handlungstheoretisches Modell aufzustellen, das die individuellen »Freundschaftswahlen« der untersuchten Erasmusstudierenden in Deutschland durch ein Zusammenspiel von personalen und umgebungsbezogenen Faktoren erklären kann. Es wurde angenommen, dass die personalen Faktoren Einfluss auf den »Wert« oder »Nutzen« haben, den die Befragten der Kontaktaufnahme zuschreiben (z. B. die Motivation Deutsch zu lernen und das Bedürfnis nach neuen Freundschaften). Die individuell eingeschätzten »Kosten« der Kontaktaufnahme (z. B. zeitlicher Aufwand, Risiko der Ablehnung, Verständigungsprobleme, Verlust von bestehenden Freundschaften) bestimmen sich aus den individuellen Fähigkeiten und Widerständen der Betreffenden sowie aus umgebungsbezogenen Möglichkeiten und Barrieren der Kontaktaufnahme. Es wurde die Hypothese aufgestellt, dass je höher die Zahlen von ausländischen und deutschen Studierenden an der deutschen Gasthochschule sind, desto geringere interkulturelle Kontaktmöglichkeiten bestehen. Es wurde angenommen, dass die deutschen Kontakte der Befragten mit der Größe der Gasthochschule abnehmen würden (siehe Hypothese 11). Die durchgeführten multivariaten Berechnungen ergeben tatsächlich, dass allein bei Kenntnis der deutschen Gasthochschule, an der die Befragten in Deutschland studieren, zu 72,1% richtig vorhergesagt werden kann, ob die Befragten der quantitativen Erhebung häufige und intensive Kontakte zu deutschen Studierenden haben oder nicht (siehe 5.2.2.3.2). Die weiterführende Analyse ergibt, dass der große Einfluss der Gasthochschule nur zum Teil auf die unterschiedliche Häufigkeit an Anlässen zur Kontaktaufnahme von deutschen und ausländischen Studierenden zurückgeführt werden kann, und dass die interkulturellen Kontaktmöglichkeiten nicht von der Größe der deutschen Hochschule beeinflusst werden. Die Analyse der qualitativen Interviews zu diesem Punkt ergibt, dass die interkulturellen Kontaktmöglichkeiten im Bereich des Studiums entscheidend davon beeinflusst werden, ob es sich bei der Gasthochschule um eine Campusuniversität handelt, ob es Sonderkurse für ausländische Studierende gibt und wie groß die Lehrveranstaltungen sind bzw. welche Lehrmethoden dominieren. Im Wohnbereich bestimmt der Anteil der deutschen Studierenden an den Mitbewohnern der Erasmusstudierenden deren Möglichkeiten deutsche Kontakte zu knüpfen. Bei durch die Erasmusorganisatoren organisierten Freizeitaktivitäten ist für die interkulturellen Kontaktmöglichkeiten entscheidend, welche Betreuungsangebote bestehen, und ob die Teilnahme deutscher Studierender möglich ist oder nicht.

Die stark unterschiedlichen deutschen Kontakte der befragten Erasmusstudierenden je nach Erhebungshochschule können nur zum Teil auf die unterschiedlich häufigen »legitimen Anlässe« zur interkulturellen Kontaktaufnahme in den Lebensbereichen Studium, Freizeit und Wohnen an den untersuchten Hochschulen zurückgeführt werden. Sie erklären sich erst vollständig, wenn man berücksichtigt, dass sich die Stipendiaten an den untersuchten Hochschulen in ihren kontaktrelevanten Charakteristika unterscheiden. In diesem Zusammenhang stellen sich vor allem das Interesse an deutschen Kontakten und die Deutschkenntnisse der Befragten als Variablen dar, die den größten Einfluss auf die Kontaktdichte zwischen ausländischen und deutschen Studierenden haben.

Dass der Umfang an deutschen Kontakten als individuelle Handlungsentscheidung der Befragten interpretiert werden kann, zeigte sich durch die Bildung von »Kontakttypen« auf der Grundlage der qualitativen Interviews. Die »Sprachinteressierten« repräsentieren Erasmusstudierende, die deutschen Kontakten einen wesentlich höheren Nutzen zuschreiben als Kontakten zu Landsleuten oder anderen ausländischen Studierenden und diese Kontakte durch eigene Kontaktstrategien herzustellen versuchen. Zugleich distanzieren sie sich den Gruppen ihrer Nationalität in der Austauschstadt. Die »Verweigerer« haben dagegen sehr viel größeres Interesse an Kontakten zu Landsleuten als an Kontakten zu deutschen Studierenden, so dass sie keinerlei Initiative zeigen, diese kennen zu lernen. Die »Unentschiedenen« haben vor allem das Ziel, in Deutschland so schnell wie möglich neue Freundschaften zu schließen. Die Nationalität ihrer Freunde ist für sie kein Auswahlkriterium, sondern die Einfachheit des Zugangs. Nur bei dieser zahlenmäßig größten Gruppe haben die schon oben beschriebenen Anlässe zur Kontaktaufnahme einen Einfluss auf die Häufigkeit/Intensität ihrer deutschen Kontakte. Austauschstudierende dieser Gruppe finden ihre Freunde in der Gruppe, zu der sie am einfachsten Zugang bekommen. Dies sind in den meisten Städten die anderen ausländischen Studierenden, die ebenfalls großes Interesse an neuen Freunden haben, welche die gleiche Sprache sprechen, die bei Orientierungsveranstaltungen leicht kennen gelernt werden können oder schon Bekannte aus dem Heimatland darstellen und mit denen sich die Studierenden aufgrund von gleichen Problemen (Organisation des Studiums, Orientierung in der Stadt, Heimweh usw.) verbunden fühlen. Studierende dieser Gruppe sind am Ende des Semesters häufig unzufrieden mit der Verbesserung ihrer Deutschkenntnisse.

Abschließend ist zu sagen, dass mit Hilfe von handlungstheoretischen Überlegungen das individuelle Freundschaftswahlverhalten erklärt werden konnte und auch die unterschiedlich intensiven deutschen Kontakte der ErasmusstudentInnen im Hochschulvergleich verständlich werden. Handlungstheoretische Modelle sind aus diesem Grund für zukünftige Analysen der Kontakte von ausländischen Studierenden zur Bevölkerung ihres Gastlandes adäquater als »kulturdeterministische« Konzepte.

## 5.3    Deutschland- und Heimatbilder

Die Europäische Union möchte mit der Intensivierung des innereuropäischen Studierendenaustausches durch das Erasmusprogramm den Zuwachs an fachlichen und kulturellen Kenntnissen bei den Stipendiaten erreichen, um so die Fähigkeiten, die im Rahmen des europäischen Einigungsprozesses relevant erscheinen auszubilden. Neben der Förderung von »Europakompetenzen« bei den zukünftigen Entscheidungsträgern verfolgt das Erasmusprogramm zudem das Ziel, die Identifikation der Bürger mit der Europäischen Gemeinschaft zu vertiefen (siehe 2.2.1.3). Die Erasmusstipendiaten werden hier als »kulturelle Vermittler« gesehen, die während ihres Auslandsaufenthalts Verständnis für die Kultur ihres Herkunftslandes verbreiten und nach ihrer Rückkehr in ihre Heimatländer erworbene Kenntnisse über die Kultur des ehemaligen Gastlandes weitergeben. Bei den Erasmusstipendiaten soll demnach durch den Auslandsaufenthalt erreicht werden, dass sie negative Bilder vom Gastland ihres Aufenthalts und Vorurteile über die Gastlandbevölkerung revidieren und anstatt nationalkulturelle Gegensätze zu betonen, europäische Gemeinsamkeiten wahrzunehmen lernen. Die Erasmusstudierenden sollen so zum Prototyp der »neuen Europäer« werden, die in Europa mobil sind, sich in allen europäischen Ländern zu Hause fühlen und eine europäische Identität ausbilden.

In diesem Kapitel wird zunächst untersucht, wie die Deutschland- und Heimatbilder der von mir untersuchten Erasmusstudierenden während ihres Aufenthalts aussehen. Es soll herausgefunden werden, welche Elemente die Bilder konstituieren und welche individuellen Wertungen erkennbar werden. Die Beziehungen zwischen Deutschland- und Heimatbildern sollen erforscht werden. Werden diese über Gegensätze definiert oder verstärkt als Teile eines geeinten Europas wahrgenommen? Werden bei den Befragten eher nationale oder europäische Identitäten sichtbar?

Nachdem die von den Befragten dargestellten Deutschland- und Heimatbilder in ihren wichtigsten Dimensionen beschrieben wurden, sollen im zweiten Teil des Kapitels die Einflussfaktoren ermittelt werden, die ihre Ausprägungen und individuellen Bedeutungen erklären können.

### 5.3.1    Beschreibung der Deutschland- und Heimatbilder

#### 5.3.1.1    Typische Ausprägungen von Deutschland- und Heimatbildern

Auf welche Weise sich die Deutschland- und Heimatbilder der befragten Erasmusstudierenden aufeinander beziehen, sich ergänzen oder konträr gegenüber stehen, soll nun anhand von drei Typen, die auf der Grundlage der qualitativen Interviews gebildet wurden, demonstriert werden.

##### 5.3.1.1.1    Die Befreiten

Für eine Gruppe von befragten Erasmusstudierenden symbolisiert der Name des Herkunftslandes vor allem Zwänge, aus denen sie sich durch den Auslandsaufenthalt lösen möchten. Der französische Student Maurice sagt z. B. über seinen Deutschlandaufenthalt:

> M: Mir fehlt hier eigentlich nichts wirklich. Ich erlebe hier etwas sehr Tiefes, Komplettes. In Frankreich wäre dies auch gar nicht möglich, weil ich ernsthaft

studieren muss, nebenbei zwei oder drei Tage in der Woche arbeite. Hier habe ich so viel *Freiheit*. Ich kann machen was ich will.

Mit »Frankreich« assoziiert Maurice hauptsächlich Studienverpflichtungen und die Notwendigkeit Geld zu verdienen. Von diesen Verpflichtungen kann er sich nach seiner Darstellung durch den Deutschlandaufenthalt lösen, so dass er »Deutschland« als Ort der Freiheit wahrnimmt.

Eine ähnliche Verbindung zwischen Heimat und deutscher Fremde entwirft die griechische Studentin Jasmin:

> J: Was werde ich vermissen? Die *Freiheit,* die ich hier habe. Ich fühle mich frei. Weißt du, wenn man mit Verwandten ist, ist man immer ein bisschen verringert. Und ich habe immer so viel zu tun. Ich brauche niemanden, der mir sagt, du musst das und das machen. Hier muss ich es von mir selbst machen. Diese Freiheit werde ich vielleicht nie wieder so erleben.

Auch für Jasmin bedeutet der Deutschlandaufenthalt »Freiheit«. In ihrem Fall ist es die Befreiung von denen als einengend empfundenen familiären Beziehungen im Heimatland. Da ein Großteil der Befragten im Herkunftsland noch bei ihren Eltern gewohnt hat, wird der Deutschlandaufenthalt häufig als Möglichkeit der Lösung aus elterlicher Bevormundung gesehen.

Die Heimat scheint von Studierenden des Typs der »Befreiten« eher negativ besetzt zu sein, was man auch daran ablesen kann, dass diese häufig als »einengend« und »klein« beschrieben wird. Befragte des soeben vorgestellten Typs haben dagegen ein sehr positives Deutschlandbild, da Deutschland die Möglichkeit der Befreiung aus ungeliebten heimatlichen Lebenszusammenhängen bedeutet. Da Deutschland für Studierende dieser Gruppe vor allem »Befreiung von der Heimat« symbolisiert, bedeutet dies auch, dass Deutschland als Ort des Studienaufenthalts vor allem als »Nichtheimat« interessant ist. Demnach könnten alle Orte, die sich in ausreichender räumlicher Entfernung zur Heimat befinden und die damit außerhalb von sozialen Kontrollen und universitären Verpflichtungen liegen, diese Funktion erfüllen. Für Befragte dieses Typs stellt der Deutschlandaufenthalt mit dem Erasmusprogramm eine einfache und allgemein anerkannte Möglichkeit dar, die Heimat mit ihren Anforderungen und Zwängen zu verlassen.

### 5.3.1.1.2    Die Exilanten

Auch die »Exilanten« stellen, wie die »Befreiten«, ihr Deutschlandbild konträr dem Heimatbild gegenüber. Bei Studierenden dieser Gruppe wird jedoch die Heimat nicht als »einengend« empfunden. Für die »Exilanten« bedeutet die Heimat vor allem emotionale Sicherheit durch die Anwesenheit der Freunde und Bekannte. Deutschland ist dagegen das ungeliebte Exil, das vor allem als Ort des Mangels empfunden wird. Einem durchgehend positiven Bild des Herkunftslandes steht bei dieser Gruppe ein negatives Deutschlandbild gegenüber. Für die Gruppe der »Exilanten« kann die englische Studentin Andrea stehen:

I: Hast du überhaupt Lust, hier ein Jahr zu studieren?

A: Eigentlich nicht, nein, (...) Und dann im zweiten Jahr hatte ich dann wirklich Spaß, wirklich'n gutes Jahr und dieses Jahr wäre noch besser gewesen, da kannte ich alles, wusste, wie alles funktioniert (I: Mmh) hatte meine Freunde, wenn ich dann nächstes Jahr wieder zurückgehe, habe ich keine Freunde mehr, weil die haben dann alle schon ihr Diplom fertig und es ist dann, es wird nicht mehr dasselbe sein. (...)

I: Aber hast du den Eindruck, dass dein Bild von den Deutschen jetzt positiver ist?

A: Mmh, wahrscheinlich, weil ich nicht so viel Kontakt – ich mein, es ist schwierig zu sagen, weil ich nicht so viele deutsche Freunde habe und wenn dich in der Straße jemand aus Versehen schubst, in England würde man dann Entschuldigung sagen, dass kriegt man so wenig hier, wenn dich jemand schubst (lacht) und das nervt. Das sind nur die kleinen Sachen, die wirklich nerven. Und wie unfreundlich die Leute in den Supermärkten (I: Mmh) oder in Geschäften sind. In England würde man nie, nie, nie, nie so unhilfreich sein, weil das ist einfach schlecht. (...)

I: Und etwas, dass du an den Leuten hier besonders magst?

A: Nö, (A; I lachen) es ist schwer, wenn man von einem Land wie England kommt, wo die machen sich immer lustig über sich selbst und die lachen über alles und dann kommt man nach Deutschland, keiner lacht  und es gibt nie auf dem Fernsehen (...). Um acht Uhr am Freitagabend haben wir in Deutschland Fernsehen gekuckt und da war die Volksmusikparade und wir konnten es einfach nicht fassen. (I: lacht) In England laufen da die besten Komödien, oder Dramen, oder einfach das Beste und in Deutschland läuft immer noch die Volksmusikparade, so ein Japaner, der jodelt. Das konnten wir einfach nicht begreifen. In England guck ich immer wirklich komische Komödien, oder Standard Comedy, einfach witzige Sachen, worüber man lachen kann, es ist dann alles ein bisschen mehr ernst hier.

Andrea ist, wie auch aus anderen Textstellen ersichtlich, sehr unzufrieden mit ihrem Deutschlandaufenthalt und wäre lieber bei ihren Freunden in England geblieben. Für Andrea ist der Deutschlandaufenthalt ein »Pflichtteil« ihres Studiums in England, den sie erfüllt, um den Studienanforderungen nachzukommen, für den sie jedoch nicht »intrinsisch« motiviert erscheint. Da sie keine deutschen Freunde hat, sind die Quellen ihres Bildes von den Deutschen u. a. das Fernsehprogramm und Erfahrungen auf der Straße und in Geschäften. Sie beschreibt die Deutschen als unhöflich und ernst. Während die Engländer immer über sich selbst lachen könnten, seien alle Deutschen ernst, was man auch an dem »humorlosen« Fernsehprogramm in Deutschland ablesen könnte.

Ein sehr negatives Deutschlandbild und ein positives Bild der Heimat und ihrer Bevölkerung findet sich häufig bei Studierenden, die mit ihrer Lebenssituation in Deutschland nicht zufrieden sind und sich in ihre gewohnte Umgebung zurücksehnen. Insgesamt scheint die Gruppe der Exilanten nicht besonders groß zu sein, da relativ wenige Studierende, dieses Typs befragt wurden. Da ErasmusstudentInnen mit starkem Heimweh allerdings häufig gar nicht bis zum Ende des Semesters in Deutschland bleiben, sondern ihren Aufenthalt vorzeitig abbrechen und in ihre Länder zurückfahren, könnte es sein, dass sie in meinen Befragungen unterrepräsentiert sind, die ja alle am Ende des Semesters stattfanden.

### 5.3.1.1.3    Die Weltbürger

Anders als die »Exilanten« und die »Befreiten« konzipieren die »Weltbürger« ihre Deutschland- und Heimatbilder nicht auf einem Gegensatz der beiden Länder, sondern bewerten sie in gleicher Weise. Für diese Gruppe kann die italienische Studentin Farida stehen:

> I: Und was bedeutet Heimat für dich?

> F: (...) Es ist ein natürlicher Zustand. Heimat bin ich. Ich bin meine Heimat am Ende.

> I: Wo du bist, ist deine Heimat?

> F: Ja, warum nicht.

> I: Also ist hier deine Heimat?

> F: Ja, mit dir, im Moment mit dir.

Auch der griechische Student Fotis macht keinen qualitativen Unterschied zwischen Deutschland und Griechenland:

> I: Was bedeutet das Wort Heimat für dich?

> F: Flughafen (I: Flughafen? (lacht) Wieso?) Ich glaube mein Heimat ist ein Flughafen, wenn du gehst in ein Flughafen, du kannst überall hin gehen, in die ganze Welt. Ich glaube, dass die beste Wohnort ist so. O.K. vor zwei Jahren ich dachte, wir sind Griechen, ich bin stolz auf Griechenland, (...). Wir sind die Griechen und wir sind die Deutschen, aber jetzt sage ich das Griechenland so klein und Deutschland so klein und der Welt ist ganz groß. Meine Traum ist in ganze Welt gehen. (I: Ja?). Wie du (...) Ich glaube, die beste Wohnort ist ein Flughafen.

> I: Weil dort alle Möglichkeiten sind?

> F: Ja, das ist Heimat. Hast du das gesehen auf einem Laster? Sie sagen: »Heimat, mein Heimat ist wo schlafe ich«. Weil wenn ein Mann ist Autofahrer von ein Laster ist, er schläft jeden Tag in andere Land. Er sagt: »mein Heimat ist, wo schlafe ich jeden Abend«.

I: Und so etwas denkst Du auch?

F: Ja.

Sowohl Farida als auch Fotis stellen sich im qualitativen Interview als »Weltbürger«
dar, die sich überall zu Hause fühlen könnten, wo und mit wem sich auch gerade
befänden. Heimat ist für sie kein einzigartiger, räumlich festlegbarer Raum und damit
auch nicht an den Namen ihres Herkunftslandes geknüpft. Heimat wird in der eigenen Person verortet und wechselt demnach mit dem persönlichen Aufenthaltsort.
Studierende diesen Typs vermissen ihre gewohnte Lebensweise im Herkunftsland
nicht, wie dies die »Exilanten« tun und der Entschluss nach Deutschland zu gehen,
bedeutet für sie auch nicht die Befreiung von Zwängen und Anforderungen im Heimatland, wie dies von den »Befreiten« empfunden wird. Nicht in Deutschland verwirklichen sich Träume und können Abenteuer erlebt werden, sondern in fernen
Ländern. Für Fotis scheint der Deutschlandaufenthalt ein Schritt in die »große, weite
Welt« zu sein, die er kennen lernen möchte. Er beschreibt es als seinen »Traum«, in
die ganze Welt zu reisen. Aus diesem Grund scheint auch der Flughafen, als Ort, an
dem sich dieser Traum erfüllen könnte, so positiv besetzt zu sein. Sowohl sein Herkunftsland als auch Deutschland erscheinen ihm »klein« im Vergleich mit der »Größe« der Welt. Das Wort »klein«, das auch die »Befreiten« oft zur Kennzeichnung
ihrer Heimat gebrauchen, scheint hier nicht nur die räumlichen Dimensionen des
Herkunftslandes und Deutschlands zu meinen, sondern auch die wenigen Entfaltungsmöglichkeiten und das Gefühl der Beengtheit.

Während es für die »Befreiten« und für die »Exilanten« nur eine Heimat geben
kann, gibt es für die »Weltbürger« mehrere, oder besser gesagt unendlich viele, da
alle Aufenthaltsorte der Person zu Heimaten werden können. Dies sind keine Heimaten für das ganze Leben wie bei den »Befreiten« und bei den »Exilanten«, sondern
Heimaten auf Zeit. Zwischen dem Bild vom Herkunftsland und dem Bild von
Deutschland als Gastland ihres Studienaufenthaltes bestehen bei den »Weltbürgern«
keine Gegensätze. In beiden Ländern können Heimaten gefunden werden, beide sind
klein und beschränken die individuellen Entfaltungsmöglichkeiten im Vergleich zur
aufregenden weiten Welt. Der aktuellen Heimat der »Weltbürger« steht die gesamte
Welt außerhalb der Person als Fremde gegenüber, die als reizvoll und interessant
erscheint.

In Abhängigkeit von den Deutschland- und Heimatbildern entwerfen die drei beschriebenen Typen auch ihre Lebensplanungen. So streben die »Befreiten« in der
Regel an, ihre Zukunft in Deutschland zu verbringen, sollten sie hierzu die beruflichen Möglichkeiten erhalten. Die »Exilanten« sind sich nach dem Deutschlandaufenthalt bewusst, dass sie auf keinen Fall außerhalb ihres Herkunftslandes leben
wollen und die »Weltbürger« könnten sich vorstellen sowohl in ihrem Herkunftsland
als auch in Deutschland zu leben. Am liebsten würden sie jedoch noch andere Länder
kennen lernen.

Anhand der drei vorgestellten Typen wurden unterschiedliche Ausprägungen der Deutschland- und Heimatbilder beschrieben. Die »Befreiten« und die »Exilanten« verstehen unter Deutschland und ihrem Herkunftsland Raumabstraktionen, deren einzige physisch-materielle Komponente darin besteht, dass es sich um Räume handelt, die sich in räumlicher Distanz zueinander befinden. Die Heimat wird von fast allen Befragten als Symbol der engen sozialen Bindungen und Gewohnheiten verstanden, die sowohl als einendend abgelehnt werden können oder als Sicherheit gebend begrüßt werden. Deutschland wird dementsprechend als Befreiung oder als Entwurzelung erlebt. Welche Bedeutungen der Fremde und welche der Heimat zugeschrieben werden, scheint u. a. davon abzuhängen, wie zufrieden die Personen mit ihrem Leben im Herkunftsland gewesen sind und wie glücklich sie sich in Deutschland fühlen.

Die Heimat der »Weltbürger« wandert mit dem Aufenthaltsort der Betreffenden, wobei sich die Fremde immer außerhalb der Person befindet.

Nachdem nun drei für die Erasmusstudierenden typische Verbindungen zwischen Deutschland und Herkunftsland erläutert wurden, stellt sich die Frage, anhand welcher Elemente die Befragten das Wesen der Heimat und den Charakter der Fremde verdeutlichen. Was macht die Heimat und was die Fremde aus? In welchen Bereichen werden die größten Unterschiede und in welchen die größten Übereinstimmungen gesehen? Während der qualitativen Interviews werden von den befragten Erasmusstipendiaten in ganz verschiedenen Bereichen Unterschiede zwischen dem Gast- und dem Heimatland wahrgenommen. Von den Befragten werden u. a. die Studiensysteme, die Essgewohnheiten, die Wirtschaftskräfte, die Bauweisen der Häuser, die Verlässlichkeiten der Briefzustellung oder die Wohnbedingungen verglichen. Ein Element fehlt jedoch in keinem Ländervergleich. Hier handelt es sich um die Bevölkerungen der betroffenen Länder. Da sich offensichtlich das Wesen des Heimatlandes besonders gut durch die Charakterisierung der dortigen Bevölkerung verdeutlichen lässt und die Kontraste und Übereinstimmungen mit Deutschland durch die Beschreibungen der Deutschen hervortreten, sollen im Folgenden die von den Erasmusstudierenden gezeichneten Bilder von Personen ihres Landes und die von den Deutschen betrachtet werden.

### 5.3.1.2 Nationale Selbst- und Fremdbilder als Elemente der Heimat- und Deutschlandbilder

Vergleicht man die von den befragten Erasmusstudierenden gezeichneten Bilder von Personen ihrer Nationalität und von den Deutschen, so fällt zunächst auf, dass einige Befragte vor allem die interkulturellen Ähnlichkeiten betonen während viele andere Austauschstudierenden großen Wert auf die Beschreibung von Mentalitätsunterschieden legen. Die Befragten, welche vor allem die interkulturellen Unterschiede hervorheben, erwähnen in der Regel diejenigen Eigenschaften, bei denen sie die größten Differenzen wahrnehmen. Dies kann man u. a. an einem Interviewausschnitt mit der spanischen Studentin Maria beobachten:

I: Was ist typisch deutsch für dich?

M: Sie sind unabhängiger, kälter, halten größere Distanz. (...) Alles ist anders. Sie planen die Dinge und sind nicht so spontan.

An dieser Interviewstelle kann man sehen, dass Marias Aussagen über die Deutschen implizite Vergleiche mit typisch spanischen Eigenschaften beinhalten. Wenn sie z. B. sagt, die Deutschen seien »kälter«, scheint sie zu meinen »kälter als die Spanier« usw. .

Wie in diesem Beispiel, stehen sich die von den Befragten geäußerten nationalen Selbst- und Fremdbilder häufig komplementär gegenüber. Die von den ausländischen Studierenden zur Beschreibung der kulturellen Unterschiede eingesetzten Eigenschaften werden häufig in ihren Extremen gebraucht. Die Deutschen sind dann z. B. sehr ernst, extrem verschlossen und überaus kalt und die Personen der eigenen Nationalität dagegen sehr lustig, absolut offen und sehr warm.

Wie unter 5.2.1.3 gezeigt wurde, hat der Großteil der Befragten überhaupt keine Kontakte zu deutschen Personen, die nicht studieren. Die von den Befragten gemachten Erfahrungen beziehen sich also größtenteils auf deutsche Studierende. Dennoch differenzieren sehr wenige Probanden in ihren Charakterisierungen zwischen den Deutschen im Allgemeinen und den deutschen Studierenden. In der Regel werden die Erfahrungen mit deutschen Studierenden, aus denen kulturelle Unterschiede abgeleitet werden, auf die gesamte deutsche Bevölkerung übertragen. Dieser geringe Differenzierungsgrad der Bilder kann vermutlich u. a. dadurch erklärt werden, dass sich die Erfahrungen der Mehrheit der Befragten mit den Deutschen durch die Abwesenheit von Freundschaften auszeichnet. Hier formt die Abwesenheit von Erfahrungen die Bilder von den Deutschen. Wenn keine Kontakte vorliegen, ist es natürlich schwierig, Unterschiede in der deutschen Bevölkerung wahrzunehmen.

Eine relativ kleine Gruppe von Befragten äußert nicht nur ihr allgemeines Bild von den Deutschen, sondern führt Differenzierungen ein. Es wird z. B. zwischen den Deutschen im Allgemeinen und den deutschen Freunden differenziert, zwischen den Deutschen und den deutschen Studierenden, zwischen deutschen Studierenden unterschiedlicher Fachrichtungen, zwischen den Deutschen unterschiedlicher Regionen oder zwischen deutschen Frauen und deutschen Männern.

Einige Erasmusstudierende, die aus südlichen Ländern wie Spanien, Italien oder Griechenland kommen, nehmen einen Zusammenhang zwischen der deutschen Mentalität und dem in Deutschland vorherrschenden Klima wahr. Während im kalten Winter die Deutschen kalt und ernst seien, tauten sie im Frühjahr auf und entwickelten sich zu warmen Menschen im Sommer. Für die Probanden, die einen Einfluss des Wetters auf die Mentalität der Deutschen wahrnehmen, kann die spanische Studentin Bidina stehen:

I: Was denkst du, was typisch deutsch ist?

B: Für die Deutschen? (I: ja) Ich weiß nicht, im Winter habe ich gemerkt, dass alle Deutschen sehr traurig und sehr ernst waren (I: lacht). Im Winter sind sie sehr kalt, wie der Winter. (I: Aha, hat sich das jetzt verändert?) Als der Frühling gekommen ist, haben sich alle verändert, da und dort ein Lächeln. (...)

I: Und was ist typisch spanisch?

B: (...) Wir sind vielleicht temperamentvoller als ihr, oder? Vielleicht sind wir lebenslustiger, vielleicht wegen der Sonne, wegen – ich weiß nicht, aber vielleicht sind wir lebendiger.

Für Studierende aus den südlichen europäischen Ländern scheint die »Klimatheorie« sowohl den kalten Charakter der Deutschen als auch die warmen und herzlichen Eigenschaften der Bevölkerungen der Herkunftsländer zu erklären. Die Spanier sind nach Bidina aufgrund des wärmeren Klimas in Spanien temperamentvoller und lebendiger als die Deutschen.

Die »Klimatheorie« scheint aus dem Grund unter ausländischen Studierenden aus mediterranen Ländern so verbreitet zu sein, da sie erlaubt, der eigenen Bevölkerung positive Eigenschaften wie Wärme, Herzlichkeit und Temperament zuzuschreiben und den Deutschen negativere Eigenschaften wie Kälte, Distanziertheit und Ernsthaftigkeit. Die Charaktere der Völker erscheinen nach dieser Auffassung als Tatsachen, die nicht verändert oder angezweifelt werden können. So wie die Klimaunterschiede offensichtlich sind, so sind es auch die angeblich abhängigen Mentalitätsdifferenzen. Damit erscheint diese Theorie sehr einleuchtend, was vielleicht ihre große Verbreitung erklärt.

Einige andere Befragte unterscheiden zwischen den Deutschen im Allgemeinen und den Deutschen in ihrer Austauschstadt/Austauschregion. So auch die italienische Studentin Manuela, die in Köln interviewt wird:

I: Was hast du gedacht, wie die Deutschen sind?

M: Ein bisschen. Weil ich denke, dass Köln ist etwas anders als Deutschland.

I: Ja, warum?

M: Ich weiß es nicht. Weil es gibt viele Ausländer und eine sehr moderne Stadt, sehr liberal, sehr offen. Vielleicht etwas anders, als die anderen Städte, ich weiß es nicht. Auch die Leute, also sind, ich weiß es nicht, also ich denke, es sind nicht typisch Deutsche. Aber sehr nett. Aber nicht besonders, also Deutsche, ich dachte, sie wären mehr ernst, mehr, ich weiß es nicht, mehr, also, mehr ordentlich. Mehr logisch oder so. Hier sind sie, viele Feste, immer Spaß, immer lustig oder so. Ja, aber vielleicht, ich denke ist auch besser, weil es gibt nicht soviel Unterschied wie in Italien.

Manuela unterscheidet in diesem Interviewausschnitt in »typische« Deutsche, die ernst, ordentlich und logisch seien und die Kölner, die sie als offener, liberaler und lustiger wahrnimmt. Manuela hat viele deutsche Freunde in Köln, was erklären könnte, warum sie ein positives Bild der Kölner zeichnet und keine großen Mentalitätsunterschiede zu den Italiener wahrnimmt.

Das Beispiel von Manuela zeigt, dass positive Erfahrungen mit Deutschen nicht dazu führen müssen, dass das stereotype Bild der Deutschen modifiziert wird. Die deutschen Freunde, die deutschen Frauen, die Kölner, die Deutschen im Sommer oder die deutschen Germanistikstudierenden können positiv beschrieben werden, ohne dass das insgesamt negative Bild über die Deutschen verändert wird. Positive Erfahrungen mit Deutschen führen bei einigen Befragten jedoch zu einer Differenzierung ihrer Fremdbilder. Durch die Unterscheidungen in Deutsche im Allgemeinen und bekannte Untergruppen, können die Probanden vermutlich die positiven Erfahrungen in der Austauschstadt erklären und sich über Ähnlichkeiten mit ihren deutschen Freunden werden identifizieren. Gleichzeitig werden die allgemeinen Bilder über die Deutschen beibehalten, was bei einigen Befragten dadurch erklärt werden könnte, dass sie sich auf diese Weise mit der Gruppe der Studierenden ihrer Nationalität identifizieren können, da die allgemeinen Bilder häufig auf den von allen Gruppenmitgliedern geteilten Auto- und Heterostereotypen im Herkunftsland zu beruhen scheinen.

Durch die Analyse der qualitativen Interviews werden einige Charakteristika der von den Befragten geäußerten Einstellungen deutlich. Sie unterscheiden sich durch ihre oft impliziten Bewertungen. Es lassen sich bei den Befragten sowohl sehr positive als auch sehr negative Bilder von den Deutschen finden und auch sehr positive und sehr negative Bilder von Personen aus dem Herkunftsland. Aufgrund welcher zugeschriebenen Eigenschaften diese Bewertungen abgegeben werden, ist je nach Befragtem/Befragter sehr unterschiedlich. Es scheinen jedoch vor allem soziale Eigenschaften zur Charakterisierung der Deutschen im Vergleich zu Personen des Heimatlandes eingesetzt zu werden. Die von den Befragten geäußerten Bilder von den Deutschen und von Personen ihres Landes unterscheiden sich zudem durch ihren Grad an Differenziertheit. Einige Befragte äußern ein auf alle Deutschen generalisiertes Bild, während andere Befragte Unterkategorien bilden. Die von den Probanden dargestellten Bilder von den Deutschen und jene von Personen ihrer Nationalität variieren zudem in ihren Bezügen untereinander. Während einige Befragte komplementäre Bilder entwerfen, werden von anderen Interviewten vor allem die kulturellen Ähnlichkeiten betont.

Nachdem nun einige Charakteristika der nationalen Selbst- und Fremdbilder anhand der Analyse der qualitativen Daten erarbeitet wurden, soll dargestellt werden, wie ihre quantitativen Verteilungen in der Gesamtgruppe der Befragten aussehen. Zunächst werden die Bewertungen untersucht, die an die Charakterisierungen der Deutschen im Vergleich zu Personen der eigenen Nationalität geknüpft sind.

Die Eigenschaften, anhand derer in den qualitativen Interviews der explorativen Erhebungsphase die Deutschen im Vergleich zu Personen aus dem Heimatland charakterisiert wurden, werden zur Erstellung von Polaritätenprofilen auf dem Fragebogen herangezogen (siehe Fragebogen im Anhang).

Die Befragten der quantitativen Erhebung haben die Gelegenheit, ihre deutschen Kommilitonen sowie die Studierenden ihres Landes anhand von je 12 Eigenschaftspaaren (z. B. warm-kalt, offen-verschlossen usw.) auf einer Fünferskala einzuschätzen. Um Variablen zu erzeugen, welche die Gesamtbewertungen der Probanden von den Studierenden ihrer Nationalität im Gegensatz zu denen von den deutschen Studierenden ausdrücken, werden für jedes Eigenschaftspaar zwischen einem Punkt für eine besonders positive Bewertungen und fünf Punkten für eine besonders negative Bewertungen vergeben. Diese Punkte werden in der Folge addiert. Die Gesamtpunktzahlen liegen pro Variable zwischen 12 Punkten (bei durchgängig sehr guten Bewertungen) und 60 Punkten (bei sehr negativen Bewertungen). Auf der Grundlage der Gasamtpunktzahlen werden für die neu erzeugten Variablen »Bild von Studierenden der eigenen Nationalität« und »Bild von den deutschen Studierenden« je drei neue Kategorien gebildet. Die Befragten, die den deutschen Studierenden oder den Studierenden ihrer Nationalität bei den abgefragten Eigenschaften sehr gute oder gute Bewertungen geben (zwischen 12 und 27 Punkten), werden in die Kategorie der Studierenden mit »guten Bildern« eingeordnet.

Die Erasmusstudierenden, die neutrale Bewertungen abgeben (28–36 Punkte), gehören zur Kategorie mit »neutralen Bildern« und die Studierenden, deren Gesamtbilder über 37 Punkte liegen, gehören zur Kategorie mit »schlechten Bildern«.

In der Abbildung 33 ist dargestellt, wie die Probanden die deutschen Studierenden beurteilen und die Abbildung 34 zeigt, wie die Befragten die Studierenden ihrer Nationalität sehen. 20,3% der Befragten scheinen ein gutes Bild von den *deutschen Studierenden* zu haben, 42,6% ein neutrales und 33% ein schlechtes (siehe Abbildung 33). Bei dem Bild von *Studierenden der eigenen Nationalität* sieht die prozentuale Verteilung etwas anders aus. Hier haben 45,7% der Befragten ein gutes Bild, 39,1% ein neutrales und 10,7% ein schlechtes (siehe Abbildung 34).
Insgesamt erkennt man, dass ein Großteil der Befragten die Studierenden seiner Nationalität wesentlich positiver beurteilt als die deutschen Studierenden.

Dieser qualitative Unterschied zwischen den durchschnittlichen Selbst- und Fremdbildern wird noch klarer, wenn man Ausprägungen der einzelnen im Fragebogen abgefragten Eigenschaften betrachtet (siehe Abbildung 35).
Die Abbildung 35 lässt erkennen, dass die Studierenden der eigenen Nationalität im Vergleich mit den deutschen Studierenden durchschnittlich als sehr viel lustiger, wärmer, offener, kontaktfreudiger, spontaner und als etwas gastfreundlicher, solidarischer, freundlicher, hilfsbereiter, gesehen werden. Die deutschen Studierenden werden dagegen als organisierter, fleißiger und pünktlicher beurteilt. Das Selbstbild ist bei fast allen abgefragten Eigenschaften sehr viel positiver als das Fremdbild.

Nachdem nun die durchschnittlichen Bilder der Befragten von den deutschen Studierenden und von den Studierenden ihrer Nationalität beschrieben wurden, sollen ihre unterschiedlichen Ausprägungen und Wertungen erklärt werden.

# Bild von deutschen Studierenden

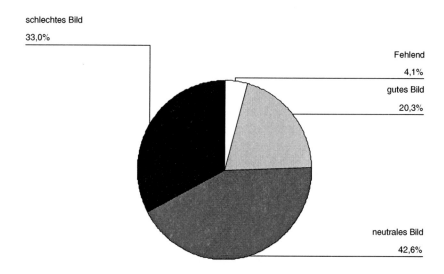

*Abbildung 33: Bild von den deutschen Studierenden.*

# Bild von Studierenden der eigenen Nationalität

*Abbildung 34: Bild von Studierenden der eigenen Nationalität.*

277

# Selbst- und Fremdbilder

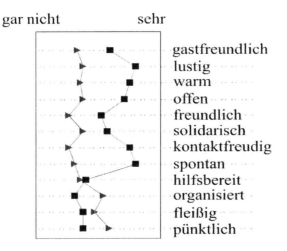

■ Bild von Studierenden der eigenen Nationalität
▶ Bild von deutschen Studierenden

*Abbildung 35: Ausprägungen der nationalen Selbst- und Fremdbilder im Vergleich.*

### 5.3.2 Erklärung der nationalen Selbst- und Fremdbilder

Wie unter 5.3.1 beschrieben wurde, zeichnen die von mir befragten Erasmusstudierenden sehr unterschiedliche Deutschland- und Heimatbilder. Diese unterscheiden sich u. a. in den Wertungen, die sie erkennen lassen. So stellen einige Probanden einem sehr positiven Heimatbild, mit einer idealen Bevölkerung, ein durchgehend negatives Deutschlandbild gegenüber, was sich u. a. in denen den Deutschen zugeschriebenen negativen Eigenschaften ausdrückt. Andere Befragte betonen immer wieder die Vorteile und die positiven Seiten die sie in Deutschland im Vergleich zu ihrem Heimatland wahrnehmen. Letztlich finden sich auch Befragte, die gar keine entscheidenden Unterschiede zwischen ihrem Land und Deutschland wahrnehmen und auch die Existenz von »Mentalitätsunterschieden« zwischen den Deutschen und den Personen ihrer Nationalität leugnen. Hier stellt sich die Frage, warum einige ausländische Studierende soziale Typisierungen aufgrund des Merkmals »Nationalität« ablehnen, während andere Befragte diese ständig gebrauchen. Ausgehend von den unter 3.4.3 explizierten handlungstheoretischen Überlegungen, wird von mir angenommen, dass es sich bei den zu untersuchenden Bildern von Personen der eigenen Nationalität und jenen von den Deutschen um die Ergebnisse individueller Handlungsentscheidungen handelt. Es wird also angenommen, dass die Probanden ihre Deutschland- und Heimatbilder aus der Menge der möglichen Bilder so wählen, dass sie ihre individuellen Ziele erreichen können, ohne dass die möglichen unangenehmen Folgen der Kategorisierungshandlung zu hoch sind. Unter 3.4.3 wurden die personalen und umgebungsbezogenen Faktoren vorgestellt, von denen angenommen wird, dass sie einen Einfluss auf die individuellen Handlungsentscheidungen im Bereich der Kreation von Deutschland- und Heimatbildern haben. In diesem Kapitel soll nun zunächst anhand von statistischen Berechnungen ihr tatsächlicher Erklärungswert herausgefunden werden.

### 5.3.2.1  Bivariate Korrelationen

Da nach der Analyse der qualitativen Interviews angenommen wird, dass die Bilder von den deutschen Studierenden und jene von Studierenden der eigenen Nationalität bei einem Großteil der Befragten voneinander abhängen und als Kontaktfolien eingesetzt werden, wird gefolgert, dass die Entscheidungen für bestimmte nationale Selbstbilder und bestimmte nationale Fremdbilder von den gleichen Faktoren beeinflusst werden. Um diese Hypothese überprüfen zu können, werden in diesem Kapitel die von den ausländischen Studierenden entworfenen Bilder von Personen ihrer Nationalität jenen von den deutschen Studierenden gegenübergestellt.

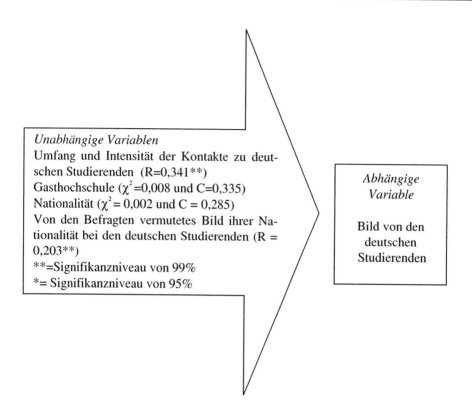

*Abbildung 36: Variablen, die das von den Befragten gezeichnete Bild von den deutschen Stu-
dierenden beeinflussen.*

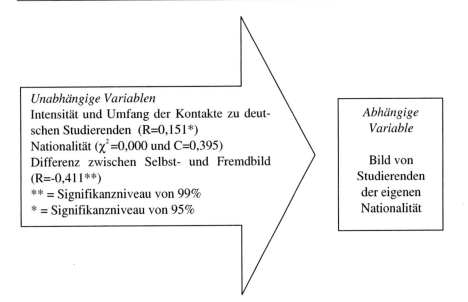

*Abbildung 37: Variablen, die das von den Befragten gezeichnete Bild von Studierenden ihrer Nationalität beeinflussen.*

5.3.2.1.1.1     Erläuterung der unabhängigen Variablen, die Korrelationen mit den Bildern von den deutschen Studierenden und mit denen von Studierenden aus dem Heimatland der Befragten aufweisen

5.3.2.1.1.1     Kontakte zu deutschen Studierenden

Es ergibt sich ein Zusammenhang zwischen dem Umfang und der Intensität mit der die Befragten Kontakten zu deutschen Studierenden[84] haben und ihrem Bild von den deutschen Studierenden[85] (R = 0,341**). Der Umfang an deutschen Kontakten beeinflusst zudem ihr Bild von den Studierenden ihrer Nationalität[86] (R = − 0,151*). Gaststudierende, die häufige und intensive Kontakten zu deutschen Studierenden haben, entwerfen demnach ein signifikant besseres Bild von den deutschen Studierenden und ein signifikant schlechteres von Studierenden ihrer eigenen Nationalität als Erasmusstudierende, die über nur sehr geringe deutsche Kontakten verfügen. Der Einfluss des Umfangs an deutschen Kontakten auf die nationalen Selbst- und Fremdbilder wird in folgender Grafik verdeutlicht (siehe Abbildung 38).

Auf Abbildung 38 ist innenliegend, (zweite Linie von rechts), das Bild von Studierenden der eigenen Nationalität dargestellt, welches von Befragten geäußert wird, die über *häufige und intensive deutsche Kontakte* verfügen (ca. 1/3 der Gesamtgruppe). Durch die dritte Line von rechts ist ihr Bild von den deutschen Kommilitonen dargestellt.

In schwarzer Line (ganz rechts) findet das Bild von Studierenden aus dem Heimatland, welches von Befragten geäußert wird, die über nur *geringe oder gar keine deutsche Kontakte* verfügen (ca. 2/3 der Gesamtgruppe). Links ist ihr Bild von den deutschen Kommilitonen abgebildet.

Es wird erkennbar, dass diejenigen ausländischen Studierenden, die über nur geringe deutsche Kontakte verfügen, die *Studierenden ihrer Nationalität* in allen untersuchten Eigenschaften, bis auf den Fleiß, positiver beurteilen als Befragte mit vielen deutschen Freunden (siehe Abbildung 38). Je weniger deutsche Kontakte bei den Probanden bestehen, desto positiver ist ihr nationales Selbstbild.

Die ausländischen Studierenden, die über nur geringe deutsche Kontakte verfügen, beurteilen die *deutschen Kommilitonen* in allen untersuchten Eigenschaften negativer als Probanden mit vielen deutschen Freunden (siehe Abbildung 38). Je weniger deutsche Kontakte bei den befragten Erasmusstudierenden, desto negativer ist ihr nationales Fremdbild.

---

84 Die Variable »Kontakte zu deutschen Studierenden« wurde unter 5.2.2.3 vorgestellt.

85 Die Variable »Bild von deutschen Studierenden« wurde unter 5.3.1.2 vorgestellt.

86 Die Variable »Bild von Studierenden der eigenen Nationalität« wurde unter 5.3.1.2 vorgestellt.

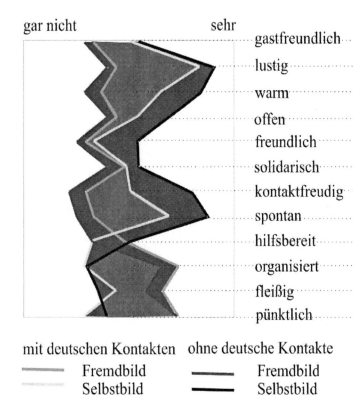

**Einfluß der Kontakte mit deutschen Studierenden auf die Selbst- und Fremdbilder**

Abbildung 38: *Der Einfluss des Umfangs und der Intensität von deutschen Kontakten auf die Ausprägungen von nationalen Selbst- und Fremdbildern.*

Es finden sich die höchsten Korrelationen zwischen dem Umfang an Kontakten zu deutschen Studierenden und dem geäußerten Fremdbild im Bereich der »kontaktrelevanten« Eigenschaften: freundlich (R = 0,332**), kontaktfreudig (R = 0,328**), warm (R = 0,224**), hilfsbereit (R = 0,209**), spontan (R = 0,192), gastfreundlich (R= 0,186**) und offen (R = 0,158*)[87]. Keine Beziehung zwischen deutschen Kontakten und Fremdbild bestehen dagegen bei den Eigenschaften »pünktlich«, »organi-

---

87 **=Signifikanzniveau von 99%. *=Signifikanzniveau von 95%.

283

siert«, »fleißig«, »solidarisch« und »lustig«. Diese Ergebnisse deuten darauf hin, dass die Bilder von den deutschen Studierenden nicht in allen Bereichen gleichstark von dem Umfang an deutschen Kontakten beeinflusst werden. Besonders groß scheint der Einfluss der interkulturellen Kontaktdichte auf die »kontaktrelevanten« oder sozialen Eigenschaften zu sein, die den Deutschen zugeschrieben werden.

Existieren deutsche Kontakte, nähern sich die von den Befragten geäußerten Bilder von ihren deutschen und ausländischen Kommilitonen an (siehe Abbildung 38). Bei bestehenden Kontakten zur deutschen Bevölkerung nimmt die Differenz zwischen dem Bild von den deutschen Studierenden und jenem von den Studierenden aus dem Heimatland der Befragten ab (R = 0,204**). Nationalkulturelle Mentalitätszuschreibungen scheinen demnach mit der Aufnahme von Kontakten zu Deutschen an Relevanz für die Befragten zu verlieren. Bestehen dagegen keine Freundschaften zu Deutschen scheinen nationalen Unterschieden vor allem im Bereich von kontaktrelevanten Eigenschaften große Bedeutung zugewiesen werden. Durch die Betonung der Unterschiede zwischen deutschen Studierenden und Studierenden aus dem Herkunftsland können die geäußerten Bilder bei dieser Gruppe der Befragten zu Selbst- und Fremdbildern werden.

Nun stellt sich die Frage, wie der statistisch nachweisbare Einfluss des Umfangs an deutschen Kontakten auf die von den Befragten geäußerten Einstellungen zu den Deutschen und zu Studierenden ihrer Nationalität erklärbar ist. Zur Beantwortung dieser Frage sollen einige zentrale Stellen der qualitativen Interviews analysiert werden.

*Erklärung des Einflusses des Umfangs an Kontakte zu deutschen Studierenden auf die Ausprägungen der Bilder von den deutschen Studierenden und von Studierenden aus dem Herkunftsland:* Es ist sinnvoll, die Befragten der qualitativen Erhebungen getrennt in zwei Gruppen zu untersuchen: der Gruppe von ausländischen Studierenden, die über deutsche Freunde verfügen und der Gruppe von Studierenden, die keine deutschen Freunde haben. Dies sind idealtypische Unterscheidungen, die dazu dienen, den Einfluss der deutschen Kontakte auf die Bilder von den Deutschen und jenen von Studierenden der eigenen Nationalität möglichst kontrastreich darzustellen.

*Erasmusstudierende, die keine deutschen Freunde haben:* Die Ergebnisse der quantitativen Erhebung belegen, dass Gaststudierenden, die keine deutschen Freunde haben, ein schlechteres Bild von den deutschen Studierenden äußern als Studierende, mit deutschen Freunden. Probanden, die keine deutschen Freundschaften pflegen nehmen größere Mentalitätsunterschiede wahr als Befragte, die deutsche Freunde haben. Diese Ergebnisse können erklärt werden, wenn man sich die Ergebnisse des Kapitels 5.2 in Erinnerung ruft, in dem die sozialen Kontakte der Erasmusstudierenden während ihres Deutschlandaufenthalts beschrieben und erklärt wurden. Ein Großteil der Befragten wünscht sich während des Deutschlandaufenthalts deutsche Kontakte und möchte durch diese Kontakte seine Deutschkenntnisse verbessern. Haben die Befragten nur geringen Kontakt zu Deutschen, neigen sie dazu, die Ursache in »externen« Bedingungen zu suchen, die sie nicht beeinflussen können (siehe

5.2.2.1). Die quantitative Erhebung hat ergeben, dass 52% der Befragten, ihre fehlenden deutschen Kontakte durch Desinteresse oder kontakthemmende Eigenschaften der Deutschen erklären. Auf der Grundlage von psychologischen Attribuierungstheorien kann man dieses Antwortverhalten als Versuch der Befragten interpretieren, das eigene Selbstwertgefühl nicht zu beschädigen und sich im Interview nicht negativ als Verantwortliche der Situation darzustellen. Negative Darstellungen von den Deutschen können von den Befragten, die keine deutschen Freunde haben, demnach aus dem Grund gewählt werden, da sie es erlauben, die wenigen deutschen Kontakte mit geringen individuellen »Kosten« zu erklären.

Jedoch äußern nicht alle Befragte, die über wenige deutsche Kontakte verfügen, auch ein negatives Bild von den Deutschen/ deutschen Studierenden. In diesem Zusammenhang scheint entscheidend zu sein, ob die Probanden ihre wenigen deutschen Kontakte als Misserfolge erleben oder nicht. Nur wenn die Befragten eigentlich das Ziel haben, Deutsche kennen zu lernen, werden sie fehlende deutsche Kontakte als Misserfolge erleben und das Bedürfnis haben diese so zu erklären, dass ihr positives Selbstbild nicht beschädigt wird. Interessant ist hier der Ausschnitt aus dem Interview mit Marie, einer französischen Erasmusstudierenden, die das größtenteils negative Bild von den Deutschen, das sie bei ihren Landsleuten wahrnimmt, als Ausdruck von deren enttäuschten Kontakterwartungen interpretiert:

> M: Die Leute, die ich kenne, sind gar nicht distanziert, nein. Aber wir sagen es, weil wir es jetzt merken, wir sind in Deutschland, wir wollen unbedingt Leute treffen, wenn wir in Frankreich sind, es ist uns egal, ob wir Leute oder nicht treffen und wir merken es nicht, wenn wir in Frankreich sind, dass es genau das Gleiche ist. Die Leute sind genauso distanziert, wenn es distanziert sein soll, also nein (I: hum das ist interessant). Aber hier wollen wir unbedingt Deutsch sprechen und die Leute sind nicht da, aber in Frankreich, wenn sie Französisch sprechen wollen, die Leute sind auch nicht da.

Mit den Worten »die Leute, die ich kenne, sind gar nicht distanziert« drückt Marie, wie aus dem Kontext ersichtlich wird, aus, dass sie die Deutschen aus ihren Erfahrungen nicht für distanziert hält. Dennoch fügt sie hinzu »aber wir sagen es« mit dem »wir« scheint sie sich selbst und wie aus dem zweiten Teil des Satzes hervorgeht, die anderen französischen Studierenden in Mainz zu meinen. Im Folgenden begründet sie die Wahrnehmungen der französischen Studierenden durch deren großes Bedürfnis nach deutschen Kontakten »wir wollen unbedingt Leute treffen« und ihrem Wunsch die Deutschkenntnisse zu verbessern »hier wollen wir unbedingt Deutsch sprechen«, der in weiten Teilen nicht realisiert werden kann, da es nicht gelingt, deutsche Freunde zu finden. Da das Bedürfnis neue Kontakte zu knüpfen in Frankreich nicht bestanden habe, »wenn wir in Frankreich sind, ist es uns egal«, hätten die französischen GaststudentInnen nicht gemerkt, dass dort die Kontaktaufnahme zu Franzosen genauso schwierig sei, wie in Deutschland zu Deutschen. »Und wir merken es nicht, wenn wir in Frankreich sind, dass es genau das Gleiche ist«. Nach Maries Einschätzung scheint das Knüpfen von neuen Freundschaften sowohl in

Deutschland als auch in Frankreich schwierig zu sein, was den französischen Studierenden aber erst in Deutschland aufgrund des veränderten Kontaktbedürfnisses bewusst würde. Während in Frankreich das Bedürfnis nach neuen Freunden nicht bestanden habe, wünschten sich die französischen Studierenden in Deutschland deutsche Bekannte und erlebten die Schwierigkeiten der Kontaktaufnahme. Die Wahrnehmung, dass die Deutschen distanzierter seien als die Franzosen, weist Marie als falsch zurück und erklärt sie aus den enttäuschten Kontakterwartungen der französischen Studierenden.

Für das Zutreffen der von mir vertretenen Attribuierungsthese scheint Voraussetzung zu sein, dass die Probanden ihre wenigen deutschen Kontakte als Misserfolge erleben, was nur gegeben ist, wenn sie das Ziel haben, Freundschaften zu Deutschen aufzubauen.

Befragte, die ihre wenigen deutschen Kontakte nicht als Misserfolge erleben, erklären sie demnach auch nicht unbedingt mit dem Desinteresse der Deutschen. Haben ausländische Studierende gar nicht das Ziel, während ihres Deutschlandaufenthalts Deutsche kennen zu lernen, haben negative Deutschlandbilder für sie auch nicht die Funktion des Selbstschutzes.

Noch bei einer weiteren Gruppe von Erasmusstudierenden, hat die Abwesenheit von deutschen Freunden keinerlei Auswirkung auf die Bilder von den Deutschen/deutschen Studierenden. Dies sind Befragte, die als »externe« Begründung für ihre fehlenden deutschen Kontakte die mangelnden interkulturellen Kontaktmöglichkeiten oder das Schicksal angeben oder ihren Mangel an deutschen Kontakten »intern« begründen, d.h. durch fehlende eigene Initiative, Schüchternheit oder geringe Deutschkenntnisse.

Durch die bisher vorgestellte Analyse können erste Faktoren identifiziert werden, welche die Entscheidungen der Befragten, die über keinen deutschen Freundeskreis verfügen, für die Konzeption eines negativen Bildes von den Deutschen verständlich machen. Negative Darstellungen von den Deutschen werden wahrscheinlich, wenn die Betreffenden ihre fehlenden deutschen Kontakte als Nichterreichung persönlicher Ziele interpretieren und für diesen Misserfolg nicht die Verantwortung übernehmen wollen.

Der Erhalt bzw. die Vermittlung eines positiven Selbstbildes stellt jedoch nicht den einzigen Grund dar, der zur Entscheidung für die Darstellung eines negativen Bildes von den Deutschen führen kann. Einige Interviewpassagen scheinen darauf hin zu deuten, dass die Bilder von Deutschland und den Deutschen *identitätsstiftende Funktionen* in den Nationalitätengruppen ausüben. In vielen qualitativen Interviews mit ErasmusstudentInnen, deren wichtigste Bezugsgruppe während des Deutschlandaufenthalts die Gruppe der Erasmusstudierenden ihrer Nationalität ist, kann man beobachten, dass sie sich durch ein positives Bild von Personen ihrer Nationalität mit der eigenen Gruppe identifizieren und die Gruppe durch ein negatives Bild von den Deutschen nach außen abgrenzen. Die nationalen Selbst- und Fremdbilder scheinen zur Stabilisierung der Nationalitätengruppen beizutragen. Für die Richtigkeit dieser

Hypothese haben sich während teilnehmender Beobachtung in den Nationalitätengruppen und durch die Analyse einiger Interviewpassagen Hinweise ergeben[88]. Im Folgenden soll eine Stelle aus dem Interview mit der spanischen Studentin Marianna genauer betrachtet werden:

> M: Mir passiert es oft, dass ich mit Antonella oder mit den anderen Spaniern etwas sehe, was ein Deutscher macht und ich sage, »typisch deutsch«, wegen dem Vergleich.

> I: Z.B?

> M: Z. B. wenn du zu Hause bist, mir gefällt es, wenn ich mit Leuten zusammen lebe, dass so etwas wie eine Gemeinschaft entsteht. Das heißt z. B. wenn ich keinen Kaffee habe, kann ich voller Vertrauen den Kaffee von einer Anderen nehmen, und wenn ich welchen gekauft habe, kann sie ihn benutzen. Verstehst du? Ohne dieses Vertrauen kann man nicht zusammenleben. Manchmal habe ich hier das Gefühl, dass, wenn dir jemand einen Gefallen tut, musst du ihn zurückgeben. Am anderen Tag waren wir in einer Kneipe, nein im »Haus der Jugend« (...) und ich sagte: »Will jemand ein Bier?« Und ein Deutscher sagte: »Ja«. Dann sagte er: »Nimm das Geld«. Und ich sagte: »Ist schon o.k.«. Und etwas später hat er mir dann eins gekauft. Ich glaube, er dachte, wenn ich ihm ein Bier ausgegeben habe, muss er mir den Gefallen zurückgeben. Mir gefällt es, wenn man Vertrauen ineinander hat, wenn man den Kaffee so nehmen kann ohne zu denken: »Wann werde ich ihn ihr wiedergeben«. Wenn man zusammen lebt, gibt es immer Gelegenheiten, oder wenn nicht, ist auch egal. Wenn ich Wäsche zum Waschen habe und der Andere auch, dann wasche ich die eben mit, ohne das der Andere denken muss: »Wann werde ich das nächste Mal waschen, um dann ihre Wäsche mit zu waschen«. Verstehst du? (I: hum)

Marianna nimmt in dieser Interviewstelle Bezug auf die Kommunikation mit ihren spanischen Freunden in Deutschland. Nach ihren Angaben passiert es sehr häufig, dass das beobachtete Verhalten von Deutschen von ihr und ihren Freunden als »typisch deutsch« bezeichnet wird. Die »typisch deutschen« Verhaltenweisen werden durch den impliziten Vergleich mit den »typisch spanischen« Verhaltensweisen erkannt. Die spanischen Studierenden schaffen mit dem Ausspruch »typisch deutsch« automatisch Gemeinsamkeit, da das beobachtete Verhalten aufgrund ihrer Nationalität natürlich nicht auf sie zutreffen kann.

Um Verhaltensweisen zu beschreiben, die Marianna als »typisch deutsch« interpretiert, führt sie als Beispiele das Zusammenleben in ihrer Wohngemeinschaft und einen Kneipenbesuch mit Deutschen an. Sie beschreibt die Deutschen in ihrem so-

---

88 Allerdings handelt es sich bei den aufgenommenen Interviewpassagen nicht um spontane Kommunikation zwischen den ausländischen Studierenden, sondern um die Widergabe dieser Kommunikation in der künstlichen Interviewsituation, was natürlich zu Verzerrungen der Antworten führen kann.

zialen Verhalten als verkrampft und berechnend, da sie für jeden Gefallen den sie Jemandem täten, eine Gegenleistung erwarten würden und sich für jede Nettigkeit, die man ihnen tue, gleich revanchieren müssten. Hinter diesem Verhalten der Deutschen vermutet Marianna ein Misstrauen gegenüber den Mitmenschen und die Angst der Deutschen übervorteilt zu werden. Marianna betont dagegen an mehreren Stellen die Wichtigkeit des Vertauens zu den Mitbewohnern: »ohne dieses Vertrauen kann man nicht zusammenleben«.

Da Marianna die Zweifel an der sozialen Kompetenz der Mitmenschen und die Angst übervorteilt zu werden als »typisch deutsche« Einstellungen bezeichnet, ist anzunehmen, dass sie ihre eigenen Vorstellungen über soziales Zusammenleben als »typisch spanisch« ansieht. »Typisch deutsches« Verhalten ist in dieser Interviewpassage das abgelehnte Verhalten und es ist anzunehmen, dass diese Zuschreibung sehr leicht zu einer Zustimmung der anderen Gruppenmitglieder führen könnte, wenn sie in deren Gegenwart geäußert würde. Die spanische Gruppe kann über die Ablehnung des »typisch deutschen« Verhalten automatisch über positives »typisch spanisches« Verhalten definiert werden. In diesem Fall müssten die einzelnen spanischen StudentInnen nicht ihre soziale Kompetenz »beweisen«, da sie ihre Nationalität automatisch zu Repräsentanten der positiven Verhaltensweisen macht.

Der besprochene Interviewausschnitt ist ein Hinweis auf die Richtigkeit der Hypothese, dass negative Deutschland- und positive Heimatbilder in Gruppen ausländischer Studierender die Funktion haben können, diese positiv zu definieren und abzugrenzen.

Dass die Einigung der ausländischen Studierenden auf »typisch deutsche« Eigenschaften nicht immer so einfach ist, wie dies im Interview mit Marianna erscheint, zeigt ein Gruppeninterview mit den drei spanischen Studentinnen Nina (N), Anna (A) und Rut (R). Die drei interviewten Spanierinnen verbringen nach ihren Angaben den größten Teil ihrer Zeit während des Deutschlandaufenthalts zusammen. Die Interviewgruppe entspricht demnach einer natürlichen Gruppe, die auch außerhalb des Interviews besteht. Von den drei Interviewten hat nur Nina einen deutschen Freund. Annas und Ruts Kontakte beschränken sich dagegen auf die spanische Gruppe.

> I: Was gefällt euch an den Leuten hier und was nicht?
>
> R: Sie sind kalt, besonders im Winter (I: hum) (?)
>
> N: Nicht alle.
>
> R: Im Winter lächeln sie nicht einmal und wenn dann der Sommer kommt, lachen sie sogar und mehr –
>
> N: Aber nein
>
> R: Doch
>
> N: Nein

R: Doch, doch, doch, ich schwöre es dir, dass ja. Du warst im Winter verliebt

A: darum erinnerst du dich nicht.

R: Genau. Du hast deinen Freund hier und kannst ihn nicht vermissen.

N: Ich glaube, es gibt da einen Unterschied. Zunächst sind die Deutschen sehr viel kälter als die Spanier (I: hum), aber dann, so im Allgemeinen, nicht bei jedem, gewinnen sie recht schnell Zutrauen und man kann sich gut verstehen (R: aber). Ich sage dir, in Spanien, nein, wir sind zunächst sehr offen und dann schlagen wir uns, nein, eine Freundschaft und das alles – aber zunächst sind wir sehr offen und die Deutschen sind verschlossener (R: verschlossener) aber wenn sie einmal Vertrauen gewonnen haben, ist das für das ganze Leben.

In der zitierten Interviewpassage diskutieren die drei interviewten Spanierinnen über ihr Bild von den Deutschen. Während Anna und Rut sich relativ einig zu sein scheinen, dass die Deutschen im Allgemeinen ausgesprochen kalt sind, was vor allem durch die Jahreszeit beeinflusst sei, widerspricht Nina dieser Auffassung indem sie sagt »nicht alle«. Anna und Rut werfen Nina in der Folge vor, den kalten Charakter der Deutschen im Winter nicht wahrgenommen zu haben, da sie in einen Deutschen verliebt gewesen sei. Nina widerspricht der »Klimatheorie« der beiden spanischen Freundinnen und beschreibt Verhaltensänderungen der Deutschen im Laufe der Kontaktaufnahme. »Zunächst« seien die Deutschen viel kälter als die Spanier. Beim ersten Kontakt reagierten sie distanzierter als die Spanier, »aber dann« würden sie recht schnell Zutrauen gewinnen. Hätte man erst einmal deutsche Freundschaften gewonnen, bestünden diese für das ganze Leben. Da Nina die einzige der drei Interviewten ist, die neben ihren spanischen Kontakten auch einen deutschen Freund hat, ist sie auch die Einzige, die für sich in Anspruch nehmen kann, dass sie weiß, wie die Deutschen im »nahen« Kontakt sind, so dass Anna und Rut ihr bei der Unterscheidung in die »kalten« Deutschen im Allgemeinen und die wärmeren deutschen Freunde kaum widersprechen können. Dies geschieht auch.

An dieser Textstelle kann man sehen, wie die Gruppe der spanischen Erasmusstudierenden versucht, zu einem gemeinsamen Bild von den Deutschen zu gelangen. Annas und Ruts Ausführungen könnte man u. a. auf den Wunsch zurückführen, die spanische Gruppe positiv über ein negatives Bild von den Deutschen zu definieren und/oder ihre wenigen deutschen Kontakte zu rechtfertigen. Nina scheint sich dagegen sowohl mit ihren spanischen Freundinnen als auch mit ihrem deutschen Freund identifizieren zu wollen, so dass sie ein generelles, negatives Bild der Deutschen ablehnt und vorschlägt, zwischen den deutschen Freunden und der Masse der unbekannten Deutschen zu differenzieren. Am Ende der Diskussion haben sich die drei Interviewten auf das von Nina vorgeschlagene Bild geeinigt. Dies erlaubt sowohl die Stärkung des Gruppengefühls über ein allgemein eher negatives Bild von den Deutschen als auch die Akzeptanz des deutschen Freundes von Ninas. An diesem Beispiel kann man sehen, dass die Definition, der »deutschen Mentalität« auch in einer Nationalitätengruppen problematisch sein kann, wenn die Gruppenmitglieder über die Gruppenkontakte hinaus unterschiedlich intensive deutsche Kontakte haben. Die ausländischen Studierenden, die sowohl deutsche als auch ausländische Freunde haben, werden versuchen, ein konsistentes Bild von den Deutschen zu entwerfen, d.h. Einstellungen zu vermeiden, die sich widersprechen.

Die drei Spanierinnen werden auch nach ihrem Bild von den Spaniern, also ihrem Selbstbild, gefragt, wobei sich weniger Divergenzen ergeben als bei dem soeben besprochenen Fremdbild:

> I: Was denkt ihr, was typisch spanisch ist?

> R: Die Paella – was meinst du?

> I: von den Leuten?

> R: Also, typisch von uns? (I: ja)

> N: laut zu sprechen (R: laut zu sprechen). Wir sind sehr übertrieben.

> A: Wir sind expressiver (N, R: ja, expressiver).

> N: Wir sind sehr–

> R: offen (N: offen). Hier sind sie viel, viel – kälter (I: hum).

> N: Ich denke wir sind lustiger. Also, es gibt alles. In der Familie, in der ich jetzt wohne, war schon einmal eine Spanierin und sie hatten eine schreckliche Erfahrung mit ihr und sie wollen nie wieder eine Spanierin, weil sie nur die kannten (I: hum). Die Mutter in meiner Familie wolle keine Spanierin mehr und als sie mich kennen gelernt haben (I: lacht). (R: »Ah, so eine hübsche Spanierin«) Also, es gibt alles. Aber ich glaube schon, dass wir expressiver sind (...).

> A: Und ich rede heute nicht so viel, weil es mir nicht so gut geht. Normalerweise rede ich sehr viel.

In Bezug auf ihr Selbstbild sind sich die drei spanischen Interviewten weitgehend einig. Sie halten sich als »typische« Spanierinnen für expressiv, offen, warm und lustig. Trotz der Relativierung von Nina »also es gibt alles«, einigen sich die drei Interviewten auf ein durchgehend positives Bild von den Spaniern. Die Identifikation mit diesem nationalen Selbstbild wird auch noch einmal in dem Ausspruch von Anna deutlich, die sich am Ende der zitierten Stelle zu rechtfertigen scheint, warum sie sich als expressive Spanierin relativ wenig an der Gruppendiskussion beteiligt. Sie begründet ihre Zurückhaltung mit ihrer aktuellen Unpässlichkeit: »Und ich rede heute nicht so viel, weil es mir nicht so gut geht«. Sie scheint ausdrücken zu wollen, dass sie normalerweise dem in der Gruppe propagierten, positiven Bild von den Spaniern entspricht.

Abschließend ist zu sagen, dass sich die drei interviewten Spanierinnen über ein von allen geteiltes positives Bild von den Spaniern mit ihrer Gruppe zu identifizieren scheinen. Die Diskussionsteilnehmerinnen stellen ein Gruppengefühl über wahrgenommene nationale Ähnlichkeiten her, indem sie sich als »typische« Spanierinnen definieren. Bei dem Bild von den Deutschen wird der Einfluss des Umfangs an deutschen Kontakte erkennbar, welcher die unterschiedlichen Handlungsziele der Befragten im Interview erklären könnte. Die Einführung von Differenzierungen des allgemeinen Bildes von den Deutschen scheint einerseits die Abgrenzung der Gruppe durch ein allgemein negatives Bild von den Deutschen als auch die Akzeptanz der deutschen Freunde der Gruppenmitglieder, die als Sondergruppe positiver definiert werden, zu ermöglichen.

Bisher wurden die nationalen Selbst- und Fremdbilder von Nationalitätengruppen betrachtet. Wie werden nun die Deutschen in multikulturellen Gruppen ausländischer Studierender gesehen? Auch in diesen multikulturellen Gruppen kann man beobachten, dass sich die Gruppenmitglieder über ein positives Selbstbild mit ihrer Gruppe identifizieren und durch ein negatives Fremdbild von den Deutschen abgrenzen. Bei der Kreation des Selbstbildes werden dann häufig nicht nationale, sondern *regionale* Gemeinsamkeiten betont. Kommen die Gruppenmitglieder z. B. aus den nördlichen Ländern wie Dänemark, Finnland und Schweden werden die Ähnlichkeiten der Skandinavier herausgestellt. Kommen die Gruppenmitglieder aus den südlichen Ländern wie Griechenland, Spanien, Portugal oder Italien werden die Charakterähnlichkeiten der Mediterraner betont. Dies kann man z. B. in einem Interviewausschnitt mit der italienischen Studentin Paola beobachten, die in Deutschland hauptsächlich spanische Freunde hat:

I: Fühlst du dich anders als die Leute hier?

P: – Gut, wir sind Teil der gleichen westlichen Gesellschaft. Dennoch ist es nicht zu vermeiden, dass ich mich eher als Schwester der Spanier oder Portugiesen fühle. Ich spreche viel mit Marianna. In Bezug auf die Kultur habe ich den Eindruck, dass wir uns ähnlicher sind oder mit Fotis, den Mediterranern, als mit den Deutschen. Klar haben wir auch etwas mit den Deutschen gemein, da wir alle Europäer sind, aber ich fühle mich den südlichen Ländern näher.

Obwohl Paola auch die Ähnlichkeiten aller Europäer anspricht, wird aus diesem Interviewausschnitt ersichtlich, dass sich Paola mit ihren spanischen (Marianna) und griechischen Freunden (Fotis) über wahrgenommene Ähnlichkeiten der Menschen aus den südlichen europäischen Ländern identifiziert. Implizit bedeutet dies, dass sie eine kulturelle Distanz zu den nördlichen europäischen Ländern wie Deutschland wahrnimmt.

Bei Gruppen, die aus Austauschstudierenden bestehen, die aus unterschiedlichen südlichen, europäischen Ländern kommen, ist die Klimatheorie als Identitätsstifter stark verbreitet, da die wahrgenommenen charakterlichen Ähnlichkeiten der Studierenden durch das ähnliche Klima in den Herkunftsländern erklärt werden können.

Befreundete ausländische Studierende, die aus Ländern kommen, die zu unterschiedlichen europäischen Regionen gehören, wie z. B. polnische, finnische und spanische Stipendiaten, können die Gruppenidentität weder durch die Betonung von nationalen noch von regionalen oder klimatischen Ähnlichkeiten schaffen. In diesen multikulturellen Gruppen wird die Gemeinsamkeit der Gruppenmitglieder häufig über die Betonung von *Ähnlichkeiten ausländischer Studierender* kreiert. Ausländischen Studierenden werden dann alle möglichen positiven Eigenschaften zugeschrieben, die sie vor den deutschen Studierenden auszeichnen. Die Befragten scheinen auf das allen Stipendiaten bekannte Bild von den ausländischen Studierenden zurückzugreifen, welche im »Idealfall« offen, kontaktfreudig und kulturinteressiert sind. Dieses Ideal kann ihnen u. a. in den Auswahlgesprächen für ihr Erasmusstipendium vermittelt worden sein. Auch die spanische Studentin Helena bedient sich dieses Bildes, um ein Erlebnis in der Küche ihres Wohnheims zu beschreiben:

> H: In meinem Studentenwohnheim sind eigentlich die besten Voraussetzungen um Leute kennen zu lernen. Du wohnst an einem Ort, wo alle jung sind, alle sind Studenten (...), aber die meisten Leute, die man kennen lernt, sind Ausländer. Und die Deutschen, einmal saßen wir in der Küche, wir waren ich, Fotis, der Grieche und zwei andere. Da kam ein Deutscher rein und Fotis sagte zu ihm »Guten Morgen«. Aber er sagte es mit einer Betonung, die nur hier üblich ist. (I: Moin?) Weiß nicht, der Deutsche sagt, ich weiß nicht was, aber mit einem Ton: »Das sind nur Ausländer«. Das sind nur Details, aber wenn mir ein Ausländer etwas in Katalan sagen würde, dass würde mich freuen. Aber nein, er: »Was, was, das sagt man so« »Bleib ruhig, bleib ruhig«. Und oft fragt man: »Hör mal, wie sagt man das, wie funktioniert das?« Und im Gegenzug findest du wenig Neugierde in Bezug auf dich. Im Klushügel habe ich Sätze in Griechisch oder in Italienisch gelernt. Vielleicht, weil du schon hierhin gekommen bist und Sachen kennen lernen willst, bist du offener. Und in Bezug auf die Deutschen denkt man: »Bist du nicht neugierig?« Man sagt oft: »In meinem Land macht man das nicht so und so«. Aber dann hat man den Eindruck, dass es nicht interessiert.

Helena beschreibt, dass mehrere ausländische Studierende in der Küche ihres Studentenwohnheims (Klushügel) gesessen hätten. Der griechische Student Fotis hätte einen hereinkommenden Deutschen mit einer regional üblichen Begrüßung empfangen (wahrscheinlich »Moin, Moin«). Der deutsche Student hätte sich über diese Begrüßung nicht gefreut, sondern nur die Aussprache korrigiert. Dies ist für Helena ein Hinweis auf seine geringe kulturelle Offenheit und sein Desinteresse an ausländischen Studierenden. Sie interpretiert die Antwort des Deutschen als Ausdruck seiner Meinung »das sind nur Ausländer«. Diese Reaktion eines Deutschen dient Helena nur als Beispiel für das generelle Desinteresse und die geringe Offenheit der Deutschen im Allgemeinen. Im Gegensatz hierzu, wird die eigene multikulturelle Gruppe positiv definiert. Ausländische Studierende werden als offen und kulturinteressiert wahrgenommen: »vielleicht, weil du schon hierhin gekommen bist und Sachen lernen willst, bist du offener«.

Nachdem nun auf mögliche Gründe eingegangen wurde, warum sich ausländische Studierende, die wenige deutsche Kontakte haben, für negative Bilder von den Deutschen und für positive von Personen ihrer Nationalität entscheiden, soll untersucht werden, warum sich Befragte, die deutsche Freundschaften pflegen, häufig für positive Bilder von den Deutschen entscheiden und kulturelle Unterschiede leugnen.

*Studierende, die deutsche Freunde haben:* Während man in den Interviews mit Befragten, die während ihres Deutschlandaufenthalts keine deutschen Freunde gefunden haben, ein eher negatives Bild von den Deutschen und ein positives Bild von Personen der eigenen Nationalität und die starke Betonung von kulturellen Unterschieden beobachten kann, überwiegt in Interviews mit Befragten, die deutsche Freundschaften pflegen, die Einschätzung, dass sich die Deutschen und die Personen der eigenen Nationalität in weiten Teilen ähneln würden. Werden Gaststudierende, die deutsche Freundschaften pflegen, nach ihren nationalen Selbst- und Fremdbildern gefragt, antworten sie häufig nur mit großem Widerwillen und lehnen es ab, Personen aufgrund ihrer Nationalität einzuschätzen. Dies kann man z. B. in dem Interview mit der französischen Studentin Carole beobachten, die nach ihrem Bild von den Deutschen gefragt wird:

> I: Jetzt will ich gerne noch etwas erfahren, was du über Deutschland denkst und über die Deutschen und zwar, hast du den Eindruck, dass sich deine Meinung verändert hat, über Deutschland und die Deutschen in der Zeit, wo du hier warst?

> C: Nein, nein, also ich hab mir gesagt, es ist ein Land, das ist eine andere Kultur. Das ist normal, alle Leute haben Vorurteile (I: ja, klar). Nein, das hat sich nicht geändert. Ich bin angekommen und ich hatte fast keine Idee und dann mit Zeit habe ich eine Idee, nicht Idee (I: Vorstellung?) ja, eine Vorstellung. Aber ich habe keine richtige Vorstellung, weißt du (I: ja), ich sage nicht, »die Deutschen sind so und die Deutschen sind so« also, ich lebe einfach so.

Carole streitet nicht ab, dass sie, wie alle Menschen, Vorurteile über die Deutschen gehabt habe, als sie nach Deutschland gekommen sei. Etwas später sagt sie dann aber, sie habe »fast keine Idee« gehabt, womit sie vermutlich ausdrücken möchte, dass sie kein klares Bild von den Deutschen gehabt habe, welches unveränderbar gewesen wäre. Über ihr aktuelles Bild sagt sie zunächst, sie habe jetzt eine genauere Vorstellung von den Deutschen und Deutschland gewonnen, schränkt dies in der Folge jedoch mit den Worten ein, sie habe keine »richtige Vorstellung«. Vermutlich möchte sie sagen, dass sie zwar eine allgemeine Meinung über die Deutschen hat, diese aber im Alltag keine feste Klassifizierung darstellt, nach der ihre Interaktionspartner eingeordnet werden und die Handlungsrelevanz hätte. Carole wehrt sich auch dagegen, den Deutschen bestimmte Eigenschaften zuzuschreiben »ich sage nicht, die Deutschen sind so und die Deutschen sind so«. Ebenso verhält sie sich, als sie gebeten wird, die Franzosen zu charakterisieren:

> I: Dann – glaubst du, dass es etwas gibt, was typisch französisch ist?

C: Ja, Ingo hat mir gesagt, die typische Französin in Deutschland ist eine schöne Frau mit lange Haare (I: ja) und also mit Rock. Nein, es gibt viele Leute, die verschieden sind, 50 Millionen.

Auch die Franzosen möchte Carole nicht charakterisieren und betont die individuellen Unterschiede jedes Menschen. Es würde 50 Millionen unterschiedlicher Franzosen geben.

Anders als Befragte, die wenige deutsche Freunde haben, sehen Erasmusstudierende mit intensiven deutschen Kontakten, wie Carole, in der Regel keine nationalkulturellen Unterschiede zwischen Deutschen und Personen des Heimatlandes. Werden sie explizit durch mich als Interviewerin gebeten, diese Unterscheidungen zu treffen, weichen sie häufig der Frage aus und betonen immer wieder, dass sie selbst keine Klassifizierungen aufgrund der Nationalität vornehmen würden. Hier noch ein Beispiel aus dem Interview mit Elsa, einer finnischen Erasmusstudentin:

I: Was magst du besonders gern an den Leuten hier und was überhaupt nicht?

E: Die deutsche Leute sind sehr normale Leute. (A: Ja?) Es ist kein Kulturschock für mich, hier zu kommen.

I: Ja?, Findest du, dass sie so ähnlich sind wie in Finnland?

E: Ja, vielleicht sie diskutieren und sprechen ein bisschen mehr. Aber sonst, ich denke es gibt nicht so viele Unterschiede. (...)

I: Fühlst du, dass du anders bist als die Leute hier in Deutschland?

E: Nein, eigentlich nicht. Vielleicht ist es eigentlich auch so, dass die Leute mit denen ich hier mein Zeit verbringe, ich habe sie gewählt und sie sind ähnlich, wie ich.

Elsa, die einen deutschen Freund hat und den Großteil ihrer Zeit in Deutschland mit seinen deutschen Freunden verbringt, betont die Ähnlichkeiten zwischen Finnen und Deutschen: »Es ist kein Kulturschock. (...) Ich denke es gibt nicht so viele Unterschiede. (...) Sie sind ähnlich wie ich«.

Die Erklärung warum StudentInnen wie Carole und Elsa es im qualitativen Interview ablehnen, nationalkulturelle Unterscheidungen einzuführen und immer wieder die Ähnlichkeiten zwischen den Deutschen und den Personen ihrer Nationalität betonen, könnte lauten, dass sie sich über Ähnlichkeiten mit ihren deutschen Freunden identifizieren. Aus diesem Grund haben ausländische Studierende, die deutsche Freunde haben, vermutlich keinerlei Bedürfnis, sich durch die Betonung von nationalkulturellen Mentalitätsunterschieden von den Deutschen zu distanzieren. Studierende dieser Gruppe identifizieren sich mit ihren deutschen Freunden nicht über die Nationalität, sondern über andere geteilte Merkmale oder Interessen. Es können z. B. religiöse oder politische Überzeugungen als Identitätsstifter eingesetzt werden.

Nicht in allen Fällen führt die Identifikation mit den deutschen Freunden jedoch zu einem insgesamt positiven Bild von den Deutschen. Von einigen Befragten wird der eigene, positiv definierte deutsche Freundeskreis als Ausnahme von der Regel definiert (siehe Interview mit Nina, Anna und Rut). Wie schon ausgeführt wurde, kann man die Differenzierung in ein positives Bild von den deutschen Freunden und ein negatives Bild von den Deutschen im Allgemeinen vor allem bei Befragten finden, die in Deutschland sowohl deutsche Freunde als auch Freunde ihrer Nationalität besitzen und mit allen diesen Bezugspersonen Gemeinsamkeiten herstellen möchten.

*Zusammenfassung:* Die Analyse der qualitativen Interviews bezüglich des Zusammenhangs zwischen der Kontaktdichte der Befragten zu deutschen Studierenden und den von ihnen geäußerten Bildern von den deutschen Studierenden und jenen von Studierenden ihrer Nationalität, wird in Abbildung 39 zusammengefasst. Die Befragten scheinen durch die Wahl ihres Bildes von den Deutschen häufig die Identifikation mit ihren Bezugspersonen während des Aufenthalts erreichen zu wollen. Dies erklärt, warum Befragte, die über deutsche Freunde verfügen, häufig Typisierungen aufgrund des Merkmals »Nationalität« ablehnen, da sie sich auf diese Weise von ihren deutschen Freunden distanzieren würden (Gruppe 1). Haben die Befragten ausschließlich Freundschaften unter den anderen Austauschstudierenden an der Gasthochschule, können negative Bilder von den Deutschen zu Fremdbildern werden über welche die Kreation eines positiven Selbstbildes der Gruppe möglich wird (Gruppe 6). Haben die Befragten sowohl deutsche als auch ausländische Freunde, werden die deutschen Freunde häufig als positive Ausnahmen von der Regel definiert, was sowohl die Identifikation mit den deutschen als auch mit den ausländischen Freunden möglich macht (Gruppe 2 und 7).

Neben der identitätsstiftenden Funktion der Bilder von den Deutschen und jenen von Personen der eigenen Nationalität, können den Deutschen auch aus dem Grund vorwiegend negative Eigenschaften zugeschrieben werden, da die ausländischen Studierenden ihre geringen deutschen Kontakte als Misserfolge erleben, für die sie nicht die Verantwortung tragen wollen (Gruppe 3). Bei Befragten, die ihre wenigen deutschen Kontakte nicht als Misserfolge erleben oder durch mangelnde Kontaktmöglichkeiten erklären, findet sich dagegen kein negativer Einfluss ihrer fehlenden deutschen Kontakte auf ihre Bilder von den Deutschen (Gruppen 4 und 5).

Deutsche Kontakte zur Erklärung des Bildes von den Deutschen

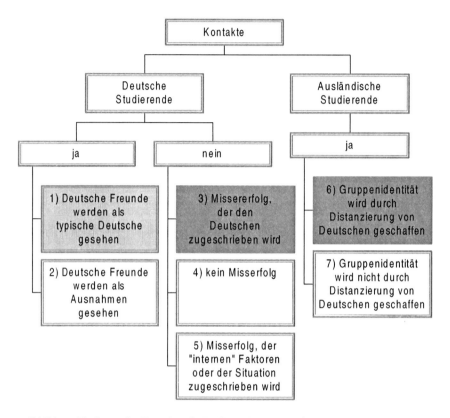

Abbildung 39: Deutsche Kontakte als Einflussfaktoren auf die Bilder von den Deutschen.

Erläuterung: 1–7 = Nummerierung zur Unterscheidung von sieben Gruppen von Befragten. 1: Deutsche Kontakte führen zu positivem Bild von den Deutschen .3 und 6: Fehlende deutsche Kontakte führen zu negativen Bildern von den Deutschen. 2,4,5 und 7: Bestehende oder fehlende deutsche Kontakte haben keinen Einfluss auf die Bilder von den Deutschen.

### 5.3.2.1.1.2    Nationalität

Neben dem Umfang an deutschen Kontakten scheint zudem die Nationalität der Befragten für die Ausprägung ihrer Bilder von den deutschen Studierenden und von Kommilitonen ihrer Nationalität verantwortlich zu sein. Der Einfluss der Nationalität auf die Bilder von Studierenden aus dem Heimatland ist etwas höher, ($\chi^2 = 0,000$ und $C = 0,395$) als auf die Bilder von den deutschen Studierenden ($\chi^2 = 0,002$ und $C = 0,285$). Nun sollen die nationalen Selbst- und Fremdbilder der vier am häufigsten befragten Nationalitäten verglichen werden. 75% der Befragten der Gesamtgruppe haben die französische, spanische, polnische oder britische Nationalität. Über 63% der französischen und der britischen Befragten haben ein gutes oder neutrales *Bild von den deutschen Studierenden.* Bei den Befragten der »sonstigen« Nationalitäten sind es 51%. bei den spanischen Befragten 40,7% und bei den polnischen Studierenden 16,7%.

52,8% der französischen Studierenden haben ein positives oder neutrales *Bild von den Studierenden ihrer Nationalität.* Bei den Engländern sind es 68,4%, bei den »sonstigen Nationalitäten« 81%, bei den Polen 88% und bei den Spaniern alle Befragen. Während die polnischen und spanischen Studierenden dem positiven Bild von Studierenden ihrer Nationalität häufig ein negatives Bild von den deutschen Studierenden gegenüberstellen, nähern sich die beiden Bilder bei den französischen und britischen Befragten an.

Folgende Grafiken zeigen den Einfluss der Nationalität auf die Ausprägungen der Selbst- und Fremdbilder:

Betrachtet man die nationalen Selbst- und Fremdbilder der Probanden der vier in Abbildung 40 dargestellten Nationalitäten, erkennt man auf den ersten Blick, dass diese nicht identisch sind. Vergleicht man die Ausprägungen der Bilder von den deutschen Studierenden (Fremdbilder) der vier Nationalitäten mit dem H-Test nach Kruskal und Wallis ergeben sich signifikante Unterschiede in allen Eigenschaften bis auf bei »gastfreundlich«, »freundlich«, »solidarisch« und »hilfsbereit«. Diese Eigenschaften scheinen für die Befragten keine wichtigen Charakterzüge darzustellen, bei denen sie Unterschiede zwischen deutschen und ausländischen Studierenden wahrnehmen. Bei allen anderen durch das Polaritätenprofil des Fragebogens untersuchten Eigenschaften sind die Ausprägungen der Fremdbilder je nach Nationalität der Befragten verschieden.

Vergleicht man die Ausprägungen der Bilder von Studierenden der eigenen Nationalität (Selbstbilder) bei den Befragten der vier Nationalitäten mit dem H-Test nach Kruskal und Wallis, erhält man auch hier bei allen Eigenschaften signifikante Ergebnisse, ausgenommen bei dem Fleiß. Auch die Ausprägungen der Eigenschaften, die den Studierenden der eigenen Nationalität zugeschrieben werden, sind demnach von der Nationalität des/der Befragten abhängig.

Sowohl die Selbst- als auch die Fremdbilder variieren demnach in ihren Ausprägungen je nach Nationalität der Befragten. Für die polnischen Befragten unterscheiden sich die deutschen Studierenden vor allem in Bezug auf ihre geringere Gastfreundlichkeit, geringere Kontaktfreunde und verminderte Spontaneität von den polnischen Studierenden (siehe Abbildung 40). Die spanischen Befragten sehen die deutschen Studierenden vorwiegend als ernster, kälter, verschlossener, unspontaner, weniger kontaktfreudig, organisierter und pünktlicher als die spanischen Studierenden. Das Fremdbild der französischen Studierenden scheint sich in weiten Teilen dem Selbstbild anzunähern. Die französischen Probanden nehmen die deutschen Studierenden allerdings als etwas ernster, organisierter und pünktlicher im Vergleich

# Selbst- und Fremdbild

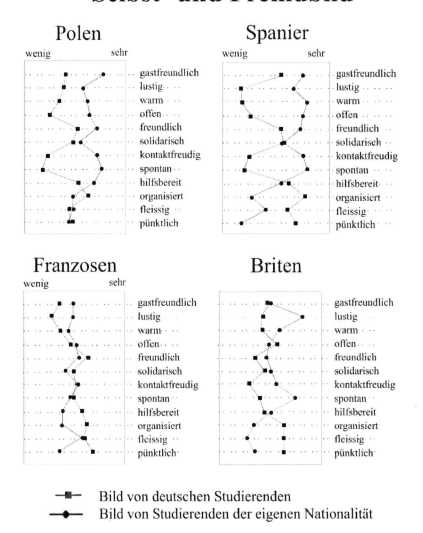

Bild von deutschen Studierenden
Bild von Studierenden der eigenen Nationalität

*Abbildung 40: Ausprägungen von nationalen Selbst- und Fremdbildern bei Befragten unterschiedlicher Nationalitäten.*

zu den französischen Studierenden wahr. Die britischen Befragten beurteilen die deutschen Studierenden vor allem als ernster, weniger kontaktfreudig, unspontaner, organisierter, fleißiger und pünktlicher als die Studierenden ihrer Nationalität.

Abhängig von ihrer Nationalität sind für die Befragten demnach ganz unterschiedliche Eigenschaften zentrale Elemente ihrer nationalen Selbst- und Fremdbilder. Die wahrgenommen Unterschiede zwischen den deutschen Studierenden und den Studierenden der eigenen Nationalität werden je nach Herkunftsland der Befragten anhand unterschiedlicher Eigenschaften betont. Keine einzige untersuchte Eigenschaft scheint für die Befragten der vier Staatsangehörigkeiten die gleiche Bedeutung zur Betonung von kulturellen Unterschieden zu haben.

Die quantitative Untersuchung hat ergeben, dass die Nationalität der Befragten eine wichtige Erklärungsvariable sowohl für die Ausprägung ihrer Bilder von den Deutschen Studierenden als auch für die der Bilder von Studierenden der eigenen Nationalität darstellt. Wie lässt sich dieser Einfluss erklären? Eine Interpretationsmöglichkeit wäre, dass sich durch die Variable »Nationalität« der Einfluss der in den Heimatländern verbreiteten und den ausländischen Studierenden bekannten Stereotypen über die eigene Bevölkerung und über die Deutschen äußert. Dieser Hypothese soll nun zunächst nachgegangen werden. In den qualitativen Interviews werden die Studierenden gefragt, was man in ihren Ländern über die Deutschen denkt und wie man dort die eigene Bevölkerung charakterisiert. Die Antworten der Befragten eines Landes ähneln sich auffallend[89]. Dies kann als Hinweis darauf verstanden werden, dass die Äußerungen der Befragten wirklich die in den Herkunftsländern verbreiteten Stereotypen widerspiegeln[90]. Die *polnischen* Befragten beschreiben die Personen ihrer Länder als besonders offen und gastfreundlich. Die Deutschen werden als humorlos, hochmütig, fleißig, ordentlich, reich und pünktlich gesehen. Die *französischen* Probanden sagen in der Regel, dass Franzosen freundlich, höflich, elegant und lustig seien. Die Deutschen würden in Frankreich als diszipliniert, pünktlich und ordentlich gelten. Die *Spanier* beschreiben die Bevölkerung ihres Landes als warm, spontan, offenherzig, temperamentvoll, unpünktlich und unorganisiert und die Deutschen als ernst, starr, kalt, fleißig, organisiert und pünktlich. Die *englischen* Befragten sehen Personen ihrer Nationalität als besonders höflich, freundlich und humorvoll. Die Deutschen würden in England als arrogant, bürokratisch, zurückhaltend und reich gelten.

Zwei Assoziationen kehren in den Charakterisierungen der Deutschen bei Studierenden aller vier Nationalitäten immer wieder. Zum einen die Wirtschaftskraft Deutschlands und zum anderen der zweite Weltkrieg. Vor allem von englischen und polnischen Studierenden wird häufig erwähnt, dass das Bild von Deutschland als reiches Land mit starker Wirtschaft auch das in ihren Ländern verbreitete Bild von den Deutschen beeinflussen würde. Hier drückt sich in denen, den Deutschen zugeschriebenen Eigenschaften wie Fleiß, Pünktlichkeit und Ordnung die Vorstellung

---

89 Hier beziehe ich mich nur auf die Polen, Spanier, Franzosen und Engländer, da aus den anderen Herkunftsländern zu wenige Probanden befragte wurden, als dass ein Vergleich möglich wäre.

90 Mit absoluter Sicherheit kann man diese Aussage jedoch nicht treffen, da die Befragten am Ende ihre Deutschlandaufenthalts befragt wurden und womöglich bei der Frage nach allgemeinen Stereotypen ihre eigenen Meinungen, die u. a. auf Erfahrungen in Deutschland beruhen, äußern.

aus, dass der Reichtum Deutschlands auf diesen  Eigenschaften der Bevölkerung begründet sei. So werden die Deutschen in Polen auch »Schfab«, Schwaben, genannt, denen Eigenschaften wie Pünktlichkeit, Disziplin und Sparsamkeit zugeschrieben werden. Der Bewunderung für Disziplin und Organisation unter dem Aspekt der Wirtschaft steht die Ablehnung dieser Eigenschaften im zwischenmenschlichen Bereich gegenüber. Dies äußert sich in dem negativen Stereotyp »cabeza quadrada« mit dem die Spanier die Deutschen beschreiben und das meint, die Deutschen seien starr in ihren Meinungen und unspontan im Umgang. Von abwertenden Stereotypen über die Deutschen zeugt auch Bezeichnung der Deutschen mit »the kraut« in England. Ähnlich wie sich das wirtschaftliche Ansehen Deutschlands auch in den von den Studierenden beschriebenen Stereotypen über die Deutschen spiegelt, werden häufig die Assoziationen mit dem 2. Weltkrieg erwähnt. Dies geschieht vor allem bei den polnischen, englischen und französischen Befragten, die meinen, das Bild der Deutschen sei in ihren Ländern vor allem bei der älteren Generation sehr negativ. Von diesen Assoziationen zeugen die prejorativen Bezeichnungen für die Deutschen in Frankreich »Boche« und »Schkop« in Polen.

Es fällt auf, dass die Stereotypen von den Deutschen, welche die Befragten angeben, häufig negativere Wertungen erkennen lassen als die Stereotypen, mit denen die eigene Bevölkerung in den Herkunftsländern charakterisiert wird.

In der quantitativen Erhebung ergeben sich besonders bei denjenigen Eigenschaften große Unterschiede zwischen der Einschätzung der deutschen Studierenden und jener der Kommilitonen der eigenen Nationalität, welche die Befragten der qualitativen Erhebung als für die Deutschen oder die Bevölkerung ihres Landes besonders typischen Eigenschaften hervorheben. Dies könnte man u. a. dadurch erklären, dass die Befragten besonders in den Bereichen kulturelle Unterschiede wahrnehmen, in denen sie diese aufgrund der ihnen bekannten Stereotypen auch erwarten. Bekannte Stereotypen können damit so wie »self-fulfilling prophecies« wirken.

Haben die Befragten das Ziel, sich von den deutschen Studierenden distanzieren, was der Fall sein kann, wenn sie ihre wenigen Kontakte zu deutschen Studierenden rechtfertigen möchten oder ihre Nationalitätengruppe nach außen abgrenzen wollen, scheinen sie sich besonders der Eigenschaften zu bedienen, die wichtige Bestandteile der ihnen bekannten Stereotypen über die Deutschen darstellen. Möchten die Gruppenmitglieder einer Nationalitätengruppe ihre Gemeinsamkeiten betonen, bietet sich der Rückgriff auf die allen Gruppenmitgliedern bekannten Stereotypen über die eigene Nationalität an. Zur Distanzierung von den Deutschen können leicht die ebenfalls allen bekannten Stereotypen über die Deutschen eingesetzt werden. Hier kann vermutlich auch das gemeinsam geteilte Wissen darüber, was unter »typisch deutschen« Eigenschaften zu verstehen ist, das Zusammengehörigkeitsgefühl in der Nationalitätengruppe stärken. Da das stereotype Bild der Deutschen bei allen vier untersuchten Nationalitäten vor allem negativ besetzt zu sein scheint, kann es leicht zur Distanzierung von den Deutschen eingesetzt werden. In den Nationalitätengruppen scheinen demnach nicht völlig neue Bilder von den Deutschen zu entstehen, sondern es werden eher die allen Mitgliedern bekannten nationalen Stereotypen instrumentalisiert.

Nun stellt sich die Frage, warum es Befragte aller möglicher Staatsangehörigkeiten ablehnen, stereotype Bilder von den Deutschen zu zeichnen. Hier scheint es sich um Probanden zu handeln, die durch soziale Kategorisierungen aufgrund des Merkmals der »Nationalität« ihre individuellen Handlungsziele nicht erreichen können. Hier handelt es sich u. a. um Befragte, die keine Kontakte zu ihren Nationalitätengruppen an der Gasthochschule haben und sich demnach auch nicht durch den Gebrauch von nationalen Stereotypen mit Personen aus ihrem Heimatland identifizieren möchten. Dann sind Studierende zu nennen, die sich der ihnen bekannten nationalen Stereotypen bewusst sind, es aber ablehnen, diese zu gebrauchen. Dies kann unterschiedlichste Gründe haben. Einige Befragte scheinen aufgrund ihres Studiums für die negativen Wirkungen, die von Stereotypen ausgehen können, sensibilisiert zu sein. Andere sehen sich selbst als »offene ausländische Studierende«, und vorurteilsfrei zu sein, ist ein Teil ihres Selbstbildes oder ihrer Darstellungsstrategie in der Befragungssituation. In diesem Zusammenhang ist auch zu bedenken, dass die Befragten von mir, einer Deutschen, interviewt wurden. Dies kann bei einigen Probanden zur Folge gehabt haben, dass sie negative Stereotypen über die Deutschen aus dem Grund nicht äußern, um mich nicht zu beleidigen.

Andere ausländische Studierende scheinen selbst unter den ihnen zugeschrieben stereotypen Eigenschaften gelitten zu haben. So z. B. die englische Studentin Andrea, die in Deutschland abgewachsen ist und während ihres Studiums in England als »Deutsche« bezeichnet wurde:

I: Ja so allgemein, was denkt man in England von den Deutschen?

A: (lacht) eh, keine Ahnung. Also, ich werde schon, nur weil ich in Deutschland gewohnt hatte, also, für 15 Jahre, war ich dann schon »the Kraut«.

I: Was heißt »Kraut«?

A: Das ist einfach ein Spitzname für die Deutschen (...). Also, ich war die Deutsche, nur weil 15 Jahre (I: aha) und es ist immer noch schlimm, wenn man jemandem sagt: »ich war 15 so lange in Deutschland.«»Ah dann bist du ja Deutsche.« Und das ist dann nicht immer besonders positiv.

Da Andrea selbst unter der negativen Klassifizierung als Deutsche offensichtlich gelitten hat, lehnt sie es ab, den Deutschen stereotype Eigenschaften zuzuschreiben:

I: Was findest du, sind typisch deutsche Eigenschaften?

A: Kann man nicht so richtig sagen, gibt einfach, ich könnte auch keine englischen Eigenschaften sagen. (I: Mmh) Sind einfach so viele verschiedene Arten von Leuten (I: Ja). Hängt schon davon ab, wo man wohnt, ob man reich ist, arm ist, und ne, kann man nicht richtig sagen.

Die Sensibilität für die negativen Wirkungen die der Gebrauch von nationalen Stereotypen haben kann, scheint bei den Befragten unterschiedlich groß zu sein, was u. a. erklären kann, warum einige Befragte, die fest in Gruppen ihrer Nationalität integriert sind, den Gebrauch sozialen Typisierungen aufgrund des Kriteriums der Nationalität ablehnen.

*Zusammenfassung:* Die Abbildung 41 fasst den anhand der qualitativen Interviews festgestellten Einfluss der Nationalität der Befragten auf ihre Bilder von den Deutschen und auf jene von Personen ihrer Nationalität zusammen. Die Nationalität erweist sich als ein wichtiger Erklärungsfaktor für die zum Interviewzeitpunkt geäußerten Bilder, da sich hier der Einfluss der in den Herkunftsländern verbreiteten nationalen Stereotypen zu manifestieren scheint. Bei den Gruppen 1–4 sind nationale Stereotypen wichtige Bestandteile der von den Befragten beschriebenen Bilder von den Deutschen und von Personen der eigenen Nationalität (siehe Abbildung 41).

Der Gebrauch der im Heimatland verbreiteten Stereotypen über die Deutschen zur Charakterisierung der deutschen Studierenden während des Deutschlandaufenthalts, ist besonders häufig bei den Studierenden zu finden, die in Deutschland hauptsächlich Freunde ihrer Nationalität haben und sich mit diesen über geteilte, positive Autostereotypen identifizieren und sich von den Deutschen, durch negative Charakteristika, die sie ihnen zuschreiben, distanzieren möchten (Gruppe 1). Auch bei Befragten, die ihre Nationalität als wesentlichen Bestandteil ihrer personalen Identität begreifen, finden sich, unabhängig von ihrer Gruppenmitgliedschaft, häufig Selbst- und Fremdbilder aufgrund von nationalen Stereotypen (Gruppe 2).

Zudem ist zu beobachten, dass die in den Heimatländern verbreiteten Stereotypen auch bei Studierenden, die nicht den Gruppen 1 und 2 angehören, häufig die Wahrnehmungen der Deutschen während des Erasmusaufenthalts zu steuern scheinen. Kulturelle Unterschiede werden von den Befragten häufig in den Bereichen wahrgenommen, in denen sie aufgrund der schon bekannten Stereotypen auch erwartet werden (Gruppe 3). Sie scheinen wie »self-fulfilling prophecies« die Wahrnehmungen zu steuern. Bei Studierenden der Gruppe 4 dienen die bekannten negativen Stereotypen über die Deutschen vor allem zur Erklärung und Rechtfertigung der fehlenden deutschen Kontakte (siehe Abbildung 41).

Neben den bisher beschriebenen ausländischen Studierenden, die nationale Stereotypen zur Charakterisierung der Deutschen und der Personen ihrer Nationalität verwenden, gibt es auch Befragte, die den Gebrauch von nationalen Stereotypen ablehnen und interkulturelle Gemeinsamkeiten betonen (Gruppen 5–7). Hier handelt es sich zunächst um Befragte, die deutsche Freunde gefunden haben und aus diesem Grund eine Distanzierung von den Deutschen mit Hilfe von nationalen Stereotypen ablehnen (Gruppe 5). Des Weiteren meiden auch Personen den Gebrauch von nationalen Stereotypen, die sich selbst als »vorurteilsfrei« und »weltoffen« definieren. Hier finden sich u. a. Studierende, die sich als »Weltbürger«, oder »Europäer« sehen und demnach die Ähnlichkeiten der Erdenbürger oder Europäer betonen und es ablehnen, soziale Typisierungen aufgrund von Staatsangehörigkeiten zu treffen (Gruppe 6). Auch die Befragten der Gruppe 7 vermeiden die Zuschreibungen von nationalen Charakteristika. Sie zeigen Sensibilität gegenüber der negativen Wirkung, die Stereotypen für die Betroffenen haben könnten. Die Ablehnung des Gebrauchs von nationalen Stereotypen scheint auf persönlichen »Ausgrenzungserfahrungen« durch nationale Zuschreibungen zu beruhen, in der Schule/ im Studium erworben worden zu sein oder ist als Interpretation der Erwartungen der deutschen Interviewerin in der Befragungssituation zu verstehen.

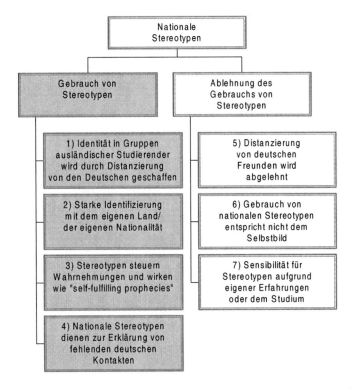

Stereotypen zur Erklärung des Bildes von den Deutschen und des Bildes der Bevölkerung des Herkunftslands der ausländischen Studierenden

*Abbildung 41: Nationale Stereotypen zur Erklärung des von den Befragten geäußerten Bildes von den Deutschen und des Bildes von Personen ihrer Nationalität.*

*Erläuterung: 1–7 = Nummerierung zur Unterscheidung von sieben Gruppen von Befragten. Gruppen 5,6 und 7: Einflüsse von nationalen Stereotypen auf die von den Befragten geäußerten Bilder von den Deutschen und von Personen ihrer Nationalität sind nicht feststellbar. Gruppen 1,2,3 und 4: Einflüsse von nationalen Stereotypen auf die von den Befragten geäußerten Bilder von den Deutschen und von Personen ihrer Nationalität sind feststellbar.*

### 5.3.2.1.1.3    Gasthochschule

Es wird ein Einfluss der deutschen Gasthochschule auf die Ausprägungen der Bilder von den deutschen Studierenden  statistisch nachgewiesen ($\chi^2$ = 0,008 und C = 0,335). Wie aus Tabelle 17 ersichtlich wird, haben alle Befragten an der Hochschule Harz in Wernigerode ein gutes oder neutrales Bild von den deutschen Studierenden. An den Universitäten in Osnabrück, Greifswald und Köln sind es noch über die Hälfte der Befragten. An der Johannes Gutenberg-Universität in Mainz haben nur 38,6% der Befragten ein gutes oder neutrales Bild von ihren deutschen Kommilitonen und an der Technischen Universität in Cottbus sind es sogar nur 30% der Befragten (siehe Tabelle 17).

**Studienort in Deutschland * Bild von deutschen Studierenden Kreuztabelle**

| | | | Bild von deutschen Studierenden | | |
| --- | --- | --- | --- | --- | --- |
| | | | gutes oder neutrales Bild | schlechtes oder sehr schlechtes Bild | Gesamt |
| Studienort in Deutschland | Osnabrück | Anzahl | 22 | 15 | 37 |
| | | % von Studienort in Deutschland | 59,5% | 40,5% | 100,0% |
| | Cottbus | Anzahl | 6 | 14 | 20 |
| | | % von Studienort in Deutschland | 30,0% | 70,0% | 100,0% |
| | Wernigerode | Anzahl | 6 | | 6 |
| | | % von Studienort in Deutschland | 100,0% | | 100,0% |
| | Greifswald | Anzahl | 8 | 7 | 15 |
| | | % von Studienort in Deutschland | 53,3% | 46,7% | 100,0% |
| | Köln | Anzahl | 30 | 24 | 54 |
| | | % von Studienort in Deutschland | 55,6% | 44,4% | 100,0% |
| | Mainz | Anzahl | 22 | 35 | 57 |
| | | % von Studienort in Deutschland | 38,6% | 61,4% | 100,0% |
| Gesamt | | Anzahl | 94 | 95 | 189 |
| | | % von Studienort in Deutschland | 49,7% | 50,3% | 100,0% |

*Tabelle 17: Die Bilder von den deutschen Studierenden je nach Gasthochschule der Befragten.*

Es scheint wenig plausibel, anzunehmen, dass sich der Charakter der deutschen Studierenden tatsächlich so stark, wie von den Befragten wahrgenommen, von Studienort zu Studienort unterscheidet. Warum sollten die deutschen Studierenden in Wernigerode, Osnabrück, Greifswald und Köln offener, wärmer, gastfreundlicher, lustiger usw. sein als ihre Kommilitonen in Mainz oder Cottbus? Es ist also zu vermuten, dass die Unterschiede in der Beurteilung der deutschen Studierenden je nach Studienort der ausländischen Studierenden nicht durch tatsächliche Mentalitätsunterschiede bei den deutschen Studierenden zu erklären sind. Wie lassen sich nun die unterschiedlichen Wahrnehmungen der Deutschen durch die Befragten in Anhängigkeit von ihrer Gasthochschule begründen? Es scheint sich der Einfluss des Umfangs an Kontakten zu deutschen Studierenden, der, wie schon unter 5.2.2.3.1.1.5 dargestellt wurde, von Gasthochschule zu Gasthochschule sehr unterschiedlich ist, auf die Bilder der Erasmusstudierenden von den deutschen Studierenden auszuwirken. Befragte an den Gasthochschulen in Wernigerode oder in Osnabrück haben größtenteils deutsche Freunde. An der Universität in Greifswald sind es noch 40% der Befragten. Die von den Befragten geäußerten Bilder von den deutschen Studierenden sind an diesen Gasthochschulen überwiegend positiv (siehe Tabelle 17). An den Universitäten in Mainz und in Cottbus haben dagegen nur unter einem Drittel der befragten Erasmusstipendiaten häufige und intensive Kontakte zu deutschen Studierenden. An diesen Hochschulen dominieren dann auch vorwiegend negative Bilder von den deutschen Studierenden. Nur an der Universität zu Köln scheinen die Erklärungen der Wahrnehmungen von den deutschen Studierenden durch den Umfang an deutschen Kontakten der Betreffenden nicht auszureichen. Da an der Universität zu Köln nur 25% der Befragten deutsche Freunde haben, hätte ich ein vorwiegend negatives Bild von den deutschen Studierenden bei den dortigen Stipendiaten erwartet. Tatsächlich äußern aber 55,6% ein positives oder neutrales Bild. Für dieses Ergebnis könne u. a. nationale Zusammensetzung der in Köln studierenden Erasmusstipendiaten verantwortlich sein. Wie schon dargestellt, hat der Großteil der französischen und englischen Befragten ein positives Bild von den deutschen Studierenden. Ebenso die Studierenden, der »sonstigen« Nationalitäten[91]. Über 85% der Befragten in Köln haben eine der Nationalitäten, bei denen die positiven Bilder überwiegen. In Mainz sind es dagegen »nur« 70%. So lassen sich die vorwiegend positiven Bilder von den deutschen Studierenden der ausländischen Befragten an der Universität zu Köln u. a. dadurch erklären, dass dort ein Großteil der Befragten zu Nationalitäten gehört, in denen positive Deutschlandbilder überwiegen.

Abschließen kann man sagen, dass sich die gasthochschulabhängigen Wahrnehmungen der deutschen Studierenden durch die ausländischen Studierenden vor allem durch den Einfluss des Umfangs an ihren deutschen Kontakte erklären lassen. Zudem scheint auch die unterschiedliche Verteilung der Nationalitäten auf die Gasthochschule die unterschiedlichen Bilder erklären zu können.

---

91 Unter »Sonstige Nationalitäten« werden Erasmusstudierende gefasst, die nicht aus Großbritannien, Frankreich, Spanien oder Polen kommen.

5.3.2.1.1.4    Vermutetes Bild von Personen der eigenen Nationalität bei den
deutschen Studierenden

Es finden sich Korrelationen (R= 0,203**) zwischen dem von den ausländischen
Befragten bei den deutschen Studierenden vermuteten Bild von Studierenden ihrer
Nationalität und ihrem eigenen Bild von den deutschen Studierenden (siehe Tabelle
18). 58,4% der ausländischen Studierenden, die bei ihren deutschen Kommilitonen
ein positives Bild von Studierenden ihrer Nationalität vermuten, haben selber ein
gutes oder zumindest neutrales Bild von den deutschen Studierenden. 41,6% dieser
Gruppe haben ein schlechtes Bild von den deutschen Studierenden.

58,3% der Studierenden, die bei den deutschen Kommilitonen ein negatives Bild
von Studierenden ihrer Nationalität vermuten, haben selber ein negatives Bild von
den deutschen Studierenden. 41,7% der Befragten dieser Gruppe haben ein positives
Bild (siehe Tabelle 18).

**Vermutetes Bild bei den deutschen Studierenden * Bild von deutschen Studierenden Kreuztabelle**

| | | | Bild von deutschen Studierenden | | Gesamt |
| | | | gutes oder neutrales Bild | schlechtes oder sehr schlechtes Bild | |
|---|---|---|---|---|---|
| Vermutetes Bild bei den deutschen Studierenden | gutes Bild | Anzahl | 52 | 37 | 89 |
| | | % von Vermutetes Bild b den deutschen Studierenden | 58,4% | 41,6% | 100,0% |
| | | % von Bild von deutsche Studierenden | 56,5% | 39,8% | 48,1% |
| | schlechtes Bild | Anzahl | 40 | 56 | 96 |
| | | % von Vermutetes Bild b den deutschen Studierenden | 41,7% | 58,3% | 100,0% |
| | | % von Bild von deutsche Studierenden | 43,5% | 60,2% | 51,9% |
| Gesamt | | Anzahl | 92 | 93 | 185 |
| | | % von Vermutetes Bild b den deutschen Studierenden | 49,7% | 50,3% | 100,0% |
| | | % von Bild von deutsche Studierenden | 100,0% | 100,0% | 100,0% |

*Tabelle 18: Einfluss des bei den deutschen Studierenden vermuteten Fremdbildes auf die von
den Befragten entworfenen Bilder von den deutschen Studierenden.*

Wer also ein positives Bild bei den deutschen Kommilitonen von Studierenden seiner
Nationalität vermutet, hat selbst eher ein positives Bild von den deutschen Studierenden als jemand, der ein negatives Bild bei den deutschen Kommilitonen vermutet.
Wie ist dieser Zusammenhang zu erklären? Wie schon ausgeführt, befinden sich in
der Gruppe der Befragten, die ein positives Bild von den deutschen Studierenden

äußern größtenteils Befragte, die deutsche Freunde haben. In den qualitativen Interviews finden sich Hinweise darauf, dass die deutschen Freunde dieser Probanden häufig ein großes Interesse an deren Heimatländern haben. Bei einem Teil der deutschen Studierenden scheint das Interesse an den Herkunftsländern der Erasmusstudierenden schon vor der Kontaktaufnahme mit diesen geweckt gewesen zu sein, was zum Teil ihr Streben nach interkulturellen Kontakten erklären kann. Dies ist nach den Darstellungen der ausländischen Studierenden dann der Fall, wenn die deutschen Studierenden schon in dem Herkunftsland der ausländischen Studierenden gelebt haben, dort Urlaubserfahrungen sammelten, die Sprache des Landes studieren oder schon Freunde/Bekannte aus jenem Land besitzen. So berichtet z. B. der schwedische Austauschstudent Michael, dass seine deutschen Bekannten und Freunde in Osnabrück auch ein besonderes Interesse an Schweden oder Skandinavien hätten.

> M: (...) Aber viele Leute hier in Osnabrück, die sind ja sehr interessiert oder finden Skandinavien oder Schweden vielleicht interessant. Und es ist vielleicht dafür die Leute möchten mit mir sprechen, dass kann ja vielleicht so sein, aber ich weiß nicht.

Michael führt das Interesse, dass ihm von deutschen Studierenden entgegengebracht wird in dieser Textstelle auf deren Interesse an seinem Herkunftsland und seiner Herkunftsregion zurück. Sein bester deutscher Freund in Osnabrück hat selbst in Schweden gelebt. Zwei andere seiner deutsche Freunde studieren Schwedisch, so dass sie aus diesem Grund ein besonderes Interesse an Gesprächen mit ihm haben.

Bei einem anderen Teil der deutschen Studierenden, die mit ausländischen Studierenden befreundet sind, scheint sich das Interesse an dem Herkunftsland der ausländischen Studierenden durch die interkulturelle Freundschaft erst zu entwickeln. In beiden Fällen ist das Interesse der deutschen Studierenden an der Person des ausländischen Studierenden eng mit dem Interesse an seinem Herkunftsland, den Lebens- und Verhaltensweisen der dortigen Bevölkerung und seiner Muttersprache verknüpft. Es ist demnach nicht verwunderlich, dass ausländische Studierende, die viele deutsche Freunde haben und durch diese Interesse an ihrer Nationalität erfahren, bei den deutschen Studierenden ein positiveres Bild von Personen ihrer Nationalität erwarten als ausländische Studierende, die wenige deutsche Kontakte aufbauen konnten. Diese, vermuten als Grund für ihre geringen deutschen Kontakte häufig ein negatives Bild von Studierenden ihrer Nationalität bei den deutschen Studierenden. Besonders negative Bilder von Studierenden ihrer Nationalität bei den deutschen Studierenden vermuten die polnischen und englischen Studierenden (siehe S. 236 ff.). Zur Erklärung des Einflusses der bei den Deutschen vermuteten Fremdbilder auf die von den Befragten geäußerten Einstellungen zu Deutschen, soll ein Interviewausschnitt mit der polnischen Studentin Agatha analysiert werden:

> A: Und noch was, ich habe in Polen sehr viel gehört von der Einstellung der Deutschen zu den Polen, Polenwitze oder so (...) und na ja, ich dachte, ich muss

dazu beitragen, dass die Deutschen ihre Meinung ändern (I: Mmh). Das war so eine Aufgabe.

I: Was denkst du denn, was die Deutschen denken?

A: Solche Sachen, dass die Polen klauen, Autos schmuggeln und was weiß ich, den Deutschen Arbeit nehmen.

I: Also, ein relativ negatives Bild?

A: Ja, ja (...) ich fühlte mich wie unter Druck, dass ich den Deutschen etwas zeigen muss. (I: lacht) Wenn ich so etwas begegnet wäre, wie diese Vorurteile oder so, dann vielleicht fühlte ich mich verpflichtet, meine Aufgabe zu erfüllen, aber so wie ich dir gesagt habe, eigentlich keine schlechten Erfahrungen, und ich habe da verzichtet diese Aktion zu machen. Ich denke trotzdem, dass die Deutschen sie sehen anders die Polen als Franzosen oder Engländer. Also, lieber ein Franzose als ein Pole.

I: Denken die Leute hier?

A: Ja, ich war einmal in einem Laden und habe ich an der Kasse mit der Frau gesprochen, und da hat sie gefragt, ob ich eine Französin bin und als ich ihr gesagt habe, dass ich aus Polen bin hat sie »ah«, als ob sie sagen möchte,» oh, wie schade, nur aus Polen und ich dachte, sie sind eine Französin«. »Französin«, da hat sie so freundlich und lächelnd gefragt und »Polin ah, bedauernswert« (...). Viel hängt davon ab, wie ich zu meinen Minderwertigkeitskomplexen, wie ich dazu stehe, denn nicht nur mit der Nationalität verbunden, sondern auch mit der Persönlichkeit. Nun ja, nun ist es nicht günstig, für die Kontakte mit den Leuten (...).

Bevor Agatha nach Deutschland gekommen ist, hat sie nach ihren Aussagen bei den Deutschen viele Vorurteile und negative Einstellungen gegenüber den Polen vermutet. Dieses schlechte Bild wollte sie während ihres Aufenthaltes ändern: »Ich dachte, ich muss dazu beitragen, dass die Deutschen ihre Meinung ändern«. Sie sieht sich in Deutschland demnach als Repräsentantin ihres Landes und will versuchen die Vorurteile der Deutschen durch ihr positives Beispiel zu widerlegen. Offen geäußerte Vorurteile begegnen ihr in Deutschland jedoch nicht. Aus dem Verhalten einer Verkäuferin schließt sie jedoch auf ein negatives Bild von den Polen. Dieses Erlebnis, bei dem sie sich aufgrund ihrer Nationalität abgelehnt fühlt, bestätigt für sie die von ihr angenommene negative Meinung der Deutschen über die Polen. In anderen Interviewstellen spricht sie auch von dem geringen Interesse der deutschen Studierenden an ihrer Person, was sie u. a. auf die geringe Attraktivität ihrer Nationalität zurückführt. Sehr interessant ist der Schluss der oben zitierten Interviewstelle. Hier spricht Agatha von ihren »Minderwertigkeitskomplexen«. Sie scheint sich einerseits aufgrund ihrer Nationalität als minderwertig zu erleben, da sie vermutet, dass sie in Deutschland aufgrund ihrer Nationalität eingeschätzt wird, der kein besonders großer Wert beigemessen wird. Andererseits betont sie auch, dass das Gefühl der Minderwertigkeit auch eine Eigenschaft von ihr sei: »Denn nicht nur mit der Nationalität verbunden, sondern auch mit der Persönlichkeit«. Damit scheint sie anzudeuten, dass sie auch in ihrem Land mit Minderwertigkeitsgefühlen zu kämpfen hat. Sie denkt, dass ihr diese Minderwertigkeitsgefühle bei der Kontaktaufnahme in Deutschland entgegenstehen »nun ist es nicht günstig für die Kontakte mit den Leuten«. Mit »den Leuten« meint sie vermutlich deutsche Studierende, zu denen sie, wie aus anderen Stellen ersichtlich, zum Interviewzeitpunkt noch keine Freundschaften aufbauen konnte, was sie bedauert. Einerseits werden die wenigen deutschen Kontakte von Agatha durch das geringe Interesse der deutschen Studierenden erklärt, was sie u. a. in der geringen Attraktivität ihrer Nationalität begründet sieht, andererseits überlegt sie, ob ihre wenigen deutschen Kontakte womöglich darin begründet liegen, dass sie sich aufgrund des bei den deutschen Studierenden vermuteten negativen Bildes von den Polen minderwertig fühlt und dies ihre eigene Initiative hemmt, Kontakte aufzunehmen.

An der zitierten Textstelle kann man sehen, dass die ausländischen Studierenden in Kontakten mit Deutschen überprüfen, ob die bei den Deutschen vermuteten Einstellungen zu Personen ihrer Nationalität zutreffen. Da sich die Studierenden häufig, ähnlich wie Agatha, in Deutschland als Repräsentanten ihres Herkunftslandes und seiner Bevölkerung begreifen, deuten sie Desinteresse und ablehnende Reaktionen der deutschen Studierenden häufig als Ausdruck eines negativen Bildes ihres Landes bei den Deutschen. Dies trifft besonders bei Studierenden zu, die, wie Agatha, bei den Deutschen schon vor ihrem Deutschlandaufenthalt ein negatives Image ihres Landes vermutet haben. Dass Erwartungen bekanntlich eher bestätigt, als widerlegt werden, trifft auch in diesem Fall zu. Hier scheint es sich um einen »Teufelskreis« zu handeln. Erasmusstudierende, die bei den Deutschen ein negatives Bild von Personen ihrer Nationalität vermuten, scheuen sich, ähnlich wie Agatha, Kontakte zu ihnen aufzunehmen. Ohne eigene Kontaktinitiative scheint es aber in der Regel nicht zu gelingen, deutsche Freundschaften aufzubauen. Bestehen jedoch keine deutschen Freundschaften, erfahren die Befragten auch wenig Interesse der Deutschen an ihrem Land, so dass auch das von den Befragten ursprünglich vermutete negative Fremdbild bei den Deutschen nicht widerlegt werden kann. Die eigenen wenigen deutschen Kontakte werden von den Befragten dann wieder auf die bei den Deutschen vermuteten negativen Einstellungen zu Personen ihrer Nationalität zurückgeführt.

### 5.3.2.2  Multivariate Erklärungsmodelle der Deutschland- und Heimatbilder

Nachdem nun die Variablen vorgestellt wurden, die einen statistisch nachweisbaren Einfluss auf die von den ausländischen Studierenden geäußerten Bilder von den deutschen Studierenden und jenen aus ihrem Herkunftsland haben, soll ein multivariates Erklärungsmodell berechnet werden, das Aufschluss über den Einfluss der einzelnen Erklärungsvariablen im Zusammenspiel mit allen anderen Variablen geben kann.

Als multivariates Analyseverfahren, mit dem die Abhängigkeit meiner dichotomen Variablen »Bild von deutschen Studierenden« und »Bild von Studierenden der eigenen Nationalität«[92] von den unabhängigen Variablen getestet werden kann, wird die »Logistische Regression« angewandt. Es wird die Methode der »Vorwärtsselektion« gewählt.

### 5.3.2.2.1    Erklärung des Bildes von den deutschen Studierenden

Wie unter 5.3.2.1 dargestellt wurde, weisen der »Umfang und die Intensität der Kontakte zu deutschen Studierenden«, das »Alter der Befragten«, ihre »Gasthochschule«, ihre »Nationalität« und das von ihnen »vermutete Bild von Studierenden ihrer Nationalität bei den deutschen Kommilitonen« bivariate Korrelationen mit dem zu erklärenden »Bild von den deutschen Studierenden« auf. Diese fünf Variablen werden als unabhängige Variablen in die multivariate Analyse einbezogen. In der Klassifizierungstabelle ist die Vorhersagewahrscheinlichkeit des »Bildes von deutschen Studierenden« nach Eingabe der unabhängigen Variablen zu erkennen (siehe Tabelle 19).

**Klassifizierungstabelle**[a]

|  |  |  | Vorhergesagt | | |
|---|---|---|---|---|---|
|  |  |  | Bild von den deutschen Studierenden | | Prozentsatz der Richtigen |
|  | Beobachtet |  | gut | schlecht |  |
| Schritt 1 | Bild von den deutschen | gut | 50 | 42 | 54,3 |
|  | Studierenden | schlecht | 19 | 74 | 79,6 |
|  | Gesamtprozentsatz |  |  |  | 67,0 |
| Schritt 2 | Bild von den deutschen | gut | 63 | 29 | 68,5 |
|  | Studierenden | schlecht | 28 | 65 | 69,9 |
|  | Gesamtprozentsatz |  |  |  | 69,2 |

a. Der Trennwert lautet ,500

*Tabelle 19: Multivariate Berechnung zur Erklärung des »Bildes von den deutschen Studierenden«.Erläuterung: In Schritt 1 eingegebene Variable: Kontakte zu deutschen Studierenden. In Schritt 2 eingegebene Variable: Nationalität.*

Aus Tabelle 19 ist zu entnehmen, dass nur zwei der fünf Variablen, die Korrelationen mit dem »Bild von den deutschen Studierenden« aufweisen, in das Gesamtmodell aufgenommen werden. Die »Gasthochschule« das »Alter« und das »bei den deutschen Studierenden vermutete Bild von Studierenden der eigenen Nationalität« werden nicht in die Berechnungen einbezogen, da sich diese Variablen im Gesamtmodell nicht als signifikant erweisen. Es scheint sich die bei den Erklärungen der bivariaten Korrelationen aufgestellte Hypothese zu bestätigen, dass sich der Einfluss der Gast-

---

92 Diese Variablen wurden auf der S. 277 erläutert.

hochschule auf die von den Befragten geäußerten Bilder von den deutschen Studierenden größtenteils durch den unterschiedlich großen Umfang ihrer Kontakte zu deutschen Studierenden je nach Gasthochschule und die unterschiedliche nationale Zusammensetzung der Gruppe der Erasmusstudierenden an den untersuchten Hochschulen, erklären lässt (siehe S. 304 ff.). Die von den ausländischen Befragten »bei den deutschen Studierenden vermuteten Bilder von Studierenden ihrer Nationalität« erweisen sich im Gesamtmodell nicht als signifikante Erklärungsgröße, da sie sich vermutlich ebenfalls auf den Umfang an deutschen Kontakten zurückführen lassen, wie auch schon vermutet wurde (siehe S. 306 ff.).

Die Tabelle 19 weist zwei Analyseschritte nach, in denen jeweils eine zusätzliche Variable in die Berechnungen aufgenommen wird. Nach diesen zwei Schritten hat sich die Anpassung des Gesamtmodells signifikant um $\chi^2 = 36{,}318$ verbessert. Insgesamt gehen 184 der vorliegenden 197 Fälle in die Berechnungen ein. Im ersten Analyseschritt werden die »Kontakte zu deutschen Studierenden« in das Modell eingegeben. Diese Variable ist insgesamt die wichtigste Erklärungsvariable. Bei ihrer Kenntnis, können 67% der beobachteten Antworten richtig errechnet werden. Im zweiten Schritt wird die »Nationalität« der Befragten zusätzlich in das Modell aufgenommen. Diese Variable unterscheidet die Studierenden der vier am häufigsten befragten Nationalitäten (Franzosen, Engländer, Polen und Spanier). Bei Kenntnis in welchem Umfang die Befragten Kontakte zu deutschen Studierenden pflegen und bei dem Wissen aus welchem Herkunftsland die Betreffenden kommen, kann zu 69,2% richtig vorhergesagt werden, ob sie ein gutes oder schlechtes Bild von deutschen Studierenden äußern werden. Am Ende der Analyse liegt die Wahrscheinlichkeit, dass die Prognose eines guten Bildes von den deutschen Studierenden zutrifft bei 68,5% und die Wahrscheinlichkeit, dass die Prognose eines schlechten Bildes zutrifft bei 69,9% (siehe Tabelle 19).

### 5.3.2.2.2   Erklärung des Bildes von Studierenden der eigenen Nationalität

Von den drei Variablen, bei denen Korrelationen mit dem Selbstbild der Studierenden festgestellt wurden, »Alter«, »Umfang an Kontakten zu deutschen Studierenden« und »Nationalität«[93], erweist sich im multivariaten Modell nur die unabhängige Variable »Nationalität« als signifikante Erklärungsgröße für das Bild, welches die Befragten von Studierenden ihrer Nationalität entwerfen. Nach Eingabe der »Nationalität« können 69,6% der beobachteten Antworten richtig vorhergesagt werden. Zu 95,4% können gute Bilder von Studierenden der eigenen Nationalität richtig vorhergesagt werden und zu 36,1% schlechte (siehe Tabelle 20). Die Anpassung des Gesamtmodells hat sich nach Eingabe der Nationalität signifikant um $\chi^2 = 37{,}831$ verbessert.

---

93 Unter »Nationalität« ist die Zugehörigkeit zu einer der vier am häufigsten befragten Nationalitäten gemeint (Franzosen, Engländer, Polen oder Spanier).

Die wichtigste unabhängige Variable zur Erklärung der Ausprägung des Selbstbildes der Befragten ist demnach ihre Nationalität. Der Umfang an Kontakten zu deutschen Studierenden erweist sich im Gesamtmodell nicht als signifikante Erklärungsgröße. Es ist jedoch zu vermuten, dass sich ein Einfluss der sozialen Kontakte zu deutschen Studierenden auf die Ausprägungen der nationalen Selbstbilder der Befragten durch die Variable Nationalität äußert, da, wie schon dargestellt, die deutschen Kontakte der Befragten je nach Nationalität sehr unterschiedlich umfangreich sind (siehe S. 304 ff.).

**Klassifizierungstabelle[a]**

| | | | Vorhergesagt | | |
|---|---|---|---|---|---|
| | | | Bild von Studierenden der eigenen Nationalität | | |
| | Beobachtet | | gutes Bild | schlechtes Bild | Prozentsatz der Richtigen |
| Schritt 1 | Bild von Studierenden der eigenen Nationalität | gutes Bild | 103 | 5 | 95,4 |
| | | schlechtes Bild | 53 | 30 | 36,1 |
| | Gesamtprozentsatz | | | | 69,6 |

a. Der Trennwert lautet ,500

*Tabelle 20: Multivariate Berechnung zur Erklärung des »Bildes von den Studierenden aus dem Herkunftsland«.Erläuterung: In Schritt 1 eingegebene Variable: »Nationalität«.*

### 5.3.3 Diskussion der Ergebnisse vor dem Hintergrund der theoretischen Überlegungen und bisherigen empirischen Ergebnisse zu den Deutschland- und Heimatbildern

Die Analyse der qualitativen Interviews hat gezeigt, dass Erasmusstudierende, die Deutschland- und Heimatbilder entwerfen, nur bedingt über Merkmale der physischen Räume sprechen. Der Name des Herkunftslandes wird von den ausländischen Studierenden dagegen häufig als Symbol für ihre engen sozialen Bindungen und Gewohnheiten verstanden, die entweder als einengend erlebt werden oder als Sicherheit gebend begrüßt werden. »Deutschland« steht, in Abhängigkeit von den individuellen Bedeutungen, welche der »Heimat« zugeschrieben werden, häufig für Befreiung oder Entwurzelung. Bei den Bildern der Erasmusstudierenden von Deutschland und dem Herkunftsland handelt es sich demnach im Raumabstraktionen, deren einzige physisch-materielle Komponente häufig darin besteht, dass es sich um Räume handelt, die sich in räumlicher Distanz zueinander befinden, was die Hypothese 24 bestätigt. Nur einige wenige Befragte stellen sich im qualitativen Interview als »EuropäerInnen« oder »WeltbürgerInnen« dar und konstruieren ihre Bilder von Deutschland und jene von ihren Herkunftsländern nicht als Gegensatzpaare, sondern betonen die Ähnlichkeiten der beiden Länder.

Wichtigste Elemente der von den Befragten entworfenen Bilder sind nicht die physischen Merkmale ihrer Länder, sondern deren Bevölkerungen. Diesen werden,

entsprechend den allgemeinen Deutschland- und Heimatbildern der Befragten, gegensätzliche oder ähnliche Eigenschaften zugeschrieben. Wie lässt sich nun erklären,
warum einige Befragte immer wieder die großen kulturellen Unterschiede zwischen
den Deutschen und den Personen ihrer Nationalität betonen, während andere Probanden die Existenz von »Mentalitätsunterschieden« leugnen?

Einstellungen zur Gastlandbevölkerung und zur Bevölkerung des Heimatlandes
werden in der Austauschforschung u. a. als Ergebnisse von »Kulturkontakten« untersucht (siehe 3.1.2.2.1 und 3.1.3.2). Studien, die von der »Kontakthypothese« ausgehen, die also versuchen, die Hypothese zu verifizieren oder zu falsifizieren, dass
Kontakte der ausländischen Studierenden zur Bevölkerung ihres Gastlandes zu positiven Einstellungsänderungen bei den Gaststudierenden führen, kommen zu keinen
klaren Ergebnissen (siehe 3.1.3.2.1). In bisherigen Studien zeigt sich, dass die Sozialkontakte zischen Gruppen unterschiedlicher Nationalität sowohl Vorurteilsabbau
als auch Vorurteilssteigerung oder gar keine Einstellungsänderung bewirken können.
Wenig Klarheit besteht demnach in bisherigen Forschungen zu diesem Thema darüber, in welchen Fällen soziale Kontakte mit der Bevölkerung des Gastlandes zu
positiven Einstellungen gegenüber der Gastlandbevölkerung führen, in welchen nicht
und wie sich diese Ergebnisse erklären lassen.

Auch von mir wurde die in der Austauschforschung diskutierte Hypothese untersucht, dass interkulturelle Kontakte die Einstellungen der Betreffenden zum an-
derskulturellen Interaktionspartner positiv beeinflussen. In meiner Untersuchung
wird ein starker Zusammenhang zwischen dem Umfang/ der Intensität an Kontakten
der Befragten zu deutschen Studierenden und ihren Einstellungen zu dieser Gruppe
festgestellt. Befragte, die intensive Kontakte zu deutschen Studierenden haben, äußern ein wesentlich positiveres Bild von den Deutschen als Erasmusstipendiaten, die
über wenige deutsche Kontakte verfügen. Diese Ergebnisse scheinen die »Kontakthypothese« zu bestätigen. Wie die Analyse der qualitativen Interviews zeigt,
haben jedoch nicht alle Personen, die deutsche Freundschaften pflegen, ein positives
Bild von den Deutschen und nicht alle Probanden, die keine deutschen Kontakte
haben, äußern ein negatives Bild von den Deutschen. Hier stellt sich die Frage, in
welchen Fällen ein positiver Einfluss der Kontakte zur Bevölkerung des Gastlandes
auf die Fremdbilder zu beobachten ist und wie sich dieser Einfluss erklären lässt.
Ebenso muss untersucht werden, in welchen Fällen geringe deutsche Kontakte zu
negativen Einstellungen zur deutschen Bevölkerung führen und wie dies begründet
werden kann.

Ausgehend von handlungstheoretischen Überlegungen werden die Einstellungen,
welche die Befragten von den Deutschen äußern, als Resultate ihrer individuellen
Entscheidungen interpretiert. Es wird von mir angenommen, dass sich die Probanden
für diejenigen Einstellungen entscheiden, von denen sie vermuten, dass sie die Erreichung von individuellen Zielen bei nur geringen »Kosten« möglich machen. Jetzt
stellt sich die Frage, welchen individuellen Zielen die Kreation von bestimmten
Deutschland- und Heimatbildern dienen könnte.

Zur Beantwortung dieser Frage habe ich mich mit den in der Sozialpsychologie diskutierten Funktionen von nationalen Stereotypen beschäftigt (siehe 3.1.3). Psychologische Forschungen haben ergeben, dass die Stereotypisierung der eigenen nationalen Gruppe (Autostereotyp) häufig positiver ist als die der fremdnationalen Gruppe (Heterostereotyp). Die sozialen Funktionen der Stereotypen seien vor allem, die jeweilige eigene Gruppe von anderen Gruppen abzugrenzen und zu stabilisieren. Dennoch muss nicht in allen Gruppen von Personen der gleichen Nationalität die Gruppenidentität über kulturelle Gemeinsamkeiten der Gruppenmitglieder geschaffen werden. Gruppenpsychologischen Forschungen haben gezeigt, dass die Gruppenmitglieder die Gruppenidentität über wahrgenommene Ähnlichkeiten aktiv herstellen (siehe 3.2.6). So macht erst der Glaube an eine gemeinsame Abstammung, Tradition und Kultur eine Gruppe zur »ethnischen Gruppe«. Diese Erkenntnisse bedeuten auch, dass Gruppenidentität über alle möglichen wahrgenommenen Ähnlichkeiten hergestellt werden kann und das die »Nationalität« oder »Kultur« nur einige unter anderen möglichen Kriterien darstellen, über die Gemeinsamkeit hergestellt werden kann.

Diese psychologischen Ergebnisse bedeuten für meine Arbeit, dass nicht nur die Kontakte der ErasmusstudentInnen zur deutschen Bevölkerung betrachtet werden müssen, sondern auch ihre Kontakte zu Personen ihrer eigenen Nationalität in der Austauschstadt. Sind die Probanden in ihre Nationalitätengruppen integriert, ist nach den beschriebenen sozialen Funktionen von nationalen Stereotypen zu erwarten, dass ihre Autostereotypen wesentlich positiver ausfallen als ihre Heterostereotypen. Diese Hypothese hat sich durch die Analyse der qualitativen Interviews größtenteils bestätigt. Demnach ist das Bild von den Deutschen bei Personen, die hauptsächlich mit Personen ihrer Nationalität in der Austauschstadt befreundet sind besonders negativ. Die Gruppenmitglieder scheinen sich nach den bisherigen Überlegungen dann für ein positives Bild von Personen ihrer Nationalität und ein negativeres von den Deutschen zu entscheiden, wenn sie auf diese Weise erfolgreich die eigene Gruppe positiv definieren und abgrenzen können. Dies ist nur bedingt möglich, wenn es sich um eine multikulturelle Gruppe ausländischer Studierender handelt oder wenn die Gruppenmitglieder neben den Kontakten zu ausländischen Studierenden auch noch deutsche Freundschaften pflegen. Probanden die sowohl deutsche als auch ausländische Freunde haben, äußern häufig ein differenziertes Bild von den Deutschen, das es vermutlich erlaubt, die Gruppe der deutschen Freunde als positive Ausnahmen von der Regel zu definieren. Auf diese Weise wird sowohl die Identifikation mit der Nationalitätengruppe über ein generell negatives Bild von den Deutschen als auch jene mit den deutschen Freunden möglich.

Von Vertretern der »Kontakthypothese« ist vermutet worden, dass Kontakte mit der Gastlandbevölkerung soziale Vorurteile beseitigen könnten, da in der Interaktion die Möglichkeit bestünde, diese durch konkrete Erfahrungen zu widerlegen und Ähnlichkeiten wahrzunehmen. Die Analyse meiner Daten bestätigt diese Vermutung. Ausländische Studierende, die deutsche Freunde haben, betonen häufig die interkulturellen Ähnlichkeiten bzw. die Unwichtigkeit nationalkultureller Unterschiede. Die oben angesprochenen gruppenpsychologischen Erkenntnisse können auch bei der Beantwortung der Frage helfen, warum diese Gruppe von Studierenden häufig die Ähnlichkeiten zu ihren deutschen Freunden betont. Soziale Gruppen definieren sich, wie oben ausgeführt, immer über Ähnlichkeiten der Gruppenmitglieder. Ausländische Studierende, die deutsche Freundschaften pflegen, können sich mit ihren deutschen Freunden nicht über ihre Nationalität definieren, so dass andere Merkmale betont werden müssen, um Gemeinsamkeit herzustellen. Aus diesem Grund erstaunt es nicht, dass sie sowohl den deutschen als auch den ausländischen Studierenden vorwiegend positive Eigenschaften zuschreiben und die interkulturellen Ähnlichkeiten betonen.

Der Rückgriff auf bestehende Erkenntnisse im Bereich der Gruppenpsychologie erlaubt es, wie gezeigt wurde, in vielen Fällen den Zusammenhang zwischen den von den Befragten geäußerten nationalen Selbst- und Fremdbildern und dem Umfang/ der Intensität ihrer deutschen Kontakte während des Deutschlandaufenthalts zu erklären. Neben diesen gruppenpsychologischen Erklärungen, gibt es noch eine andere Möglichkeit, die Entscheidung der Probanden, die über wenige deutsche Kontakte verfügen, für ein negatives Bild von den Deutschen zu begründen. In psychologischen Attribuierungstheorien wird angenommen, dass Menschen Attribuierungen vornehmen können, um ihre Selbstwertschätzung zu erhöhen, sich positiv darzustellen, ihre Leistungen zu sichern und ihre Fehler zu leugnen (vgl. Stroebe, 1992). Von Weiner (1986) wird vermutet, dass Menschen Erfolge vor allem »intern« erklären, d.h. die Ursache des Ergebnisses in sich selbst suchen und Misserfolge auf »externe« Bedingungen, d.h. auf Faktoren zurückführen, die sie selbst nicht beeinflussen können, um ihr Selbstwertgefühl zu stärken bzw. nicht zu verletzen. Von mir ist vermutet worden, dass wenige Kontakte zu Deutschen von den Befragten als Misserfolge interpretiert werden, die vorwiegend »extern« erklärt werden und dass viele deutsche Kontakte als Erfolge gesehen werden, denen die Befragten »interne« Ursachen zuschreiben. Diese Hypothesen haben sich durch die Analyse meiner Daten weitgehend bestätigt. Wenige deutsche Kontakte werden von den befragten Erasmusstudierenden tatsächlich vor allem »extern« durch fehlende Kontaktmöglichkeiten oder das fehlende Interesse der deutschen Interaktionspartner erklärt. Studierende mit deutschen Kontakten sehen diese in der Regel als Erfolge, die sie auf »interne« Faktoren wie die eigenen Fähigkeiten und die eigene Initiative zurückführen. Das Bild von den Deutschen/deutschen Studierenden kann demnach bei ausländischen Studierenden ohne deutsche Kontakte auch aus dem Grund besonders negativ sein, da die wenigen deutschen Kontakte auf diese Weise mit geringen individuellen »Kosten« erklärt werden können und kein individuelles Scheitern eingestanden werden muss. Die Attribuierungstheorien haben keinen zusätzlichen Erklärungswert, wenn die wenigen deutschen Kontakte von den Befragten nicht als Misserfolge gesehen werden oder wenn diese auf »interne« Faktoren zurückgeführt werden (siehe Abbildung 39).

Untersucht man die Bilder, welche die Befragten von den deutschen Studierenden entwerfen, kann man beobachten, dass die Deutschen vor allem anhand nationalen Stereotypen charakterisiert werden. Zur Erklärung dieses Ergebnisses wird wieder die Stereotypenforschung herangezogen. Nationale Stereotypen werden dort als vereinfachte Repräsentationen der sozialen Umwelt gesehen, die den Nationalitäten bestimmte Eigenschaften zuordnen und vor allem der schnellen Informationsverarbeitung und damit der Gewährleistung der Handlungsfähigkeit dienen (siehe S. 52). Sie gehören zum kollektiven Wissensbestand der Völker und der Einzelne hat sie sich im Prozess seiner Sozialisation angeeignet. Die Stereotypen über die Bevölkerung des eigenen Landes sind in der Regel positiver als die, mit denen die Bevölkerungen anderer Länder charakterisiert werden.

Die hohe Verbreitung relativ einheitlicher nationaler Stereotypen in den Herkunftsländern der ausländischen Studierenden scheint sich in meiner Erhebung zu bestätigen, da Befragte der gleichen Nationalität ähnliche Bilder von den Deutschen und von Personen ihrer eigenen Nationalität äußern (siehe S. 296 ff.). Da nationalen Stereotypen nach der Stereotypenforschung allen Personen einer Nationalität bekannt sind und die eigene Nationalität in der Regel positiver als alle anderen definieren, bieten sie sich Studierenden eines Landes an, die nach Ähnlichkeiten suchen, um die eigene Gruppe in Deutschland positiv zu definieren und von den Deutschen abzugrenzen. Über die allen bekannten nationalen Selbst- und Fremdbilder wird die Identifikation mit den Gruppenmitgliedern offensichtlich besonders einfach möglich. Auch das geteilte Wissen über stereotypes deutsches Verhalten, kann vermutlich dass Zusammengehörigkeitsgefühl der Gruppenmitglieder stärken. Das Kriterium »Nationalität« wird von Gruppen ausländischer Studierender in Deutschland vermutlich u. a. aus dem Grund so häufig zur Kreation der Gruppenidentität herangezogen, da es ein offensichtliches und allgemein anerkanntes Unterscheidungskriterium darstellt. Die Distanzierung von den Deutschen durch den Gebrauch der Heterostereotypen erscheint auch aus dem Grund als besonders einfach, da den Deutschen in den Herkunftsländern der Befragten vorwiegend geringe soziale Kompetenzen geschrieben werden. Die negativen Eigenschaften der Deutschen wie Kälte, Distanz und Starrheit werden von Probanden aus den südlichen Ländern häufig auf das kalte Klima Deutschlands zurückgeführt. Auch die »Klimatheorie« erlaubt es, der eigenen Gruppe positive Eigenschaften wie Wärme, Herzlichkeit und Offenheit zuzuschreiben und ein Gemeinschaftsgefühl entstehen zu lassen. Der Gebrauch der Stereotypen über die Deutschen bietet sich auch für Studierende an, die durch »externe« Faktoren ihre wenigen deutschen Kontakte allgemein akzeptiert erklären und rechtfertigen möchten. Demnach kann die Hypothese 26 nicht als bestätigt gelten, in der angenommen wurde, dass die in den Nationalitätengruppen verbreiteten Einstellungen zum »eigenen« und »fremden« Land Abbilder der Raumabstraktionen sind, die in der sozialen Kommunikation der Gruppe geschaffen werden. Die Gruppen ausländischer Studierender scheinen vielmehr die ihnen schon bekannten stereotypen Auto- und Heterostereotypen zu Festigung ihrer Gruppenidentität zu instrumentalisieren.

Während die Analyse des Umfangs an deutschen Kontakten u. a. erklären kann, warum welche Probanden den Personen ihres Landes wesentlich positivere Eigenschaften zuschreiben als den Deutschen, können mit Hilfe der Ergebnisse der Stereotypenforschung die genauen Ausprägungen der nationalen Selbst- und Fremdbilder begründet werden. Zudem wird verständlich, warum sich gerade nationale Stereotypen besonders gut eignen, Gruppenidentitäten von ausländischen Studierenden in Deutschland herzustellen und wenige deutsche Kontakte zu rechtfertigen.

Unabhängig von den sozialen Kontakten in Deutschland lässt sich beobachten, dass einige Befragte während der quantitativen sowie während der qualitativen Befragung generell den Gebrauch von Stereotypen ablehnen. Hierbei scheint es sich u. a. um Studierende zu handeln, die durch Schule, Studium oder eigene Erfahrungen gelernt haben, dass man Stereotypisierungen nicht gebraucht, da diese u. a. zu Diskriminierungen führen können. Zudem könnte es auch sein, dass die Befragten sich vor der deutschen Forscherin besonders positiv, als »vorurteilsfrei« darstellen möchten. Studierende dieser Gruppe sehen sich häufig als »WeltbürgerInnen« oder »EuropäerInnen«. Ob nationale Stereotypen von den Befragten gebraucht werden oder nicht, hängt demnach nicht nur von der nationalen Zusammensetzung ihres Freundeskreises während des Deutschlandaufenthalts ab, die besonders häufige Interaktionspartnern sind, sondern auch von ihrem Selbstbild und/oder von der von ihnen gewählten Selbstdarstellungsstrategie im Interview.

Nach den bisherigen Ausführungen ist klar geworden, dass die ursprüngliche »Kontakthypothese« zur Erklärung der von den ausländischen Studierenden geäußerten nationalen Selbst- und Fremdbildern bei Weitem nicht ausreicht. Ihre Defizite, die vor allem im Bereich der Begründung des angenommenen Zusammenhangs zwischen dem Umfang an Kontakten der ausländischen Studierenden zur Bevölkerung des Gastlandes und der von den Befragten geäußerten Einstellungen zur Gastlandbevölkerung liegen, konnten durch die Integration von Ergebnissen der Stereotypenforschung, der Gruppenpsychologie und der Attribuierungsforschung größtenteils behoben werden. Es zeigt sich, dass es nicht ausreicht, die deutschen Kontakte der ausländischen Studierenden mit ihren Einstellungen zu den Deutschen in Verbindung zu bringen. So müssen nicht in allen Fällen soziale Kontakte der ausländischen zu deutschen Studierenden zu positiven Bildern von den Deutschen führen. Nicht in allen Fällen ergibt sich ein negativer Einfluss des Fehlens von deutschen Kontakte auf die Bilder von den Deutschen. Bei den Befragten, bei denen sich ein negativer Einfluss des Mangels an deutschen Kontakten auf ihre Einstellungen zu den Deutschen manifestiert, lassen sich unterschiedliche Gründe für diesen Zusammenhang finden. Die nationalen Fremdbilder können nicht losgelöst von den nationalen Selbstbildern betrachtet werden, da sie sich häufig aufeinander beziehen und gegenseitig definieren.

Zur Erklärung der nationalen Selbst- und Fremdbilder sind eine Vielzahl von Variablen notwendig. Es müssen neben den deutschen Kontakten auch die sonstigen sozialen Kontakte der Untersuchten im Gastland bekannt sein. Der Wert, der deutschen Kontakten von den Betroffenen zugeschrieben wird und ihr Selbstbewusstsein spielen eine Rolle, um vorher sagen zu können, ob ausländische Studierende das Fehlen von deutschen Kontakten als Misserfolg wahrnehmen werden, der dann durch »externe« Faktoren erklärt wird. Neben diesen Faktoren sollte auch bekannt sein, wie sensibel der/die Betreffende für den Gebrauch von nationalen Vorurteilen ist und ob die Nationalität ein wichtiger Bestandteil seines/ihres Selbstbildes ist. Bei Kenntnis dieser wichtigsten Erklärungsvariablen kann vorhergesagt werden, ob die Betreffenden sozialen Kategorisierungen aufgrund von nationalen Eigenschaften eine große Bedeutung zuschreiben werden oder nicht. Bei ausländischen Studierenden, für die nationale Charakteristika wichtige Unterscheidungskriterien darstellen mit denen sie ihre soziale Umwelt strukturieren, sollte ihre Nationalität bekannt sein, um die genauen Ausprägungen der nationalen Selbst- und Fremdbilder vorhersagen zu können.

318

# 6.  Zusammenfassung der Befunde

In dieser Arbeit wurde das Erasmusprogramm untersucht, welches das wichtigste Förderinstrument der Europäischen Union zur Intensivierung der Studierendenmobilität in Europa darstellt. Dieses europäische Mobilitätsprogramm verfolgt als Hauptzielsetzungen, die »Europakompetenzen« der zukünftigen Entscheidungsträger durch einen Studienaufenthalt im europäischen Ausland zu fördern, um so die europäische Zusammenarbeit auf lange Sicht zu gewährleisten. Unter »Europakompetenzen« werden Fremdsprachenkenntnisse, das Verständnis für andere europäische Kulturen, die Bereitschaft zur innereuropäischen Mobilität und hohe fachliche Qualifikationen verstanden. Zudem sollen sich die Erasmusstipendiaten, als »Prototypen« der neuen Europäer, mit der Europäischen Union identifizieren, was auch bedeutet, dass sie negative Stereotypen und Vorurteile gegenüber anderen europäischen Nationen ablegen und europäische Gemeinsamkeiten wahrnehmen lernen.

Die Ausgangsfrage meiner Arbeit war, inwieweit die Handlungsweisen der Stipendiaten den Zielsetzungen ihres Austauschprogramms entsprechen. Aus diesem Grund wurden die Studienbeteiligungen der Erasmusstudierenden an ihrer deutschen Gasthochschule, ihre Kontakte zur deutschen Bevölkerung sowie ihre Deutschland- und Heimatbilder untersucht. Bei den empirischen Erhebungen, welche an sechs ausgewählten Hochschulen in Mainz, Osnabrück, Köln, Wernigerode, Cottbus und Greifswald von Februar bis Mai 2000 stattfanden, wurden qualitative und quantitative Befragungsmethoden kombiniert, um auf diese Weise möglichst valide Ergebnisse zu erlangen. In einer ersten explorativen qualitativen Erhegungsphase konnte ein Überblick über die zu erwartenden Handlungsweisen der Befragten gewonnen werden. Daraus wurden Hypothesen für ihre Erklärung abgeleitet. Dies machte die Konstruktion eines Fragebogens möglich, der in der zweiten, quantitativen Erhebungsphase eingesetzt wurde. Die Vollerhebung der Erasmusstipendiaten an den sechs Erhebungshochschulen konnte Aufschluss über die quantitative Verteilung der Antworten geben, was die Berechnung des Einflusses der Erklärungsvariablen mit bi- und multivariaten Verfahren möglich machte. Anhand der Daten der dritten, qualitativen Erhebungsphase wurden zusätzliche Informationen über die Bedeutungszuschreibungen und Situationswahrnehmungen der Befragten gewonnen, welche nun die exakte Interpretation der Ergebnisse der quantitativen Erhebung möglich machte. Zudem konnte die »Inhaltsvalidität« des Fragebogens durch den Vergleich mit den »offenen« Antworten in den qualitativen Interviews beurteilt werden. Insgesamt kann ich aus meinen Erfahrungen den Einsatz von unterschiedlichen Erhebungs- und Auswertungsmethoden als sehr positiv beurteilen, da auf diese Weise ein tieferes

Verständnis des Untersuchungsgegenstandes und damit eine begründetere Theoriebildung möglich ist, als dies bei dem Einsatz von nur einer Methode der Fall wäre.

Zur Erklärung der erhobenen Wahrnehmungs- und Handlungsweisen der ausländischen Studierenden wurde auf die in der Soziologie und Sozialgeographie diskutierten handlungstheoretischen Ansätze zurückgegriffen. Die Intensität mit der sich die Erasmusstudierenden am Fachstudium an ihrer deutschen Gasthochschule beteiligen, die nationale Zusammensetzung ihres Freundeskreises während des Auslandsstudiums sowie ihre Deutschland- und Heimatbilder können diesen Ansätzen zufolge als Resultate von ihren individuellen Entscheidungen interpretiert werden. Die Analyse der empirischen Daten sollte, neben der Deskription der interessierenden Wahrnehmungs- und Handlungsweisen, die Frage beantworten, welche personalen und welche umgebungsbedingten Faktoren die individuellen Handlungsentscheidungen beeinflussen.

Zunächst wurde die Studienbeteiligung der Austauschstudierenden anhand der empirischen Daten untersucht. Es zeigten sich große individuelle Unterschiede in der Studienbeteiligung. Es finden sich Befragte, die sich nur in sehr geringem Umfang am Fachstudium an der Gasthochschule beteiligen (ca. 45%). Andere Erasmusstudierende zeigen eine »durchschnittliche« Studienbeteiligung (ca. 29%). Letztlich finden sich Probanden, die sehr intensiv studieren (ca. 26%). Insgesamt geben 54% der Probanden der quantitativen Erhebung an, dass sie für ihr Studium in Deutschland weniger Zeit investieren würden, als sie dies üblicherweise für ihr Studium im Heimatland täten. 27,4% der Befragten geben den gleichen Zeitaufwand an und 18,6% der Erasmusstudierenden beurteilen den Zeitaufwand für ihr Studium in Deutschland höher als für ihr Studium an ihrer Heimathochschule. Die Befragten der qualitativen Erhebungen äußerten sich sehr unzufrieden mit ihrem Zuwachs an Deutschkenntnissen. Fast die Hälfte der Befragten der quantitativen Erhebung schreibt sich auch nach mindestens einem Semester in Deutschland nur geringe Deutschkenntnisse zu und fühlt sich nicht in der Lage, eine Unterhaltung über politische oder gesellschaftliche Themen auf Deutsch zu führen. Diese Ergebnisse deuten darauf hin, dass die studienbezogenen Ziele des Erasmusprogramms, welche vorsehen, dass die ausländischen Studierenden ihr im Heimatland begonnenes Studium im Gastland fortsetzen und durch den Kontakt mit anderen inhaltlichen Schwerpunkten und unterschiedlichen Lehrmethoden ihre fachlichen und sprachlichen Kompetenzen erweitern, bei rund der Hälfte der befragten Erasmusstudierenden nicht erreicht werden. Dieses Ergebnis widerspricht den Aussagen bisheriger Erasmusevaluationen (Rosselle, 1999 und Teichler, 1999), die eine sehr intensive Studienbeteilung der von ihnen befragten Erasmusstudierenden erhoben haben und über große Kenntniszuwächse im sprachlichen und fachlichen Bereich berichten. Diese Erhebungen weisen jedoch erhebliche methodische Mängel auf, was an der Validität ihrer Ergebnisse zweifeln lässt (siehe 3.1.4).

Welche Faktoren beeinflussen nun die individuellen Entscheidungen für oder gegen eine intensive Studienbeteiligung an der Gasthochschule? Durch die Analyse meiner empirischen Daten konnten einige personale und einige umgebungsbezogene Einflussfaktoren ermittelt werden. Bei den personalen Faktoren ergibt sich, dass vor allem die Studienmotivation die Studienbeteiligung der Probanden beeinflusst. Gaststudierende, die sich für den Auslandsaufenthalt frei entscheiden konnten, die ein intrinsisches Interesse an ihrem Studienfach haben und/oder die vermeiden möchten, dass sich durch den Auslandsaufenthalt ihre Gesamtstudienzeit verlängert, beteiligen sich demnach intensiver am Fachstudium in Deutschland als Studierende, für die sich der Deutschlandaufenthalt als ein Pflichtteil ihres Studiums darstellt, die sich nur in geringem Maße für die Studieninhalte ihres Faches interessieren und/oder für die eine geringe Gesamtstudienzeit nicht oberste Priorität hat.

Erasmusstudierende vergleichen bei ihren Handlungsentscheidungen den Wert verschiedener Handlungsziele, die sich zum Teil widersprechen können. Ist die Studienmotivation geringer als das Interesse an der Realisierung anderer, unvereinbarer Aktivitäten, werden sich die Probanden für die Realisierung der *alternativen Handlungsziele* entscheiden und sich nur in geringem Maße am Fachstudium in Deutschland beteiligen. Diese Hypothesen werden durch die Ergebnisse der quantitativen Erhebung bestätigt. Mit zunehmender Häufigkeit von abendlichen Ausgehaktivitäten sinkt die Studienbeteiligung der Befragten. Das Interesse der Befragten an diesen *Freizeitaktivitäten* ist nach der Nationalität und dem Studienfach der Betreffenden unterschiedlich groß (siehe S. 173ff. und S. 179 ff.). Die Erwerbstätigkeit von 25% der Befragten, die durchschnittlich neun Stunden wöchentlich jobben, wirkt sich, entgegen meiner Annahmen, nicht negativ auf die Studienbeteiligung dieser Gruppe aus.

Bei den personalen Faktoren erschienen mir bei der Planung der Untersuchung zudem die *Deutschkompetenzen* der Erasmusstudierenden entscheidend die Intensitäten ihrer Studienbeteilungen zu beeinflussen. Es ergeben sich jedoch nur geringe Korrelationen zwischen den Deutschkompetenzen und dem Umfang der Studienbeteiligungen. Dies kann man darauf zurückführen, dass der Fachunterricht in einigen Studienfächern auf Englisch stattfindet und/oder dass Fächer studiert werden, in denen praktische Arbeiten dominieren, für deren Realisierung wenige oder keine Deutschkenntnisse nötig sind.

Auf der Seite der umgebungsbezogenen Faktoren definieren vor allem die Studienanforderungen die Handlungsmöglichkeiten und -barrieren der Befragten im Bereich der Studienbeteiligung.

In diesem Zusammenhang bestätigt sich meine Annahme, dass je höher die *Studienanforderungen* der Heimatuniversität sind, welche die Erasmusstudierenden während ihres Auslandsstudiums erfüllen müssen,, desto intensiver beteiligen sie sich am Fachstudium in Deutschland. Die Studienanforderungen scheinen je nach Studienfach, Nationalität und Gasthochschule unterschiedlich hoch zu sein (siehe S. 171 ff., S. 177 ff. und S. 179 ff.).

Zudem beeinflussen auch die Möglichkeiten, die in Deutschland erworbenen Leistungsnachweise auf das Studium an der Heimatuniversität anzurechen, die Studienbeteiligung der Betreffenden. Können die Leistungsnachweise nicht angerechnet werden, sinkt die Studienmotivation bei vielen Probanden, da sich ihre Gesamtstudienzeit unabhängig von der Intensität ihrer Studienbeteiligung in Deutschland verlängert. Erasmusstudierende, die nach Deutschland kommen, um ihre Fachstudien zu vertiefen, die ihr Studium wichtiger finden als abendliche Freizeitaktivitäten, die hohen Leistungsanforderungen ihrer Heimatuniversitäten ausgesetzt sind und hohe Deutschkompetenzen besitzen, werden sich somit stärker am Studium an der deutschen Gasthochschule beteiligen als ausländische Studierende, die nach Deutschland kommen, um eine Pause in ihrem Fachstudium einlegen zu können, die abendliche Freizeitaktivitäten wichtiger finden als an Lehrveranstaltungen teilzunehmen, die geringen Leistungsanforderungen ihrer Heimatuniversität begegnen müssen und die über nur geringe Deutschkompetenzen verfügen.

Nachdem die Studienbeteiligung der Stipendiaten an ihrer deutschen Gasthochschule beschrieben und erklärt worden ist, wurden im zweiten Ergebniskapitel der Umfang und die Intensität untersucht, mit denen die Befragten *Kontakte zur deutschen Bevölkerung* aufnehmen. Auch im Bereich der nationalen Zusammensetzungen der Freundeskreise während des Deutschlandaufenthalts lassen sich große individuelle Unterschiede feststellen. Einige Befragte haben ausschließlich deutsche Freunde. Andere unterhalten nur Kontakte zu ihren Landsleuten in der Austauschstadt oder pflegen vorwiegend Freundschaften mit ausländischen Studierenden, die aus dritten Ländern kommen. Zudem verfügen einige befragte Erasmusstudierende über einen multikulturellen Freundeskreis. Durchschnittlich lässt sich für die von mir untersuchten Probanden sagen, dass 64% der Befragten seltene und wenig intensive Kontakte zu deutschen Studierenden unterhalten. Nur 36% der Probanden haben häufige und intensive Kontakte zu deutschen Kommilitonen. Kontakte zur deutschen Bevölkerung außerhalb der jeweiligen Gasthochschule hat nur ein verschwindend geringer Teil von 2% der Befragten. Die Befragten äußern sich größtenteils sehr unzufrieden über ihre Kontaktdichte zu Deutschen. Dies hat häufig den Grund, dass die ausländischen Studierenden das Ziel haben, ihre Deutschkenntnisse durch Kontakte zu Deutschen zu verbessern und die Erreichung dieses Ziel als gefährdet ansehen. 74,7% der befragten Erasmusstudierenden beurteilen ihre Kontakte zu deutschen Studierenden als »nicht häufig genug« und/oder als »nicht intensiv genug«. Nur 25,4% der Probanden sind sowohl mit der Häufigkeit als auch mit der Intensität ihrer deutschen Kontakte zufrieden. Diese Ergebnisse belegen, dass die kulturellen Zielsetzungen des Erasmusprogramms, das häufige und intensive Kontakte zwischen Austauschstudierenden und Gastlandbevölkerung vermitteln möchte, bei einem Großteil der Befragten nicht erreicht werden. Nun stellt sich die Frage, warum die Befragten sich während ihres Deutschlandaufenthalts häufiger für Freundschaften zu ihren Landsleuten oder zu ausländischen Studierenden aus dritten Ländern entscheiden als für Freundschaften zu Deutschen. Auf der Grundlange der Auswertungen meiner empirischen Daten können einige Einflussfaktoren identifiziert werden, welche die individuellen Freundschaftswahlen erklären können. Es sind zunächst die umgebungsbezogenen

Möglichkeiten zur Kontaktaufnahme zwischen deutschen und ausländischen Studierenden zu nennen. Diese hängen nicht, wie ursprünglich angenommen, von der Größe der deutschen Hochschule ab. Stattdessen werden die interkulturellen Kontaktmöglichkeiten im Bereich des *Studiums* entscheidend davon beeinflusst, ob es sich bei der deutschen Gasthochschule um eine Campusuniversität handelt, ob es Sonderkurse für ausländische Studierende gibt, wie groß die Lehrveranstaltungen sind und welche Lehrmethoden dominieren. Im *Wohnbereich* bestimmt der Anteil der deutschen Studierenden an den Mitbewohnern der Erasmusstudierenden deren Möglichkeiten deutsche Kontakte zu knüpfen. Bei den durch die Erasmusorganisatoren organisierten *Freizeitaktivitäten* ist entscheidend, welche Betreuungsangebote bestehen und ob nur ausländische oder auch deutsche Studierende teilnehmen.

Die individuellen Freundschaftswahlen können nur zum Teil auf die Häufigkeit von »legitimen Anlässen zur interkulturellen Kontaktaufnahme« in den Lebensbereichen Studium, Freizeit und Wohnen zurückgeführt werden. Sie erklären sich erst vollständig, wenn man als personale Faktoren das Interesse der Befragten an deutschen Kontakten und ihre Deutschkenntnisse berücksichtigt.

Die Wahl von Deutschen als Freunde während des Deutschlandaufenthalts wird wahrscheinlich, wenn die Erasmusstipendiaten den Kontakten zu Deutschen einen hohen Wert zuschreiben (z. B. da sie ihre Deutschkenntnisse verbessern möchten) und die »Kosten« der Kontaktaufnahme (z. B. Verständigungsprobleme, Verlust von bestehenden Freundschaften, zeitlichen Aufwand, Risiko der Ablehnung) als gering einstufen. Die »Kosten« werden in der Regel dann als gering eingestuft, wenn die Betreffenden gut Deutsch sprechen, sich ihre bestehenden Freundschaften zu anderen ausländischen Studierenden mit der Kontaktaufnahme zu Deutschen vereinbaren lassen und sie häufige »legitime Anlässe« zu Kontaktaufnahme wahrnehmen.

Nachdem sowohl die Studienbeteiligungen der Stipendiaten als auch ihre Freundschaftswahlen während des Deutschlandaufenthalts mit Hilfe von handlungstheoretischen Überlegungen erklärt werden konnten, wurden im dritten Ergebnisteil meiner Arbeit die *Deutschland- und Heimatbilder* der Befragten analysiert.

Es zeigte sich, dass die Deutschland- und Heimatbilder der ausländischen Studierenden nicht als Abbilder oder Wahrnehmungen der physischen Räume verstanden werden können, sondern als Symbole im Rahmen individueller Handlungsverwirklichungen angesehen werden müssen. Die Bezeichnung »Deutschland« und der Name des Herkunftslandes stehen damit nur selten für räumliche Elemente, sondern häufig für das »Eigene« und das »Fremde« und drücken damit Identifizierungen oder Distanzierungen aus. »Deutschland« steht, in Abhängigkeit von den individuellen Bedeutungen, welche der »Heimat« zugeschrieben werden, bei vielen Befragten für Befreiung oder Entwurzelung. Nur einige wenige Austauschstudierende stellen sich im qualitativen Interview als »EuropäerInnen« oder »WeltbürgerInnen« dar und konstruieren ihre Bilder von Deutschland und jene von ihren Herkunftsländern nicht als Gegensatzpaare, sondern betonen die Ähnlichkeiten der beiden Länder.

Wichtigste Elemente der von den Befragten entworfenen Bilder sind nicht die physischen Merkmale ihrer Länder, sondern deren Bevölkerungen. Diesen werden, entsprechend den allgemeinen Deutschland- und Heimatbildern der Befragten, gegensätzliche oder ähnliche Eigenschaften zugeschrieben. Der Durchschnitt der Probanden der quantitativen Erhebung schreibt den deutschen Studierenden negativere Eigenschaften zu als den Studierenden seiner Nationalität. Die Studierenden aus den Herkunftsländern der Befragten werden als signifikant lustiger, wärmer, offener, spontaner und kontaktfreudiger beurteilt als die deutschen Kommilitonen. Die deutschen Studierenden erscheinen im Vergleich zu den ausländischen Studierenden als organisierter, fleißiger und pünktlicher. Diese Ergebnisse weisen darauf hin, dass die Ziele des Erasmusprogramms, ein positives Bild von der Bevölkerung des Gastlandes bei den Austauschstudierenden zu erreichen und die Aufgabe der Betonung von nationalen Unterschieden zu Gunsten europäischer Gemeinsamkeiten zu bewirken, bei einem überwiegenden Teil der Befragten nicht erreicht werden.

Nun stellt sich die Frage, welche Faktoren die Konstruktionen von Deutschland- und Heimatbildern beeinflussen. Wie lässt sich erklären, warum einige Befragte große kulturelle Unterschiede zwischen den Deutschen und Personen ihrer Nationalität wahrnehmen und den Landsleuten wesentlich positivere Eigenschaften zuschreiben als den Deutschen und andere Probanden die Existenz von »Mentalitätsunterschieden« leugnen und keine qualitativen Unterschiede zwischen den Deutschen und den Personen ihrer Nationalität machen? Ausgehend von handlungstheoretischen Überlegungen werden die Einstellungen, welche die Befragten von den Deutschen äußern, als Resultate ihrer Handlungsentscheidungen interpretiert. Es wird angenommen, dass sich die Probanden für diejenigen Einstellungen entscheiden, von denen sie vermuten, dass sie die Erreichung von individuellen Zielen bei nur geringen »Kosten« möglich machen. In diesem Zusammenhang stellte sich die Frage, welchen individuellen Zielen die Kreationen von bestimmten Deutschland- und Heimatbildern dienen könnten. Die Analyse der quantitativen Daten ergibt, dass vor allem der Umfang an Kontakten zu deutschen Studierenden die Einstellungen der Probanden zu ihren deutschen Kommilitonen beeinflusst. Ausländische Studierende, die häufige und intensive Kontakte zu deutschen Studierenden haben, entwerfen ein sehr viel positiveres Bild von ihren deutschen Kommilitonen als Stipendiaten, die keine deutschen Freunde haben. Bei Studierenden, die über viele deutsche Kontakte verfügen, nähern sich die Bilder von den Deutschen jenen von Personen der eigenen Nationalität stärker an als dies bei Gaststudierenden der Fall ist, die nur wenige deutsche Kontakte unterhalten. Der statistische Zusammenhang zwischen den Einstellungen der Probanden und ihren sozialen Kontakten während ihres Deutschlandaufenthalts wurde durch die Anwendung von sozialpsychologischen Erkenntnissen erklärt. Es wurde herausgefunden, dass die Befragten ihre nationalen Bilder so entwerfen, dass sie ihre bestehenden Freundschaften stabilisieren und erklären können. Probanden, die hauptsächlich mit anderen ausländischen Studierenden befreundet sind, identifizieren sich über positive Bilder von Personen ihrer Nationalität mit ihren

Nationalitätengruppen, die sich häufig durch ein negativeres Bild von den Deutschen nach außen abgrenzen. Erasmusstudierende, die während ihres Deutschlandaufenthalts hauptsächlich mit Deutschen befreundet sind, betonen dagegen kulturelle Gemeinsamkeiten, da nur auf diese Weise eine Identifikation mit ihren deutschen Freunden möglich wird.

Befragte, die über wenige deutsche Kontakte verfügen, können sich auch aus dem Grund für ein negatives Bild von den Deutschen entscheiden, da sie ihre fehlenden deutschen Kontakte als Misserfolge erleben, für die sie nicht die Verantwortung übernehmen wollen und diese aus diesem Grund durch die abweisende deutsche »Mentalität« erklären. Dieser Gruppe scheinen negative Bilder von den Deutschen dem Selbstschutz und/oder der positiven Darstellung im Interview zu dienen. Meine Ergebnisse zeigen, dass die Entscheidungen der Befragten für bestimmte Bilder nur über den Gebrauchswert verstanden werden können, welche die Einstellungen für sie erfüllen. Da diese von den Handlungszielen der Befragten abhängen, sind sie stark abhängig von den jeweiligen Handlungssituationen und den anwesenden Interaktionspartnern. Dies bedeutet, dass die Deutschland- und Heimatbilder, die den Befragten während des Deutschlandaufenthalts als sinnvolle Konstruktionen erscheinen, nach ihrer Rückkehr ins Heimatland vermutlich so modifiziert werden, dass sie der neuen Lebenssituation mit anderen Bezugspersonen gerecht werden können.

Die genauen Ausprägungen der nationalen Bilder hängen nach der Analyse der quantitativen Daten vor allem von den Staatsangehörigkeiten der Befragten ab. Dies kann man als einen Rückgriff der Befragten auf ihnen bekannte Auto- und Heterostereotypen erklären. In den Gruppen von ausländischen Studierenden in Deutschland werden demnach nicht völlig neue Bilder von den Deutschen kreiert, sondern die Gruppenmitglieder greifen zur Stabilisierung ihrer Gruppe auf die ihnen schon bekannten nationalen Stereotypen zurück. Da nationale Stereotypen nach der Stereotypenforschung allen Personen einer Nationalität bekannt sind und sie die eigene Nationalität in der Regel positiver als alle anderen definieren, bieten sie sich Studierenden eines Landes an, die nach Ähnlichkeiten suchen, um die eigene Gruppe in Deutschland positiv zu definieren und von den Deutschen abzugrenzen. Über die bekannten nationalen Selbst- und Fremdbilder ist die Identifikation mit eigenen Nationalitätengruppe offensichtlich besonders einfach möglich. Auch das geteilte Wissen über stereotypes deutsches Verhalten kann vermutlich dass Zusammengehörigkeitsgefühl der Gruppenmitglieder stärken. Das Kriterium »Nationalität« wird von Gruppen ausländischer Studierender in Deutschland vermutlich aus dem Grund so häufig zur Kreation der Gruppenidentität herangezogen, da es ein offensichtliches und allgemein anerkanntes Unterscheidungskriterium darstellt. Die Distanzierung von den Deutschen durch den Gebrauch der Heterostereotypen ist einfach, da den Deutschen in den Herkunftsländern der Befragten vorwiegend geringe soziale Kompetenzen zugeschrieben werden.

Abschließend ist zu sagen, dass sich handlungstheoretische Überlegungen sehr gut eignen, um die Wahrnehmungs- und Handlungsweisen von ausländischen Studierenden zu analysieren. Meine empirischen Daten beziehen sich auf die Erasmusstudie-renden an sechs deutschen Hochschulen. Wie die genauen Studienbeteiligungen der Stipendiaten, ihre Kontakte zur deutschen Bevölkerung und ihre Deutschland- und Heimatbilder aussehen, ist von untersuchter Hochschule zu untersuchter Hochschule unterschiedlich. Die Einflussfaktoren, die die Handlungsentscheidungen der Aus-tauschstudierenden maßgeblich beeinflussen, sind jedoch identisch. Sie variieren von Hochschule zu Hochschule nur in ihren Ausprägungen. Damit ist die »theoretische Generalisierbarkeit« meiner Ergebnisse gegeben, was bedeutet, dass sich bei der Analyse der Studienbeteiligungen, der sozialen Kontakte und der Deutschlandbilder von Erasmusstudierenden in anderen Städten oder Ländern voraussichtlich die glei-chen Faktoren als relevante Einflussgrößen erweisen wie in meiner Untersuchung.

# 7. Empfehlungen

Durch die Analyse der Studienbeteiligung der befragten Erasmusstudierenden, ihrer sozialen Kontakte während des Deutschlandaufenthalts sowie ihrer Deutschland- und Heimatbilder wurde offensichtlich, dass die studienbezogenen, kulturellen und politischen Ziele, die das Erasmusprogramm verfolgt, bei einem Großteil der Stipendiaten nicht erreicht werden. In meiner Arbeit wurden die wichtigsten Einflussfaktoren identifiziert, welche die Studienbeteiligungen der Erasmusstipendiaten, ihre sozialen Kontakte und ihre Deutschland- und Heimatbilder entscheidend beeinflussen. In Bezug auf diese Faktoren werden nun einige Empfehlungen gegeben, wie die Auswahl der Stipendiaten und ihre fachliche und soziale Betreuung im Gastland modifiziert werden müsste, um die studienbezogenen, kulturellen und politischen Zielsetzungen des Erasmusprogramms zu erfüllen.

## 7.1 Studienbeteiligung

*Motivation:* Meine Erhebung ergibt, dass je höher die Studienmotivation der Erasmusstudierenden ist, desto intensiver studieren sie an ihrer deutschen Gasthochschule. Besonders geringe Studienmotivation zeigen Befragte, die ihr Studium im Heimatland schon abgeschlossen haben. In Bezug auf die studienbezogenen Ziele des Erasmusprogramms erscheint es nicht sinnvoll, diese Gruppe überhaupt am Programm teilnehmen zu lassen.

Geringe Studienmotivation findet man auch bei Befragten, für die der Auslandsaufenthalt ein integraler Teil ihres Studiums darstellt, für den sie sich nicht frei entscheiden konnten. Auch in Bezug auf die fachlichen Zielsetzungen des Erasmusprogramms sollte die Teilnahme auf der freiwilligen Entscheidung der Stipendiaten beruhen.

*Inhaltliche Integration der Erasmusstipendiaten:* Die Befragten zeigen dann besonders großes Studieninteresse während ihres Deutschlandaufenthalts, wenn sie in ihren deutschen Lehrveranstaltungen inhaltlich integriert werden. D. H., dass sie ihre im Heimatland erworbenen Fachkenntnisse in die Veranstaltungen einbringen können. Dies scheint nach den Beschreibungen der von mir Interviewten jedoch sehr selten zu geschehen. Ein positives Beispiel ist hier eine Veranstaltung zum internationalen Rechtsvergleich, die an der juristischen Fakultät an der Johannes Gutenberg-Universität in Mainz stattfand und in der die beteiligten Erasmusstudierenden mit einer Gruppe deutscher Kommilitonen die Rechtssysteme ihrer Herkunftsländer erarbeiten mussten.

*Leistungsanforderungen:* Je höher die Leistungsanforderungen der Heimat- und der Gastuniversität sind, desto intensiver beteiligen sich die ausländischen Studieren-

den am Studium in Deutschland. Für einen Großteil der von mir befragten Erasmusstudierenden gilt, dass er nur sehr geringe Studienverpflichtungen, die ihm von
ihrer Heimatuniversität auferlegt wurden, während des Aufenthalts erfüllen muss.
Zudem sind die Leistungserwartungen der deutschen Gasthochschule an die ausländischen Stipendiaten in der Regel geringer als an die deutschen Studierenden.
Möchte man erreichen, dass das Erasmusstudium zu einem integralen Bestandteil des
Studiums im Heimatland wird, sollten die Leistungsanforderungen für die Erasmusstudierenden erhöht werden.

*Anrechnung der erworbenen Leistungsnachweise:* Können die in Deutschland erworbenen Leistungsnachweise nicht auf das Studium im Heimatland angerechnet
werden, haben die Erasmusstipendiaten nur eine geringe Motivation, ihre fachlichen
Studien während des Deutschlandaufenthalts fortzuführen. Durch die Einführung des
ECTS-Programms scheint dieses Problem größtenteils gelöst zu werden. Mir berichteten nur relativ wenige Probanden, die am ECTS-Programm teilnehmen, von An-
rechnungsproblemen ihrer in Deutschland erworbenen Leistungsnachweise. Aus
diesem Grund scheint es sinnvoll, die Implementierung des ECTS-Programms auf
alle Fachbereiche der deutschen Hochschulen auszuweiten.

## 7.2    Kontakte zur deutschen Bevölkerung

*Motivation:* Erasmusstudierende, die starkes Interesse an Kontakten zu Deutschen
haben, versuchen eher Deutsche kennen zu lernen als Befragte, denen dieses Interesse fehlt. Besonders geringes interkulturelles Interesse wird in meiner Erhebung von
Austauschstudierenden angegeben, für die der Deutschlandaufenthalt ein Pflichtteil
ihres Studiums im Heimatland darstellt und die sich aus diesem Grund nicht frei für
den Austausch entscheiden konnten. Dies ist u. a. bei dem Großteil der von mir befragten britischen Stipendiaten der Fall. In Bezug auf die angestrebten Erträge des
Erasmusprogramms im kulturellen Bereich erscheint es wenig sinnvoll, Studierende
zwangsweise nach Deutschland zu »verschicken«, die lieber im Heimatland geblieben wären. Es sollten nur Studierende durch das Erasmusprogramm gefördert werden, die sich aus eigenem Interesse um ein Stipendium bewerben.

Da sich die ausländischen Studierenden in der Regel dann um Kontakte zu Deutschen bemühen, wenn sie ihre Deutschkenntnisse verbessern möchten, sollten bei der
Auswahl der Stipendiaten durch ihre Heimathochschulen möglichst deren Länder-
wünsche erfüllt werden. Es ist es verständlich, dass z. B. spanische Erasmusstudierende, die Anglistik studieren und eigentlich ihren Auslandaufenthalt in Großbritannien verbringen wollen, dann aber nur Plätze in Deutschland bekommen, während
ihres Deutschlandaufenthalts wenig Interesse an deutschen Kontakten zeigen, da sie
befürchten, dass ihre Englischkompetenzen durch die Konversationen auf Deutsch
leiden könnten.

Werden an der deutschen Gasthochschule die von den Erasmusstudierenden besuchten Lehrveranstaltungen in Englisch angeboten, kann dies unter fachlichen Gesichtspunkten sinnvoll sein, es vermindert jedoch die Motivation der Befragten

Deutsch zu lernen und damit deren Bereitschaft Kontakte zu Deutschen aufzunehmen. Englischsprachige Veranstaltungen erscheinen in Bezug auf die kulturellen Ziele des Erasmusprogramms als wenig sinnvoll.

*Deutschkenntnisse:* Die Analyse meiner empirischen Daten ergibt, dass je besser die ausländischen Studierenden ihre Deutschkenntnisse einschätzen, desto eher wagen sie die Kontaktaufnahme mit Deutschen. Aus dieser Tatsache kann man folgern, dass das Erasmusprogramm nur Studierende fördern sollte, die zumindest über Grundkenntnisse in der Sprache ihres zukünftigen Gastlandes verfügen. Der Besuch eines Sprachkurses im Heimatland sollte für diejenigen Bewerber verpflichtend sein, die noch über keinerlei Deutschkenntnisse verfügen. In meiner Untersuchung richtet sich diese Empfehlung vor allem an spanische Hochschulen, da die von mir befragten spanischen Erasmusstipendiaten größtenteils ohne Deutschkenntnisse nach Deutschland kommen und damit im Vergleich mit den Stipendiaten der anderen Herkunftsländer über die geringsten Sprachkenntnisse verfügen, was sie bei der Kontaktaufnahme zur deutschen Bevölkerung benachteiligt.

*Betreuung in der Anfangsphase des Deutschlandaufenthalts:* 90% der von mir befragten Erasmusstipendiaten knüpfen ihre während des gesamten Deutschlandaufenthalts relevanten Freundschaften in den ersten vier Wochen in der deutschen Austauschstadt. Da sich ein Großteil der Befragten für die Kontaktaufnahme zu den am einfachsten zugänglichen Personen entscheidet, müssten die in der Anfangsphase des Deutschlandaufenthalts von den Betreuungsorganisationen oder den lokalen Akademischen Auslandsämtern gestalteten Kontaktmöglichkeiten zwischen ausländischen und deutschen Studierenden größer sein als jene zwischen den ausländischen Studierenden. Möchte man Kontakte zwischen deutschen und ausländischen Studierenden ermöglichen, erscheinen Einführungsveranstaltungen und Sprachkurse für ausländische Studierende, die vor Beginn des Semesters an allen untersuchen Hochschulen stattfinden und bis zu vier Wochen lang fast ausschließlich Kontakte zu anderen ausländischen Studierenden ermöglichen, als wenig sinnvoll. Statt die Erasmusstudierenden gesondert zu betreuen, sollten diese die Möglichkeit erhalten, an Erstsemestereinführungen ihrer deutschen Fachbereiche teilzunehmen. Auf diese Weise würden sie zu Beginn ihres Aufenthalts Möglichkeiten erhalten, deutsche Kommilitonen kennen zu lernen, die größtenteils ebenfalls auf der Suche nach neuen Freunden sind. Gute Erfahrungen wurden an einigen von mir untersuchten Hochschulen zudem mit sogenannten »Tandemprogrammen« gemacht. Hier werden den Erasmusstudierenden zu Beginn des Deutschlandaufenthalts interessierte deutsche Studierenden zur gemeinsamen Freizeitgestaltung und/oder zum wechselseitigen Sprachunterricht vermittelt.

*Kontaktmöglichkeiten im Wohnbereich:* Die Erasmusstudierenden haben dann besonders gute Möglichkeiten deutsche Kommilitonen in ihrem Wohnbereich kennen zu lernen, wenn sie zusammen mit diesen untergebracht werden. Studentenwohnheime, die ausschließlich oder vorrangig für ausländische Studierende reserviert sind, ermöglichen dagegen wenige oder keine deutschen Kontakte. Von Wohnheimen mit hohen Ausländeranteilen wurde mir in Köln, Mainz, Greifswald und Angers (Frankreich) berichtet. Besonders kontaktfördernd erscheint die Unterbringung der Erasmusstudierenden in privaten, deutschen Wohngemeinschaften, in Zweibettzimmern im Studentenwohnheim mit einer/einem deutschen Kommilitonen oder in Wohngruppen im Studentenwohnheim, wenn die MitbewohnerInnen Deutsche sind.

*Kontaktmöglichkeiten im Studium:* Die befragten Erasmusstudierenden berichten dann von geglückten Kontaktaufnahmen zu deutschen Kommilitonen während und nach den Lehrveranstaltungen, wenn sie die gleichen Veranstaltungen besuchen wie ihre deutschen Kommilitonen. Die von einigen deutschen Hochschulen angebotenen Sonderkurse für ausländische Studierende erscheinen unter diesem kulturellen Aspekt wenig sinnvoll zu sein.

In Veranstaltungen, die sowohl von deutschen als auch von ausländischen Studierenden wahrgenommen werden, bieten Lehrformen wie Partner- oder Gruppenarbeit besonders gute Möglichkeiten der Kontaktaufnahme zwischen ausländischen und deutschen Studierenden. Den Erasmusstudierenden sollte zu Beginn ihres Aufenthalts demnach geraten werden, an ihrer deutschen Gasthochschule vor allem Seminare und Studienprojekte, in denen Gruppenarbeit möglich ist, und weniger Vorlesungen zu besuchen.

*Kontaktmöglichkeiten in der Freizeit:* Es ergeben sich nur dann Kontaktmöglichkeiten zwischen deutschen und ausländischen Studierenden, wenn an den von den Betreuungsorganisationen oder den Akademischen Auslandsämtern organisierten Freizeitaktivitäten neben den ausländischen auch deutsche Studierende teilnehmen können. Dies ist zum Zeitpunkt meiner Erhebung an den untersuchten deutschen Hochschulen größtenteils nicht der Fall. Demzufolge lautet meine Empfehlung, deutsche Studierende, die einen Erasmusaufenthalt planen oder schon selbst im Ausland studiert haben und in der Regel Interesse an interkulturellen Kontakten zeigen, zu internationalen Stammtischen, Exkursionen oder Festen, die für die ausländischen Studierenden organisiert werden, einzuladen.

### 7.3	Deutschland- und Heimatbilder

Meine Untersuchung hat ergeben, dass je intensiver die Kontakte der ausländischen Studierenden zu ihren deutschen Kommilitonen sind, desto positiver sind auch ihre Bilder von Deutschland und den Deutschen. Bestehen Freundschaften zu Deutschen, werden von den Betreffenden ausländischen Studierenden in der Regel anstelle von kulturellen Unterschieden europäische Gemeinsamkeiten zwischen den Deutschen und den Personen der eigenen Nationalität wahrgenommen. Möchte das Erasmusprogramm positive Einstellungen der Stipendiaten zu ihrem Gastland und die Identifikation mit der Europäischen Union erreichen, müssen demnach vor allem die Kontakte zwischen ausländischen und deutschen Studierenden intensiviert werden. Für den Bereich der Deutschland- und Heimatbilder können folglich die gleichen Empfehlungen gelten, die zur Vertiefung der Kontakte zur deutschen Bevölkerung gegeben wurden.

# 8. Anhang

## 8.1 Fragebogen

Doktorarbeit: Wahrnehmungs- und Handlungsmuster im Kulturkontakt. Studien über Austauschstudenten in wechselnden Kontexten.

Sehr geehrte ausländische Studentinnen und Studenten,
Ich bin Mitglied des Graduiertenkollegs »Migration im modernen Europa« des »Instituts für Migration und Interkulturelle Studien« der Universität Osnabrück. Ich schreibe gerade an meiner Doktorarbeit zum oben genannten Thema. Ich möchte die Erfahrungen und Eindrücke von Erasmusstudenten in verschiedenen deutschen Städten vergleichen. Ich bitte Sie daher, sich einige Minuten Zeit zu nehmen, um den Fragebogen auszufüllen und um ihn dann mit dem beigelegten, freigemachten Umschlag an mich zurückzuschicken. Sie können auf diese Weise dazu beitragen, das Verständnis für Ihre Situation im Ausland zu erhöhen. So kann vielleicht auch die Studiensituation zukünftiger Erasmusstudenten verbessert werden. Ihre Anonymität wird natürlich gewahrt. Vielen Dank für Ihre Mühe!    Alexandra Budke

1. Motivation für ein Auslandsstudium
1.1 Ist der Auslandsaufenthalt ein Pflichtteil Ihres Studiums?    ❑ ja    ❑ nein

1.2 Was hat Ihre Entscheidung beeinflusst, im Ausland zu studieren?

(1 bedeutet: war sehr wichtig für mich und 5 bedeutet: war ganz unwichtig für mich)
Bitte machen Sie in jeder Zeile ein Kreuz      sehr wichtig      ganz unwichtig

|  | 1 | 2 | 3 | 4 | 5 |
|---|---|---|---|---|---|
| Weil ich ein anderes Land kennen lernen wollte | ❑ | ❑ | ❑ | ❑ | ❑ |
| Weil ich meine Sprachkenntnisse verbessern wollte | ❑ | ❑ | ❑ | ❑ | ❑ |
| Weil ich eine Pause in meinem Studium brauchte | ❑ | ❑ | ❑ | ❑ | ❑ |
| Weil ich ein neues Studiensystem kennen lernen wollte | ❑ | ❑ | ❑ | ❑ | ❑ |
| Weil ich etwas Neues erleben wollte | ❑ | ❑ | ❑ | ❑ | ❑ |
| Weil ich unabhängig von meinen Eltern leben wollte | ❑ | ❑ | ❑ | ❑ | ❑ |
| Weil ich Abstand zu meinem Leben zu Hause brauchte | ❑ | ❑ | ❑ | ❑ | ❑ |
| Weil mir Auslandserfahrungen Vorteile in meinem zukünftigen Beruf bringen werden | ❑ | ❑ | ❑ | ❑ | ❑ |
| Weil ich in der Nähe von meinem Freund/meiner Freundin leben wollte ♥ | ❑ | ❑ | ❑ | ❑ | ❑ |
| Weil ich mit Auslandserfahrungen leichter eine Stelle | ❑ | ❑ | ❑ | ❑ | ❑ |

nach dem Studium finden kann

| | | | | | |
|---|---|---|---|---|---|
| Weil Leistungsnachweise (Scheine, Credits) im Ausland leichter zu erhalten sind, als an meiner Universität | ❑ | ❑ | ❑ | ❑ | ❑ |
| Weil mir ein Auslandsaufenthalt von meinen Professoren, Eltern oder Freunden empfohlen wurde | ❑ | ❑ | ❑ | ❑ | ❑ |
| Andere Gründe:_____ | ❑ | ❑ | ❑ | ❑ | ❑ |

1.3 An welchen Aktivitäten des Akademischen Auslandsamtes/der Erasmusinitiativen haben Sie teilgenommen?

❑ Orientierungstage für Erasmusstudenten am Anfang des Semesters

❑ Internationaler Stammtisch – Wie oft? ❑ immer     ❑ meistens     ❑ selten

❑ Exkursionen für ausländische Studenten

❑ Besondere Feste für ausländische Studenten (z. B. Weihnachtsessen)

❑ Internationale Gesprächskreise – Wie oft? ❑ immer   ❑ meistens  ❑ selten

❑ Sprachtandem/Menschen brauchen Mitmenschen

❑  Andere Aktivitäten: _____

2. Fragen zu sozialen Kontakten

2.1 Wie *oft* unternehmen Sie die folgenden Aktivitäten während Ihres jetzigen Deutschlandaufenthalts?

| | Jeden Tag | alle drei Tage | einmal pro Woche | einmal pro Monat | seltener | nie |
|---|---|---|---|---|---|---|
| Video- oder fernsehen | ❑ | ❑ | ❑ | ❑ | ❑ | ❑ |
| In eine Disko/Party gehen | ❑ | ❑ | ❑ | ❑ | ❑ | ❑ |
| Sport treiben | ❑ | ❑ | ❑ | ❑ | ❑ | ❑ |
| Mit anderen zusammen kochen | ❑ | ❑ | ❑ | ❑ | ❑ | ❑ |
| Reisen | ❑ | ❑ | ❑ | ❑ | ❑ | |
| Über Unterschiede zwischen meinem Land und Deutschland sprechen | ❑ | ❑ | ❑ | ❑ | ❑ | ❑ |
| Meine Muttersprache sprechen | ❑ | ❑ | ❑ | ❑ | ❑ | ❑ |
| In der Mensa essen | ❑ | ❑ | ❑ | ❑ | ❑ | ❑ |
| Ins Kino, Konzert, Theater gehen | ❑ | ❑ | ❑ | ❑ | ❑ | ❑ |
| In eine Kneipe/Café gehen | ❑ | ❑ | ❑ | ❑ | ❑ | ❑ |
| E-mails/Briefe/per Internet nach Hause schreiben | ❑ | ❑ | ❑ | ❑ | ❑ | ❑ |

| | | | | | |
|---|---|---|---|---|---|
| Nach Hause telefonieren | ❏ | ❏ | ❏ | ❏ | ❏ ❏ |
| Andere wichtige Aktivitäten: | ❏ | ❏ | ❏ | ❏ | ❏ ❏ |

2.2 *Mit wem* haben Sie während Ihres jetzigen Deutschlandaufenthalts bei den folgenden Aktivitäten *hauptsächlich* Kontakt? (Es sind bis zu zwei Nennungen pro Zeile möglich)

| | Deutsche Studenten | Studenten aus meinem Land | Andere ausländische Studenten | Personen die nicht studieren | mache ich nie |
|---|---|---|---|---|---|
| video- oder fernsehen | ❏ | ❏ | ❏ | ❏ | ❏ |
| Mich verabreden, um in eine Kneipe/Disko oder auf eine Party zu gehen | ❏ | ❏ | ❏ | ❏ | ❏ |
| Über Unterschiede zwischen meinem Land und Deutschland sprechen | ❏ | ❏ | ❏ | ❏ | ❏ |
| Sport treiben | ❏ | ❏ | ❏ | ❏ | ❏ |
| zusammen kochen | ❏ | ❏ | ❏ | ❏ | ❏ |
| Meine persönlichen Probleme besprechen | ❏ | ❏ | ❏ | ❏ | ❏ |
| Reisen | ❏ | ❏ | ❏ | ❏ | ❏ |
| Meine alltäglichen Erlebnisse besprechen | ❏ | ❏ | ❏ | ❏ | ❏ |
| Meine Muttersprache sprechen | ❏ | ❏ | ❏ | ❏ | ❏ |
| In der Mensa essen | ❏ | ❏ | ❏ | ❏ | ❏ |
| Ins Kino, Konzert oder ins Theater gehen | ❏ | ❏ | ❏ | ❏ | ❏ |

2.3 Finden Sie, dass Sie während Ihres Deutschlandaufenthalts *häufig genug Kontakte zu deutschen Studenten haben*?        ❏ ja      ❏ nein

*Bei nein*: Woran liegt es, dass Sie nicht häufig genug Kontakte zu deutschen Studenten haben? (Bei allen Aussagen, die Ihrer Meinung nach zutreffen, machen Sie bitte ein Kreuz)

❏ Es gibt zu wenige Situationen, in denen ich deutsche Studenten kennen lernen könnte

❏ Ich bin zu schüchtern

❏ Ich spreche zu schlecht Deutsch, da ist die Kommunikation mit deutschen Studenten zu schwer

❏ Ich will keine Kontakte zu deutschen Studenten

❏ Die deutschen Studenten sind zu distanziert und haben kein echtes Interesse an Kontakten

❑ Ich hatte Pech und habe noch nicht die richtigen Leute kennen gelernt

❑ In Deutschland gibt es in und nach den Lehrveranstaltungen kaum Möglichkeiten deutsche Studenten kennen zu lernen.

❑ Sonstige Gründe_____

*Bei Ja*: Woran liegt es, dass Sie häufig genug Kontakte zu deutschen Studenten haben?(Bei allen Aussagen, die Ihrer Meinung nach zutreffen, machen Sie bitte ein Kreuz)

❑ Ich bin offen und kontaktfreudig und gehe auf die deutschen Studenten zu

❑ Ich habe meine deutschen Freunde durch Zufall kennen gelernt

❑ Die deutschen Studenten sind offen und kontaktfreudig

❑ Ich hatte einfach Glück, die richtigen Leute zu treffen

❑ In Deutschland gibt es in und nach den Lehrveranstaltungen viele Möglichkeiten deutsche Studenten kennen zu lernen

❑ Sonstige Gründe:_____

2.4 Finden Sie, dass Ihre jetzigen Kontakte zu deutschen Studenten intensiv genug sind?

    ❑ ja        ❑ nein

*Bei nein*: Woran liegt es, dass Ihre Kontakte zu deutschen Studenten nicht intensiv genug sind?(Bei allen Aussagen, die Ihrer Meinung nach zutreffen, machen Sie bitte ein Kreuz)

❑ Es gibt zu wenige Situationen, in denen ich deutsche Studenten kennen lernen könnte

❑ Ich bin zu schüchtern

❑ Ich spreche zu schlecht Deutsch, da ist die Kommunikation mit deutschen Studenten zu schwer

❑ Ich will keine Kontakte zu deutschen Studenten

❑ Die deutschen Studenten sind zu distanziert und haben kein echtes Interesse an Kontakten

❑ Ich hatte Pech und habe noch nicht die richtigen Leute kennen gelernt

❑ In Deutschland gibt es in und nach den Lehrveranstaltungen kaum Möglichkeiten deutsche Studenten kennen zu lernen.

❑ Sonstige Gründe_____

*Bei Ja*: Woran liegt es, dass Ihre Kontakte zu deutschen Studenten intensiv genug sind?(Bei allen Aussagen, die Ihrer Meinung nach zutreffen, machen Sie bitte ein Kreuz)

❑ Ich bin offen und kontaktfreudig und gehe auf die deutschen Studenten zu

❑ Ich habe meine deutschen Freunde durch Zufall kennen gelernt

❏ Die deutschen Studenten sind offen und kontaktfreudig

❏ Ich hatte einfach Glück, die richtigen Leute zu treffen

❏ In Deutschland gibt es in und nach den Lehrveranstaltungen viele Möglichkeiten deutsche Studenten kennen zu lernen

❏ Sonstige Gründe:_____

2.5 *Wann* haben Sie die Personen kennen gelernt mit denen Sie in Deutschland private Kontakte pflegen?

❏ Ich kannte sie schon vor meinem jetzigen Deutschlandaufenthalt.

❏ Ich habe sie in der ersten Woche meines jetzigen Deutschlandaufenthalts kennen gelernt.

❏ Ich habe sie im ersten Monat meines jetzigen Deutschlandaufenthalts kennen gelernt.

❏ Ich habe sie erst nach dem ersten Monat meines jetzigen Deutschlandaufenthalts kennen gelernt.– In welchem Monat? Im_____Monat

2.6 Haben Sie zur Zeit eine(n) feste(n) Freund/ eine Freundin? ♥ ❏ ja        ❏ nein

Falls *ja*: Welche Nationalität hat er/sie?_____

Wo wohnt er/sie zur Zeit?(Land/Stadt)_____

3. Fragen zum Studium in Deutschland

3.1 Nehmen Sie zur Zeit an einem Sprachkurs teil, um Deutsch zu lernen?

❏  ja        ❏  nein (weiter bei Frage 3.3)

3.2 *Bei Ja*: Wieviel Stunden *pro Woche* lernen Sie Deutsch in einem Kurs? _____Stunden

3.3 Beurteilen Sie bitte Ihre aktuellen *Deutschkenntnisse*

(Kreuzen Sie bitte nur die zutreffende Aussage an)

❏ Ich spreche fehler- und akzentfrei Deutsch

❏ Ich kann meine Meinung zu politischen oder gesellschaftlichen Themen ohne Probleme ausdrücken

❏ Ich kann eine einfache Unterhaltung auf Deutsch führen (z. B. über den letzten Kinofilm)

❏ Ich kenne nur einige deutsche Sätze (Wie geht's?, Wie heißt du?...)

3.4 Versuchen Sie noch auf andere Weise (außer in einem Sprachkurs) Deutsch zu lernen?

❏ ja  ❏ nein   *Bei ja*: Auf welche Weise?_____

3.5 Wenden Sie in Deutschland mehr, gleich viel oder weniger *Zeit* für Ihr *Studium* auf als an Ihrer Heimatuniversität (Vor- und Nachbereitung der Veranstaltungen, Hausarbeiten, Referate...)? ❏ mehr          ❏ gleich viel          ❏ weniger

3.6 *Warum* wenden Sie in Deutschland mehr, gleich viel oder weniger Zeit für Ihr Studium auf? _____

3.7 Machen Sie Leistungsnachweise (Scheine, Credits/ECTS-Punkte) in Deutschland?

❏ ja  Wie viele?_____
❏ nein (bitte machen Sie bei Frage 4.1 weiter)

3.8 Sammeln Sie Credit-Points/ECTS-Punkte in Deutschland?          ❏ ja          ❏ nein

3.9 Sind diese Leistungsnachweise (Scheine, Credits) von Ihrer Heimatuniversität vorgeschrieben? ❏ ja (weiter bei Frage 4.1)          ❏ teilweise          ❏ nein

3.10 Können die Leistungsnachweise (Scheine, Credits), die Sie in Deutschland machen, an Ihrer Heimatuniversität angerechnet werden?

❏ sie können *voll* angerechnet werden  (weiter bei Frage 4.1)

❏ sie können *teilweise* angerechnet werden

❏ sie können *nicht* angerechnet werden

3.11 Falls sie nicht angerechnet oder nur teilweise angerechnet werden können:

Woran liegt es?_____

4. Fragen zu Ihrem Bild von den deutschen Studenten
4.1 Wie würden Sie die deutschen Studenten charakterisieren?

(Es werden einige gegensätzliche Eigenschaften genannt – Welche treffen eher zu?)

|  | sehr | etwas | teils teils | etwas | sehr |  |
|---|---|---|---|---|---|---|
| nicht gastfreundlich | ❏ | ❏ | ❏ | ❏ | ❏ | sehr gast freundlich |
| kalt | ❏ | ❏ | ❏ | ❏ | ❏ | warm |
| offen | ❏ | ❏ | ❏ | ❏ | ❏ | verschlossen |
| ernst | ❏ | ❏ | ❏ | ❏ | ❏ | lustig |
| fleißig | ❏ | ❏ | ❏ | ❏ | ❏ | faul |
| pünktlich | ❏ | ❏ | ❏ | ❏ | ❏ | unpünktlich |
| freundlich | ❏ | ❏ | ❏ | ❏ | ❏ | unfreundlich |

| solidarisch | ❑ | ❑ | ❑ | ❑ | ❑ | unsolidarisch |
|---|---|---|---|---|---|---|
| unorganisiert | ❑ | ❑ | ❑ | ❑ | ❑ | organisiert |
| kontaktfreudig | ❑ | ❑ | ❑ | ❑ | ❑ | distanziert |
| spontan | ❑ | ❑ | ❑ | ❑ | ❑ | unspontan |
| nicht hilfsbereit | ❑ | ❑ | ❑ | ❑ | ❑ | hilfsbereit |

4.2 Welches Bild haben nach Ihrer Einschätzung deutsche Studenten von den Studenten aus Ihrem Land?

❑ sie haben ein *sehr positives* Bild

❑ sie haben ein *positives* Bild

❑ sie haben ein *neutrales* Bild

❑ sie haben ein *relativ schlechtes* Bild

❑ sie haben ein *sehr schlechtes* Bild

4.3 Warum haben die deutschen Studenten dieses Bild?_____

_____

4.4 Sie sind nun schon eine Weile in Deutschland und möglicherweise hat sich Ihr Bild von den deutschen Studenten und den Deutschen allgemein verändert. Falls sich etwas verändert hat – beschreiben Sie bitte, was sich verändert hat.

_____

_____

4.4 Charakterisieren Sie bitte die *Studenten aus Ihrem Land.*

(Es werden einige gegensätzliche Eigenschaften genannt – Welche treffen eher zu?)

| | sehr | etwas | teils teils | etwas | sehr | |
|---|---|---|---|---|---|---|
| nicht gastfreundlich | ❑ | ❑ | ❑ | ❑ | ❑ | sehr gastfreundlich |
| kalt | ❑ | ❑ | ❑ | ❑ | ❑ | warm |
| offen | ❑ | ❑ | ❑ | ❑ | ❑ | verschlossen |
| ernst | ❑ | ❑ | ❑ | ❑ | ❑ | lustig |
| fleißig | ❑ | ❑ | ❑ | ❑ | ❑ | faul |
| pünktlich | ❑ | ❑ | ❑ | ❑ | ❑ | unpünktlich |
| freundlich | ❑ | ❑ | ❑ | ❑ | ❑ | unfreundlich |

| solidarisch | ❏ | ❏ | ❏ | ❏ | ❏ | unsolidarisch |
| unorganisiert | ❏ | ❏ | ❏ | ❏ | ❏ | organisiert |
| kontaktfreudig | ❏ | ❏ | ❏ | ❏ | ❏ | distanziert |
| spontan | ❏ | ❏ | ❏ | ❏ | ❏ | unspontan |
| nicht hilfsbereit | ❏ | ❏ | ❏ | ❏ | ❏ | hilfsbereit |

5. Angaben zur Person

5.1. Wie alt sind Sie? _____Jahre

5.2 Geschlecht:   ❏ weiblich          ❏ männlich

5.3 Welche Staatsangehörigkeit haben Sie? _____

5.4 In welchem Land sind Sie aufgewachsen?_____

5.5 In welcher Stadt studieren Sie in Deutschland? Stadt_____

In welchem Land und in welcher Stadt haben sie vor Ihrem Deutschlandaufenthalt studiert?
    Land_____ Stadt_____

5.6 Wie viele Monate waren Sie seit Ihrem 15. Lebensjahr und vor Ihrem Deutschlandaufent-
    halt im Ausland? _____ Monate

5.7 Wie viele Monate sind Sie *bis jetzt* in Deutschland? _____ Monate

5.8 Wie viele Monate wollen Sie noch in Deutschland bleiben?_____Monate

5.9 *Arbeiten S*ie im Semester, um Geld zu verdienen?     ❏ nein         ❏ ja

    Wie viele Stunden *pro Woche*?_____Std. Wo arbeiten Sie?_____

5.10 Wie viele Lehrveranstaltungen in der Uni (ohne Sprachkurs) besuchen Sie pro Wo-
    che?_____ Wie viele Studenten sind dies?_____

5.11 *Welches Fach/Fächer* studieren Sie an Ihrer Heimatuniversität?_____

5.12 Welches Fach/Fächer studieren Sie in Deutschland?_____

5.13 Wie viele Jahre haben Sie *vor* Ihrem Deutschlandaufenthalt studiert?_____ Jahre

5.14 Wie viele Jahre werden Sie *nach* Ihrem Deutschlandaufenthalt noch studieren? ____Jahre

5.15 Haben Sie vor Ihrem Deutschlandaufenthalt bei Ihren Eltern gewohnt? • nein • ja

5.16 Wie wohnen Sie jetzt? ❏ mit einer deutschen Familie     ❏ Studentenwohnheim

    ❏ private Wohngemeinschaft (WG)          ❏ allein (private Wohnung)

5.17 Haben Sie das Gefühl, dass Sie sich während Ihres Deutschlandaufenthalts persönlich
    weiterentwickelt haben? ❏ ja     ❏ nein

*Bei ja*: in welche Richtung haben Sie sich entwickelt?_____

## 8.2    Leitfaden für die qualitativen Interviews

1.  Allgemeine Angaben zur Person

1.1 Name

1.2 Alter

1.3 Herkunftsland, Herkunftsstadt

1.4 Studiengang

1.5 Bisherige Zeit in Deutschland

1.6 Verbleibende Zeit in Deutschland

1.7 Bisherige Auslandsaufenthalte


2.  Motivation, Ziele, Voreinstellungen

2.1 Warst du schon mal in Deutschland vor diesem Jahr? Wo? Kannst du diese Zeit beschreiben?

2.2 Was denkt man in deinem Land von Deutschland und den Deutschen?

2.3 Kannst du erzählen wie du zu dem Entschluss gekommen bist, in Deutschland zu studieren?

2.4 Wieso bist du gerade nach Deutschland gekommen und nicht z. B. nach England?

2.5 Welche Eigenschaften muss man haben, wenn man ins Ausland geht?

2.6 Wie hast du das Auslandsstudium organisiert und finanziert?


3.  Ankunft in Deutschland

3.1 Wie war deine erste Zeit in Deutschland?

3.2 Wie bist du untergebracht? Wer hat dir bei Einschreibung, Stundenplanerstellung, Orientierung geholfen?

3.3 Wie hast du deine ersten Freunde gefunden? Sind es im Moment noch die gleichen, wie am Anfang?


4.  Aktuelle Situation

4.1 Studium

4.1.1 Kannst du mir einen normalen Tagesablauf von dir in Deutschland beschreiben?

4.1.2 Studierst du mehr, gleichviel oder weniger, als in deinem Land? Warum?

4.1.3 Gehst du zu Lehrveranstaltungen? Bist du mit deinen Veranstaltungen zufrieden?

4.1.4 Machst du Leistungsnachweise? Können diese auf dein Studium im Heimatland ange-rechnet werden? Falls nein: Warum nicht? Ist es schwer Leistungsnachweise zu erwerben?

4.2.   Soziale Kontakte

4.2.1 Hast du häufig genug Kontakt zu deutschen Studierenden? Warum/ warum nicht?

4.2.2 Wo/Wie hast du deine deutschen Freude kennen gelernt?

4.2.3 Findest du es einfach, Kontakte zu Deutschen zu knüpfen? Warum/warum nicht?

4.2.4 Hast du Kontakte zu Landsleuten oder anderen ausländischen Studierenden? Was unter-nehmt ihr zusammen? Bei welchen Gelegenheiten triffst du sie? In welcher Sprache unter-haltet ihr euch?

5.  Bild von Deutschland

5.1 Hast du den Eindruck, dass sich deine Meinung über Deutschland und die Deutschen ver-ändert hat? Wie sah deine Meinung vorher aus? Was hat sich bestätigt, was nicht? Bei-spiele?

5.2 Was sind nach deiner Meinung typisch deutsche Eigenschaften? Beispiele?

5.3 Was gefällt dir/ was gefällt dir nicht an den Leuten hier?

6.  Vermutetes Bild der Deutschen von eigenen Land

6.1.   Was denkst du, was die Deutschen über z. B. die »Italiener« denken? Beispiele?

6.2 Wie reagieren sie, wenn du sagst, dass du aus »Italien« kommst?

7.  Bild des Herkunftslandes

7.1 Was macht einen typischen z. B. Italiener aus?

7.2 Bist du ein typischer Italiener?

7.3 Gibt es Situationen, in denen du dich anders fühlst als die Leute hier?

7.4 Was bedeutet das Wort »Heimat« für dich?

8.  Beziehungen nach Hause

8.1 Wie versuchst du Kontakte zu deinen Freunden/Familie zu Hause zu halten?

8.2 Hast du Heimweh?

9.  Beurteilung des Auslandsaufenthalts

9.1 Hast du dich schon in Deutschland verändert? Falls ja, in welcher Weise?

9.2 Was fehlt dir hier, was vermisst du am meisten?

9.3 Was wirst du von Deutschland vermissen, wenn du wieder zu Hause bist?


10. Zukunft

10.1  Was machst du nach der Zeit in Deutschland?

10.2  Wo willst du später leben? In Deutschland? Warum/warum nicht? Europa?

# 9. Literatur

AKADEMISCHES AUSLANDSAMT OSNABRÜCK (2001): Studentenstatistik der ausländischen Studierenden. (unveröffentlicht).

ABU LAILA, Yousef (1981): Integration und Entfremdung. Zur Situation der ausländischer Studenten in der Bundesrepublik Deutschland. Göttingen.

ALLPORT, G.W. (1954): The nature of Prejudice. New York.

ATTESLANDER, Peter (1993): Methoden der empirischen Sozialforschung. (siebente bearbeitete Auflage). Berlin.

AUERNHEIMER, Georg (Hrsg.; 1995): Einführung in die interkulturelle Erziehung. (2. überarbeitete und ergänzte Auflage). Darmstadt.

BALOG, Andreas und GABRIEL, Manfred (Hrsg.; 1998): Soziologische Handlungstheorie: Einheit oder Vielfalt. Opladen. (Österreichische Zeitschrift für Soziologie: Sonderband; 4).

BARGEL, Tino (1998): Deutsche Studierende und Ausländer: Kontakte und Haltungen. In: HOSSEINIZADEH, Ahmad (Hrsg.): Studium Internationale. Handbuch zum Ausländerstudium. Marburg. S. 195–223.

BARTON, Allen und LAZARSFELD, Paul (1984): Einige Funktionen von qualitativer Analyse in der Sozialforschung. – In: HOPF, Christel und WEINGARTEN, Elmar (Hrsg.): Qualitative Sozialforschung. Stuttgart. S. 41–89.

BATTAGLIA, Santina und KRUSE, Otto (1999): Legt euch in den Kühlschrank, dann wisst ihr, wie das hier ist. Erfurt.

BAYRISCHES STAATSMINISTERIUM FÜR WIRTSCHAFT UND VERKEHR (Hrsg.; 1990): Lernort Ausland. Im Blickfeld des Binnenmarktes 1992. München. (Tagungsberichte. Bd. 5).

BECK, Ulrich (1986): Risikogesellschaft. Auf dem Weg in eine andere Moderne. Frankfurt am Main.

BECK, Ulrich und BECK-GERNSHEIM, Elisabeth (1994): Riskante Freiheiten. Frankfurt am Main.

BECKHUSEN, Dieter, BOLLE, Stefan, GÖHLER, Marion, NAVE-HERZ, Rosemarie und OSSWALD, Ulla (1993): Student sein – Ausländer sein. Leben mit Vorurteilen. Oldenburg.

BLAIKIE. N.W. (1991): A critique of the use of triangulation in social research. Quality and Quantity, 25, S. 115–136.

BLUMENTHAL, Peggy, CRAUFORD, Goodwin, SMITH, Alan, TEICHLER, Ulrich (Hrsg.; 1996): Academic mobility in a changing world. London.

BLUMER, H (1973): Der methodische Standort des Symbolischen Interaktionismus. In: Arbeitsgruppe Bielefelder Soziologen (Hrsg.): Alltagswissen, Interaktion und gesellschaftliche Wirklichkeit, S. 80–146. Reinbek bei Hamburg.

BOCKHORNI, Reinhard (1987): Ausländerstudium in der Bundesrepublik Deutschland. Bestandsaufnahme und Bewertung der Literatur. (2. überarbeitete Auflage). Baden-Baden.

BOESCH, Ernst (1996): Das Fremde und das Eigene. – In: THOMAS, Alexander (Hrsg.): Psychologie interkulturellen Handelns. Göttingen. S. 87–105.

BOESCH, Ernst (1983): Von der Handlungstheorie zur Kulturpsychologie. Saarbrücken.

BOESCH, Ernst (1980): Kultur und Handlung. Einführung in die Kulturpsychologie. Stuttgart.

BOESCH, Ernst (1971): Zwischen zwei Wirklichkeiten. Prolegomena einer ökologischen Psychologie. Stuttgart.

BOMMES, Michael (1994): Die Beobachtung von Kultur. – In: KLINGEMANN, Carsten (Hrsg.): Jahrbuch für Soziologiegeschichte. Opladen. S. 39–56.

BOMMES, Michael und SCHERR, Albert (1991): Der Gebrauchswert von Selbst- und Fremdethnisierung in Strukturen sozialer Ungleichheit. - In: Prokla, Bd. 85. S. 291–316.

BOOS-NÜNNING, Ursula (1986): Qualitative Interviews in der Ausländerforschung: Wissenschaftler – Interviewer – Ausländische Befragte. – In: HOFFMEYER-ZLOTNIK, P. (Hrsg.): Qualitative Methoden der Datenerhebung in der Arbeitsmigrantenforschung. Mannheim. S. 42–69.

BORTZ, Jürgen (1995): Forschungsmethoden und Evaluation. (2. vollständig überarbeitete und aktualisierte Auflage). Berlin.

BORTZ, Jürgen (1984): Lehrbuch der empirischen Forschung für Sozialwissenschaftler. Berlin.

BOTERAM, Norbert (Hrsg.; 1993): Interkulturelles Verstehen und Handeln. Bamberg. (Schriftreihe der Pädagogischen Hochschule Freiburg. Bd. 8).

BREITENBACH, Diether (1974): Auslandsbildung als Gegenstand sozialwissenschaftlicher Forschung. Saarbrücken. (SSIP. Bd. 20).

BRUNNER, Otto, CONZE, Werner und KOSELLECK, Reinhart (Hrsg.; 1992): Geschichtliche Grundbegriffe: Historisches Lexikon zur politisch-sozialen Sprache in Deutschland. Stuttgart. (Bd. 7).

BORTZ, Jürgen, DÖRING, Nicola (1995): Forschungsmethoden und Evaluation. (2. Auflage). Berlin.

BUCHRUCKER, Johannes und MEINHARDT, Rolf (Hrsg.; 1991): Probleme und Erfahrungen ausländischer Studierender in der Bundesrepublik. Frankfurt am Main.

CAMPBELL, Donald und FISKE, Donald (1959): Convergernt und Discriminant Validation bei the Multitrait-Multimethod-Matrix. In: Psychological Bulletin, Vol. 56, Nr. 2, März 1959. S. 81–105.

CHEN, Yi-Shan (1995): Ausländische Studierende in der BRD: Anpassung fernostasiatischer Studierender an das Leben in Deutschland. Münster.

COLIN, Lucette und MÜLLER, Burkhard (Hrsg.; 1998): Europäische Nachbarn-vertraut und fremd. Pädagogik interkultureller Begegnungen. Frankfurt am Main. (Europäische Bibliothek interkultureller Studien. Bd. 2).

CUPCHIK, Gerald (2001, Februar): Constructivist Realism: An Ontology that encompasses Positivist und Constructivist approaches to the Social Sciences. Forum Qualitative Sozialforschung (On-line Journal) 2,1. Verfügbar über: http://qualitative-research.net/fqs/fqs-eng.htm.

CZYZEWSKI, Marek, GÜLICH, Elisabeth, HAUSENDORF, Heiko und DRESCHER Martina (1995): Selbst- und Fremdbilder im Gespräch. Theoretische und Methodische Aspekte. – In: KASTNER, Maria (Hrsg.): Nationale Selbst- und Fremdbilder im Gespräch. Opladen.

DAAD (Hrsg. 2001): Sokrates/Erasmus. Studierendenmobilität aus deutscher Sicht 1999/2000. Statistische Übersichten zur Realisierung. Bonn.

DAAD (Hrsg.; 1998): Sokrates/Erasmus. Studentenmobilität aus deutscher Sicht 1996/97. Statistische Übersichten. Bonn.

DAAD (Hrsg.; 1998): Mein Deutschlandbild. Ausländische Preisträgerinnen des DAAD erzählen von ihren Erfahrungen in Deutschland. Köln.

DAAD (Hrsg.; 1997): Studieren in Europa mit Erasmus. Zehn Jahre Bildungsprogramm der Europäischen Union 1987–1997. Bad Honnef.

DAAD (Hrsg.; 1997): Auslandsaufenthalt in Europa als Karrierebaustein. Bonn.

DAAD (Hrsg.; 1997): Studienland EU. Kooperationsaktivitäten deutscher Hochschulen. Band II Sokrates/ Erasmus 1997/98. Bonn.

DANCKWORTT, Dieter (1984): Auslandsstudium als Gegenstand der Forschung – Eine Literaturübersicht. Werkstattberichte. Kassel. (Wissenschaftliches Zentrum für Berufs- und Hochschulforschung Bd. 11).

DANCKWORTT, Dieter (1959): Probleme der Anpassung an eine fremde Kultur. Eine sozialpsychologische Analyse der Auslandsbildung. Köln.

DENZIN.N.K. (1978/1989). The Reseach Act (2. Aufl.). Chicago.

DETHLOFF, Uwe (1993): Interkulturalität und Europakompetenz. Die Herausforderung des Binnenmarktes und der Europäischen Union. Tübingen.

DITTRICH, Eckhard und RADKE, Frank-Olaf (Hrsg.; 1990): Ethnizität. Opladen.

EHLING, Manfred (1987): Als Ausländer an deutschen Hochschulen. Darmstadt. (Bildung, Repression, Befreiung).

EHLING, Manfred (1985): Kognitive Verhaltenstheorie: Ansatz und Perspektive in der Austauschforschung. In: THOMAS, Alexander (Hrsg.): Interkultureller Austausch als interkulturelles Handeln. Saarbrücken. (SSIP bulletin. Bd. 56). S. 55–81.

ESSER, Hartmut (1993): Soziologie. Allgemeine Grundlagen. Frankfurt am Main.

ESSER, Hartmut (1991): Alltagshandeln und Verstehen. Zum Verhältnis erklärender und verstehender Soziologie am Beispiel von Alfred Schütz und »Rational choice«. Tübingen. (Die Einheit der Gesellschaftswissenschaften. Bd. 73).

ESSER, Hartmut und TROITZSCH, Klaus (Hrsg; 1991): Modellierung sozialer Prozesse. Bonn. (Sozialwissenschaftliche Tagungsberichte. Bd. 2).

ESSER, Hartmut, FRIEDRICHS, Jürgen (1990): Generation und Identität: theoretische und empirische Beiträge zur Migrationssoziologie. Opladen. (Studien zur Sozialwissenschaft. Bd. 97).

ESSER, Hartmut (1980): Aspekte der Wanderungssoziologie. Assimilation und Integration von Wanderern, ethnischen Gruppen und Minderheiten. Eine handlungstheoretische Analyse. Darmstadt. (Soziologische Texte. Bd. 119).

FLICK, Uwe, VON KARDOFF, Ernst, STEINKE, Ines (Hrsg.; 2000): Qualitative Forschung. Reinbek bei Hamburg.

FRANCESCHINI, Rita (1998): Interkulturalität als Deutungsangebot. Für eine kritische Beobachtung des Rekurses auf Kulturalität. In: THUM, Bernd und KELLER, Thomas (Hrsg.): Interkulturelle Lebensläufe. Tübingen. (Studien zur Inter- und Multikultur. Bd. 10). S. 119–140.

FREY, Dieter und GREIF, Siegfried (Hrsg.; 1994): Sozialpsychologie: ein Handbuch in Schlüsselbegriffen. (3. Auflage).Weinheim.

FRIEBENTSHÄUSER, Barbara, PRENGEL, Annedore (Hrsg.; 1997): Qualitative Forschungsmethoden in den Erziehungswissenschaften. Weinheim.

FRITZSCHE, Peter (1989): Kommen wir nicht ohne Vorurteile aus? – In: Internationale Schulbuchforschung, Bd. 11. S. 377–386.

FUCHS, Dieter, GERHARDS, Jürgen und ROLLER, Edeltraud (1993): Wir und die Anderen. »Imagined Communities« im westeuropäischen Vergleich. Berlin.

GADENNE, Volker und MOSER, Klaus (1987): Vorurteile und Wirklichkeit. Zur Analyse der traditionellen Vorurteilsforschung. – In: Zeitschrift für Sozialpsychologie, Bd. 18. S. 59–61.

GEENEN, Elke (1997): Die Situation ausländischer Studierender an der Christian-Albrecht-Universität zu Kiel. Kiel.

GOFFMAN, E (1975): Stigma. Frankfurt am Main.

GORZINI, Mehdi, MÜLLER, Heinz (Hrsg.; 1993): Handbuch zur interkulturellen Arbeit. Wiesbaden.

GRÜNEBERG, Lutz (1978): Die soziale Situation ausländischer Studenten. Konstanz.

HABERMANN, Ingrid und SALZAR, Mauricio (Hrsg.; 1995): Studien und Arbeiten im Spannungsfeld Nord-Süd: Studienbegleitprogramm für Studierende aus Afrika, Asien und Lateinamerika an Hochschulen in Baden-Württemberg (STUBE). Frankfurt am Main.

HAGER, Frihjof, HABERLAND, Hartmut, PARIS, Rainer (1973): Sozilogie+Linguistik. (2.Auflage). Stuttgart.

HALLER, Peter (1995): Wichtige Begriffe. – In: Amt für multikulturelle Angelegenheiten der Stadt Frankfurt am Main (Hrsg.): Begegnen – Verstehen – Handeln: Handbuch für interkulturelles Kommunikationstraining. (2. Auflage). Frankfurt. S. 21–53.

HARD, Gerhard (1989): Geographie als Spurenlesen. Eine Möglichkeit, den Sinn und die Grenzen der Geographie zu formulieren. – In: Zeitschrift für Wirtschaftsgeographie, Bd. 1 / 2 S. 2–11.

HARD, Gerhard (1987): Auf der Suche nach dem verlorenen Raum. – In: FISCHER, Manfred und SAUBERER, Michael (Hrsg.): Gesellschaft, Wirtschaft, Raum. Beiträge zur modernen Wirtschafts- und Sozialgeographie. Festschrift für Karl Stiglbauer. Wien. (Arbeitskreis für Neue Methoden in der Regionalforschung). S. 24–38.

HARD, Gerhard (1987a): Das Regionalbewusstsein im Spiegel der regionalistischen Utopie. – In: Informationen zur Raumentwicklung. H.7/8. S. 419–432.

HARD, Gerhard (1986): Der Raum – einmal systemtheoretisch gesehen. – In: Geographica Helvetica, Bd. 2. S. 77–83.

HASSINGER, Hugo (1933): Die Geographie des Menschen. In: Handbuch der geographischen Wissenschaft: Allgemeine Geographie II. Berlin.

HOSSEINIZADEH, Ahmad (1998): Studium Internationale. Handbuch zum Ausländerstudium. Marburg.

IBAIDI, Said (1993): Soziales Verhalten in Gruppen: Zur Frage der sozialen Distanz und psychologischer Befindlichkeit ausländischer und deutscher Studenten in Deutschland. Mikrofiche. Berlin.

JAHODA, Gustav (1996): Ansichten über die Psychologie und die »Kultur«. – In: THOMAS, Alexander (Hrsg.): Psychologie interkulturellen Handelns. Göttingen. S. 33–43.

JAKOB, Alexander (2001, Februar): Möglichkeiten und Grenzen der Triangulation qualitativer und quantitativer Daten am Beispiel der (Re-) Konstruktion einer Typologie erwerbsbiographischer Sicherheitskonzepte. Forum Qualitative Sozialforschung (On-line Journal) 2,1. Verfügbar über: http://qualitative-research.net/fqs/fqs-eng.htm.

JENSEN, Stefanie (2001): Ausländerstudium in Deutschland. Die Attraktivität deutscher Hochschulen für ausländische Studierende. Wiesbaden.

JORDAN, Lothar und KORTLÄNDER, Bernd (Hrsg.; 1995): Nationale Grenzen und internationaler Austausch. Studien zum Kultur- und Wissenschaftstransfer in Europa. Tübingen.

KAPPLER, Ekkehard (Hrsg.; 1995): Das Auslandsstudium. Sensible Beschreibungen des Fremden – Erfahrungen mit dem Konzept des Auslandsstudiums an der Universität Witten/Herdecke. Bern.

KELLE, Udo und ERZBERGER, Christian (2000): Qualitative und quantitative Methoden: kein Gegensatz. –In: FLICK, Uwe, VON KARDOFF, Ernst, STEINKE, Ines (Hrsg.): Qualitative Forschung. Reinbek bei Hamburg. S. 299–309.

KELLE, Udo, KLUGE, Susann und PREIN, Gerald (1993): Strategien zur Integration von qualitativen und quantitativen Auswertungsverfahren. Bremen. (Arbeitspapier 19).

KLÜTER, Helmut (1986): Raum als Element sozialer Kommunikation. Gießen. (Gießener Geographische Schriften).

KÖNIG, Hans Dieter (2000): Tiefenhermeneutik. – In: FLICK, Uwe, VON KARDOFF, Ernst, STEINKE, Ines (Hrsg.): Qualitative Forschung. Reinbek bei Hamburg. S. 556–568.

KOTENKAR, Arun (1980): Ausländische Studenten in der Bundesrepublik. Stuttgart.

KRACHER, Wolfgang und ETIENNE, Anthony (1991): Studieren im Spannungsfeld zweier Kulturen. Indonesische Studenten an deutschen Hochschulen. Eine Bestandsaufnahme. Bad Honnef. (Studien zu Bildung und Wissenschaft. Bd. 97).

KRUSCHE, Dietrich (1990): Die Kategorie der Fremde. Eine Problemskizze. – In: WIELA-CHER, Alois (Hrsg.): Hermeneutik der Fremde. München. S. 13–24.

LAMNEK, Siegfried (1998): Gruppendiskussion. Theorie und Praxis. Weinheim. 1998.

LAMNEK, Siegfried (1995a): Qualitative Sozialforschung. (Bd. 1 Methodologie, 3. korrigierte Auflage). Weinheim.

LAMNEK, Siegfried (1995b): Qualitative Sozialforschung. (Bd. 2 Methoden und Techniken, 3. korrigierte Auflage). Weinheim.

LAUER, Reinhard (1998): Das Bild vom Anderen aus literaturwissenschaftlicher Sicht. – In: VYSLONZIL, Elisabeth (Hrsg.): Das Bild vom Anderen: Identitäten, Mentalitäten, Mythen und Stereotypen in multiethnischen europäischen Regionen. Frankfurt am Main. S. 45–55.

LENHARDT, Gero (1990): Ethnische Identität und sozialwissenschaftlicher Instrumentalismus. In: DITTRICH, Eckhard und RADKE, Frank-Olaf (Hrsg.): Ethnizität. Opladen. S. 191–216.

LIPIANSKY, Marc (1996): Heißt interkulturelle Ausbildung Bekämpfung von Stereotypen und Vorurteilen? . Bad Honnef. (Arbeitstexte DFJW. Bd. 14).

LIST, Juliane (1998): Lehr- und Forschungsstandort Deutschland. Wie attraktiv sind deutsche Hochschulen? Köln.

LUHMANN, Nicklas (1999): Gesellschaftsstruktur und Semantik. Frankfurt am Main. (Studien zur Wissenssoziologie der modernen Gesellschaft. Bd. 4).

MAASS, Kurt-Jürgen (1988): Spurensuche, Wege und Wirkungen des internationalen Wissenschafteraustausches. Godesberg.

MAIWORM, Friedhelm (1997): Erfahrungen von Berufsanfängern mit Auslandsstudien/-praktika für Bewerbung, Einstellung und Karriere. Sind die Erwartungen der Studierenden realistisch? – In: DAAD (Hrsg.): Auslandsaufenthalt in Europa als Karrierebaustein. Bonn.

MAIWORM, Friedhelm, STEUBE, Wolfgang, TEICHLER, Ulrich (1993): Experiences of ERASMUS Students 1990/91. (Werkstattberichte. Bd. 42). Kassel.

MANN, Leon (1991): Sozialpsychologie. (9. durchgesehene Auflage). München.

MARBURGER, Helga und RIESNER, Silke (Hrsg.; 1996): Jugend und deutsch-polnische Nachbarschaft: Bilder vom Anderen, Austausch- und Migrationserfahrungen, grenzüberschreitende Projekte und Kooperationen. (Interdisziplinäre Studien zum Verhältnis von Migrationen, Ethnizität und gesellschaftlicher Multikulturalität. Bd. 7). Frankfurt.

MATTER, Max (unveröffentlicht): Zwischenbericht über das Projekt »Zum Wandel der Deutschen- bzw. Deutschlandbilder der türkischen Bevölkerung im Verlaufe der Geschichte der Arbeitsmigration in die Bundesrepublik Deutschland«. Frankfurt am Main.

MAYRING, Philipp (2001, Februar): Kombination und Integration qualitativer und quantitativer Analyse. Forum Qualitative Sozialforschung (On-line Journal). http://qualitative-reasearch.net/fqs.htm.

MAYRING, Philipp (1996): Einführung in die qualitative Sozialforschung. (3. überarbeitete Auflage). Weinheim.

MAYRING, Philipp (1997): Qualitative Inhaltsanalyse. Grundlagen und Techniken. (6. durchgesehene Auflage). Weinheim.

MEINEFELD, Werner (2000): Hypothesen und Vorwissen in der qualitativen Sozialforschung. – In: FLICK, Uwe, VON KARDOFF, Ernst, STEINKE, Ines (Hrsg.): Qualitative Forschung. Reinbek bei Hamburg. S. 266–275.

MERKENS, Hans (2000): Auswahlverfahren, Sampling, Fallkonstruktion. – In: FLICK, Uwe, VON KARDOFF, Ernst, STEINKE, Ines (Hrsg.): Qualitative Forschung. Reinbek bei Hamburg.

MEYER, Hans (1905): Einige Züge deutschen Volkstums im Einzelmenschen. – In: PASZKOWSKI, Wilhelm (Hrsg.): Lesebuch zur Einführung in die Kenntnis Deutschlands und seines geistigen Lebens. Berlin.

MORRIS, R.T. (1960): The two-way mirror. National status in foreign students' adjustment. Minneapolis.

MÜLLER-SOLGER, Hermann, CZYSZ, Armin, LEONHARD, Petra und PFAFF, Ulrich (1993): Bildung und Europa. Bonn.

MÜSSIG-TRAPP, Peter und SCHNITZER, Klaus (1997): Vorbereitung auf Europa durch Mobilität und Internationalisierung des Studiums. Hannover. http://www.his.de/abt3/proj/684/

NETTEKOVEN, Manfred und SPRUNG, Monika (1997): Die Liller Evaluation des ERAS-MUS-Programms. – In: DAAD (Hrsg.): Studieren in Europa mit Erasmus. Bad Honnef. S. 107–115.

NICKLAS, Hans (1995): Kulturelle Identität und Kulturkonflikt – Über die Schwierigkeiten interkulturellen Lernens. – In: THOMAS, Alexander, ABDALLAH-PRETCEILLE (Hrsg.): Interkultureller Austausch: Deutsche und französische Forschungen zum interkulturellen Lernen. Baden-Baden.

OTTEN, Hendrik und TREUHEIT, Werner (Hrsg.; 1994): Interkulturelles Lernen in Theorie und Praxis. Opladen. (Schriften des Instituts für angewandte Kommunikationsforschung. Bd. 5).

PASZKOWSKI, Wilhelm (Hrsg,; 1905): Lesebuch zur Einführung in die Kenntnis Deutschlands und seines geistigen Lebens. Berlin.

PERLMUTTER, H.V. (1957): Some relationships between xenophilic attitudes and authoritarianism among Americans abroad. In: Psychological Reports, Bd. 3. S. 79–87.

POTT, Andreas (2002): Ethnizität und Raum im Aufstiegsprozess. Eine Untersuchung zum Bildungsaufstieg in der zweiten türkischen Migrantengeneration. Obladen

PUFF, Walburga (1997): Die Entwicklung des ERASMUS-Programms 1987–1997 in Zahlen. In: DAAD (Hrsg.): Studieren in Europa mit Erasmus. Zehn Jahre Bildungsprogramm der Europäischen Union 1987–1997. Bad Honnef. S. 123–139.

REICHERTZ, Jo (2000): Objektive Hermeneutik und hermeneutische Wissenssoziologie. – In: FLICK, Uwe, VON KARDOFF, Ernst, STEINKE, Ines (Hrsg.): Qualitative Forschung. Reinbek bei Hamburg. S. 276–286.

REICHERTZ, Jo (2000a): Abduktion, Deduktion und Induktion in der qualitativen Forschung. – In: FLICK, Uwe, VON KARDOFF, Ernst, STEINKE, Ines (Hrsg.): Qualitative Forschung. Reinbek bei Hamburg. S. 276–286.

REISCH, Bernhard (1991): Kulturstandards lernen und vermitteln. – In: THOMAS, Alexander (Hrsg.): Kulturstandards in der internationalen Begegnung. Saarbrücken. (SSIP bulletin. Bd. 61). S. 71–103.

ROBERTSON-WENSAUER, Caroline (Hrsg.; 1999): Campus Internationale. Karlsruhe. (Problemkreise der Angewandten Kulturwissenschaft. Heft 12/98 – 1/99).

ROSSELLE, D., LENTIEZ, A. (1999): Le programme Erasmus 1987–1995. Une retrospective qualitative, un regard vers le futur. Lille.

ROTH, Hans-Joachim (Hrsg.; 1994): Integration als Dialog, Interkulturelle Pädagogik im Spannungsfeld von Wissenschaft und Praxis. Hohengehren. (Interkulturelle Erziehung in Praxis und Theorie. Bd. 18).

ROTH, Klaus (1998): »Bilder in den Köpfen«. Stereotypen, Mythen und Identitäten aus ethnologischer Sicht. – In: VYSLONZIL, Elisabeth (Hrsg.): Das Bild vom Anderen: Identitäten, Mentalitäten, Mythen und Stereotypen in multiethnischen europäischen Regionen. Frankfurt am Main. S. 21–45.

SCHADE, B. (1968): Das Studium im Ausland als psychologischer Prozess. Bonn.

SCHÄFFTER, Ortfried (1991): Modi des Fremderlebens. Deutungsmuster im Umgang mit Fremdheit. – In: SCHÄFNER, Ortfried (Hrsg.): Das Fremde: Erfahrungsmöglichkeiten zwischen Faszination und Bedrohung. Opladen. S. 11–45.

SCHNELL, Rainer, HILL, Paul, ESSER, Elke (1999): Methoden der empirischen Sozialforschung. (6. völlig überarb. und erw. Aufl.) Oldenburg.

SCHNITZER, Klaus (1999): Wirtschaftliche und soziale Lage der ausländischen Studierenden in Deutschland. Ergebnisse der 15. Sozialerhebung des Deutschen Studentenwerks (DSW) durchgeführt durch HIS Hochschul-Informations-System. Bonn.

SCHULTZ, Hans-Dietrich (1998): Deutsches Land – deutsches Volk. Die Nation als geographisches Konstrukt. – In: Berichte zur deutschen Landeskunde. Bd. 72. Heft 2. S. 85–114.

SELLTITZ, Claire, CHRIST, June, HAVEL, Joan, COOK, Stuart (1963): Attitudes and Social Relations of foreign Students in the United States. Minneapolis.

SMITH, Alan (1996): Regional Cooperation and Mobility in a Global Setting: The Example of the European Community. – In: BLUMENTHAL, Peggy, CRAUFORD, Goodwin, SMITH, Alan, TEICHLER, Ulrich (Hrsg.): Academic mobility in a changing world. London. S. 129–147.

STICHWEH, Rudolf (2000): Die Weltgesellschaft. Frankfurt am Main.

STROEBE, Wolfgang, HEWSTONE, Miles, CODOL, Jean-Paul, STEPHENSON, Geoffrey (Hrsg.; 1992): Sozialpsychologie. Eine Einführung. Berlin.

SUPPAN, Arnold (1998): Identitäten und Stereotypen in multiethnischen europäischen Regionen. – In: VYSLONZIL, Elisabeth (Hrsg.): Das Bild vom Anderen: Identitäten, Mentalitäten, Mythen und Stereotypen in multiethnischen europäischen Regionen. Frankfurt am Main. S. 9–21.

TAJFEL, Henri (1982): Gruppenkonflikt und Vorurteil. Entstehung und Funktion sozialer Stereotypen. Bern.

TEICHLER, Ulrich, MAIWORM, Friedhelm, SCHOTTE-KMOCH, Martina (1999): Das ERASMUS-Programm. Ergebnisse der Begleitforschung. Bonn.

TEICHLER, Ulrich und MAIWORM, Friedhelm (1997): The Erasmus Experience. Major Findings of the Erasmus Evaluation Research Project. Kassel.

TEICHLER, Ulrich (1997): Ergebnisse der Begleitforschung zu ERASMUS. – In: DAAD (Hrsg.): Studieren in Europa mit Erasmus. Bad Honnef. S. 97–107.

TEICHLER, Ulrich (1990): Recognition. A Typological Overview of Recognition Issues arising in temporary study abroad. Kassel. (Werkstattberichte. Bd. 29).

TEICHLER, Ulrich, Smith, Alan und Steube, Wolfgang (1988): Auslandsstudienprogramme im Vergleich, Erfahrungen, Probleme, Erfolge. Bonn. (Schriftreihe: Studien zu Bildung und Wissenschaft. Bd. 68).

TEICHLER, Ulrich und Opper, Susan (1988): Erträge des Auslandsstudiums für Studierende und Absolventen. Bonn. (Schriftreihe: Studien zu Bildung und Wissenschaft Bd. 69).

THOMAS, Alexander (Hrsg.; 1996): Psychologie interkulturellen Handelns. Göttingen.

THOMAS, Alexander (Hrsg.; 1995): Deutsche und französische Forschungen zum interkulturellen Lernen. Baden-Baden. (Deutsch-Französische Studien. Bd. 5).

THOMAS, Alexander (Hrsg.; 1992): Beiträge zur Integration und Reintegration von Studierenden aus Entwicklungsländern. Saarbrücken. (SSIP bulletin. Bd. 64).

THOMAS, Alexander (Hrsg.; 1985): Interkultureller Austausch als interkulturelles Handeln: theoretische Grundlagen der Austauschforschung. Saarbrücken. (SSIP bulletin. Bd. 56).

THOMAS, Alexander (Hrsg.; 1984): Interkultureller Personenaustausch in Forschung und Praxis. Saarbrücken. (SSIP bulletin. Bd. 54).

THOMAS, Alexander (Hrsg.; 1983): Erforschung interkultureller Beziehungen: Forschungsanzätze und Perspektiven. Saarbrücken. (SSIP bulletin. Bd. 51).

THUM, Bernd und KELLER, Thomas (Hrsg.; 1998): Interkulturelle Lebensläufe. Tübingen. (Studien zur Inter- und Multikultur. Bd. 10).

THÜNE, Wolfgang (1987): Die Heimat als soziologische und geopolitische Kategorie. Würzburg. (Neue Würzburger Studien zur Soziologie. Bd. 4).

TJIOE, Loan (1972): Asiaten über Deutsche. Kulturkonflikte ostasiatischer Studentinnen in der Bundesrepublik. Frankfurt am Main.

TREIBEL, Annette (1999): Migration in modernen Gesellschaften. Soziale Folgen von Einwanderung, Gastarbeit und Flucht. (2., völlig neubearbeitete Auflage). Weinheim.

TREIBEL, Annette (1995): Einführung in soziologische Theorien der Gegenwart. (3. verbesserte Auflage). Opladen.

TYSSE, Agnes (1974): International education: the american experience. A Bibliographie. New York.

ULRICH, Heidi (1996): Die Reform der Bildungsprogramme der Europäischen Union. unveröffentlicht.

UNESCO (1999): Statistical Yearbook. Paris u. a.O.

WAHAB, Lukas (1998): Lebens- und Lernkonflikte ausländischer Studierender in der Bundesrepublik Deutschland am Beispiel der Universität Frankfurt. Mikrofiche. (Edition Wissenschaft. Reihe Pädagogik. Bd. 39).

WEBB, Eugene; CAMPBELL, Donald; SCHWARTZ, Richard und SECHREST, Lee (1966): Unobtrusive Measures: Nonreactive Reasearch in Social Sciences. Chicago.

WEICHART, Peter (1990): Raumbezogene Identität. Bausteine zu einer Theorie räumlichsozialer Kognition und Identifikation. Stuttgart. (Erdkundliches Wissen. Bd. 102).

WEINER, Bernard (1986): An attributional theory of motivation an emotion. New York.

WENZEL, Hans-Joachim (1982): Raumwahrnehmung/Umweltwahrnehmung. – In: JANDER, Lothar (Hrsg.): Metzler Handbuch für den Geographieunterricht. Stuttgart. S. 326–333.

WERLEN, Benno (1995): Sozialgeographie alltäglicher Regionalisierungen. Bd. 1. Zur Ontologie von Gesellschaft und Raum. Stuttgart. (Erdkundliches Wissen; H. 116).

WERLEN, Benno (1997): Sozialgeographie alltäglicher Regionalisierungen. Bd. 2. Globalisierung, Region und Regionalisierung. Stuttgart. (Erdkundliches Wissen; H. 119).